사회복지실천의 이해 5판

엄명용 · 김성천 · 윤혜미 공저

Social Work Practice

학지사

5판 서문

『사회복지실천의 이해』가 처음 발간된 것은 지금으로부터 20년 전인 2000년이었다. 20년은 사람으로서는 성년에 이르는 시간인데 이 책이 사회복지학계에 등장한 이후 성년으로 성장할 수 있도록 지속적인 격려와 피드백을 주신 독자 여러분께 머리 숙여 감사의 말씀을 올린다. 40대 초반에 초판을 낸 저자들도 이제 60대에 들어서, 교육과 연구 경험도 깊어졌다.

2016년에 4판을 낸 이후 지구촌에는 많은 변화가 있었다. 세계화의 진전에 따라 많은 사람들이 국가와 국가 사이를 이동하는 가운데 전쟁, 테러, 또는 국가부도 사태 등에 따라 생존을 위해 본국을 떠나 다른 나라에서 정착지를 찾는 디아스포라(diaspora) 현상이 나타나고 있다. 동시에 지구촌 세계는 빅데이터에 기반을 둔 인공지능 시대를 맞이하여 지금까지 사람이 차지했던 많은 일자리를 로봇에게 내주는 현상이 확산하면서 전 세계적으로 일자리 감소 현상을 경험하고 있다. 우리 사회도 한국의 '디아스포라'라고 할 수 있는 재외 동포들의 귀화 입국을 비롯하여 다양한 문화적 배경을 지닌 인구 집단이 지속적으로 유입됨에 따라 명실공히 다문화사회가 되어 가고 있다. 이와 더불어 경제 성장률 저하, 청년 일자리 감소, 출산율 감소, 일인가족 증가, 베이비부머의 대량 은퇴 등 사회복지가 감당해야 할 몫이 폭발적으로 증가하고 있다. 기존의 획일화된 사회복지서비스 체계로 이러한 폭발적 사회복지 수요를 감당하는 데는 한계가 있음을 절감하고 우리 사회는 공공과 민간 부문이 협력하여 다양한 복합적 욕구를 지닌 사람들에게 수요자 중심의 맞춤형 통합서비스를 제공하기 위한 '찾아가는 복지', '통합 사례관리', '지역사회 통합돌봄' 체계를 확대해 가고 있다.

이러한 시대적 상황에 효율적으로 대처하기 위해 사회복지교육협의회는 「사회복지 표준교육과정 개발 연구」를 수행하여 그 결과를 2018년 초에 발표하였다. 그 후속 조치로 사회복지학계에서는 교과과정을 다양화하기 위해 기존 선택과목에 '가족상담 및 가족치료', '국제사회복지론', '사례관리론', '사회복지와 문화다양성' 등의 과목을 추가하였고, 개정 「사회복지사업법」에 따라 2020년 12월 12일부터는 의료사회복지사와 학교사회복지사가 기존의 정신건강사회복지사와 함께 국가 자격으로 인정받게 되었다.

이러한 사회복지실천 및 교육현장의 변화를 최대한 반영함과 동시에 2018년에 발표된 「사회복지 표준교육과정」이 제시한 「사회복지실천론 표준교육과정」 지침을 충실히 따르기 위해 개정 5판을 준비하게 되었다. 개정 5판의 집필 취지는 4판까지 유지되어 온 핵심 내용을 유지하면서도 이러한 사회변화와 교육과정의 변화에 대응할 수 있는 새로운 내용을 추가함으로써, 이 책이 지금 이 시대의 사회복지실천을 이해하고자 하는 독자들에게 유용한 도구가 되도록 하자는 것이었다.

이에 따라 이번 5판은 4판과 비교해 많은 부분에서 변화가 있었다. 첫째, 사회복지교육협의회가 제시한 「사회복지실천론 표준교육과정」 목차를 최대한 반영하여 목차를 대폭 수정하였다. 둘째, 4판에서 총 12장이었던 것이 5판에서는 총 13장으로 늘어났다. 전 판 대비 제목과 내용의 변화, 그리고 책임 집필자를 각 장별로 요약하면 다음과 같다.

제1장 '사회복지실천의 개관'을 '사회복지실천의 개념과 목적'으로 바꾸면서

사회복지실천의 정의와 목적에 대한 설명에 집중하여 그 내용을 간략화하였다. 엄명용 교수가 집필하였다.

제2장 '사회복지실천의 역사적 발달과정'을 '사회복지실천 현장의 이해'로 바꾸었다. 여기서는 사회복지실천 현장의 태동과 변화 과정에 대한 통찰을 통해 오늘날 실천현장의 구조와 맥락을 이해함과 동시에 그것들을 뒷받침하고 있는 다양한 법률을 이해할 수 있도록 하였다. 엄명용 교수가 집필하였다.

제3장 '사회복지실천의 가치와 윤리'는 제목을 그대로 유지하는 가운데, 사회복지실천 윤리와 함께 필연적으로 고민해 보아야 할 '사회정의' 개념을 추가하여 논의하였다. 김성천 교수가 담당하였다.

제4장 '사회복지실천 현장과 사회복지사의 활동'을 '사회복지 전문인력의 활동과 성찰적 실천'으로 바꾸었다. 4판에서 제공되었던 다양한 실천현장에 대한 상세한 소개 부분을 대폭 삭제하는 대신 사회복지사의 정체성과 전문성에 대한 이해를 위해 공적 영역과 민간 영역으로 나누어 사회복지 전문인력의 주요 직무와 역할을 살펴보았다. 민간 영역에서 활동하고 있는 사회복지사의 구체적인 직무와 역할은 실천현장별로 간략히 소개하였다. 아울러 성찰적 실천이라는 내용을 추가하여 사회복지사의 활동을 성찰해 볼 수 있는 기회를 제공하였다. '사회복지 전문인력의 활동' 부분은 엄명용 교수가, '성찰적 실천' 부분은 김성천 교수가 집필하였다.

제5장 '사회복지실천의 기본 틀'은 '사회복지실천의 기본적 관점'으로 바뀌었다. 4판에서 제시되었던 사회복지실천의 이론적 위계와 틀을 삭제하고 기존의 세 가지 기본적 관점(환경 속의 인간, 체계적 관점, 생태체계적 관점)만을 제시하였다. 엄명용 교수가 집필하였다.

제6장 '사회복지실천의 새로운 관점 I'과 제7장 '사회복지실천의 새로운 관점 II'는 통합하여 '사회복지실천의 새로운 관점'으로 변경하였다. 여기서는 종래

2개의 장에 수록되었던 4개의 관점(강점관점, 사회구성주의, 다문화관점, 성인지관점)에 '비판적 관점'을 더하여 총 5개의 새로운 관점을 소개하였다. 강점관점과 사회구성주의는 엄명용 교수, 다문화관점은 윤혜미 교수, 성인지관점과 비판적 관점은 김성천 교수가 각각 집필하였다.

제7장은 앞서의 장 조절에 따라 새롭게 태어난 장으로서 '사회복지실천의 통합적 접근과 사례관리'로 명명하였다. 사회복지실천 방법이 통합되기 시작한 배경과 역사를 소개한 후 통합적 사회복지실천의 개념, 공간, 대상을 제시하고 통합적 접근에 합당한 실천방법과 모델을 소개하였다. 아울러 4판에서 제12장에 속했던 사례관리 관련 내용을 대폭 축약하여 이곳으로 옮김으로써 통합적 실천과 사례관리 간 관련성 및 연속성을 살펴볼 수 있도록 하였다. 특히, 사례관리 부분에는 최근 부각되고 있는 공공부문 사례관리의 기본적 틀과 내용을 추가하여 현장에서 활동하게 될 예비 사회복지사에게 최근의 변화된 사례관리 실천현장을 미리 맛볼 수 있는 기회를 제공하였다. 사회복지실천의 통합적 접근과 공공부문 사례관리는 엄명용 교수가, 사례관리의 기본 개념 및 절차에 대한 부분은 김성천 교수가 집필하였다.

제8장 4판의 '사회복지실천의 관계'를 '사회복지실천의 관계와 면접'으로 바꾸었다. 사회복지실천 관계형성은 면접을 통해 이루어질 수밖에 없다는 현실을 반영하여 두 가지 내용을 함께 엮었다. 윤혜미 교수가 집필하였다.

제9장 '면접과 기록'을 '사회복지실천과정과 기록'으로 바꾸었다. 면접 내용은 앞서 제8장으로 이동시킨 가운데 사회복지실천과정을 개략적으로 소개한 후 그 과정에 대한 기록 필요성과 방법을 함께 소개하였다. 윤혜미 교수가 집필하였다.

제10장 '사회복지실천과정 I: 접수, 자료수집과 과정', 제11장 '사회복지실천과정 II: 계획, 개입, 평가와 종결'의 두 장을 합친 후 다시 3개의 장(10장, 11장, 12장)으로 나누었다. 제10장은 '사회복지실천과정 초기 단계'로 명명하였다. 여기서

는 접수, 관계형성, 자료수집의 내용을 소개하였다. 종전의 사정 단계는 제11장으로 옮겨 갔다. 윤혜미 교수가 집필하였다.

제11장은 '사정과 계획 단계'로 변경하였다. 여기서는 사정과 계획을 중점적으로 다루되 종전의 평가와 종결 관련 내용은 마지막 장인 제13장으로 옮겼다. 윤혜미 교수가 집필하였다.

제12장은 '개입 단계'로 하였다. 여기서는 전반적인 사회복지실천 개입에 대한 이해를 돕는 가운데, 종래 미시적 사회복지실천(직접적 개입) 중심의 내용은 물론, 복지환경 변화가 요구하는 거시적 실천(간접적 개입)을 4판에 비해 정교화하였다. 개입에 대한 전반적 소개와 미시적 실천은 윤혜미 교수가, 거시적 실천은 김성천 교수가 각각 담당하였다.

제13장은 '평가와 종결 단계'로 5판에서 새로 구성된 장이다. 평가와 종결은 사회복지실천의 마지막 과정임을 고려하여 4판의 제11장에 있었던 내용을 보강하여 이곳에 제시하였다. 윤혜미 교수가 집필하였다.

초판에서 4판에 이르는 동안 지속적으로 이 책의 부족한 부분과 오류를 지적해 주신 독자들께 깊은 감사를 드린다. 또한 변화된 사회복지 환경에 따라 추가되거나 바뀌어야 할 내용에 대해서도 조언을 해 주신 여러분께 감사를 드린다. 저자들은 그동안 받은 조언과 지적들에 대해 서로 의견을 나눈 뒤 그 내용들을 이 5판에 최대한 반영하고자 노력하였다. 이번에 다소 큰 폭으로 개정된 5판에 대해서도 지속적인 관심과 날카로운 지적을 기대한다. 끝으로 5판이 나올 수 있도록 격려해 주시고 기다려 주신 학지사 김진환 사장님께 감사를 드린다. 아울러 꼼꼼하고 전문적인 내용 교열에 아낌없는 수고를 해 주신 학지사 이세희 차장에게도 깊은 감사를 드린다.

2020년 봄

저자 대표 엄명용

1판 서문

사회복지실천은 사회복지사가 사회복지 전문직의 개입을 필요로 하는 모든 현장에서 전문적 도움을 필요로 하는 사람들을 직접 만나 전문적인 서비스를 제공하는 활동이다. 최근 우리 사회의 급속한 변화, 다양화, 복잡화에 따라 사회복지사의 도움을 필요로 하는 사람들의 종류와 수가 늘고 있다. 사회복지사의 도움을 필요로 하는 많은 사람들에게 어떤 도움을 어떻게 제공할 수 있을까? 삶의 과정에서 어려움을 겪고 있는 사람들에게 다가가야만 하는 사회복지사는 어떤 전문적 가치, 기본 지식, 실천방법과 절차들을 갖추어야 할 것인가? 이 책에서는 이러한 질문들에 대한 답을 제시하고자 노력하였다.

사회복지실천 방법은 지금까지 서비스의 대상, 실천방법 및 범위에 따라 개별사회사업, 집단사회사업, 지역사회조직 등 세 가지 방법으로 구분되어 발달되고 교육되어 왔다. 1970년대 이후부터는 이 세 가지 실천방법을 하나의 통일된 실천가치, 실천지식, 실천목적 및 실천기술체계로 묶는 통합 작업이 진행되면서 통합방법론이 대두되기 시작하였다. 이와 함께 우리의 사회복지교육은 기존의 세 가지 실천방법론(개별, 집단, 지역사회)에 통합방법론이 추가되어 네 가지 사회복지실천 방법론 모두가 교육되는 상황이 되기도 했다. 하지만 통합방법론이 추구했던 의도는 사회복지실천 방법의 종류를 추가하자는 것에 있었던 것이 아니라 세 가지로 분류되어 각각 발달되어 왔넌 실천방법론들을 하나로 통일하여 사회복지활동의 정체성을 분명히 하자는 데에 있었다. 실제로 사회복지실천 현장에서 이루어지는 각종 실천활동은 개별, 집단, 지역사회 중 어느 한 방법에 따라 이루어지기보다는 세 가지 방법들이 상호 보완 · 복합적으로 사용되는 것이 현실이다. 따라서, 통합방법론 속에 모든 사회복지실천 방법들을 포함시켜 함께 학습하는 것이 현실적으로 바람직하다고 하겠다.

이러한 통합방법론 쪽으로의 변화를 인정하여 한국사회복지교육협의회에서는 사회복지실천 방법과 관련된 교과목을 사회복지실천론과 사회복지실천기술론으로 통합, 구분하였다. 이 과정에서 사회복지실천의 내용 속에 이전의 개별사회사업과 집단사회사업의 요소가 통합되었다. 통합된 방법론 속에서 사회복지실천론은 보다 이론 중심적이고, 사회복지실천기술론은 보다 기술 중심적인 성격으로 구분되었다. 이전의 지역사회조직은 사회복지실천론 및 사회복지실천기술론 속에 포함되는 대신 별도로 지역사회복지라는 부분으로 독립되었다.

이 책은 이러한 한국사회복지교육협의회의 기준에 충실하여 '사회복지실천' 이란 용어 속에 종래의 개별사회사업과 집단사회사업의 요소들을 통합하고 그것에 가족치료방법과 사례관리방법을 추가하여 구성하였다. 이 책의 내용들은 사회복지실천 현장에서의 활용성을 고려하면서도 주로 이론적 부분에 치중하여 저술되었다. 보다 기술적인 부분은 곧이어 출간될 『사회복지실천기술의 이해』에서 다루어질 것이다.

이 책은 총 11개의 장으로 구성되었다. 제1장부터 제4장까지는 사회복지사가 사회복지실천 현장에 나가기 전에 갖추어야 할 기본적인 가치와 지식에 대한 설명으로 구성되어 있고, 제5장에서 제7장까지는 앞서 소개된 가치와 지식들을 실천에 옮기는 데 필요한 관계형성의 원리, 면접의 원리, 그리고 실천의 과정으로 구성되어 있다. 제8장부터 제11장까지는 사회복지현장에서 활용될 수 있는 실천 모델들을 소개하는 내용으로 구성되었다.

구체적으로, 제1장은 사회복지실천의 개관을 다루고 있는데, 사회복지실천의 기본 개념과 발달과정을 살펴보았다. 제1장은 엄명용 교수가 집필하였다.

제2장은 사회복지실천 현장에서 사회복지사가 경험하는 가치의 딜레마를 소개하면서 사회복지사가 가져야 할 가치 기준, 사회복지실천에서 경험하게 되는 가치갈등의 해결책 등을 제시하였다. 제2장은 김성천 교수가 집필하였다.

제3장은 사회복지실천의 골격을 이루고 있는 개념과 이론의 틀을 총체적으로 제시하였다. 제3장은 엄명용 교수가 집필하였다.

제4장은 사회복지실천에 기초가 되는 지식체계들을 행동·심리 이론, 가족·집단 이론, 사회환경·문화 이론 등으로 나누어 설명했다. 제4장은 오혜경 교수가 집필하였다.

제5장은 사회복지실천과정에서 사회복지사가 클라이언트와 맺게 되는 관계에 관한 기본 개념과 관계의 원리들을 제시하였다. 제5장은 오혜경 교수가 집필하였다.

제6장은 사회복지실천의 필수도구라고 할 수 있는 면접에 대한 기본적 이해를 돕기 위해, 면접의 정의, 면접의 목적, 면접의 구조적 조건들을 제시하고 면접의 기본 바탕이 되는 의사소통의 개념을 살펴보았다. 또한 면접의 방법을 간략히 소개하였다. 제6장은 윤혜미 교수가 집필하였다.

제7장은 사회복지실천의 전 과정을 초기 단계, 중간 단계, 종료 단계로 나누어 설명하였다. 제7장은 윤혜미 교수가 집필하였다.

제8장은 가장 많이 사용되는 개별실천 모델들 중 5개를 선택하여 모델의 개요, 주요 이론적 배경, 실천과정, 활용 및 평가 등으로 나누어 소개하였다. 제1절 심리·사회 모델, 제2절 클라이언트중심 모델, 제3절 인지·행동 모델은 엄명용 교수가 집필하였고, 제4절 과제중심 모델, 제5절 행동수정 모델은 윤혜미 교수가 집필하였다.

제9장에서는 가족치료의 기본 개념과 가족치료의 대상을 설명하고 주요 가족치료 모델 4개(구조적 가족치료, 경험적 가족치료, 전략적 가족치료, 해결중심 단기가

족치료)를 소개하였다. 또한 한국 사회복지실천에서의 가족치료 적용 현황과 문제점을 서술하였다. 제9장은 김성천 교수가 집필하였다.

제10장은 집단사회사업의 개념, 모델, 집단의 역동성을 설명하고 집단의 발달 단계와 원조과정을 5단계로 나누어 소개하였다. 제10장은 김성천 교수가 집필하였다.

제11장은 최근 중요성을 더해가고 있는 사례관리의 개념, 목적, 기능, 사례관리자의 역할 등을 살펴보고 사례관리의 과정과 각 단계별 기능들을 상세히 논하였다. 제11장은 오혜경 교수가 집필하였다.

이 책을 집필하는 과정에서 4명의 집필진들은 여러 차례 회합을 갖고 서로의 집필 내용을 교환, 검토, 수정하는 등 좋은 내용의 책을 만들고자 많은 정성을 기울였다. 이러한 정성과 노력에도 불구하고 아직도 개선이 필요한 부분이 있으리라 본다. 독자 여러분들의 아낌없는 충고와 격려를 바란다. 앞으로 우리 저자 일동은 이 책이 보다 간결하고 쉬운 내용으로 바뀔 때까지 지속적인 노력을 아끼지 않을 것임을 약속드린다.

이 책의 집필 계기를 제공한 한국복지연구원에 감사를 드린다. 이 책의 집필 동안 많은 불편과 스트레스를 감내해 준 집필자 가족 여러분께 감사와 아울러 기쁨을 전한다. 이 책이 나오기까지 인내를 갖고 기다리며 격려해 주신 학지사 김진환 사장님께 감사를 드린다. 최종 단계에서 이 책의 내용을 일일이 읽고 교정을 해 준 성균관대학교 사회복지학과 대학원생인 박나형, 남화정, 정은주 양에게도 감사의 마음을 전하고자 한다.

2000. 6.

명륜골에서

책임집필 엄명용

차례

제1장

사회복지실천의 개념과 목적

1. 사회복지와 사회복지실천
2. 사회복지실천의 정의
3. 사회복지실천의 목적과 목표

실천이란 무엇일까? 우리는 흔히 "말로만 말고 몸소 실천하라."는 말을 듣거나 하면서 생활한다. '실천'한다는 것은 우리가 갖고 있는 지식과 기술을 활용하여 실천현장에서 실질적인 활동을 하는 것을 의미한다. 누구와 함께 누구를 대상으로 어디서 무슨 활동을 어떻게 할까? 이런 질문은 사회복지 분야뿐만 아니라 모든 전문 분야에 입문하는 사람들에게 궁금한 내용일 것이다.

사회복지 전문직은 어떤 장소에서 누구와 함께 누구를 대상으로 어떤 일을 하는 직종일까? 이 장에서는 이러한 질문에 대한 답으로서 사회복지와 사회복지실천의 차이점을 살펴보고, 사회복지실천이 추구하는 것은 무엇이며, 그것을 이루기 위해 어떤 활동을 어떻게 하는 것인가에 대해 살펴보고자 한다.

1. 사회복지와 사회복지실천

우리는 일상생활 속에서 사회복지의 의미를 분명하게 인식하지 못한 채 그 용어를 자주 사용하는 경향이 있다. 사회복지라는 용어 속에는 크게 두 가지 차원의 의미가 내포되어 있다. 하나는 사회구성원 모두가 복지를 누리는 상태, 즉 사회적 안녕상태(social well-being)라는 의미고, 다른 하나는 그런 안녕상태를 만들기 위한 사회의 총체적 제도 및 노력의 의미다. 첫 번째 차원인 사회구성원 모두의 복지상태 또는 안녕상태라고 하는 것은 사회구성원 모두가 기초적인 생활욕구들(예: 의, 식, 주, 의료 등)을 큰 어려움 없이 충족하면서 최소한의 인간다운 생활을 해 나가는 데 필요한 신체 · 심리 · 정서 · 사회 · 경제적 자원들을 기본적으로 누리는 상태다.[1] 두 번째 차원인 사회적 노력은 일반 사회구성원 모두

1 기초생활을 보장하기 위한 활동은 주로 국민기초생활보장수급자, 차상위 계층 또는 긴급한 생활문제로 인해 현재 생활에 곤란을 겪고 있는 사람들을 대상으로 그들의 소득, 의료, 생활보조 등의 서비스를 제공하는 일을 포함한다. 이러한 활동은 읍 · 면 · 동사무소의 사회복지전담공무원, 각종 사회복지관의 사회복지사, 병원의 의료사회복지사, 기타 구호 현장이나 민 · 관의 시설

가 안녕상태를 누릴 수 있도록 사회가 취하는 가능한 모든 조치를 말한다. 이러한 두 가지 차원 모두의 의미에서 강조되어야 할 단어는 '사회구성원 모두'라는 것이다. 사회구성원 모두가 기초적인 생활을 보장받고 인간다운 생활을 영위하는 데 필요한 기본적인 수단들을 적절히 활용하도록 하려면 사회적 부, 각종 기회 및 권리가 편중 또는 차별 없이 사회구성원 모두에게 적절히 배분되어야 한다. 따라서 사회복지의 의미에는 사회·경제적 강자의 부가 복지국가라는 체계의 작동에 의해 약자에게로 이전되는, 사회자원의 적절한 배분이라는 요소와 함께 사회구성원 모두가 부당한 차별과 억압 없이 생활한다는 사회적 형평성의 요소도 포함되어 있는 것이다.

사회복지의 개념을 사회적 안녕상태와 그 상태를 이루기 위한 사회나 국가의 노력이라는 개념으로 나눌 때 그 두 개념은 얼핏 보아 분리되어 있는 것 같지만, 사실은 동전의 양면과 같이 동일한 현상의 한쪽 면과 다른 한쪽 면을 나타내는 것이다. 우리가 흔히 '사회복지가 잘되어 있는 나라들'을 살펴보면 사회복지의 상태도 좋은 나라이고, 그런 상태를 만들기 위한 제도나 노력 또한 잘되어 있는 나라들이다. 다시 말해, 사회복지 상태를 이룩하기 위한 사회의 제도 마련과 그의 실천을 위한 사회의 체계적이고 지속적인 노력이 있었기 때문에 소위 '사회복지가 잘되어 있는 나라들'은 높은 사회복지 상태를 이룬 채 살아가고 있는 것이라고 볼 수 있다.

이제 동일한 현상의 한쪽 면인 사회의 제도나 노력을 총칭하는 말인 사회복지실천 활동에 초점을 맞춰 살펴보도록 하자. 사회복지실천 활동이란 사회구성원 모두의 안녕상태를 지향하는 사회의 집합적·조직적 노력이다. 집합적이라는 것은 단편적·개인적·개별적인 것과 대비되는 개념으로 사회복지실천 활동에 필요한 인적·물적·사회적 자원이 단체, 사회 또는 국가로 집합된 후에 사용됨을 의미한다. 조직적이라는 것은 임의적·즉흥적인 것과 대비되는

에 근무하는 사회복지사 등에 의해 실시될 수 있을 것이다. 일반인들의 신체·심리·사회·경제적 복지 수준을 높이기 위한 활동은 보다 광범위한 영역에서 사회복지사를 비롯한 다양한 전문인력이 참여하는 가운데 이루어진다.

개념으로 국가나 사회가 사회복지활동의 영역, 대상, 복지 제공 수준, 서비스 제공 인력 등을 미리 정하고 정해진 내용과 절차에 따라 복지향상 활동을 전개함을 의미한다. 사회복지 상태를 이루기 위한 국가, 사회 또는 단체의 조직적·집합적 노력 모두를 사회복지실천 활동이라고 정의할 때 사회복지실천의 의미는 매우 광범위해진다. 이 경우 사회복지행정 및 정책은 물론 사회구성원의 일반적 복지증진 활동과 관련된 주택, 교통, 환경, 치안 등과 관련된 정책 및 활동까지도 사회복지실천 영역에 포함될 수 있다. 사회복지실천 활동을 이렇게 광범위하게 정의할 경우 일반 사회복지활동 영역에는 사회복지학뿐만 아니라 경제학, 행정학, 정치학 및 기타 관련 학문 분야 모두가 포함된다. 따라서 사회복지 학문영역에서는 사회복지실천 활동을 이렇게 광범위하게 정의하지 않는다.

사회복지학 범위 내에서 사회복지실천 활동을 포괄적으로 정의할 때, 일반적으로 사회보험[2], 공공부조[3], 사회복지서비스[4] 등과 직간접적으로 관련된 내용들이 포함된다. 이들 중 사회보험과 관련된 내용의 대부분과 공공부조와 관련된 내용의 일부는 '사회복지정책' 분야에서, 그리고 사회복지서비스 분야와 관련된 내용 중에서 사회복지시설이나 조직의 운영과 관련된 서비스 전달체계, 프로그램 운영 개발과 평가 등과 관련한 내용들은 '사회복지행정' 분야에서 각각 별도로 다루어지고 있다. 이렇게 본다면 우리가 '사회복지실천'이라고 부르는 분야, 그리고 이 책에서 앞으로 설명하고자 하는 '사회복지실천'의 윤곽이 대체로 드러난다.

사회복지실천(social work practice)은 사회복지사가 사회적 안녕상태를 이루기 위해 필요한 구체적 서비스들을 그 서비스가 요구되는 현장에서 실천에 옮기는 작업이다. 이 작업은 보통 사회복지서비스를 필요로 하는 다양한 사람, 집단, 지역사회 주민들과 직접 만나 이루어지기 때문에 직접실천(direct practice)이라

2 국민연금, 국민건강보험, 고용보험, 산업재해보상보험 등을 말한다.

3 「국민기초생활보장법」에 의한 수급자에 대한 서비스를 말한다.

4 사회복지서비스는 아동, 장애인, 노인, 여성, 다문화 가정, 학생, 환자, 주거빈곤자 등 다양한 사회복지 욕구를 가진 사람들에게 그들이 있는 가정, 병원, 시설, 기관, 학교, 지역사회 등에서 도움을 제공하는 복합적인 활동을 의미한다.

고 불린다. 다시 말해, 사회복지실천은 다양한 사회복지실천 현장에서 사회복지사가 어떤 활동을 어떻게 해야 할 것인가에 대한 내용, 즉 사회복지실천 방법에 관해 상세히 살펴보는 분야다.

2. 사회복지실천의 정의

사회복지실천은 다양하고도 복잡한 활동이기 때문에 그것을 한마디로 정의하기가 매우 어렵다. 앞 절에서 개략적으로 살펴본 사회복지실천의 개념을 통해 사회복지실천의 속성이 어느 정도 드러났다고 본다. 여기서는 사회복지실천이 이루어지는 과정에 포함되어 있는 여러 가지 구성 요소들을 살펴봄으로써 사회복지실천의 특성을 보다 분명히 제시해 보고자 한다. 사회복지실천에 대한 가장 고전적인 정의는 리치먼드(Richmond, 1922)가 제시한 개별실천(social casework)에 대한 정의다. 『개별실천이란 무엇인가(What is Social Casework?)』라는 책을 통해서 리치먼드는 사회복지실천을 다음과 같이 정의하였다.

> 개인에 대해, 그리고 개인과 사회환경 사이의 관계에 대해 의식적인 조정을 통해 개인의 성품을 발달시켜 가는 과정들(Richmond, 1922: 98-99)

또한 미국사회복지사협회(National Association of Social Workers: NASW)는 사회복지실천 활동을 다음과 같이 정의하였다.

> 개인, 집단, 지역사회가 각자의 사회적 기능을 증진 또는 복원시키고, 그러한 목적에 합당한 사회적 조건들을 스스로 만들어 갈 수 있도록 돕는 전문적 활동(NASW, 1973: 3)

국제사회복지사연맹(International Federation of Social Workers: IFSW, 2016)은 사

회변화와 개발, 사회 응집력 향상, 개인의 역량강화, 차별과 억압으로부터의 해방 등을 위한 노력을 전반적 사회복지실천의 정의(global definition of social work)에 포함하였다. 이와 함께 사회복지실천의 핵심 내용으로 사회정의, 인권, 집합적 책임, 다양성에 대한 존중을 들며, 사람들이 그들의 삶에 도전하고 자신들의 복지향상을 위해 노력하는 과정에 도움을 제공하기 위해 사회복지사는 사회복지실천이론, 사회과학이론, 인문학, 토착이론 등을 활용해야 한다고 하였다.

사회복지실천에 관한 이러한 선언적 정의들에 비해, 펄먼(Perlman, 1957)은 일찍이 사회복지실천의 구성 요소를 분석하여 이를 네 가지로 요약하였다. 그것은 이른바 4-p라고 불리는 것인데, 즉 문제(problem), 사람(person), 장소(place), 과정(process)이다. 이 네 가지 구성 요소를 연결하여 한 문장으로 간략하게 표현하면, "문제(어려움)를 갖고 있는 사람이 전문가(사회복지사)의 도움이 제공되는 장소(사회복지기관들)로 나와 주어진 과정(실천방법)에 의하여 도움을 받는다."가 된다. 이 4-p는 클라이언트, 클라이언트가 처한 상황, 사회복지서비스 제공 기관, 사회복지사의 활동 등을 체계적으로 조직화하는 수단으로 지금까지 많은 사회복지실천 인력에 의해 유용하게 사용되어 왔다. 펄먼(1986)은 나중에 여기에 2-p를 추가하였는데, 전문가(professional)와 제공물 또는 제공자원(provisions)이 그것이다. 전문가는 자격을 갖춘 사회복지사를 의미하며, 제공물(자원)은 클라이언트에게 제공되는 유형 및 무형의 서비스를 의미한다.

앞서 리치먼드가 제시한 사회복지실천의 정의와 NASW(1973)의 사회복지실천의 정의 속에는 펄먼이 제시한 6-p가 함축되어 있다. 리치먼드의 정의에서 발견될 수 있는 사회복지실천의 구성 요소를 살펴보면, 첫째, 개인과 환경 간의 상호작용 과정에서 무엇인가 문제가 있을 수 있다. 이것은 펄먼이 말한 4-p 중 문제(problem)에 해당한다. 이 문제는 개인의 불충족된 다양한 욕구, 대인관계 갈등, 주변 환경과의 교류 과정에서 겪는 어려움 등을 포함한다. 사회복지실천현장에서 활동하는 사회복지사는 자신이 만나게 될 문제의 성격(문제의 정도, 발생 빈도, 지속 기간 등), 문제에 대한 클라이언트의 정의와 그 밖의 타인의 정의 사이에 있을 수 있는 차이점, 문제의 해결 가능성, 우선적으로 쉽게 해결될 수 있는 문제, 문제해결을 위한 과거의 노력 여부와 그 효과성, 문제해결의 시급성, 문제가 해결되지 않을 경우 예상되는 결과 등을 면밀히 분석해야 한다.

둘째, 개인과 환경 간 상호작용 내용에 변화 또는 조정을 필요로 하는 사람, 즉 클라이언트가 있다. 펄먼이 말한 4-p 중 사람(person)이 이에 해당한다. 앞서 리치먼드의 정의에서는 조정을 통해서 이루어 내려는 것이 성품의 발달이라고 정의함으로써 환경의 변화보다는 개인의 변화에 초점을 두고 있는 것으로 보인다. 실제로, 리치먼드는 빈곤의 뿌리를 개인의 도덕적 상태에서 찾으려고 하였고(Leiby, 1978), 개인에 대한 진단(diagnosis)을 시작으로 사회복지실천을 시작하였다. 하지만 성품의 발달을 강조한 것은 개인만의 변화를 통해 문제를 해결하려 하였다기보다는 개인과 환경 간의 조정과정에 클라이언트가 주체적으로 참여해야 함을 강조한 것으로 볼 수 있다. 리치먼드가 사회구조의 급격한 변혁을 요구하지 않은 것은 사실이지만 개인의 문제해결에 필요한 법들을 제정 또는 개정해야 함을 주장하고 이를 위한 행동에 나서는 것을 옹호하였기 때문이다(Weismiller & Rome, 1995). 사회복지사는 사람(person) 또는 클라이언트를 신체 · 행동 · 감정 · 인지 · 정신적 측면들이 결합되어 이루어진 전인적 인간으로 여기고 전인적 인간을 형성하고 있는 이러한 요소들 중 어떤 요소가 문제와 관련되어 있는지, 클라이언트의 일상적 대처 양상 중 어떤 측면이 문제의 효과적인 해결을 촉진, 지연 또는 방해하고 있는지를 살펴보아야 한다. 아울러 클라이언트에게 도움이 될 수 있는 주변 사람 또는 자원과 클라이언트의 관계 양상, 클라이언트의 일상적 역할 · 사고방식 · 행동양식, 그리고 이러한 모든 요소들 사이의 상호 관계 양상 등을 세심하게 관찰해야 한다.

셋째, 사람의 삶에 개입 또는 조정을 제공하는 장소가 필요하다. 펄먼이 제기한 4-p 중 장소(place)가 여기에 해당된다. 장소 또는 기관은 클라이언트와 접촉하는 사회복지사가 소속된 기관만을 의미하는 것이 아니다. 클라이언트의 문제해결을 위해 참여하거나 동원 가능한 모든 기관, 그리고 서비스가 필요한 클라이언트와 접촉이 발생하는 모든 장소가 여기에 포함된다. 사회복지사는 클라이언트가 자신의 문제에 기관이 관여하는 것에 대해 어떤 생각(예: 고마움, 부끄

러움, 굴욕감, 낙인감 등)을 하고 있는지, 현 소속 기관은 클라이언트가 필요로 하는 서비스를 제공할 능력이 있는지, 없다면 어떤 다른 기관이 개입되어야 문제해결이 효과적으로 이루어질 수 있을 것인지, 기관의 프로그램, 정책, 절차 등은 클라이언트의 문제해결에 도움이 되는지 등에 대해 살펴보아야 하며, 필요한 경우 기관 밖의 어떤 장소에서 클라이언트에게 서비스를 제공할 수 있을지에 대해서도 고민해 보아야 한다.

넷째, 클라이언트가 표출하는 문제, 문제해결을 위한 클라이언트의 노력, 사회복지사의 개입활동 등을 서로 연결할 수 있는 체계적인 연결 고리가 필요함을 알 수 있는데 이것이 바로 사회복지실천 과정(process)이다. 이것은 앞서 제시한 리치먼드의 정의에서 '의식적인 조정'으로 표현된 것에서 볼 수 있듯이, 즉흥적 · 임의적으로 이루어지는 활동이 아니라 일정한 목적을 갖고 합리적인 절차와 이론에 입각하여 신중히 이루어지는 활동을 의미한다. 이러한 실천과정과 관련하여 사회복지사는 어떤 형태의 문제해결 접근방법이 클라이언트, 클라이언트의 문제, 기관 그리고 사회복지사의 입장에서 적절하며 효과적인 것인지를 살펴보아야 한다. 또한 원조실천 과정에서 클라이언트에게 요구되는 사항들이 클라이언트의 현재 역할수행, 그리고 클라이언트와 주변 주요 인물/자원들과의 관계에 어떤 영향을 줄 것인지 등에 대해서도 살펴야 한다.

다섯째, 사회복지실천 활동에 있어 전문가(professional)는 자신이 소속된 기관을 대표하여 활동하는 사람인 동시에 기관과 분리된 하나의 개별적 주체로서의 자신을 의미한다(Perlman, 1986). 따라서 나름대로의 감정체계, 가치체계, 정신체계로서의 독립성을 발휘해 클라이언트의 이익을 위해 활동해 보고 싶은 자신과, 기관에 소속된 전문인으로서 기관의 사명에 충실하면서 서비스를 제공해야 하는 자신 사이의 균형을 적절히 이루어 내야 하는 부담이 사회복지사에게 주어진다. 따라서 사회복지사는 자신의 개인적 가치관, 인생관, 세계관 등과 자신이 소속된 기관의 가치체계, 활동원리, 활동목표 등을 분명히 인식하여 나름의 정리와 절충을 통해 적절한 균형을 이루어 가려는 노력을 해야 한다.

여섯째, 사회복지실천과정에서 제공되는 것(provisions)이 있을 수 있다. 이것은 꼭 물질의 공급만을 의미하는 것은 아니다. 클라이언트의 물질적 욕구는 물론, 일상 활동 가운데 존재하는 사회 · 심리 · 정서적 욕구를 충족시키기 위해 필요한 다양한 서비스, 기회, 자원들을 의미한다(Perlman, 1986). 다시 말해, 사회복지사와 그가 속한 기관들이 사회복지실천 활동과정에서 제공하는 유형 · 무형의 모든 서비스가 제공물에 해당된다. 사회복지사는 이러한 다양한 자원들을 적극적으로 발굴하여 클라이언트가 이용 가능하도록 만들어 주려는 노력을 해야 함과 동시에, 어떤 종류의 서비스가 클라이언트의 문제해결 또는 상황 변화를 위해 가장 효과적이며 효율적인 것인가를 연구하여 선택해야 할 것이다.

마지막으로, 리치먼드의 정의와 펄먼이 제시한 요소에는 포함되어 있지 않지만 중요한 것이 사회복지사의 활동에 대한 정당성 부여(sanction) 주체에 관한 문제다. 즉, 사회에서 누가 사회복지사나 그가 소속된 기관에게 그들 고유의 전문적 활동과 과업을 수행하도록 승인 또는 허가를 부여했는가에 대한 문제다. 시포 등(Sheafor et al., 1997)은 정당성 부여의 주체를 다음의 네 가지로 구분하였다. 즉, ① 법률 및 정부의 규정, ② 법적으로 설립된 사회복지법인, ③ 사회복지전문인으로 구성된 각종 협회, ④ 사회복지서비스의 소비자인 클라이언트 등이다. 우리나라에서는 국민의 보건과 복지에 관한 업무를 법에 의해 보건복지부와 여성가족부가 주로 나누어서 관장하고 있다. 「사회복지사업법」은 사회복지사업에 관한 기본적 사항을 규정함으로써 사회복지사의 존재와 사회복지사의 자격, 활동 사항, 사회복지법인에 의한 의무채용 등을 규정하고 있다. 「사회복지사업법」 제4조 제1항에는 국가와 지방자치단체가 사회복지를 증진할 책임이 있음이 명시되어 있고, 그와 함께 국가와 지방자치단체, 그 밖에 사회복지사업을 행하는 자는 사회복지를 필요로 하는 자에 대하여 그 사업과 관련한 상담 · 작업치료 · 직업훈련 등을 실시하고 필요한 경우에는 주민의 복지욕구를 조사할 수 있다(제4조 제3항)고 규정함으로써 사회복지사의 활동에 정당성을 부여하고 있다.

사회복지전문인들로 구성된 각종 협회인 한국사회복지협의회, 한국사회복지사협회, 한국사회복지교육협의회, 한국사회복지학회 등도 사회복지사의 활동과 관련된 윤리규정, 최소한의 자질을 유지하기 위한 교육 활동, 자격관리 활동, 권익보호 활동, 학술교류 활동 등을 통해 사회복지실천에 권위를 부여하고 있다. 사회복지서비스의 소비자인 클라이언트가 사회복지실천 활동에 부여하는 권위는 사회복지사나 그가 속한 기관에 의해 제공되는 각종 서비스들을 클라이언트가 적극적으로 활용하고자 하는 의지에 의해 확인된다. 클라이언트로부터 오는 권위 부여 또는 인정을 얻어 내기 위해 사회복지사는 책임 있고 윤리적인 방식으로 서비스를 제공함으로써 신뢰를 쌓아 가야 한다. 사회복지실천 활동에 대해 다른 권위 또는 인정들이 다 주어진다 해도 클라이언트가 스스로 사회복지서비스를 이용하려 하지 않을 경우 진정한 의미의 사회복지실천 권위는 주어지지 않을 것이다.

3. 사회복지실천의 목적과 목표

사회복지실천의 목적을 정의하고자 하는 노력은 사회복지실천 출현 이후 계속되어 왔다. 이러한 노력이 구체화되기 시작한 것은 1929년의 미국에서 열린 밀퍼드(Milford) 회의였다. 1979년에는 미국사회복지사협회(NASW)의 주관하에 미국의 시카고에서 사회복지실천의 개념적 틀 정립을 위한 사회복지전문인 전국회의가 열렸다. 사회복지실천의 목적이 무엇인가를 정의하기 위한 최초의 노력으로부터 최근의 노력에 이르는 동안 차차 쌓이기 시작한 믿음은 사회복지실천의 목적이 개인과 환경 간의 상호작용을 증진시키는 데에 있다는 것이었다. 하지만 이 과정에서 개인이 강조되어야 하느냐 아니면 환경이 강조되어야 하느냐, 그리고 개인과 환경 간의 상호작용에 대한 개입이 어떻게 이루어져야 하느냐에 대해서는 이견이 계속 존재해 왔다. 또한 사회복지실천이 모든 사회구성원을 위한 것인지, 아니면 특수한 문제를 가진 사람들, 소위 취약계층만을 위한 것인지에 대해서도 이견이 존재해 왔다.

이러한 이견들을 조정하기 위한 작업은 매우 중요하다. 이러한 이견에 대한 조정이 이루어지지 않는다면 사회복지사의 활동 내용이나 영역, 지식 기반, 기술의 성격 등에 대한 정체성 형성이 불가능하기 때문이다. 또한 사회복지활동의 책임성, 효과성이 강조되는 작금의 사회 분위기에서 사회구성원에게 사회복지 전문인력의 활동 결과를 내보이기 위해서는 사회복지실천의 목적이 무엇인가를 분명히 정의하여 제시할 필요가 있다.

1) 실천의 목적

앞서 말한 1979년의 시카고 회의에서는 당시 저명한 사회복지 관련 인사들이 모여 실질적인 사회복지실천의 목적에 대해 합의를 하여, 「사회복지실천 목적에 관한 실질성명(Working Statement on the Purpose of Social Work)」(Social Work, 1981: 6)으로 발표하였다. 그 성명은 두 부분으로 되어 있다. 한 부분은 사회복지실천의 목적에 대한 정의와 그것의 달성을 위해 사회복지사가 일반적으로 취해야 할 세 가지의 믿음체계로 구성되어 있고, 다른 한 부분은 이러한 목적 달성을 위해 성취해야 할 6개의 주요 목표로 구성되어 있다.

이 실질성명에서는 사회복지실천의 목적을 "모든 사람의 삶의 질 향상을 위해 개인과 사회 간 서로 유익한 상호작용을 촉진 또는 회복시키는 것"으로 정의하고 있다. 이 성명에 내포된 요소들을 살펴보면 다음과 같다.

첫째, 모든 사람의 삶의 질을 향상시킨다는 데에 사회복지실천의 목적을 두고 있다. 빈부의 차이, 성별과 나이의 차이, 학력의 차이, 종교적 성향 및 가치의 차이, 국적 또는 인종의 차이, 신체 · 정신적 질병의 유무, 장애의 유무, 각종 능력의 유무, 사회적 지위의 높고 낮음 등에 관계없이 사회구성원 모두의 삶의 질이 향상될 수 있도록 노력하는 것이 사회복지실천 활동의 목적이라는 것이다. 그러나 '모든 사람'에서 강조되고 있는 것은 사회 속에서 상대적으로 소외되고 있는 사회적 약자 계층에 대한 관심이다. 사회 내에서 소외받는 사람 없이 사회구성원 모두의 삶이 향상되기 위해서는 사회적 정의가 실현되어야 한다. 사회적 정의는 사회적 형평성과 밀접한 관련이 있다. 사회적 형평성은 앞서 언급한 차별의 조건들에 구애 없이 모든 사회구성원이 자신의 욕구충족을 위해 필요한 자원에 접근할 기회를 평등하게 보장받는 상태를 의미한다. 이것은 기회의 평등이라고 불린다. 기회의 평등은 자본주의 시장경제 체제에서 평등을 제도화하기 위해 필요한 최소한의 개념이다.[5] 즉, 모든 개인이 사회의 가용자원과 기회에 공정하게 접근할 수 있도록 보장되어야 한다는 것이다. 대부분의 사회에서는 이러한 사회자원과 기회들이 모든 사람에게 공정하게 제공되지 못하고 있다. 따라서 사회복지사는 사회 속에서 이러한 기회 및 자원에 대한 접근에서 상대적으로 소외되어 있는 계층이 있는지를 유심히 살펴서 그들 각자의 권리를 찾아주는 활동을 펼쳐야 한다. 이러한 것에는 개별 클라이언트를 위한 지지 또는 옹호(advocacy) 활동, 역량강화(empowerment) 활동, 전문직협회 활동 등이 포함된다.

둘째, 사회복지실천은 사회구성원과 사회체계 사이의 유익한 상호작용을 회복 또는 촉진하기 위해 노력한다. 사회구성원 개인과 그를 둘러싼 사회체계 사이의 상호작용은 구성원의 사회적 기능이라는 개념에 의해 설명될 수 있다. 즉, 개인이 가진 각종 역량 또는 능력이라는 한쪽 요인과 주변 환경의 요구 또는 기대라는 다른 쪽 요인 사이에 적절한 균형이 맞춰져 있을 때 개인의 사회적 기능이 잘 발휘될 수 있다. 사회적 기능을 향상시키기 위해서는 한편으로는 개인의 역량이나 능력을 향상시키는 방법이 있을 수도 있고, 다른 한편으로는 개인 주변의 사회·물리적 환경의 조건이나 요구들을 수정 또는 조정하는 방법이 있을 수 있다. 개인에 대한 개입은 사전예방 서비스와 사후 회복을 위한 서비스가 있다. 사전예방 서비스는 개인 능력이나 자원이 훼손되기 전에 취약계층을 대상으로 적절한 서비스를 제공하는 것이다. 사후 회복을 위한 서비스는 신체·정

---

5 다른 차원의 평등으로는 '조건의 평등'과 '결과의 평등'이 있을 수 있다. 이미 불평등한 구조 속에서는 누구에게나 기회만 주고 경쟁하도록 할 경우 실질적 평등이 이루어질 수 없다는 데서 조건의 평등은 출발한다. 경쟁에서 불이익을 당하지 않을 만한 조건을 평등하게 설정한 후 경쟁하도록 해야 한다는 것이다. 결과의 평등은 기회의 평등과 조건의 평등 상태에도 불구하고 여전히 존재하는 불평등 문제를 시정하기 위해 출현하는 개념이다. 오랫동안 누적된 차별 상황을 시정하여 차별이 없는 결과를 만들기 위해 잠정적으로 강제성을 동원해 취하는 조치다.

신적 문제로 인해 사회적 기능이 이미 손상된 경우, 경제적 자활능력이 상실된 경우, 기타 일상생활이 어렵거나 불가능하게 된 사람들의 경우 그들의 능력 복구를 위해 노력하는 것이다. 사회 · 물리적 환경에 대한 개입의 목적은 환경이 개인의 개별적 욕구 충족에 적합한 상황이 되도록 조정하거나 개인에 대한 환경의 요구나 기대를 낮추도록 하는 것이다.

개인의 사회적 기능을 향상시키기 위해서는 개인의 요소와 환경 요소 사이의 상호작용 과정에 적절한 균형이 이루어져야 한다. 이러한 균형을 이루기 위해서 사회복지실천 개입의 초점이 때로는 개인적 요소에, 때로는 환경적 요소에 집중될 수 있다. 좋은 기회와 자원이 주변 환경 속에 존재함에도 불구하고 그것들을 적절히 활용할 능력이나 동기를 충분히 갖고 있지 못한 사람인 경우 사회복지적 개입의 초점은 개인에게 집중될 것이다. 이때, 개인과 환경 사이에 유익하지 못한 상호작용의 책임이 개인에게 더 많이 있다고 보는 것이다. 이러한 개인적 역기능을 경험하는 사람들의 예는 대인관계상 어려움, 자신에게 맡겨진 사회적 역할 불이행, 자신감 결여 등의 문제를 안고 있는 사람들이다. 이러한 클라이언트로 하여금 대인관계 기술을 습득하고 자신의 역할을 제대로 수행할 수 있도록 하며 사회적 자신감을 갖도록 도와주는 것 등이 사회복지실천 활동 목적이 될 수 있다. 반면, 충분한 대인관계 역량을 갖추고, 자신의 의무를 충실히 수행하며, 자립을 위한 다양한 자질을 갖추고 있음에도 불구하고 이러한 역량을 발휘할 수 있는 기회가 충분히 주어지지 않은 사회에서는 자활사업 확충, 일자리 창출, 일자리 공유 등을 통해 그러한 기회를 확충할 수 있는 다양한 활동이 사회복지실천의 목적이 될 수 있다.

지금까지 제시한 사회복지의 목적을 실천하기 위해 사회복지사는 다음의 믿음체계를 갖는다(National Association of Social Workers, 1981).

- 개인을 둘러싼 사회환경은 개인의 모든 잠재력과 소망의 최대 실현에 필요한 기회와 자원을 제공해야 하며, 개인의 곤궁과 고통을 감소시키기 위해

기본적으로 필요한 것들을 공급해야 한다.

- 각 개인은 자기 자신의 행복(well-being), 자기 주변 타인의 복지, 그리고 전체 사회의 복지를 위해 최대한 효과적으로 기여해야 한다.
- 개인과 개인 주변 타인과의 교류는 모든 당사자의 존엄, 개성, 자기결정을 향상시키는 방향으로 진행되어야 한다. 즉, 모든 개인은 인간적으로 정당하게 대접받아야 한다.

앞의 두 가지 믿음체계는 사회복지사가 자신의 활동 목적달성을 위해 노력하는 과정에서 사회와 개인에 갖고 있는 기대 또는 요구를 나타내며, 세 번째 믿음체계는 사회복지사 자신이 유념해야 할 사항을 나타내고 있다. 사회복지실천 활동의 목적은 사회가 개인에게 일방적이고 무조건적인 원조를 제공하는 데 있는 것이 아니라 개인 자신이 속한 사회 속에서 자신의 역량을 최대한 발휘하면서 살아가도록 촉진하며 그에 필요한 조건을 조성하는 것이다. 이 과정에서 사회복지사는 모든 개인의 인격과 존엄성이 손상되지 않도록 주의해야 한다.

2) 실천의 목표

앞서 언급한 미국의 시카고 회의에서 발표된 실질 성명에서는 지금까지 살펴본 목적달성을 위해 사회복지실천 인력이 실행해야 할 여섯 가지의 목표를 제시하고 있다. 이들을 중심으로 사회복지실천의 목표를 살펴보면 다음과 같다.

첫째, 개인으로 하여금 자신의 역량을 확대하고 자신의 문제해결 능력과 대처능력을 증진할 수 있도록 돕는다. 개인은 대개 자신의 대처자원이 고갈되었을 때 누군가에게 도움을 청하게 된다. 사회복지 전문인력이 이러한 도움 요청에 반응해 지원을 제공하는 방법에는 여러 가지가 있을 수 있다. 클라이언트에게 문제 상황에 대한 새로운 시각이나 관점을 제시하는 일, 적절하고 합리적인 대안을 생각할 수 있도록 돕는 일, 클라이언트가 가진 자신의 장점 또는 강점을 스스로 깨달을 수 있도록 돕는 일, 가용자원 또는 잠재적 대처자원을 동원할 수 있는 방법을 제시하는 일, 문제해결 전략 또는 절차를 교육시키는 일, 대인관계 기술을 개발하도록 돕는 일 등이 이러한 목표에 해당되는 일들이라 볼 수 있다.

둘째, 각종 자원을 확보할 수 있도록 돕는다. 인간이 최소한의 인간다운 삶을 유지하기 위해서는 각종 자원들을 필요로 한다. 여기에는 주거, 음식, 최소한의 생활필수품 등 유형의 서비스들, 그리고 의료서비스, 정신건강 상담서비스, 보호서비스, 법률서비스 등 무형의 서비스들이 포함된다. 사회복지실천 인력은 이러한 유형·무형의 서비스들을 클라이언트에게 직접 제공하거나 클라이언트가 그러한 서비스들을 제공받을 수 있도록 돕는 역할을 담당한다. 이러한 과정에서 각 서비스 제공기관에게 클라이언트를 소개하고 연결하는 중개자의 역할을 담당한다. 또한 직업, 의료, 주거 등 다양한 서비스를 동시에 필요로 하는, 복합 문제를 갖고 있는 클라이언트에게는 각 기관이 연계하여 문제해결에 필요한 적절한 서비스를 제공하도록 하는 사례관리자의 역할을 담당하기도 한다. 클라이언트가 필요로 하는 서비스가 사회 내에 존재하지 않을 경우에는 그러한 서비스 제공에 필요한 프로그램이나 제도를 개발하는 일도 사회복지사의 일에 해당한다. 북한이탈주민을 위한 생활적응 훈련 프로그램의 개발과 실시, 증가하는 다문화가족 구성원을 위한 각종 프로그램의 개발과 관련 법률을 만드는 일, 취약계층의 주거안정과 주거수준 향상을 위한 주거복지센터 내 활동 등은 과거에는 존재하지 않았던 새로운 프로그램이나 제도를 마련한 예들이라고 볼 수 있다.

셋째, 개인의 욕구에 적절히 반응하는 조직이 될 수 있도록 감시한다. 서비스 제공 기관이 클라이언트의 인간 존엄성을 존중하면서 적절한 절차와 기준에 의해 시의 적절한 서비스를 제공하는지를 유심히 살피고, 경우에 따라서는 시정을 요구하는 활동이 여기에 속한다. 클라이언트를 대신하여 클라이언트에 대한 비인간적 대우, 침해된 권리 등을 찾아 주는 역할도 여기에 해당된다. 그러나 무엇보다 우선되어야 할 것은 사회복지사 자신과 자신이 속한 기관이 클라이언트의 권익보호를 위해 최선을 다해 책임 있게 행동하고 있는가를 살피는 일이다. 자신이 속한 기관의 운영 상태가 사회복지실천 윤리 및 목적과 거리가 먼 경우 조직 내부 변화를 위한 용기 있는 행동이 요구된다.

넷째, 개인과 개인 주변 환경에 속한 사람들 사이의 상호작용을 촉진한다. 인간의 삶의 질은 대개의 경우 주변 사람과 이루는 원만한 상호 관계에 바탕을 두고 있다. 사회복지사는 개인과 개인 주변 사람 사이의 원만한 상호 관계를 촉진하는 역할을 담당한다. 비행 청소년의 문제를 해결하기 위해 청소년과 부모와의 대화, 청소년과 교사, 교사 · 부모 · 청소년 등 삼자 사이의 대화가 원만하게 이루어질 수 있도록 중개자 역할을 담당하는 것이 그 예가 될 수 있다. 시설 거주 노인 또는 장애인과 시설 운영진 사이에 상호 대화를 촉진함으로써 원만한 관계를 형성 · 유지할 수 있도록 활동하는 것도 여기에 해당된다.

다섯째, 조직과 조직, 기관과 기관 사이의 상호작용에 영향력을 행사한다. 클라이언트의 복지는 어느 한 조직 또는 기관의 활동에 의해서만 이루어지지 않는 경우가 많다. 관련된 여러 기관과 조직들 사이에 긴밀하고 원만한 협조가 이루어져야 하는 경우가 대부분이다. 그 예로서 복합적 문제를 갖고 있는 노인의 경우 소득 부족, 건강 악화, 사회활동 위축, 배우자나 친구들의 사망 등으로 인해 복합된 서비스 욕구를 갖고 있다. 이러한 욕구들이 조화롭게 충족될 때 노인의 복지가 이루어질 수 있는 것이다. 이러한 조화로운 욕구 충족을 위해서는 보건, 복지, 여가, 비공식적 사회지지망 등과 관련된 정부 기구나 조직, 지역사회 조직, 가족 등이 긴밀히 협조해야 한다. 사회복지사는 이러한 기관 간의 협조가 원만히 이루어지도록 조정 · 중재하는 역할을 수행한다. 이러한 기관 및 조직들에 클라이언트의 복지 관련 정보를 제공하는 일도 여기에 해당된다.

여섯째, 사회 · 환경의 정책에 영향력을 행사한다. 물리 · 사회적 환경의 개선, 물질적 서비스의 확보 등을 위한 정책 형성 및 법 제정 등을 위한 기초 활동도 사회복지사의 일에 해당한다. 이 책에서 말하는 사회복지실천 전문인력은 클라이언트와의 직접적 접촉에 의한 활동을 주로 하지만, 클라이언트의 문제는 필연적으로 정부의 기본 정책 및 법률에 의해 영향을 받고 있으므로 이러한 분야에 대한 관심과 문제제기가 요구된다.

요 약

이 장에서는 사회복지라는 용어를 상태 측면과 상태 지향적 행위 측면으로 나누어 살펴보았다. 상태와 행위는 동전의 양면과 같이 동일 현상의 다른 방식의 표현이라고 하면서 논의의 초점을 행위에 맞춰 사회복지실천 활동을 개략적으로 정의해 보았다. 사회복지실천 활동은 사회구성원 모두의 안녕상태를 이루기 위해 이루어지는 사회의 집합적 · 조직적 노력이다. 이렇게 정의할 때 사회복지실천 활동은 너무나 광범위하여 이 책에서는 이러한 광범위한 사회복지실천 활동 중 직접실천만을 사회복지실천으로 정의하였다. 사회복지실천의 구체적 의미를 최초의 사회복지실천 교육자라 할 수 있는 리치먼드의 정의, 미국사회복지사협회의 정의, 사회복지사국제연맹의 정의, 펄먼의 정의 등을 중심으로 새겨 보았다. 다음으로 사회복지실천의 목적과 목표를 미국 시카고 회의에서 제시된 「사회복지실천 목적에 관한 실질성명」을 중심으로 살펴보았다. 세 가지 사회복지실천 목적과 그 목적의 실천을 위해 사회복지사가 가진 세 가지 믿음을 살펴보았고, 이 목적 수행을 위해 필요한 여섯 가지 목표를 알아보았다.

토의사항

1. 복지상태 또는 안녕상태란 어떤 상태라고 생각하는가? 각자 정의해 보고, 그렇게 정의한 이유에 대해 의견을 나누어 보자.
2. 협의의 실천 또는 직접실천이 사회복지상태 또는 안녕상태를 만드는 데 어떻게 기여할 수 있다고 생각하는가?
3. 사회복지실천의 목적과 관련하여 더 추가되어야 한다고 생각되는 것은 무엇인가? 보다 더 구체적으로 사회복지실천의 내용을 제시해 보자.
4. 사회복지사의 활동의 주요 당위성은 어디로부터 온다고 생각하는가?
5. 사회복지의 목적을 실천하는 과정에서 사회복지사가 가져야 할 믿음체계 세 가지를 다시 살펴보고 믿음체계 중 수정되어야 할 필요가 있는 것이 있는지, 아니면 더 추가되어야 할 믿음체계가 있는지를 생각해 보자.

참고문헌

Greene, R. R. (1992). Case Management: An Arena for Social Work Practice. In S. Betsy & R. Greene (Eds.), *Social Work Case Management*. NY: ALDINE DE GRUYTER, pp. 11-25.

Hepworth, D. H., & Larsen, J. A. (1993). *Direct social work practice*. Pacific Grove, CA: Brooks/Cole Publishing.

International Federation of Social Workers. (2016). Definition of social work. http://ifsw.org/policies/definition-of-social-work/2016 2월 25일 접속.

Leiby, J. (1978). *History of social welfare and social work in the United States*. NY: Columbia University Press.

National Association of Social Workers. (1973). *Standards for Social Service Manpower*. New York: NASW.

National Association of Social Workers. (1981). Mission Statement. *Social Work*, *26*, 6.

Perlman, H. H. (1957). *Social casework: A problem solving process*. Chicago: University of Chicago Press.

Perlman, H. H. (1986). The problem-solving model. In F. Turner (Ed.), *Social Work Treatment: Interlocking theoretical approaches* (3rd ed.). NY: Free Press.

Pumphrey, R. E., & Pumphrey, M. W. (1961). *The heritage of American social work*. NY: Columbia University Press.

Richmond, M. E. (1922). *What is social case work?* NY: Russell Sage Foundation.

Roberts-DeGennaro, M. (1987). Developing Case Management as a Practice Model. *Social Casework*, *69*, 466-469.

Sheafor, B. W., Horejsi, C. R., & Horejsi, G. A. (1997). *Techniques and Guidelines for Social Work Practice* (4th ed.). Needham Heights, MA: Allyn & Bacon.

Weil, M., Karls, J. M., & Associates (1985). *Case Management in Human Service Practice*. San Francisco: Jossey-Bass.

Weismiller, T., & Rome, S. H. (1995). Social workers in politics. In R. L. Edwards, *Encyclopedia of Social Work* (19th ed.). Washington, DC: NASW Press.

Working Statement on the Purpose of Social Work (1981). *Social Work*, *26*(1), 6.

Zastrow, C. (1995). *The practice of social work* (5th ed.). Pacific Grove, CA: Brooks/Cole Publishing.

제2장

사회복지실천 현장의 이해

1. 서구 사회복지실천의 형성과 발달
2. 한국 현대 사회복지실천의 태동과 발달

우리나라 사회복지실천의 개념과 기술 대부분은 미국으로부터 유입되어 형성되었다고 볼 수 있다(조휘일 외, 1999; 최옥채, 2010). 미국의 사회복지실천 기술과 형태는 영국의 산업혁명 후기에 나타난 각종 사회문제에 민간인이 개입하는 과정에서 싹튼 자선활동에 의해 영향을 받았다. 따라서 이 장에서는 영국과 미국에서의 사회복지실천의 발달과정에서 시작하여 우리 사회 사회복지실천으로 흐름의 과정을 제시하고 최근 사회복지실천 현장의 변화와 동향, 그리고 실천 구조와 맥락 등을 살펴본다. 마지막으로 실천현장의 도전을 제시해 본다.

1. 서구 사회복지실천의 형성과 발달

1) 자선조직협회의 활동

18세기 중엽 영국에서 진행되기 시작한 산업화・도시화는 많은 인구를 도시로 모여들게 하였고, 그 여파로 도시빈민이 발생하기 시작하였다. 도시빈민의 문제를 해결하기 위한 목적으로 1800년대 초부터 영국에서는 사회복지기관들이 하나둘씩 출현하였다. 당시 사회복지기관들은 대개 개인이나 민간단체에 의해서 운영되었다. 주로 성직자가 기관의 운영이나 그 안에서 활동을 주도했고, 거기에 종교단체가 가세했다. 그 후 1900년대 초반까지 빈민을 위한 서비스는 성직자와 종교단체 그리고 중산층 이상의 자선가에 의해 제공되었다. 이러한 성직자와 자선가는 서비스 제공에 필요한 정규적인 훈련을 받지 않았고, 인간행동에 대한 이해도 부족했기 때문에 어려움을 겪고 있거나 문제를 표출하는 개인을 어떻게 도와야 할지 잘 몰랐다. 이러한 민간조직이 제공하는 서비스는 주로 음식이나 주거시설 등과 같은 물리적인 원조였으며, 정서적 문제나 대인관계상의 문제에 대해서는 종교적 훈계 차원의 개입만이 이루어졌다. 이러한 초기 활동들이 사회복지실천 영역에 포함된다고 보기는 어렵다.

전통적인 박애활동 및 자선의 형태에서 벗어나 보다 현실적이고 체계적인 방법으로 사회문제나 사회적 고통에 대처하기 위한 방안을 찾아내고자 하는 노력에서 사회복지실천이 전문영역으로 나아가기 시작하였다. 1800년대 중·후반에 들어서면서 대도시를 중심으로 많은 민간구제기관들이 출현하기 시작했는데, 이들의 활동 목적은 실업자, 빈민, 환자, 신체·정신 장애인, 고아 등을 돕는 것이었다. 이러한 민간구제기관들은 빈곤 가정을 방문하여 그들의 행동습관이나 환경을 조사하고 자립계획의 수립과 경제생활을 지도하였다. 이들의 활동은 서로 조정이 되지 않은 채 제각기 행해졌기 때문에 중복되기도 했다. 따라서 이러한 민간 사회복지기관들의 활동을 조절하기 위한 목적으로 영국에서 1800년대 중·후반에 자선조직협회(Charity Organization Society: COS)가 결성된다. 나중에 미국에서도 비슷한 양상을 보이던 취약계층 원조기관들이 자선조직협회의 조직 원리를 받아들이기 시작하였다.

영국 최초의 자선조직협회는 1869년 런던에, 미국 최초의 자선조직협회는 1877년 뉴욕주의 버팔로(Buffalo)에 세워졌다. 그 후 미국에는 많은 자선조직협회들이 생겨났다. 자선조직협회의 직원들은 주로 자원봉사자들이었으며 이른바 '우애방문단(friendly visitors)'이라 불렸다. 우애방문단은 주로 중산층의 부인들로 구성된 자원봉사자들로서 빈곤가족을 방문하여 가정생활, 아동 교육, 가계경제 등에 대한 조언을 하였다. 경우에 따라서 이들은 빈곤가족구성원의 용기를 북돋아 주기도 하고 가족을 도덕적으로 꾸짖기도 하였다. 우애는 문화, 지식, 교양, 가치 등이 동등한 수준의 우애라기보다 중산층의 도덕적 우월을 전제하고 취약계층에 제공되는 친절이었다.

자선조직협회에 소속된 우애방문단의 활동은 오늘날 사회복지사의 활동과 많은 차이가 있었다. 적절한 지원을 제공하기 전에 조사, 등록, 협력, 조정 등을 거치는 절차에서는 오늘날 사회복지사의 활동과 유사하나, 구제를 받을 만한 가치가 있는 빈곤자(worthy poor)에게는 도움을 제공한 반면 근로 능력이 있는 걸인, 알코올 중독자, 성매매 여성 등에게는 도움을 제공하지 않음으로써 근로와 도덕적 의무를 강조하였다는 점에서는 차이가 있었다. 자선조직협회의 직원은 근로능력이 있는 모든 사람은 일을 할 수 있도록 일자리를 알선하거나 개발하려고 노력하였으며 그들의 권리보호를 위해 법률 구조 서비스도 제공하였다. 자선조직협회는 기독교적 가치에 기초한 사랑을 강조하면서도(Leiby, 1984), 빈곤의 원인이나 개인의 특성에 대해서는 도덕이라는 잣대를 들어 판단하려는 경향을 보였다.

미국 내 자선조직협회에 소속해 있던 우애방문단은 1900년대부터 점차 보수를 받는 정식 직원으로 변하기 시작하였다. 최초로 사회복지실천 활동 유급 종사자를 고용하기 시작한 것은 19세기 말의 자선조직협회다(Dolgoff & Feldstein, 1980). 1890년대 말 자선조직협회는 시 당국과 계약을 맺고 시 당국의 구조기금을 집행하였는데, 이 프로그램을 운영하는 과정에서 자원봉사자들(우애방문단)을 조직하고 훈련시키기 위해 오늘날 사회복지관의 사회복지사와 같은 전문인을 채용하였다. 전문인은 이 일 외에 시 행정 당국으로부터 받은 기금을 책임 있게 집행하는 회계 업무도 맡았다. 이들이 점차 전문화되면서 나중에 사회복지사(social worker)로 불리기 시작하였다(Barker, 1995). 사회 취약계층을 보호하고 지원하는 일을 사회로부터 위탁받아 사회복지현장에서 활동하는 사람이라는 의미에서 사회의 일을 하는 사람(social worker)으로 불리기 시작한 것이다.

2) 인보관 운동

인보관 운동(settlement house movement)은 어려움을 겪고 있는 지역사회에 직접 나가 빈민과 함께 생활하면서 지역사회환경의 개선과 함께 빈민의 도덕적 교화를 위해 노력하는 활동이었다. 인보관 중에서 가장 잘 알려진 헐하우스(Hull-House)가 애덤스(Jane Adams)에 의해서 1889년 미국의 시카고에 세워졌다. 애덤스는 1884년에 세워진 영국 최초의 인보관인 토인비홀(Toynbee Hall)을 방문하여 그 운영 상황을 살펴본 후 이 제도를 미국에 도입하였다. 미국 내 인보관 운동의 주요 활동 무대는 미국 사회에 갓 도착한 빈민 이민자가 모여 사는 곳이었다. 인보관 운동 참여자는 빈민 지역의 주택 개선, 공중 보건 향상, 사용자에 의한 빈민 착취의 방지 및 해결 등 제반 사회문제에 대한 집합적이고 개혁적인 해결을 강조하면서 그와 관련된 구체적인 실천활동을 하였다. 그 외에도 직업기술훈련, 언어(영어)훈련, 환경개선운동 등을 전개함으로써 빈민의 자립 여건 형성을 위한 집단적 노력을 하였으며, 지역사회 거주자의 자생력 강화를 위해 성인교육도 실시하였다. 개인의 변화보다는 사회환경의 변화에 무게를 더 두었던 애덤스의 사회복지실천 활동은 이후의 사회복지실천과정에서 취약계층이 겪고 있는 어려움이나 문제의 원인을 사회환경에서 찾아보려는 노력에 영향을 주었다. 이 때문에 인보관 운동은 집단사회사업, 사회행동 및 지역사회조직 활동의 원조라 할 수 있다. 이들은 지역사회 행동을 통해 지역사회 문제를 해결하고자 했을 뿐만 아니라, 사회정책 형성 및 입법과정에 영향력을 행사하기도 하였다. 영국에서 초기 인보관 근무자들은 대개 젊은 대학생이었으며, 주로 신학대학 학생이거나 목사의 자제들이었다(Zastrow, 1995). 반면, 미국의 인보관 활동가들은 이상적이고 자유분방한 젊은 대학 졸업생이었다(Brieland, 1995). 이들 가운데 일부는 자원봉사자였고, 일부는 유급 근무자였다.

3) 전문적 교육의 등장

자선조직협회의 유급 전문인력(총무)은 자원봉사자를 교육하고 조직 · 관리하는 과정에서 일정한 기준과 지침서를 필요로 하게 되었고 이는 곧 사회복지실천교육의 필요성으로 연결되었다. 당시 볼티모어(Baltimore) 자선조직협회에서 근무하던 리치먼드(Mary Richmond)는 1897년에 열린 자선 및 교정학회에 참석하여 전문교육을 담당할 기관 설립의 필요성을 역설하였다. 이것을 계기로 1898년에 미국 최초의 사회복지 전문인력 훈련과정이 뉴욕 자선조직협회에 의해 뉴욕자선학교(New York School of Philanthropy)에 개설되었다. 이것은 6주짜리 훈련과정이었는데, 1904년에는 1년 과정으로, 1910년에는 2년 과정 프로그램으로 발전하였다. 리치먼드는 뉴욕자선학교에 겸임 교수로 출강하면서 자신의 실무 경험을 정형화된 교육내용으로 체계화하였다. 뉴욕자선학교는 후에 뉴욕사회복지대학(New York School of Social Work)으로 발전하였고, 1962년 이후로는 컬럼비아 대학교 내 사회복지대학(Columbia University, School of Social Work)으로 자리 잡았다. 1907년에는 시카고 대학교에 사회복지교육 프로그램이 개설되었다. 1919년 당시 미국에는 17개의 사회복지대학이 생겨났으며, 이 당시 학생들은 대부분 사회복지실천 현장에 근무하면서 수업을 듣는 시간제 등록학생이었다. 이들은 일하는 분야별로 각기 다른 교과과정에 따라 공부하였으며, 현장 중심적 교육이 대부분이었다. 1920년대에 들어서면서 현장 중심적인 교육과 시간제 등록 교육에 대한 문제점이 제기되면서 이론을 가미한 연중 전일제 수업의 석사과정이 생겨나기 시작했다.

당시 교육과정의 핵심은 개별사회사업(casework)이었다. 이 개별사회사업의 방법은 자선조직협회의 활동 원리 및 과정을 체계화한 것이라고 볼 수 있다(Brieland, 1995). 1900년에 필라델피아 자선조직협회의 총 책임자가 된 리치먼드는 그동안의 자신 및 동료들의 사회복지실천 활동내용 및 활동과정을 종합하여 『사회진단(Social Diagnosis)』(1917)이라는 책을 출판하였다. 이것은 사회복지실천에 관한 이론과 방법을 최초로 체계화한 책인데 리치먼드는 특히 이 책을 통해 빈민이 처한 상황을 체계적으로 진단하는 기술을 제시하였다. 정보수집 단계, 진단 단계, 문제 상황 예측 단계, 개입계획 단계, 실행 단계 등 리치먼드가 이 책을 통해 제시한 사회복지실천과정은 현재의 사회복지실천과정에서도 그대로 활용되고 있다. 그 후 리치먼드는 『개별실천이란 무엇인가(What Is Social Case Work?)』(1922)라는 책을 통해서 '케이스워크란 개인과 개인, 인간과 환경 간의 적절한 조화와 조절을 통해 인격의 발달 및 성장을 가져오게 하는 과정'이라고 정의하였는데, 현재 사회복지실천의 기본 개념 틀인 '환경 속의 인간(person-in-environment)'은 이때의 리치먼드의 저술에서 비롯되었다고 할 수 있다.

초기의 사회복지실천과 현장 중심의 훈련(in-service training)은 주로 의료사회복지, 정신건강사회복지 그리고 아동복지 분야 등에서 이루어졌다(Brieland, 1995). 의료사회복지와 정신건강사회복지는 의사의 영향력하에서 주로 이루어졌으며, 사회복지사가 주도적으로 행한 것은 아동복지 분야였다. 초기 사회복지실천의 방법이 정신과 의사의 방법, 즉 의료모델을 따라갈 수밖에 없었던 이유가 여기에 있었다.

4) 사회복지실천 초점의 이동

1920년대에 들어서 프로이트(Freud)의 정신역동이론이 유럽을 비롯한 서양의 학문 세계로 전파되기 시작하였다. 인간의 성격발달과 문제행동에 관한 프로이트 이론은 특히 사회복지실천 활동에 큰 영향을 주었다. 정신과 의사와 함께 활동하던 사회복지사는 의사가 사용하는 정신분석 개념과 설명에 매력을 느끼기 시작했다. 정신과적인 접근은 관찰 가능한 행동과 주변 환경에 대한 관심보다는 정신 내부의 역동과정(intrapsychic process)에 중심을 두고 주변 환경에 적응하도록 개인을, 특히 개인의 내부 정신 상태를 변화시키는 것을 강조하였다. 이러한 흐름 속에서 '환경 속의 인간'이라는 틀 속에서 환경에 대한 이해와 환경의 변화를 통한 인간의 성장 발달과 변화 · 적응을 강조했던 초기 사회복지실천의 중심이 점차 개인의 내부 문제에 대한 초점으로 옮겨 가기 시작했다. 이러한 경향은 약 30년간 지속되었다.

프로이트 이론의 강력한 영향과 더불어, 초기 사회복지사의 주요 활동 장소가 병원이었음에도 불구하고, 사회복지실천의 초점이 개인에게만 있었던 것은 아니었다. 의료사회복지 현장에서 일하는 사회복지사는 환자의 신체 · 정신적 건강을 해치게 만든 보다 큰 사회적 맥락, 즉 주변 환경의 성격, 대인관계의 성격, 지역사회 생활 양상 등에 대한 정보를 수집하여 의료팀에 제공하는 일을 담당하였다. 특히, 정신건강사회복지 관련 사회복지사는 정신과 의사와 팀을 이루어 개인의 정신 문제의 원인을 개인 내부에서만 찾는 대신 환경의 맥락 속에서 찾고자 노력하였다. 마이어(Meyer)와 같은 정신과 의사는 사회복지사와 함께 지역사회에까지 활동 범위를 넓혔다. 일부 정신과 의사들은 사회복지사를 자신들의 귀중한 파트너로 삼고 활동한 반면, 다른 의사들은 사회복지사의 관점과 활동내용에 큰 비중을 두지 않았다.

1910년 이후부터 발생하기 시작한 정신위생운동(mental hygiene movement)으로 말미암아 사회복지실천 인력은 정신질환의 예방과 치료를 위해서는 지역사회환경이 중요한 역할을 한다고 인식하기 시작하였다. 정신질환은 환경의 압박과 개인적 속성 사이의 상호작용 결과라고 이해되었다. 정신과 의사는 지역사회로 나가기 시작했고, 정신건강사회복지사의 관심은 점차 병원의 환자로부터 지역사회의 일반 대중에게로 옮겨 가기 시작하였다. 사회복지사는 환자의 가정을 방문하여 가정과 지역사회 내에서 환자의 행동을 관찰하고 지도하였다. 이로써 지역사회에서 발생하는 비행, 범죄, 일반인의 정서 · 감정 · 행동 문제들에 대한 연구와 개입에까지 사회복지사의 활동이 확대되었다. 특히, 아동문제에 대한 관심이 확대되면서 아동상담소(child guidance clinic)가 생겨나기 시작했고, 이들은 자체적으로 확보한 기금을 바탕으로 정신건강사회복지사의 활동을 지원하였으며, 정신건강사회복지사는 가족 및 아동복지기관에 자문을 제공하였다. 아동상담소에 소속된 사회복지사와 임상심리사 그리고 가족치료사들은 아동의 문제와 그 가족의 문제에 대한 개입활동을 폈다. 하지만 초기 사회복지사의 활동은 부모가 아동의 문제 때문에 아동상담소에 찾아와 상담하는 동안 아동과 함께하면서 그들을 관찰하고 조사하는 일에 국한되었다.

5) 진단주의와 기능주의의 갈등

1920년대 초부터 프로이트의 정신분석이론을 활용하여 사회복지실천 활동을 하던 홀리스(Florence Hollis), 해밀튼(Gordon Hamilton), 리치먼드 등에 의해 대표되는 이른바 '진단주의 학파(diagnostic school)와 1930년에 랭크(Rank)의 이론을 중심으로 사회복지실천 활동을 시작한 펜실베이니아 대학교의 제시 타프트(Jessie Taft), 루스 스몰리(Ruth Smally), 버지니아 로빈슨(Virginia Rodinson) 등에 의해 대표되는 이른바 '기능주의 학파(functional school)' 사이의 논쟁이 1930년대에 발생하였다. 이 논쟁은 전통적 정신분석이론에 대한 비판이 제기되면서 시작된 것이었는데 1950년대까지 지속되었다. 진단주의 사회복지실천은 무의식, 전의식, 저항 그리고 정신적인 결정론을 포함하는 정신분석이론에 기초하여 과거, 특히 아동기에서 현재까지의 생활 분석을 통해 클라이언트의 성격 구조를 진단하고 치료하는 것을 강조하였다. 진단주의 학파의 기본 전제는 사회복지사의 도움을 통해 성격의 요소인 자아(ego)의 힘이 강화될 수 있다는 것이다.

기능주의 사회복지 실천가들은 클라이언트의 성격이나 문제를 전문가적인 입장에서 진단하고 치료하는 것보다는 개인의 성장을 위한 원조를 강조하였다. 이들 실천활동의 이론적 중심인 랭크 이론에서는 개인의 '의지(will)'를 강조하였는데, 개인은 그 자신 내부에 건전한 성장을 위한 의지를 갖고 있다고 하였다. 또한 개인은 더 이상 과거의 노예가 아니라고 보고, 지금 바로 이곳에서의 경험과 그 주변 상황에 대한 이해를 통해 개인문제를 해결해 나갈 것을 강조하였다. 따라서 기능주의는 전문가와 클라이언트 사이의 원조 관계를 강조하였는데, 특히 클라이언트의 자아 의지를 활용하여 성장을 도모할 수 있는 관계의 유지에 초점을 두었다. 원조 관계는 곧 원조 과정과 밀접한 관련을 갖고 있었다. 클라이언트와 사회복지사는 클라이언트의 과거에 대한 설명이나 해석보다는 제한된 시간 내에 기관의 기능과 서비스를 최대한 활용하여 당면한 현실문제를 해결하고자 노력하였다. 이때 기관의 기능은 원조 과정의 초점, 방향, 내용 등에 영향을 주기 때문에 매우 중요하였다. 과거에 얽매이지 않은 개인의 성장 가능성과 개인의 동기 및 의지에 초점을 두는 점, 사회복지사의 권위적 지위나 태도를 달갑지 않게 생각하는 점 등 기능주의 특성은 진단주의에 영향을 주어 진단주의가 개인의 내적 진단을 중시한 프로이트의 영향에서 조금씩 벗어나 환경 속의 인간을 이해하는 쪽으로 나아가게 하였다.

6) 집단실천방법의 발달

집단실천방법이 개별실천방법과 함께 사회복지실천 방법으로 인식되기 시작한 것은 1930년대 이후였다(Brieland, 1995). 개별실천가(caseworker)는 집단실천가(group worker)를 아이들의 놀이 진행자, 집단 춤꾼, 캠핑 가는 사람, 만들기와 그리기를 가르치는 사람 등으로 여겨 1921년에 설립된 미국사회복지사협회(American Association of Social Workers)에 합류시키지 않다가 1937년에 협회 가입을 허용하였다. 집단사회복지실천의 근원지라고 볼 수 있는 인보관에서는 자선조직협회의 경우처럼 정형화된 교육체계를 마련하지 못하고 있다가 1935년에 미국사회복지학회(National Conference of Social Work)에 집단사회복지실천 발표 세션을 확보하였다. 1936년에 결성된 집단사회복지실천연구 전국협회는 1946년에 집단사회복지실천가협회(American Association of Group Workers)로 발전하였다. 집단사회복지실천은 집단구성원 간의 상호작용을 강조하였고, 경쟁보다는 협동 작업에 초점을 두었다. 정신병원과 아동상담소 등지에서 서서히 증가하던 집단사회복지실천 활동은 제2차 세계 대전 후 지역사회로 돌아온 참전 용사 대상의 실천으로 인해 급격히 증가하기 시작하였다. 1960년대에 이르러 개별실천가들이 가족구성원의 의사소통 기술, 의사결정과정, 사회기술 등의 향상을 위해 노력하는 과정에서 집단 형태의 가족 개입이 시작되었다. 이로써 개별사회복지실천과 집단사회복지실천이 통합되기 시작하였다(Brieland, 1995). 사회복지사가 클라이언트를 개별적으로 만나 개입하기도 하고 집단으로 개입하기도 하면서 양자의 결합이 자연스럽게 이루어지기 시작한 것이다.

7) 사회복지실천 초점의 재이동과 실천모델의 개발

1960년대로 들어서면서 미국 내 사회복지사의 개입 방향은 다시 사회 쪽으로 회귀하기 시작했다. 1929년부터 시작된 대공황(The Great Depression)을 거치면서, 개인 변화에 초점을 둔 사회복지실천은 사회복지 문제를 근본적으로 해결할 수 없다는 인식이 확산되었다. 특히, 절대 빈곤선 이하의 취약계층에게는 언어 · 심리에 의존한 서비스보다는 경제적 압박과 사회적 고립으로부터 당장 벗어나기 위한 사회구조적 변화와 제도 마련 중심의 서비스가 더 절실히 요청된다는 믿음하에 환경에 대한 개입이 강조되기 시작하였다.

1970년부터는 사회복지실천 모델에 대한 탐구가 일어나면서 많은 실천모델들이 출현하기 시작하였다. 1979년과 1980년에는 미국사회복지사협회(NASW)를 중심으로 임상사회복지실천의 실체를 규정하는 작업을 통해 공통의 지식기반, 실천방법, 실천현장, 가치와 기술 등에 대한 합치된 정의를 도출해 내고자 하였다. 현재의 사회복지실천은 사회와 개인 모두의 변화에 초점을 둔 접근을 추구한다. 그러나 사회·경제 여건의 변화에 따라 실천의 초점이 약간씩 변화함을 볼 수 있다. 전반적으로 사회·경제가 순항할 때는 개인에 대한 초점으로 이동되다가 사회·경제 상황이 악화될 때는 주변 환경의 구조 문제로 초점이 이동되는 경향이 있어 왔다. 오늘날 사회복지실천의 형태는 개혁 성향의 사회변화를 주창한 인보관 운동의 영향과 개인 변화를 주창한 자선조직협회의 영향, 근린 지역사회 자원의 조직 및 동원을 강조하는 지역사회조직 운동 등의 영향이 통합된 결과라 할 수 있다.

2. 한국 현대 사회복지실천의 태동과 발달

1) 외원단체의 활동과 그 영향

(1) 외원단체협의회(KAVA)의 탄생

해방 이후 미 군정기(1945~1947년)에도 제2차 세계 대전의 피해민과 북위 38° 선 이북에서 이남으로 이주한 사람들의 구호를 위해 외국 자선단체들이 우리나라에 들어와 사회복지실천과 유사한 활동을 해 왔었다(하상락, 1989). 그러나 외국 원조에 의한 사회복지실천이 대대적으로 전개되기 시작한 것은 한국 전쟁 시기인 1950년대 초부터라고 할 수 있다. 한국 전쟁으로 인한 사회적 혼란과 삶의 황폐 현상에 개입하고자 많은 외국 민간원조단체(이하 외원단체)가 우리나라에 들어오기 시작하였다. 이로써 서구식, 주로 미국식 사회복지실천 방법이 본격적으로 도입되기 시작하였다. 따라서 우리나라의 사회복지실천 활동은 이들 외원기관에 의해 시작되었다고 해도 과언이 아니다.

한국 전쟁 발발 후 국제연합(UN)의 요청에 의해 각국의 외원단체들이 구호물품과 성금을 한국에 보내 주거나 직접 방문하여 구호사업을 지원 · 전개하기 시작하였다. 많은 외원기관들이 들어와 서비스를 비조직적 · 비체계적으로 제공하다 보니 수혜자가 중복 또는 누락되는 등 사각지대가 발생하게 되었다. 이러한 혼선을 예방하고 서비스 제공자 간의 협력, 조정, 정보교환, 공동사업 계획 수립 등을 위해 1952년 3월, 7개의 외원단체가 피난지 임시 수도였던 부산에서 한국외원단체협의회(Korea Association of Voluntary Agencies: KAVA)를 결성하였다. 1954년 4월에는 총회를 통해 KAVA의 정관이 채택되었다. 이 당시 등록된 외원단체 수는 33개였는데, 1960년대에는 최고 123개까지 증가하였다가 1970년대 중반 이후 감소하기 시작하였다.

(2) KAVA와 외원단체들의 활동 내용

전쟁의 혼란 중에 출범한 KAVA는 1970년대 초반까지 약 15년간 활발한 활동을 하였다(카바 40년사 편찬위원회, 1995). 전후 1970년대 초반까지 우리 정부는 전후 복구사업과 경제개발 계획 추진에 몰두하느라 사회복지사업에 신경 쓸 겨를이 없었다. 따라서 KAVA 회원인 외원단체들이 전쟁 이재민의 구호활동과 그 밖의 각종 사회복지서비스 제공의 중심적 역할을 담당하였다(카바 40년사 편찬위원회, 1995). 한국 정부보다 더 많은 재원으로 사회복지서비스 제공과 그 밖의 관련 활동을 다양하게 전개하였기에 카바는 '제2의 보건사회부'[1]라는 별명도 들었다. KAVA에 가입하지 않은 채 활동한 외원단체의 수도 많았다.

KAVA는 일차적인 원조기관이 아니었다. 원조기관들의 연합체로서 KAVA는 다음과 같은 활동을 하였다(윤흠, 1958).

1 현재의 보건복지부에 해당되는 당시의 행정부서 이름.

① 정보교환과 사업의 평가 계획
- 각 단체가 얻은 경험과 의견의 교환
- 한국에 필요한 도움 파악과 그에 따른 각 단체의 사업 계획

② 사업의 연락과 조정
- 각 회원단체의 사업 소개를 통해 서비스 중복을 감소
- 필요에 따라 각종 위원회 등을 통해 한국정부 및 한국사회단체와의 유대 도모

③ 단체교섭
- 합동으로 위원회 등을 통해 사회문제의 조사연구와 그 해결책 강구
- 조사연구 결과 정치나 기타 기관에 교섭이 필요한 경우 집단적으로 접근

KAVA의 개별 외원단체들은 한국 전쟁 직후에는 전쟁 이재민에게 구호물자나 양곡을 배급하였고, 긴급의료서비스도 제공하였다. 1956년 이후 이 단체들은 점차 일시적인 지원이나 긴급구호에서 벗어나 장기적인 사업을 실시하기 시작하였다. 즉, 장기적인 사업계획에 따라 학교, 병원, 고아원 등과 같은 기관 및 시설을 설립하여 직접 운영하거나, 각종 후원 물품 및 장비, 기술 등의 제공을 통해 기관의 운영을 간접 지원하였다. 그 외에도 전쟁 이재민을 위한 주택 건설 등의 각종 정착사업, 농어촌 개발 및 소득 증대사업, 농 · 상공업을 위한 자립 및 자활사업, 지역사회 조직 및 개발사업, 각종 지도자 양성 및 기술자 훈련 지도사업 등을 직접 전개하거나 지원하였다(카바 40년사 편찬위원회, 1995).

(3) 외원단체의 영향

외원단체의 활동은 우리나라 사회복지 발전에 큰 영향을 주었다. 당시 전쟁 고아, 미망인, 이산가족, 부랑인, 무주택자, 성매매 여성 등 수많은 취약계층에 대한 외원단체들의 구호활동이 없었더라면 이들이 겪어야 할 고통은 훨씬 더 컸을 것이다. 외원단체의 이러한 활동은 수많은 취약계층의 욕구 충족을 위해 정부가 어떤 노력을 해야 하는지에 대한 기초적인 아이디어를 제공한 동시에 그

노력을 위한 우리 정부의 부담을 덜어 주었다.

KAVA 및 그 회원단체들의 활동은 사회복지실천의 전문화에도 어느 정도 기여하였다. 이 단체들의 본래 목적은 대개의 경우 전문적 사회복지실천에 있었다기보다는 종교적인 선교활동 및 구호활동에 있었기 때문에 그 활동이 사회복지 전문성을 갖춘 것이었다고는 볼 수 없다. 그러나 이들의 활동 과정에서 구미의 전문 사회복지실천의 개념과 방법이 사회복지실천 현장 속에 스며들었다. 많은 단체들 중 사회복지실천 방법 및 기술의 실천과 관계되는 대표적인 단체로 기독교세계봉사회(Christian World Service), 메노나이트 중앙재단 한국구조단(Mennonite Central Committee, Korea Relief Unit), 캐나다 유니테리언 봉사회(Uniterian Service Committee of Canada) 등을 들 수 있다(전재일, 김상규, 1988/1992). 이들은 가정복지부, 가정아동복지사업부 등의 부서를 만들고 도움을 필요로 하는 가정에 서비스를 제공하고 그 가정의 아동에게도 필요한 서비스를 개별적으로 제공하였다. 이 밖에도 외원단체들에 의해 서구식 사회복지시설이나 제도가 소개되었으며, 농어촌 지역사회 개발이나 지역사회 조직 등 지역복지를 위한 활동의 개념도 도입되었다. 교육훈련 측면에서는 사회복지 전문인력 양성을 위한 교육훈련의 필요성이 인식되어(김영모, 1991; 전재일, 김상규, 1988/1992; 최일섭, 1985) 미국식 전문 사회사업교육과 실천모델이 대학에서 교육되는 계기가 되었다.

외원단체 활동이 우리나라의 사회복지실천에 끼친 영향에 대해 최원규(1996)는 다음과 같이 정리하였다. ① 한국의 사회복지실천이 종교(특히, 기독교)와 밀접한 관련하에 전개되도록 함, ② 한국에서 전문 사회복지실천의 시작을 촉발함, ③ 시설 중심의 사회복지실천이 발전되는 계기를 만듦, ④ 한국의 사회복지가 거시적인 사회정책보다는 미시적인 실천 위주로 발전하게 함, ⑤ 한국인이 사회복지실천을 구호사업 또는 자선사업과 같은 것으로 인식하게 함, 그리고 ⑥ 외국의 원조에 크게 의존하던 한국의 민간 사회복지실천 부문이 외원단체 철수 후 정부 자원에 의존하게 됨으로써 민간 사회복지실천 부문이 정부 통제 속으로 들어가는 데 기여함.

1970년대에 들어서 외원단체들이 사업을 종결하고 우리나라를 떠나기 시작하였다. 이들이 사업을 종결하게 된 이유는 우리나라의 경제가 급성장하여 외국 원조에 대한 의존도가 점차 감소하였고, 전후 응급구호적인 활동의 의미도 퇴색되었기 때문이다(카바 40년사 편찬위원회, 1995). 국가의 체면을 손상시키는 일부 외원구호 활동의 종식을 위해 우리 정부가 외원단체 활동에 대한 관계 법령 정비를 통해 외원단체 활동에 대한 통제를 가하기 시작한 것도 외원단체 철수의 한 원인이 되었다(카바 40년사 편찬위원회, 1995). 또한, 미국 경제 사정의 악화로 외원단체에 대한 본국 지원이 감소한 것도 외원단체가 우리나라를 떠나게 된 이유 중 하나다(최원규, 1996). 우리나라에서 활동하던 많은 외원단체들은 인도, 방글라데시 등 동남아시아 국가들과 남아메리카 국가 등 우리보다 더 곤궁한 상태에 놓여 있는 나라들을 새로운 원조 대상국으로 정하고 그곳으로 사업을 옮겨 갔다.

외원단체의 이탈에 따라 우리나라에 전문적 실천이 정착되지 않은 상태에서 우리 자체의 사회복지실천이 모색되기 시작하였다. 이 과정에서 미국식의 전문 사회복지실천이 무비판적으로 수용되고 적용됨으로써 우리 사회에 맞는 토착적인 사회복지실천 방법이 개발되지 못하였다(조휘일 외, 1999). 뿐만 아니라 당시 많은 기관이나 시설은 수용보호의 전통적 방법에서 탈피하지 못한 채 대인서비스 기술 개발보다는 노인, 아동, 부녀자, 정신질환 등의 분야로 나뉘어 각자의 영역에서 수용보호 임무를 수행하였다.

(4) 외원단체 활동의 계승

외원단체들 중에서 우리나라에서 모든 사업을 완전히 종결하고 철수한 단체도 있고, 사회복지사업을 중단한 채 본래의 목적인 선교사업을 위해 변신한 단체도 있으며, 교육 및 의료사업으로 전환하여 토착화한 단체들도 있다. 하지만 일부 단체는 외원단체 본래의 활동 취지와 정신을 살리면서 새롭게 변화하여 지속적으로 예전의 사회복지사업을 계승 · 발전시켰다. 이러한 단체들은 토착화에 성공하여 우리나라의 주요 사회복지기관으로서 역할을 다하고 있다. 이와 같이 외원기관에서 출발하여 우리 사회에 뿌리를 내리고 현재까지 사업을 전개하고 있는 몇몇 대표적인 국내 사회복지기관들을 간략히 소개한다.

① 기독교아동복지회(→ 어린이재단, www.childfund.or.kr)

중국 아동에 대한 구호활동을 하고 있던 중화아동복지회(China Children's Fund: CCF)의 해외 사업 본부 홍콩 주재 책임자였던 밀스(V. J. Mills) 목사가 1948년 10월에 우리나라를 방문하여 당시 3개의 아동복지시설을 지원하기 시작한 것이 기독교아동복지회 설립의 계기가 되었다. 한국 전쟁 후 보호를 필요로 하는 아동의 수가 증가함에 따라 CCF는 기관의 명칭을 중화아동복지회에서 기독교아동복지회(Christian Children's Fund) 한국 지부로 변경한 후 부산에 사무실을 두고 우리나라의 아동을 집중적으로 지원하게 되었다. CCF는 1970년대부터 철수 계획을 세우고 단계적으로 외국 지원을 축소해 가며 국내 CCF 한국 지부의 자생력을 키워, 1972년에 '한국어린이재단'을 탄생시켰다. 1986년에 38년간의 외국 지원이 완전히 종결되면서 국내 순수 민간기관으로 거듭나 독자적인 사업을 실시하게 되었다. 1994년에 재단의 명칭이 '한국복지재단'으로 변경되었고, 2008년에는 창립 60주년을 맞아 아동복지사업에 전념하기 위해 그 명칭을 '어린이재단'으로 바꿔 현재에 이르고 있다. 2010년에는 '초록우산'을 커뮤니케이션 브랜드(communication brand)로 채택하여 현재 '초록우산 어린이재단'으로 불리고 있다.

현재 전국 각 지역 본부, 종합사회복지관, 장애아동보호 · 재활시설, 가정위탁지원센터, 실종아동전문기관, 아동보호전문기관, 아동옹호센터(아동폭력예방) 등을 두고 국내에서 활동하고 있는 어린이재단은 국제어린이재단연맹(ChildFund Alliance)의 회원기관으로서 국제적인 아동복지기관으로서의 역할도 수행하고 있다. 전 세계 어린이와 가족을 위해 지역개발사업, 의료서비스, 교육사업, 긴급구호사업 등을 수행하면서 과거 우리가 외국으로부터 받았던 혜택을 세계의 어린이와 그 가족에게 돌려주고 있다. '초록우산 어린이재단'은 국내 최대의 포괄적 아동복지전문기관으로서 외원기관으로 출발하여 우리나라 토착화에 성공한 대표적인 기관이라 할 수 있다.

② 한국선명회(→ 한국월드비전, www.worldvision.or.kr)

한국월드비전(World Vision Korea)은 한국 전쟁으로 가족을 잃은 고아와 미망인을 돕기 위해 당시 국제연합(UN) 종군기자였던 미국인 밥 피어스(Bob Pierce)와 한국의 한경직 목사가 1950년에 설립한 것이다. 설립 당시 월드비전(world vision)이라는 영어를 한문의 뜻에 맞춰 선명회(宣明會)로 부른 이름이 1999년까지 사용되었다. 1998년 월드비전 세계 총회를 통해 모든 국가에서 '월드비전'이라는 통일된 기관명을 사용하기로 결정하면서 한국에서도 한국월드비전으로 불리기 시작했다. 기독교정신을 바탕으로 하는 전문구호개발기관인 월드비전은 전 세계 100여 개의 회원국이 세계 2억여 명을 대상으로 긴급구호사업, 개발사업, 옹호사업, 북한사업 등을 펼치고 있다. 모든 회원국은 후원국과 수혜국으로 나뉘는데, 후원국월드비전은 모금을 주로 담당하고 수혜국월드비전은 현장에서 긴급구호, 지역개발 및 옹호사업을 펼친다. 100여 개의 회원국 중에서 후원국은 20개국이며, 월드비전 미국, 호주, 캐나다, 영국, 대만, 대한민국 등이 여기에 포함된다. 한국월드비전은 1991년에 수혜국 지위에서 후원국 지위로 역사적 전환을 하였는데, 대한민국은 월드비전의 모든 회원국 중에서 수혜국에서 후원국으로 전환한 유일한 국가다.

한국월드비전은 국제적으로 아동과 마을의 자립을 돕는 지역개발사업, 재난당한 사람들을 위한 구호사업 등을, 국내에서는 위기아동지원사업, 방과후 교육사업, 아동권리 옹호사업, 사랑의 도시락사업 등을 수행하고 있다. 또한 북한 관련 사업으로 농업교육사업, 식량구호사업, 농장지도사업 등을 펼치고 있다. 국제 사업을 위해 한국월드비전은 아프리카, 중동 · 동유럽, 아시아, 중남미 등 전 세계 33개국 131개 사업장을 두고 있으며, 국내 사업을 위해서는 전국 각지에 종합사회복지관, 가정개발센터, 사랑의도시락나눔의집, 꿈꾸는아이들사업단, 공부방 등을 운영하고 있다.

③ 홀트아동복지회(www.holt.or.kr)

한국 전쟁이 끝난 후인 1955년 6월 목재사업을 하던 미국인 해리 홀트(Harry Holt)가 한국의 전쟁고아와 혼혈아동을 도울 수 있는 방법을 모색하기 위해 한국을 방문하였고, 그해 10월 한국 고아 8명에게 새로운 가정을 찾아주는 입양을 하였는데 이것이 홀트아동복지회의 출발이 되었다. 1956년 홀트는 국내에 홀트해외양자회를, 미국에는 홀트입양회(Holt Adoption Program, Inc.)를 설립하여 해외 입양을 시작하였고 1957년부터는 국내 입양도 시작하였다. 1960년에 재단법인 홀트양자회가 설립되었고 1967년에 한경직 목사가 이사장으로 취임하면서 한국인 이사장이 대를 이었다. 1972년 7월에 법인 명칭을 사회복지법인 홀트아동복지회(Holt Children's Services: INC)로 바꿔 현재에 이르고 있다.

홀트아동복지회는 우리나라의 대표적인 입양기관으로서 국내외의 후원자와 자원봉사자들의 도움으로 입양사업뿐 아니라 아동·청소년, 미혼한부모와 장애인, 지역사회와 다문화가정 등 우리 사회 소외된 이웃을 지원하는 전문적인 복지사업을 실시하고 있으며 더 나아가 해외 빈곤아동 권리 향상을 위한 활동을 펼치고 있다. 홀트아동복지회는 전국에 어린이집, 종합사회복지관, 장애인복지관, 요양원, 입양가정지원센터, 아동보호전문기관 등을 운영하면서 우리나라 주요 사회복지기관으로 자리매김하고 있다.

④ 한국지역사회복리회(→ 세이브더칠드런, www.sc.or.kr)

1953년에 세이브더칠드런(Save the Children: SCF) 영국, 캐나다, 스웨덴, 미국 등이 한국 전쟁 이후 아동과 미망인을 지원하기 위해 우리나라에 와 서울, 부산, 마산 등지에서 미망인과 고아를 돕기 시작하였다. 또한 지역사회 개발을 위해 병원을 설립하여 보건 및 의료서비스를 제공했다. 이들은 빈곤아동을 위해 교육훈련과 영양 공급을 행하였으며, 거리의 아동을 위해 그룹홈을 세우고 아동을 보살폈다. 1950년대는 아동과 미망인을 위한 의료 및 교육·보호·훈련·지원 사업 등에 치중하다가 1960년부터 1990년대 말까지는 전국의 농어촌 지역을 중심으로 새마을 운동사업 등 지역사회개발사업에 주력하였다.

영국, 캐나다, 스웨덴 세이브더칠드런이 철수하자 서울에 한국 지부를 두고 활동해 온 미국 세이브더칠드런이 1980년에 한국에서 활동하던 타국 세이브더칠드런 한국 지부를 통합하여 사단법인 한국지역사회복리회를 설립하였다. 1981년에는 동양에서는 첫 번째로 국제 세이브더칠드런연맹의 회원국이 되었다. 1991년에 사단법인 한국지역사회복리회가 사회복지법인으로 전환된 후에도 미국 세이브더칠드런으로부터 일부 재정적인 지원이 이루어졌으나 1998년부터는 한국의 독자 운영능력이 인정되어 재정적인 지원이 종결되었다. 2002년에는 사회복지법인 한국세이브더칠드런으로 법인 이름이 변경되었다.

그 후 2004년 6월 15일 사회복지법인 '한국어린이보호재단'과 합병하여 사회복지법인 세이브더칠드런코리아로 법인명이 바뀌면서 전 세계 세이브더칠드런 연맹의 회원국들이 사용하는 '세이브더칠드런'이라는 명칭과 로고뿐 아니라 사명(mission), 비전 및 목적을 공유하고 있다. 세이브더칠드런은 전 세계 120여 개 국가에서 활동하는 국제구호개발 비정부기구(NGO)다. 현재 우리나라에서는 아동권리 조사, 아동 관련 연구 및 개발사업, 심장병 · 희귀질환 · 미숙아 아동지원 등 국내외 의료사업, 아동학대예방 · 치료사업, 가정위탁지원사업, 지역사회 중심 아동복지 및 지역복지사업, 유아 아동개발사업(어린이집 운영) 등을 실시하고 있다.

⑤ 캐나다 유니테리언 봉사회(→ 한국봉사회, www.hanbong.or.kr)

캐나다 유니테리언 봉사회(Unitarian Service Committee of Canada: USCC)는 1945년에 조직된 외원기관으로서 국제연합(UN)의 초청으로 1952년 우리나라에 들어와 전쟁고아, 미망인, 결식아동들의 구호를 위하여 활동했다. 이들은 식료품 등의 구호물품과 미망인들의 직업재활을 위한 재봉틀 · 편물기 등을 주로 UN을 통하여 원조하기 시작하였다. 이후 긴급구호사업, 육아원 원조사업, 보건 · 의료사업 등으로 사업 범위를 넓혀 갔다. 1956년부터는 시설아동과의 결연을 통해 후원활동을 전개했고, 1962년부터 목포, 인천, 이천, 마포 등 4개 지역에서 사회복지관사업을 시작하였으며, 1965년부터는 시설아동 중 경제적인 이유로 가정복귀가 어려운 아동들을 대상으로 경제적 지원과 상담을 실시해 궁극적으로 아동이 자신의 가정으로 돌아가 그곳에서 생활할 수 있도록 거택구호사업을 추진하였다. 1958년에는 우리나라에서 처음으로 전문교육을 받은 전문사회사업가를 채용하여 사회복지사업을 전문화하는 데 공헌하였다. 그 밖에, 한가(韓加)장학위원회를 창설하여 불우한 학생 중 성적 우수자에게 장학금을 제공하는 장학사업을 실시하였으며, 결핵 아동을 위한 의료사업, 극빈가정을 위한 가정복지사업, 직원 자질 향상을 위한 직원훈련사업 등을 전개해 왔다.

이 단체는 1977년에 그 명칭을 사회복지법인 한국봉사회로 바꾸고 6개 사회복지관을 운영하면서 국내결연사업을 본격적으로 전개하였다. 1979년에 캐나다로부터의 원조는 완전히 중단되고 한국봉사회는 독자적으로 여러 가지 사업을 전개하면서 오늘에 이르고 있다. 현재 종합사회복지관과 어린이집을 비롯하여 결식어르신 무료급식사업, 다문화가정지원사업, 자활사업과 같은 다양한 사회복지 프로그램을 개발 · 운영하고 있는 한국봉사회는 외원단체를 통해 한국토착화에 성공한 대표적인 사회복지기관 중 하나라고 할 수 있다.

⑥ 메노나이트 중앙재단(→ 가정복지회, www.fwa.or.kr)

메노나이트 중앙재단(Mennonite Central Committee: MCC)은 한국 전쟁이 멈춘 1953년 이후 우리나라의 연료와 식량 부족, 대량 실업, 해체된 가정들에 대해 관심을 갖기 시작하다가 1962년 대구에 MCC 한국 지부를 설립하였다. 당시 MCC는 미국 농무부(United States Department of Agriculture: USDA)로부터 백만 달러 상당의 식량을 지원받아 7,000여 명의 한국인에게 급식을 제공하고 재활 프로그램의 일환으로 200여 명의 고아에게는 직업학교 프로그램을, 미망인에게는 양복재단 및 재봉 프로젝트를 실시하였다. 1962년 3월에는 아동을 고아원보나는 가정에서 양육할 수 있도록 돕는 가족아동지원사업(Family Child Assistance: FCA)을 본격화하였다. 1964년에는 지역 기반의 구체적인 사회복지사업 전개를 위해 대구 지역 최초로 동구 신천동에 지역회관(Community Center)을 설립하는 등 지역복지조직체로서의 면모를 갖추어 나갔다. 1970년 6월에는 대구에 다른

복지기관이 없는 점을 고려하여 한국인만으로 구성된 위원회를 조직하여 사단법인 대구가정복지회(Family Welfare Association: FWA) 설립을 지원하였다.

1981에 대구가정복지회는 사단법인에서 사회복지법인으로 전환되었고, 2000년에는 사회복지법인 가정복지회로 법인 명칭이 바뀌었다. 가정복지회는 그 사업 지역을 넓혀 대구 지역을 벗어나 울산 지역회와 사무소를 설치하였고, 2001년에는 기존의 구미 사무소를 경북 지역 본부로 승격하였다. 또한 김천사무소와 '칠곡 아이꿈터'(일시보호 위탁가정) 등을 설치하여 지역복지를 위한 사업장을 확보 운영하면서 전문복지 프로그램을 개발 · 보급하기 위한 노력을 하였다. 현재는 여러 개의 종합사회복지관을 운영하면서 전문 사회복지서비스를 제공하고 있다. 이 기관은 외원단체를 통해 대구 경북 지역에 뿌리를 내린 전문 사회복지기관이라 할 수 있다.

⑦ 양친회(→ 양친사회복지회)

양친회(Foster Parent's Plan: FPP)는 1937년 스페인 내란 때부터 시작하여 제2차 세계 대전을 거치면서 전쟁으로 인해 고통 받는 아동과 그 가족에게 물질적 · 정신적 지원을 제공해 온 비정치적 · 비종파적 · 초인종적 · 인도주의적 순수 민간 원조단체로서 우리나라에서는 1953년에 사업을 시작하였다. 양친회는 1974년에 사회복지법인 '양친사회복지회'로 그 명칭을 바꾸고 의료사업, 장애인재활사업, 노인복지사업을 전개해 왔다. 양친회는 한국 내 사업을 완전 종결하기에 앞서 1977년에 어린이집과 무료급식소를 운영하며 500여 세대의 극빈가정에게 도움을 제공하던 장소인 성남시 금광동에 '양친회병원'(1992년 성남중앙병원으로 명칭 변경)을 설립하였다. 1979년 6월 외원단체 양친회는 그간 사용하던 재산을 국내에 남기고 우리나라에서 철수하였다. 1984년부터 '양친사회복지회'는 장애아동 재활사업을 위해 '소망재활원'을 개원하여 운영하고 있으며, 1997년에는 노인을 위해 '정성노인'을 설립하여 운영하고 있다. '양친사회복지회'는 중소 도시에서 외원단체 사업의 한국토착화에 성공한 대표적인 기관이라 할 수 있다.

⑧ 태화복지재단(→ 태화기독교사회복지관, www.taiwha.or.kr)

태화복지재단은 외원단체로 분류되지는 않으나 외국 선교기관의 지원으로 시작된 우리나라 최초의 사회복지관인 태화여자관에 그 뿌리를 두고 있다. 태화여자관은 초대 관장 마의수(Mamie D. Myers) 선교사의 노력으로 미국 남감리교회 여선교부의 지원을 받아 1921년 4월 4일에 옛 순화궁 자리(현재 종로구 태화빌딩 자리)에서 문을 열고 주로 여성과 아동을 위한 사회복지사업을 시작하였다. 1933년 그 체제가 보다 다양한 사회복지사업 중심으로 개편되면서 태화여자관은 그 명칭을 태화사회관으로 바꾸었다. 이후 1963년 최초의 한국인 관장인 문인숙 관장 체제가 들어서면서 태화사회관은 기존의 선교 재정에 바탕을 둔 운영체제에서 벗어나 수익사업과 목적사업을 동시에 진행하는 등 기독교 정신에 입각하여 다양한 사회복지사업을 수행하였다. 1981년 태화사회관은 그 명칭을 태화기독교사회복지관으로 바꾸었으며, 1995년 이후 서울의 강남구 수서 지역에 새로운 건물을 세우고 그 지역사회의 주민을 위해 다양한 사회복지서비스를 제공하고 있다. 부속기관으로 가출 청소년의 일시 · 단기보호시설인 '강남구 청소년쉼터', 성인 정신장애인 사회복귀시설인 '태화해뜨는샘', 그리고 '강남구 발달장애인평생교육센터', '태화어린이집'을 두고 있다.

2) 제도적 발전

(1) 교육제도

사회복지실천과 관련된 제도 면에서는 꾸준한 발전이 있어 왔다. 특히, 사회복지 전문인력을 양성하는 교육적인 측면에서 많은 변화가 있었다. 1947년에 최초의 사회사업학과가 이화여자대학교에 설치되었으며, 1953년에는 중앙신학교(현 강남대학교)에 사회사업학과가 설치되었다. 1959년에는 서울대학교 대학원에 사회복지 전공이 개설되었다. 이 당시부터 시작된 전문사회사업교육은 미국식 전문교육 모형을 받아들여 치료 중심의 사회사업방법론을 교육하게 되었다. 1960년대에는 중앙대학교, 한국사회사업대학(현 대구대학교), 성심여자대학교(현 가톨릭대학교), 서울여자대학교, 숭실대학교, 부산대학교 등에 사회복지학과가 설치되었다. 1970년대부터 제도적 접근의 필요성과 사회사업이라는 용어에 대한 국민의 부정적 이미지 극복 수단으로 사회사업학과가 사회복지학과로 바뀌는 경향이 나타났고, 동시에 사회복지정책과 관련된 거시적 실천의 도입과 그에 대한 관심이 커지기 시작했다(김융일, 2003). 1970년대와 1980년대를 거쳐 전국에 전문대학, 대학, 대학원에 사회복지학과와 사회복지 관련 학과가 대거 설치되었고, 2000년대 초반부터는 많은 사이버대학이 설립되면서 그 안에 많은 사회복지학과와 그 관련 학과들이 개설되기 시작하여 사회복지교육을 담당하고 있다. 2019년 10월 1일부터는 「사회복지사업법 시행규칙」에서 규정하고 있는 사회복지학 전공과목과 사회복지관련 교과목에 대한 조정에 따라 기존 선택과목에 가족상담 및 가족치료, 국제사회복지론, 사례관리론, 사회복지와 문화다양성 등의 과목이 추가되어 교과과정이 다양화되었다.

(2) 자격제도

현장에서 근무하는 전문인력의 자격과 관련된 사항이 1970년에 제정된 「사회복지사업법」에 최초로 명시되었다. 이때는 '사회복지사업종사자' 자격제도이었는데 1983년 5월에 「사회복지사업법」이 전면 개정되면서 '사회복지사' 자격제도로 변경되었다. 1996년부터 정신장애인의 사회복귀를 지원하기 위해 여러 학문 분야의 전문가가 합동으로 지역사회 정신건강 프로그램을 진행하는 것을 주요 내용으로 하는 「정신보건법」이 시행되면서 한국정신보건사회사업학회가 보건복지부의 위탁을 받아 '정신보건사회복지사'를 배출해 왔다. 2019년 6월부터 「정신보건법」은 「정신건강증진 및 정신질환자 복지서비스 지원에 관한 법률」(약칭 정신건강복지법)로, 전문인력의 명칭은 '정신건강사회복지사'로 바뀌었다. 1997년 7월에는 「사회복지사업법」, 1998년에는 「사회복지사업법 시행령」(7월)과 「사회복지사업법 시행규칙」(8월 11일 공포) 등이 개정되어 사회복지사 1급 국가시험이 신설되었다. 사회복지사 1급 자격을 취득하기 위해서는 소정의 전공과목을 이수한 후 국가시험에 합격해야 하며, 사회복지사 2, 3급은 별도의 국가시험 없이 일정한 요건을 갖추면 된다. 2003년 초에 첫 사회복지사 국가시험이 실시되었다.

2005년도에는 제1회 학교사회복지사 자격시험이 한국사회복지사협회, 한국학교사회복지학회와 한국학교사회복지사협회 등의 공동 주관하에 실시되었다. 학교사회사업은 그 실시의 필요성이 줄곧 제기되어 오다가 1993년에 현재의 은평종합사회복지관(당시, 태화은평종합사회복지관)에서 사회복지사가 은평구 소재 수색초등학교 학생 중 학교생활에 문제가 있는 특수학급 학생 9명을 대상으로 집단지도 프로그램을 실시하면서 시작되었다(성민선 외, 2009). 그 후 교육부의 두 차례 시험사업(1997~1999년), 서울시 교육청의 여러 차례에 걸친 시험사업 등을 거쳐 확장되어 왔다. 학교사회사업은 학교에서 일어나는 학생의 심리·사회적 문제들을 학생·학교·가정·지역사회의 연계를 통해 예방하고 해결함으로써 학생의 잠재력을 최대한 발휘케 하여 학생복지를 실현할 수 있도록 돕는 전문 사회복지실천 분야다. 이러한 목적 실현을 위해 1997년에는 한국학교사회복지학회가 만들어졌고, 2000년에는 한국학교사회사업실천가협회가 창립되었다. 현재 학교사회복지사는 지역사회, 교육청, 학교 등의 현장에서 활동하고 있다. 2020년 12월 12일부터 시행되는 개정 「사회복지사업법」에 따라 학교사회복지사는 국가자격으로 바뀌며, 자격취득을 위해서는 1급 사회복지사 자격을 얻은 후 보건복지부령으로 정하는 수련기관에서 수련을 받도록 되어 있다.

의료사회복지사는 1958년 한노병원에서 처음으로 일하게 되었는데, 1959년에는 국립중앙의료원, 원주기독교병원 등에서 의료사회사업이 시작되었다(김규수, 1994). 1973년에는 「의료법」 전면 개정에 따른 「의료법 시행규칙」(제28조의 6, 2항 6호, 의료인 등의 정원)의 시행으로 '종합병원에는 「사회복지사업법」의 규정에 의한 사회복지사 자격을 가진 자 중에서 환자의 갱생·재활과 사회복귀를 위한 상담 및 지도업무를 담당하는 요원을 1인 이상 둔다.'고 함으로써 종합병원 단위의 의료기관에서 사회복지사가 의무적으로 고용되게 되었다. 같은 해에 대한의료사회사업가협회가 창립되었고, 2000년에는 협회의 명칭을 대한의료사회복지사협회로 변경하면서 사회복지사협회의 산하단체로 등록되었다. 2009년에는 대한의료사회복지시협회 주관의 민간자격인 의료사회복지사 1회 자격시험이 실시되었다. 2020년 12월 12일부터 시행되는 개정 「사회복지사업법」에 따라 의료사회복지사는 국가자격으로 바뀌며, 자격취득을 위해서는 1급 사회복지사 자격을 얻은 후 보건복지부령으로 정하는 수련기관에서 수련을 받도록 되어 있다.

사회복지사 자격제도의 시행과 더불어 사회복지관이 설치되기 시작한 것은 우리나라 사회복지의 실천과정에 중요한 의미를 갖는다. 우리나라 최초의 사회복지관은 1921년에 종로구 인사동에 세워진 '태화여자관'으로서 주로 여성과 아동을 위한 사업을 벌였다. 이후 외원기관에 의해 사회복지관들이 꾸준히 설립되어 운영되어 오다가 본격적으로 정부의 개입에 의해 설립되기 시작한 것은 1980년대 초부터였다. 1983년에 개정된 「사회복지사업법」을 토대로 사회복지관의 설립 및 운영을 지원하는 근거가 마련되었고, 1989년 사회복지관 설치 운영 규정이 만들어지면서 정부는 지방자치단체와 협력하여 저소득층 밀집 지역에 사회복지관의 설치를 확대하는 정책을 추진하였다. 한국 전쟁 이후 우리나라의 사회복지서비스가 수용시설을 중심으로 발달되어 온 사실을 감안할 때 이용시설인 사회복지관에서 지역 주민을 대상으로 사회복지서비스를 제공하게 된 것은 의미 있는 일이었다. 이러한 사회복지관사업을 통해 사회복지사가 지역사회 내에서 지역 주민과 직접 접촉하면서 각종 서비스를 제공할 수 있게 됨에 따라 사회복지실천 방법과 기술이 점진적으로 발전되기 시작하였다.

사회복지관의 확산과 함께 1987년 7월 1일부터는 도시 저소득층 밀집 지역 동사무소에 사회복지전문요원(현 사회복지전담공무원)이 배치되기 시작하였다. 1992년 12월에 「사회복지사업법」 개정을 통하여 사회복지전문요원의 법적 근거(「사회복지사업법」 제14조[2])가 마련되었고, 2000년 1월에는 사회복지전문요원이 일반직으로 전환되었다. 현재 사회복지전담공무원의 배치와 업무를 규정

2 「사회복지사업법」 제14조는 2017년 10월 법 일부 개정으로 인해 삭제됨.

하고 있는 법률은 2014년 말에 제정된 「사회보장급여의 이용 · 제공 및 수급권자 발굴에 관한 법률」(약칭: 「사회보장급여법」)이다. 「사회보장급여법」 제43조 제1항은 사회복지사업에 관한 업무 담당을 위해 시 · 도, 시 · 군 · 구, 읍 · 면 · 동 또는 사회보장사무 전담기구에 사회복지전담공무원을 둘 수 있도록 규정하고 있다. 사회복지전담공무원으로 임용되기 위해서는 「사회복지사업법」 제11조에 따른 사회복지사의 자격을 우선 취득해야 한다. 2015년에는 이른바 '찾아가는 복지서비스'를 통한 사례관리 실천을 위해 민간 분야에서 활동하던 사회복지사를 통합사례관리사로 특별 충원하기 시작하였다. 2017년 3월에는 「사회보장급여법」 일부 개정을 통해 통합사례관리의 운영에 관한 법적 근거를 신설하였다(제42조의 2).

그 밖의 사회복지 관련 자격으로 주거복지사가 있다. 2015년 「주거기본법」 시행으로 주거복지 전문인력(주거복지사)의 양성, 업무 범위, 채용 및 배치 등이 최초로 법제화되었다. 주거복지사는 주거급여 업무, 「임대주택법」에 따른 영구임대주택 단지 등 공공임대주택의 운영 · 관리, 취약계층 주거실태조사, 주거상담, 긴급주거비지원 및 주거안정을 목표로 하는 사례관리, 연계 및 의뢰 등을 담당한다. 주거복지전문인력이 법제화되기 전인 2013년부터 (사)한국주거학회에서 주거복지사 자격시험을 주관해 오고 있는데, 2014년 한국직업능력개발원 민간자격으로 출발한 주거복지사 자격은 2016년에 국가공인 민간자격으로 승인되어 매년 1회 시험이 실시되고 있다. 현재 주거복지사 자격의 주무부처는 국토교통부이다. 자격의 취득 방식은 현장실습 120시간을 포함하여 소정의 과목[3]을 이수한 후 시험검정을 거치는 것으로 되어 있다. 이들은 「주거복지법」 하에 설치되어 운영 중인 주거복지센터에서 주로 활동한다.

---

3 필수이수과목 5과목(주거복지개론, 주택과 커뮤니티, 주거복지상담과 사례, 주거환경조사론, 주거복지현장실습), 선택이수과목(5과목 이상 선택)(특수계층과 주거, 공동주택 계획과 디자인, 주택정책 및 주택금융, 주거관리행정, 주택유지관리기술, 사회복지행정과 법제, 사회복지개론과 실천론, 취약계층 케어). 사회복지사 자격 소지자는 사회복지행정과 법제, 사회복지개론과 실천론 두 과목에 한해 대체인정 가능.

3) 사회복지실천 현장

(1) 구조와 맥락

사회복지실천 현장은 각종 사회복지 관련 법률에 의해 명시된 사회복지사업의 실시 현장이다. 사회복지사업의 실천은 국가 및 지방자치단체, 지역사회복지관, 각종 사회복지시설, 보건의료시설 등을 통해 지역 주민이 거주하는 지역사회, 병의원, 학교, 교도소, 군대 등 다양한 장소에서 이루어진다. 「사회복지사업법」 제2조 제1항은 사회복지사업의 실천과 관련된 법률을 제시하면서 보호·선도(善導) 또는 복지에 관한 사업과 사회복지상담, 직업지원, 무료 숙박, 지역사회복지, 의료복지, 재가복지(在家福祉), 사회복지관 운영, 정신질환자 및 한센병력자의 사회복귀에 관한 사업, 그리고 이들 사업과 관련된 자원봉사활동 및 복지시설의 운영 또는 지원을 목적으로 하는 사업을 사회복지사업으로 정의하고 있다. 사회복지사업을 통해 다양한 사회복지서비스가 제공되는데 「사회복지사업법」 제2조 제6항은 '사회복지서비스'를 국가·지방자치단체 및 민간부문의 도움을 필요로 하는 모든 국민에게 「사회보장기본법」 제3조 제4호에 따른 사회서비스[4] 중 삶의 질 향상을 위하여 사회복지사업을 통해 제공되는 서비스로 정의하고 있다. 국가 및 지방자치단체의 사회복지사업은 「사회보장급여의 이용·제공 및 수급권자 발굴에 관한 법률」에 따라 사회복지전담공무원이 수행하고, 각종 시설에 의한 사회복지실천 활동은 사회복지사가 수행한다. 사회복지사업 실천과 관련된 각종 사회복지시설 관련 법과 시설의 종류를 〈표 2-1〉에 제시하였다.

4 '사회서비스'란 국가·지방자치단체 및 민간부문의 도움이 필요한 모든 국민에게 복지, 보건의료, 교육, 고용, 주거, 문화, 환경 등의 분야에서 인간다운 생활을 보장하고 상담, 재활, 돌봄, 정보의 제공, 관련 시설의 이용, 역량 개발, 사회참여 지원 등을 통하여 국민의 삶의 질이 향상되도록 지원하는 제도를 말한다.

표 2-1 ● **사회복지시설 관련 주요 법과 시설의 종류**

관련 법	시설 종류	
	거주시설	이용시설
「사회복지사업법」		사회복지관
「노숙인 등의 복지 및 자립지원에 관한 법률」	노숙인일시보호시설 노숙인요양시설	노숙인자활시설 노숙인재활시설 노숙인급식시설 노숙인진료시설
「노인복지법」	양노시설, 노인공동생활가정, 노인복지주택, 노인요양시설, 노인요양공동생활가정	노인복지관, 경로당, 노인교실, 재가노인복지시설, 노인보호전문기관
「아동복지법」	아동양육시설, 아동일시보호시설, 아동보호치료시설, 공동생활가정	자립지원시설, 아동상담소, 아동전용시설(어린이 공원 등), 지역아동센터
「장애인복지법」	장애인거주시설(중증장애인거주시설, 장애인공동생활가정 등)	장애인지역사회재활시설(장애인복지관, 장애인주간보호시설 등), 장애인 직업재활시설(장애인보호작업장, 장애인근로사업장 등)
	장애인의료재활시설(입원 또는 통원 가능)	
「정신건강증진 및 정신질환자 복지서비스 지원에 관한 법률」	정신요양시설, 공동생활가정, 지역사회전환시설	정신건강복지센터, 국가트라우마센터, 중독관리통합지원센터, 주간재활시설, 직업재활시설
「한부모가족지원법」	모자가족복지시설, 부자가족복지시설, 미혼모가족복지시설, 일시지원복지시설	한부모가족복지상담소
「다문화가족지원법」		다문화가족지원센터, 다문화가족종합정보전화센터
「가정폭력방지 및 피해자 보호 등에 관한 법률」	가정폭력피해자보호시설(단기, 장기, 외국인, 장애인)	긴급전화센터(1366), 가정폭력관련상담소
「성폭력방지 및 피해자 보호 등에 관한 법률」	성폭력피해자보호시설(일반, 장애인, 특별지원, 외국인), 자립지원 공동생활시설, 장애인자립지원 공동생활시설	성폭력피해상담소
「국민기초생활 보장법」		광역자활센터, 지역자활센터
「청소년복지 지원법」	청소년쉼터, 청소년치료재활센터	청소년자립지원관
	청소년회복지원시설	

(2) 최근 실천현장의 동향

지역사회 지원 대상자들의 복지욕구 충족을 위해 공공과 민간의 협동 작업이 적극적으로 모색 · 실현되고 있다. 이를 반영한 실천현장의 움직임으로 가장 대표적인 것이 통합사례관리의 실시이다. 이를 위해 「사회보장급여법」 제42조 2 제2항에 특별자치시 및 시 · 군 · 구는 필요한 경우 통합사례관리사를 둘 수 있다고 명시하고 있다. 통합사례관리사는 지원 대상자에 대한 상담 · 지도 및 욕구조사와 함께 사회복지서비스 제공 계획의 수립과 그에 따른 사회보장급여 및 서비스의 연계를 담당한다. 또한 사회보장기관과 민간 법인 · 단체 · 시설 등이 제공하는 서비스의 관리와 점검도 하도록 되어 있다. 이 과정에서 공공 · 민간 간 정보공유 및 협업기반(플랫폼)의 구축이라는 차세대 사회보장정보시스템의 구축과 운영을 통한 원스톱 복지서비스의 제공이 시도되고 있다. 통합사례관리의 연장선상에서 지역사회 중심의 맞춤형 서비스도 강조되고 있다. 지역사회 중심의 서비스는 지역사회 통합돌봄(community care) 사업으로 추진되고 있는데 이는 돌봄을 필요로 하는 주민들이 자택이나 그룹홈 등 지역사회에 거주하면서 개인의 욕구에 맞는 주거, 보건의료, 요양돌봄 등의 서비스를 누리며 지역사회 구성원과 함께 어울려 자아실현 활동을 하도록 하는 서비스 체계다. 맞춤형 서비스는 선정된 서비스지원 대상자에게 정해진 서비스를 제공하는 대신 개별 클라이언트의 욕구에 따라 다양한 서비스를 제공하는 것이다. '찾아가는 서비스' 역시 각 지방자치단체와 민간이 협력하여 진행하고 있다. 이것은 지역사회 (통)이장, 읍 · 면 · 동 지역사회보장협의체 위원들과 공공이 상호 협력하여 도움이 필요한 주민을 발굴하고 찾아가 상담을 통해 통합사례관리와 연결하여 서비스를 제공하는 사업이다.

(3) 사회복지실천 현장의 도전

우리 사회구성원들의 특성이 다양해져 감에 따라 구성원들의 욕구도 다양해지고 있다. 이에 따라 지금까지 다양한 사회보장급여의 제공은 공공이, 그 밖의 다양한 사회복지서비스의 제공은 민간이 주로 맡아서 해 왔으나 최근에 사회복지서비스의 발굴과 제공과정에서 공공의 역할이 강화되면서 역할의 혼조가 나타나고 있다. 이러한 상황에서 첫째, 현재의 민간사회복지기관들이 보다 전문화되고 구별된 기관으로 거듭나야 할 것이다. 기존 사회복지기관들 외에 공공을 비롯한 다양한 주체들이 사회복지기관들의 기존 활동과 유사한 활동을 벌이고 있다. 이러한 다양한 서비스 주체들에 의해 제공되는 서비스 형태나 내용과 사회복지기관이 제공하는 프로그램들 사이에 뚜렷한 구별이 생길 수 있도록 사회복지적 가치와 전문성을 가미한 프로그램들이 개발 · 실시되어야 할 것이다.

둘째, 공공과 민간 사회복지기관, 민간과 민간 간 협력체제 및 연결망(network)을 구축해야 할 것이다. 진정한 통합사례관리 실천을 위해서는 서비스 제공자 간 상호 정보 교환을 통해 서비스의 중복 · 누락 · 누수 현상을 방지하고 서비스 대상과 서비스 영역에 대한 조정을 가능하게 하는 시스템이 마련되어야 할 것이다. 정보통신기술의 발달에 힘입어 각종 정보가 통합되고 배분되는 과정에서 개인정보의 보호 문제라는 숙제도 동시에 해결해야 할 것이다.

셋째, 우리의 상황과 전통, 가족제도, 사회제도에 걸맞은 사회복지 프로그램을 개발 · 적용해야 할 것이다. 노인부양, 여성취업, 아동보육, 저출산, 가족해체, 청년실업, 가정 내 폭력 등 우리 사회가 경험하고 있는 문제는 우리만의 독특성을 띠고 있다. 따라서 개입방법을 모색함에 있어서도 서구의 것을 그대로 대입 · 적용하려는 시도를 멈추고 우리나라의 사회복지실천 현실에 대한 분석과 그에 바탕을 둔 이론과 모델을 구성할 필요가 있다(김성천, 2005).

넷째, 다문화사회의 확산으로 인해 우리 사회복지실천 현장도 변화하고 있다. 따라서 우리 고유의 실천방법 개발과 함께 우리 사회에 유입된 다문화 구성원들에 대한 사회복지실천 방법에 대해서도 고민해 보아야 할 것이다. 이를 통해 국내 다문화구성원을 넘어 해외 취약계층에 대한 서비스 제공 방법의 개발에까지 나갈 수 있을 것이다. 우리나라는 국제적으로 복지 수혜국에서 복지 후원국으로 전환해 가고 있다. 해외 취약계층 지원을 위한 전문사업을 책임 있게 진행하기 위해서는 서비스 대상자의 문화, 관습, 전통에 대한 철저한 분석과 이해에 바탕을 둔 실천방법을 모색해야 할 것이다.

요 약

이 장에서는 사회복지실천이 어떤 상황에서 어떻게 태동하게 되었는지를 영국과 미국 그리고 우리나라의 예를 통해서 살펴보았다. 영국에서는 산업화와 도시화로 인한 도시 빈민의 증가, 미국에서는 주로 이민자 거주 지역을 중심으로 인한 빈민 지역의 증가에 대한 반응으로 중산층 인사 및 젊은이들이 자선 또는 자원 활동을 하던 것이 사회복지실천의 효시가 되었음을 살펴보았다. 우리나라에서는 한국 전쟁으로 인해 발생한 고아, 전쟁 미망인, 절대 빈곤 난민 등의 구호를 위해 외원단체가 들어와 활동하기 시작하면서 전문 사회복지실천 방법이 유입되기 시작하였음을 확인하였다. 그리고 외원단체가 우리나라 사회복지실천 현장에 남긴 흔적들도 추적해 보았다. 끝으로, 다양하고 복잡한 사회현상이 펼쳐지고 있는 우리 사회에서 전문직 사회복지실천의 구조와 맥락, 최근 동향, 그리고 과제들을 제시하였다.

토의사항

1. 영국과 미국에서의 사회복지실천 태동과 우리 사회에서의 사회복지실천 태동의 배경을 비교하여 살펴보고, 그 당시 사회복지 대상자의 고통과 그에 대한 사회의 대응 방법을 비교해 보자.
2. 우리나라에서 활동한 외원단체들의 역할을 생각해 보고 그 활동의 의미를 되새겨 보자. 사회복지전문인으로서 어떤 각오나 생각을 갖게 되는지 토의해 보자.
3. 외국과 한국의 사회복지실천의 발달과정을 살펴보고 아쉽다고 생각한 점은 무엇인지 토의해 보자.
4. 학생 각자 관심을 갖고 있는 사회복지 문제와 관련된 법(률)의 내용과 그 법(률)에 의한 시설들의 역할에 대해 상세히 조사해 보자.
5. 본문에서 제기한 향후 사회복지실천의 도전 과제 외에 더 필요한 부분이 있는지 서로 토의해 보자.

참고문헌

김규수(1994). 의료사회사업론. 서울: 형설출판사.

김성천(2005). 한국사회복지실천의 현실진단과 과제에 대한 토론. 2005년 한국사회복지학회 춘계학술대회 자료집. 한국사회복지학회.

김영모(1991). 사회복지학. 서울: 한국복지정책연구소출판부.

김융일(2003). 사회복지학개론. 서울: 동인.

보건복지부(2015). 2015 보건복지통계연보.

성민선 외 20인(2009). 학교사회복지의 이론과 실제(2판). 서울: 학지사.

윤흠(1958). KAVA의 활동, 사회복지, 11집. 사단법인 한국사회사업연합회(pp. 21-21). 카바 40년사 편찬위원회 편(1995)에서 재인용(p. 214).

이덕주(1993). 태화기독교사회복지관의 역사(1921~1993). 서울: 태화기독교사회복지관.

이윤로(2008). 최신 사회복지실천론(2판). 서울: 학지사.

전재일, 김상규(1988/1992). 개별사회사업. 서울: 형설출판사.

조휘일, 김성이, 김성천, 황순길(1999). 지역사회복지관 사회복지사의 임상적 역할. 사회복지실천과 임상사회사업. 임상사회사업연구회 편. 서울: 학문사.

최옥채(2010). 사회복지사실천론(3판). 경기: 양서원.

최원규(1996). 외국민간원조단체의 활동과 한국 사회사업 발전에 미친 영향. 서울대학교 대학원 박사학위논문.

최일섭(1985). 지역사회복지론. 서울: 서울대학교 출판부.

카바 40년사 편찬위원회(1995). 외원사회사업기관 활동사. 외국 민간 원조기관 한국연합회 40년사. 서울: 홍익제.

하상락 편(1989). 한국사회복지사론. 서울: 박영사.

한국선명회(1993). 한국선명회 40년 발자취. 서울: 한국선명회.

한국어린이재단(1986). CCF 38년사-사랑은 국경을 넘어-. 서울: 한국어린이재단.

홀트아동복지회(2002). HOLT 2002 SINCE 1955. 서울: 홀트아동복지회.

기타 각 기관 팸플릿.

Barker, R. L. (1995). *The social work dictionary* (3rd ed.). Washington, DC: NASW Press.

Brieland, D. (1995). Social work practice: History and evolution. In R. L. Edwards (Eds.), *Encyclopedia of Social Work* (19th ed.). Washington, DC: NASW Press.

Compton, B., & Galaway, B. (1989). *Social work processes* (4th ed.). Homewood, IL: Dorsey.

Council on Social Work Education. (1992). *Curriculum Policy Statement for Baccalaureate Degree Programs in Social Work Education*. Alexandria, VA: CSWE.

Dolgoff, R., & Feldstein, D. (1980). *Understanding social welfare*. NY: Harper & Row.

Leiby, J. (1984). Charity organization reconsidered. *Social Service Review*, *58*(4), 52-538.

National Association of Social Workers. (1982). *Standards for the classification of social work practice*. Washington, DC: NASW Press.

Richmond, M. E. (1897). *The need of a training school in applied philanthropy*. In National Conference on Charities and Correction, proceedings: 1897. Boston: George H. Ellis.

Richmond, M. E. (1917). *Social diagnosis*. NY: Russell Sage Foundation.

Richmond, M. E. (1922). *What is social case work?* NY: Russell Sage Foundation.

Seed, P. (1973). *The expansion of social work in Britain*. London: Routledge & Kegan Paul.

Zastrow, C. (1995). *The practice of social work* (5th ed.). Pacific Grove. CA: Brooks/Cole Publishing.

제3장

사회복지실천의 가치와 윤리

1. 사회복지실천에서 지식(이론), 가치, 윤리의 관계
2. 사회복지실천의 가치와 사회정의
3. 사회복지실천 윤리와 쟁점
4. 가치갈등과 윤리적 딜레마의 해결책
5. 윤리강령 제정의 필요성 및 의의

사회복지사가 갖추어야 하는 전문성을 다루는 사회복지실천 교과서에는 당대에 유행하는 주류 실천기술과 방법론의 내용이 중요하게 다루어져야 한다고 생각하기 쉽다. 그러나 사회복지 전문직은 성찰 없이 단순히 주어진 기능을 수행하는 것이 아니라 전문적인 정체성에 입각한 지향과 가치를 토대로 하여 논리적이고 과학적(때로는 예술적)인 방식으로 사회적 맥락 속에서 자신의 역할을 수행하고 있다. 따라서 사회복지실천의 본질을 이해하기 위해서는 단순히 실용기술들의 패키지처럼 보이는 전문직의 피상적인 모습을 넘어 '보다 멀리, 보다 깊이, 보다 넓게' 사회복지를 조망할 수 있어야 한다. 사회복지실천이 궁극적으로 무엇을 해야 하는지를 알려 주는 것이 가치와 윤리다. 가치와 윤리는 사회복지실천의 본질과 존재 이유가 되고 실천이 어떻게 이루어져야 하는가를 알려 주는 인도자의 역할을 수행한다. 전통적으로 사회복지사는 인간존중과 사회정의 가치를 추구하는 전문가로 알려져 있다. 그런데 지금까지 전통적 사회복지실천에서 인간존중의 가치는 강조되어 왔지만 사회정의의 가치는 거의 다루어지지 않았다는 비판을 받고 있다. 따라서 이 장에서는 사회복지의 주요 가치를 소개하면서 상대적으로 사회정의의 가치를 중요하게 다루고자 한다. 그리고 이러한 가치에 기반하여 만들어진 사회복지실천의 윤리를 살펴보고, 실천현장에서 맞닥뜨리는 가치와 윤리적 쟁점을 다룬다.

1. 사회복지실천에서 지식(이론), 가치, 윤리의 관계

사회복지사는 전문적 지식과 방법뿐만 아니라 가치와 윤리로 무장되어야 한다. 사회복지실천이 과학적 방법에 기반하여 실천된다고 할 때 중시되는 것은 과학적 지식과 이론이다. 사회복지사가 아무리 좋은 신념을 갖고 실천하려고 해도 현상에 대한 앎(knowing), 즉 지식이 없이 행한다면 좋은 실천이라고 할 수 없다(Jones, 2007). 지식(knowledge)은 보통 과학적 지식으로 증명할 수 있는 세계와 인간을 관찰한 결과를 객관화시킨 사실과 동일시된다. 한편 실천현장에서 널리 활용되는 지식으로 실천 지혜(practice wisdom) 또는 암묵적 지식(tacit knowledge)이 있는데, 이는 과학적이지는 않으나 개인의 포괄적 가치체계와 개인적 경험으로부터 도출된 지식이다. 실천을 통한 앎(knowing in action)인 암묵적 지식은 사회복지사의 직관에 기초한 비공식적인 지식이라고 할 수 있지만, 현장에서의 영향력은 지대하다(김정진, 2019).

가치(value)는 어떤 사물 · 현상 · 행위 등이 인간에게 좋고(good) 싫은 것(bad)의 판단 기준이 되는 것으로, 가치 있다 함은 의미 있고 바람직한 것을 평가하는 것으로 사람들의 신념(믿음)과 감정체계와 관련된다. 어떤 현상을 객관적으로 설명하는 지식과는 반대로, 가치는 "……이래야 된다, ……저래야 된다"는 당위성을 지향한다. 가치는 우리가 무엇을 해야 하고 어떻게 살아야 하는지에 대한 믿음을 확인해 주는 역할을 함으로써, 기존의 지식들을 방향성 있게 분류하고 조직화시키는 틀로 작용한다. 예를 들어, 흉악 범죄자에게 사형을 시켜야 한다고 주장하는 사람은 가치에 기반한 결정을 한 것이다. 사형제도가 흉악 범죄율을 낮추었다는 과학적 증거는 없기 때문이다. 이렇게 가치는 우리가 무엇을 해야 하고 어떻게 살아야 하는지에 대한 믿음을 확인해 주는 역할을 함으로써, 기존의 지식을 방향성 있게 분류하고 조직화시키는 틀로 작용한다.

윤리(ethics)는 가치에서 비롯되어 무엇이 옳고(right) 그른가(wrong)를 판단해 주는 도덕적 지침을 말한다(김기덕, 최소연, 권자영, 2017). 윤리란 사물의 이치나 어떤 행동이 도덕적으로 올바른가에 관한 질문과 관련(Loewenberg & Dolgoff, 1996)됨으로써, '바람직한 것, 우선적인 것, 선한 것'의 의미인 가치와는 구분되는 개념이다. 예를 들어, 현대 사회는 개인의 프라이버시를 매우 중시한다. 이를 존중하는 사회복지사는 상담 면접을 녹화하고 일면경 뒤에서 다른 전문가들이 상담을 관찰하는 것에 대해 클라이언트에게 사전 동의를 얻어야 한다. 이는 사회복지실천의 윤리 규칙이 프라이버시를 존중하는 사회적 가치에 기반하고 있음을 의미한다. 사회복지사가 있는 대부분의 국가에서는 사회복지사가 지켜야 할 윤리강령이 제정되어 있다.

표 3-1 ● **지식, 가치, 윤리의 비교**

지식	가치	윤리
• 현상에 대한 앎으로 보통 증명할 수 있는 과학적 지식과 동일시됨 • 전문적 실천의 근거	• 좋은 것, 바람직한 것에 대한 개인의 가정과 신념 • 판단의 방향과 기준	• 도덕적으로 옳고, 그른 것, 맞는 것에 대한 규범 • 사회적 태도나 행동의 원칙 및 결정의 지침

2. 사회복지실천의 가치와 사회정의

사회복지실천에서 중시되는 가치는 사회복지실천의 본질과 내용 및 방법을 결정해 주는 관점으로 작용한다. 빈곤의 책임 소재에 대한 생각은 그 사람의 가치에 의해 결정된다. 1877년 메리 리치먼드(Mary Richmond)가 중심이 되어 설립된 자선조직협회(C.O.S)는 빈곤의 책임이 개인에게 있다고 보았고, 빈민은 중산층의 가치에 의해 통제되어야 하는 대상으로 인식되었다(Specht, 1994). 반면에 가난의 원인을 개인에서 찾기보다 부정의한 사회구조의 결과물로 본 제인 애덤스(Jane Adams) 등은 1889년에 시카고에서 인보관 운동(Settlement House)을 시작하였는데, 이들은 빈곤의 원인을 지역의 삶과 문화 그리고 사회변화에 있다고 보았다. 이와 같이 어떤 가치관을 갖느냐에 따라 문제를 바라보고 해결하는 방법에 큰 차이가 있다.

전통적 사회에서는 비교적 단일한 가치관을 공유하며 살아서 가치관의 혼란이 큰 문제가 되지 않았다. 그러나 유동성(liquidity)으로 대표되는 후기산업사회의 특성은 다양성(diversity), 양가성(ambivalence), 불확실성(uncertainty), 불안정성(insecurity), 우발성(contingency) 등의 모습을 보여서(김기덕, 최명민, 2014), 특정 쟁점에 대해 단일하고 공통된 가치관의 정립과 윤리 확립이 매우 어렵고 혼란스러운 상황이 되었다. 이러다 보니 사회복지실천에서 가치와 윤리에 관한 교육이 점점 더 강조되고 있는 것이 현실이다.

사회복지(social welfare)의 보편적 가치로는 정의(justice), 평등(equality), 공평

(equity), 적절성(adequacy), 자유(freedom), 민주주의(democracy), 사회적 연대(social solidarity), 생존권 보장, 경제적 효율 등 거시적 측면에서의 분배 정의의 가치가 중시되고 있다(김성천, 강욱모, 김영란 외, 2015). 반면에 사회복지실천에서는 주로 환경에 대한 인간의 적응을 강조하는 인간행동과 관계에 관한 가치들이 중시되고 있으며, 불평등하고 차별적인 사회경제 구조의 변화를 촉구하는 가치로는 사회정의가 대표적인 가치로 규정되고 있다. 예를 들어, 미국사회복지사협회 윤리강령(NASW, 1996)에서 제시하고 있는 사회복지사의 핵심 가치는 "서비스, 사회정의, 인간의 존엄성과 가치, 인간관계의 중요성, 고결성, 역량" 등이다. 서비스의 가치는 '궁핍한 사람들을 돕고 사회문제에 개입하는 것'으로 시혜적인 성격을 지니고, 인간의 존엄성과 가치, 인간관계의 중요성, 고결성과 역량은 사회복지사가 갖추어야 할 개인적 덕목이자 클라이언트와의 관계에 대한 가치를 규정한 것이다. 이 중에서 사회구조의 문제를 지향하고 있는 것은 '사회정의'의 항목뿐이다.

이와 유사하게 재스트로(Zastrow, 2007)도 주요 가치로 개인적 차원의 ① 인간의 존엄성과 개인의 독특함 존중, ② 자기결정권과 선택권리의 존중, ③ 비밀보장을 제시하였다. 그리고 기타의 가치로 "잔여적(residual) 대책이 아닌 제도적

표 3-2 ● **사회복지사의 핵심 가치**

핵심 가치	윤리적 실천 원칙
서비스	사회복지사의 목적은 궁핍한 사람들을 돕고 사회문제들에 개입하는 것
사회정의	사회복지사는 사회적으로 부당한 것에 도전
인간의 존엄성과 가치	사회복지사는 개인의 천부적 존엄성과 가치를 존중해야 함
인간관계의 중요성	사회복지사는 사람들 간 관계의 중요성을 깊이 인식해야 함
고결성(integrity)	사회복지사는 신뢰받을 수 있게 행동해야 함
역량	사회복지사는 역량을 갖춘 채 활동하면서 자신의 전문성을 개발하고 향상시키기 위해 노력해야 함

출처: NASW(1996).

(institutional) 대책의 지향, 사회적 · 경제적 정의의 추구, 서비스의 단위로 가족을 중시함, 서비스의 사회적 책임성 지향" 등을 들고 있다. 반면에 영국 사회복지사협회는 사회정의를 사회복지실천의 핵심적 가치로 본다(BASW, 2020). 그 이유는 '환경 속의 인간(PIE)'을 대상으로 하는 사회복지사에게 사회정의의 증진 노력은 사회복지실천의 기초적인 가치이자 직업적 정체성의 핵심이기 때문이다(Thompson, 2001). 이와 같이 기존의 실천에서 중시되는 핵심 가치들은 주로 클라이언트와 사회복지사와 관련된 개인적 수준에 관한 것들이고, 사회적인 측면에서는 사회정의의 가치가 중시되고 있다.

한국의 사회복지실천에서 추구해야 할 주요 가치를 잘 담고 있는 것으로 사회복지사 선서와 사회복지 윤리강령을 들 수 있다.

표 3-3 ● **사회복지사 선서와 사회복지 윤리강령**

나는 모든 사람들이 인간다운 삶을 누릴 수 있도록, 인간 존엄성과 사회정의의 신념을 바탕으로, 개인 · 가족 · 집단 · 조직 · 지역사회 · 전체 사회와 함께한다. 나는 언제나 소외되고 고통받는 사람들의 편에 서서, 저들의 인권과 권익을 지키며, 사회의 불의와 부정을 거부하고, 개인 이익보다 공공이익을 앞세운다. -한국 사회복지사 선서 중에서-	사회복지사는 인본주의 · 평등주의 사상에 기초하여, 모든 인간의 존엄성과 가치를 존중하고 천부의 자유권과 생존권의 보장활동에 헌신한다. 특히 사회적 · 경제적 약자들의 편에 서서 사회정의와 평등 · 자유와 민주주의 가치를 실현하는 데 앞장선다. -사회복지 윤리강령 중에서-

위 사회복지사 선서와 윤리강령에서 사회복지사가 추구해야 할 주요 가치를 축약하면 '인간의 존엄성'과 '사회정의의 실현'이다. 그런데 기존의 한국 사회복지교육과 사회복지실천 현장에서는 '인간의 존엄성' 가치에 대해서 많은 강조점을 두고 교육하고 실천해 왔으나, 사회정의의 가치는 매우 소홀하게 다루어져 왔고(홍선미, 2018), 사회복지실천 관련 교과서에서 사회정의를 심도 있게 다룬 경우는 없었다. 따라서 이 장에서는 사회복지실천의 주요 가치 중 사회정의를

부각하여 살펴보고자 한다. 그 이유는 '인간 존엄성' 가치의 경우는 다른 교과목이나 이 책의 다른 장에서 잘 소개되고 있는 반면에 사회정의의 가치는 거의 다루어지지 않아 왔기 때문이다.

1) 사회정의의 개념

사회정의의 모태가 되는 정의(justice)는 주로 바람직한 분배의 문제를 정의와 결부시키는 개념이다. "분배와 관련된 정의의 본질이 무엇인가?"라는 물음의 형태로 정의는 도덕철학 또는 윤리학의 일부로 논의되어 왔다(김성천, 강욱모, 김영란 외, 2015: 187). 또한 공정성의 원리에 기초하여, 무엇이 공정하고 정의로운 것인가 하는 의문들은 늘 쟁점이 되어 왔다. 사회가 점점 복잡해지고 사람들의 이해관계로 갈등이 커지면서 정의는 사회적 성격이 강화된 사회정의와 중복되는 개념으로 사용되고 있다.

현대 철학자 중에서 사회정의를 처음으로 정립시켰다고 평가받는 학자는 존 롤스(Rawls, 1971)다. 그는 자유와 평등 사이에서 일어나는 이율배반적 문제를 해결하기 위해 자유주의의 틀 속에서 평등의 요구를 끌어안는 대안을 모색하였다. 그는 '평등한 자유의 원칙'과 '차등의 원칙'이라는 두 원칙을 바탕으로 정의의 원칙을 다음과 같이 구체화하였다.

> ① 모든 사람이 다른 사람의 자유와 양립할 수 있는 한에서 가장 광범한 자유에 대하여 동등한 권리를 가져야 한다(제1원칙).
> ② 사회적, 경제적 불평등은 다음 두 조건을 만족시키도록 배정되어야 한다.
> ㉠ 최소 수혜자에게 최대의 이득이 되고, ㉡ 공정한 기회 균등의 조건에서 모두에게 개방된 직위와 직책이 결부되도록 하여야 한다(제2원칙).

그는 제1원칙이 제2원칙보다 우선시되고 제2원칙 안에서는 기회균등의 원칙이 우선시되어야 한다고 주장하였다. 즉, 부와 소득의 불평등한 분배와 권력의 계층화는 반드시 시민권과 기회균등을 보장하는 기회균등의 원칙에서 가능하다는 것이다. 이러한 '공정으로서의 분배적 정의'는 다수의 행복을 위해 소수의 권리가 희생되어도 된다는 '공리주의(Utilitarianism)'의 대안으로 규범적 정의론이 부각되었다는 평가를 받고 있다. 그러나 존 롤스의 정의론은 완전한 평등의 조건에서 이루어지는 사회계약에 기반하고 있는데 이러한 상황은 현실적으로 세상에 존재하지 않는다. 현실 사회는 존 롤스가 대안으로 주장한 우애의 정신에 기반하지 않고, 사회정의와 배치되는 사회적 불평등은 억압, 배척, 특권, 권력 등에 뿌리 깊게 존재하고 있고 오히려 강화되고 있는 것이 현실이다.

한편, 벨(Bell, 1997)은 자원이 공평하게 분배되고 모든 구성원이 신체적 · 심리적 안전을 보호받아야 한다는 사회적 이상으로, 콘스턴틴(Constantine, 2007)은 이민, 인종, 민족, 연령, 사회경제적 지위, 종교, 신체적 능력, 성적 지향 등으로 인해 사회적 자원이나 권리, 의학적 치료에 소외되지 않는 것으로 사회정의를 규정하고 있다. 굿맨(Goodman, 2001)은 "사회적으로 소외된 집단이 그들의 삶을 향상하는 자원들에 더 잘 접근하도록 사회적 가치, 사회구조, 정책, 실천 등을 변화시키는 학문적이며 전문적 행동"이라고 규정함으로써 사회정의는 분배정의뿐만 아니라 인권보장으로 그 영역을 넓혀 사용되고 있다.

이상의 논의에 의하면 사회정의는 사회구성원들이 사회적 자원에 공평하게 접근할 수 있고, 인권이 보장되며, 평등과 배려 및 관용에 입각한 가치나 신념으로 규정되고 있음을 알 수 있다.

2) 사회복지실천에서 사회정의 가치 실천의 필요성

사회복지사가 만나게 되는 클라이언트들은 빈곤, 실업, 차별과 억압, 장애, 정신질환, 폭력, 중독 등의 다양하고 복합적인 어려움에 노출되어 있다. 이러한 문제에 관여하기 위해서 사회복지사는 개인적인 요인뿐만 아니라 문제의 근본적인 원인이 되는 사회구조적인 요인(불평등, 차별, 억압 등)에도 관심을 갖고 관여해야 할 것이다. 상담치료 관련 학자인 치잉청(Chi-Ying Chung)과 비마크

(Bemak)는 미시적 실천방법인 상담과 치료의 성과에서 40%를 차지하는 요인들이 치료 외적 요인인 사회정의 및 인권과 밀접하게 상호 연관되어 있다고 지적하면서 사회정의 상담의 필요성을 주장하였다(Chi-Ying Chung, 2012).

그런데 정작 사회정의를 실현하는 데 앞장서야 할 사회복지사가 가난한 사람들과 핍박받는 사람들을 돕고, 보다 조화로운 공동체를 건설하는 사명을 포기했다는 비판을 적지 않게 받고 있다(Specht, 1994; Jones, 2007). 이러한 비판은 기존의 사회복지실천이 문제의 원인 사정과 해결책을 개인과 가족 중심의 미시적 분야에 초점을 둠으로써 상담과 치료 및 단순 자원연계 중심의 서비스에 집중하여 사회복지사에게 부여된 원래 역할인 사회정의와 평등을 추구하고자 하는 노력을 포기했다는 점에 집중되고 있다.

미국의 사회복지실천을 그대로 도입하여 활용하고 있는 한국의 사회복지실천도 같은 상황이다. 6 · 25 전쟁을 겪으며 미국의 임상 중심 사회복지실천이 도입되면서[1] 한국의 사회복지실천은 개인 변화에 초점을 둔 미시적 실천에 치우친 방향으로 자리 잡게 되었다(정순둘, 2005). 이전까지 한국의 사회복지실천론 교재에 나타난 교육의 주 내용은 개별 접근과 직접실천 중심의 미시적 접근이 주로 소개되고 있고, 실천가치에서 사회정의를 다룬 교재는 없다(김성천, 이은정, 2012). 한국의 사회복지실천 관련 교재들에서 제시하고 있는 실천모델과 실천이론들은 정신분석 및 역동이론, 심리사회모델, 행동치료, 인지치료, 인지행동치료 등의 심리학 이론과 심리치료 방법들에 기반을 두고 있다. 반면에 사회정의를 포함한 사회의 거시적 구조를 다루는 사회학 이론을 소개하고 있는 교재도 거의 없다. 실천기술론도 그 대상을 주로 개인, 가족, 집단 등의 미시체계에 초점을 둠으로써 문제의 기본적 원인이 되는 거시적 구조(권력, 차별, 억압 등)에

1 미국에서 자생적으로 발전한 임상 중심의 사회복지실천 모델은 미국에서도 적지 않은 비판의 대상이었다. 그 비판의 핵심은 개인의 문제를 규정하는 근본 원인이 되는 사회구조적 요인을 간과하였다는 것이다. 이러한 문제점을 해결하기 위한 대안으로 클라이언트에게 큰 영향을 미치고 있는 사회, 경제, 문화에 적극적인 개입을 하여한다는 구조적, 거시적, 급진적 사회복지실천 모델이 등장하기도 하였다(Mullally, 1993; Fook, 1993 등). 그러나 어떤 이유에서인지 이러한 비판적 입장들은 한국 사회복지학계서는 거의 소개되지 않았다.

대한 고려와 개입은 거의 소개되지 않고 있다. 이는 사회복지실천이 환경 속의 인간의 문제를 통합적으로 다룬다고 천명하였으나 실제적으로는 미시에 편향된 접근을 하고 있음을 의미한다.

이러다 보니 사회복지실천 현장에서 사회복지사는 여러 가지의 어려움에 봉착하고 있다. 예를 들어, 클라이언트를 잘 돕고자 하더라도 관련 제도와 서비스가 없거나 지역사회에 자원이 부족하여 도울 수 없는 경우에 사회복지사는 무력하게 된다. 오히려 문제의 피해자인 클라이언트를 부적응자로 취급하며, 클라이언트가 인내하거나 열악한 환경에 적응하라는 취지의 개입방법을 활용하게 되는 경우가 많다. 예를 들어, 활동지원서비스를 받는 장애인이 자신의 돌봄욕구에 부응하지 못하는 활동지원인에게 불만을 갖고 항의하여도, 맞춤형 서비스를 제공할 수 없는 구조적 한계를 지닌 공급처에서는 오히려 클라이언트를 까다로운 사람이라고 비난하고 문제시하는 경우를 들 수 있다. 이 사례에서 근본적인 문제는 공급자 중심 활동지원서비스 제도의 열악한 재정과 인력 구조인데, 전통적 실천을 배운 사회복지사는 이러한 구조적 문제를 해결하기보다, 클라이언트와 서비스 제공자 사이의 문제로 인식하고 개입함으로써 문제의 본질적 해결을 간과하는 경우가 많다.

사회복지실천에서는 사회구조적인 문제인 사회적 배제와 억압 및 차별 등의 문제를 해결하기 위한 접근이 필요한데, 이러한 방법은 주로 역량강화, 사회행동, 옹호, 인권 기반의 실천 등 사회정의 가치를 실현하고자 하는 실천방법에서 그 가능성을 찾을 수 있다. 그러나 이러한 방법에 대한 교육은 충분하지 못하고, 소개가 되더라도 개념 차원의 설명 정도로만 이루어지고 있어서 실천현장에서 활용되기 어렵다(홍선미, 2018). 따라서 현장에서 일하는 사회복지사가 자주 대하게 되는 클라이언트의 인권문제, 불평등과 차별, 부당한 억압 등의 문제에 대처할 수 있는 사회정의 실천 역량을 증진시킬 수 있는 이론과 방법의 개발 및 교육이 절실히 필요하다.

3. 사회복지실천 윤리와 쟁점

윤리(ethics)란 사물의 이치나 어떤 행동이 도덕적으로 올바른가에 관한 질문과 관련되며, 사람들이 생활할 때 지켜야 할 원리이자 준거가 된다. 사회복지실천 윤리는 사회복지사가 지켜야 할 준거 원칙이다. 사회복지 전문직 윤리는 사회복지 전문직이 지향하는 핵심 가치와 연결되어 있다. 사회복지 전문직 윤리는 다음의 세 가지 핵심 요소로 구성되어 있다(김기덕, 최소연, 권자영, 2017).

첫째, 개인에 대한 존중과 개인적 서비스 윤리다. 이 실천 윤리에 기반이 되는 핵심 가치는 자유와 자율이며 자기결정이다. 이러한 자유와 자율의 가치는 사회복지실천 원칙인 자기결정과 비밀보장, 사생활 존중, 고지에 입각한 동의, 정보보호의 원칙 등의 윤리적 원칙과 연결된다. 둘째, 전문가의 온정적 개입주의(paternalistic intervention)다. 이는 어려움에 처한 사람을 돕는 것이 의무라는 일종의 도덕률에 기원이 있다. 온정주의가 근거로 하는 윤리적 규범은 사회복지사가 클라이언트 혹은 일반시민에 비해 차별화된 전문적 역량을 가진 것을 전제로 하며, 때로는 클라이언트가 거부하여도 서비스를 제공함으로써 장기적으로는 클라이언트의 자율성이 신장될 것이라는 전망에 대한 전문적 확신의 근거가 된다. 셋째, 공적 책임성의 윤리다. 공적 책임성의 규범적 근거는 평등과 사회정의의 가치다. 이는 사회복지사가 클라이언트의 행복을 추구하는 동시에 제삼자와 전체 사회의 일반적 복지를 향상하는 데 노력할 것을 요구받는 복합적 책임성을 갖고 있음을 의미한다. 우리나라 사회복지사 윤리강령은 클라이언트, 동료, 기관뿐만 아니라 지역사회 및 전체 사회와 관련된 사회복지사의 윤리기준을 명시하고 있다. 타 전문직에 비해 사회복지사에게 공적 책임이 강조되는 것은 사회복지사가 기본적으로 공적 재원과 자원으로 서비스를 전달하며 개인과 사회문제 해결에 관여하는 전문직이기 때문이다(김정진, 2019).

한편, 사회복지사는 사회복지현장에서 실천과정의 매 순간 전문 사회복지사로서의 정체성 문제, 조건과 상황을 고려한 현실적인 문제, 전문가로서 지켜야 할 윤리적인 실천의 문제 등 여러 유형의 윤리적인 딜레마를 경험하게 된다. 뿐만 아니라 미시적 차원의 실천 전 과정을 통해 경험하게 되는 클라이언트와의 관계, 동료와의 관계, 슈퍼바이지와의 관계, 타 이용자들과의 관계 등 여러 차원의 체계들과의 관계에서 윤리적인 갈등을 경험하게 된다. 이 밖에도 중간, 거시적 차원에서의 윤리적 가치 충돌, 예컨대 공적인 공공예산의 운용상 문제, 지역주민을 비롯한 이용자 집단, 단체 그리고 타 전공 전문가와의 관계 등에서 윤리적인 갈등을 경험하게 된다.

특히, 사회복지실천의 가치 기준은 주로 사회복지실천이 발달한 서구의 사회문화적 배경에서 나온 것이다. 서구 사회의 가치는 자본주의, 청교도 윤리, 유대교 윤리, 기독교 윤리, 인도주의에 기초한 개인의 삶의 질과 인간의 존엄성 및 사생활 존중 그리고 실증주의와 유토피아적 사고로 대표된다. 이 밖에도 개인주의 사상과 윤리의 절대적 가치 및 최대 다수의 최대행복을 추구하는 공리주의 관점 등이 주를 이루고 있다(Johnson, 1986). 그러나 우리 한국적 정서는 서양의 문화와 비교해서 매우 상이한 모습을 보이고 있다. 사회복지실천에서 중요한 원리로 인식되는 '개별화', '자기 결정권', '의사소통에서의 나 전달법', '이성과 감정의 분리', '가족구성원에서 하위체계 간의 분명한 경계' 등과 같은 개념과 원리들은 우리 상황에 대한 적합성의 문제가 제기될 수 있다.

1) 사회복지현장에서의 윤리적 실천

사회복지사협회는 사회복지 실무를 위해 광범위한 지침들이 포함된 전문가 윤리강령을 제정하고 실천의 기준으로 삼고 있다. 전문가 각자가 전문 분야의 윤리규정을 숙지하고 있다고 하더라도 그 규정을 실천에 적용하는 것이 쉽지만은 않은 것이 현실이다. 사회복지 실무자 단체들의 윤리규정들은 대부분 상세하고 구체적이기보다는 포괄적이고 개략적이다. 윤리적 인식과 문제해결기술은 그런 개략적인 지침을 전문적 직무수행과 관련하여 어떻게 해석하는지에 의해 결정된다. 윤리강령은 막중한 책임이 따르는 전문적 행동을 어떻게 수행해야 하는지를 상세히 알려 주는 맞춤식 안내 책자가 아니다. 전문가 윤리강령이 윤리적 딜레마를 해결할 수 있는 명쾌한 답을 제공할 수 있는 경우는 극히 드물다. 따라서 윤리강령의 한계를 인식하는 것은 중요하다.

미국사회복지사협회(홍선미, 2018)의 윤리강령에서는 윤리강령의 한계에 대해 다음과 같이 묘사하고 있다.

> 윤리강령이 윤리적인 행동을 보장하지는 않는다. 더욱이 윤리규정으로 윤리적 문제와 논쟁들을 모두 해결할 수 없을 뿐 아니라, 도덕적 공동체 안에서 책임 있는 선택을 하려는 노력에 수반되는 풍부하고 복잡한 내용을 윤리규정에 담을 수도 없다. 윤리규정은 가치관과 윤리원칙 및 윤리기준들을 제시한다고 볼 수 있는데, 그것에 바탕을 두고 전문가들은 자신의 뜻을 펼치며 자신의 행동을 판단하게 된다.

윤리강령은 개인의 판단능력과 윤리적 추론의 필요성을 없애기 위해 고안된 것이 아니다. 형식을 갖춘 윤리원칙들은 윤리적 책임을 위한 신중하고 실제적이며 창조적인 접근을 결코 대체할 수 없다. 또한 윤리강령의 세부 지침을 기계적으로 적용해서는 안 되는 이유는 각 클라이언트의 상황이 독특하여 그때마다 다른 해결책이 필요하기 때문이다. 윤리적인 사회복지 실무자가 되기 위해서는 단순히 일련의 규정을 따르는 것이 아니라 훨씬 더 복잡한 과정을 거쳐야 한다. 만약 사회복지사가 '법과 원칙' 그리고 '윤리강령'의 내용만을 따르다 보면 '원칙주의 함정'에 빠지게 될 것이다. 또한 사회복지사가 실천현장에서 개별 사례의 특수성이나 실천의 효율성과 효과성을 고려한 공리주의적 실천을 한다거나, 때론 현실주의적인 실천을 하거나, 또는 상대주의적인 의사결정 방식이나 현실적인 상황만을 고려하면 '상황주의 함정'에 빠질 수 있다.

사회복지실천에 임하는 사회복지사는 '개인적 가치', '전문적 가치', '클라이언트 개인 혹은 집단의 가치' 그리고 '사회적 가치'에 의해 영향을 받으며, 이러한 가치들 간의 갈등과 윤리적 딜레마로 인해 어려움을 경험하게 된다.

이처럼 사회복지사의 윤리적 갈등은 단순하지 않다. '실천현장에서 사회복지사는 왜 윤리적 갈등을 경험하는가?' 그 이유를 다음의 아홉 가지로 분류해서 생각해 볼 수 있다.

- 클라이언트를 비롯한 각기 다른 주체들 간의 가치관의 차이
- 사회복지실천에서의 지식과 가치, 윤리의 경계가 구체적이지 못하고 혼용됨
- 클라이언트의 다중성
- 사회복지사의 역할의 다중성
- 전문가 윤리강령의 모호함
- 윤리적 의무와 책무의 상호 충돌과 윤리적 원칙주의, 윤리적 상황주의 등에 따라 의사결정이 가능함
- 다양한 가치들 간의 충돌
- 분배에 있어 공정한 분배가 무엇인가에 대한 모호한 의견들
- 사람들과의 관계에서 비롯되는 다양한 문제들

2) 사회복지사가 경험한 윤리적 딜레마 사례

(1) 클라이언트를 비롯한 각기 다른 주체들 간의 가치관의 차이

사회복지사 개인의 가치관, 전문가로서의 가치관, 클라이언트의 가치관, 클라이언트의 가족과 이웃의 가치관, 사회적인 가치, 즉 사회규범 등이 서로 달라 각각의 가치들이 상충될 수 있으며, 이들 간의 문제는 사회복지사와 클라이언트와의 관계, 그리고 서비스 전달과정과 효과성이 중요한 영향을 줄 수 있다.

사례 예산부족 대 주민민원

기관이 주택가와 인접해 있어 청소년들의 소리에 주민이 민감하다. 청소년들이 기관 주변에서 담배를 피우면서 주변을 어지럽히거나 소음을 내서 그들이 기관을 이용하는 것을 못마땅하게 생각한다. …… 청소년들이 넘어온다고 울타리를 쳐 달라고 요구할 때, 기관의 예산은 없는 상태에 민원은 지속되는 상황에서 어떻게 해야 할까? 기관의 업

무가 한창 바쁘게 진행될 때 수시로 와서 집 앞 청소를 요구할 때 어떻게 해야 할까?

이 사례는 기관과 지역 주민과의 갈등 상황을 보여 주고 있다. 기관 입장에서는 주민들의 요구를 전적으로 들어주기에는 예산도 없고, 주민 요구를 전적으로 무시할 수도 없는 상황이다.

위 사례에서 2개 이상의 가치관들이 상호 충돌하고 있음을 알 수 있다.

(2) 지식, 가치, 윤리, 법률의 혼용

사회복지실천에서 '지식', '가치' 및 '윤리'는 혼용되고 있어 이들 간의 성격을 정확히 이해하지 못하는 일이 종종 있다. 다음은 사회복지실천의 지식, 제도, 법률, 윤리, 가치들 간의 구분이 모호하기 때문에 경험하게 되는 윤리적 딜레마 사례다.

사례 국민기초생활수급자 등록 후의 경제적 상황의 변화

클라이언트인 정 씨는 손자와 둘이 살고 있으며, 아들은 집을 나가 연락이 두절된 지 10년이 다 되어가 경제적인 어려움을 겪고 있다. 정 씨는 사회복지사와의 상담에서 경제적 어려움에 대한 도움을 요청하였다. …… 클라이언트의 상황을 고려하여 주민자치센터와 연계하여 아들을 주민등록에서 말소하고 국민기초생활수급권자가 될 수 있도록 도왔다. 그리고 손자를 잘 보살필 수 있도록 가정봉사원을 파견해 주었다. …… 국민기초생활수급권자로 지정되고 얼마 후 아들이 돌아왔다. …… 사회복지사는 정 씨를 국민기초생활수급권에서 탈락시켜야 하는 것인지, 아니면 더 시간을 두고 지켜봐야 하는 것인지에 대한 판단 기준에 어려움을 겪고 있다.

사회복지사는 이 사례에 대해서 법과 규정을 반드시 지켜야 한다는 '원칙주의(의무론적 접근)'를 따라야 할 것인지, 혹은 클라이언트의 특수성을 고려하여 '상대(상황)주의 접근'을 해야 하는지 고민하고 있다.

(3) 클라이언트의 다중성

사회복지사는 사회복지실천과정에서 클라이언트의 다중성으로 인해 클라이언트가 누구인지에 관련한 가치 딜레마와 윤리적 갈등을 경험하게 된다. 예를 들어, 가족폭력 등 가족의 문제를 해결하고자 할 경우, 가해자인 아버지, 문제를 호소하면서도 현상 유지를 원하는 어머니, 그리고 피해 자녀들, 이들 가운데 누가 클라이언트이고, 누구에게 우선순위를 두고 먼저 도움을 주어야 하는가?

사례 클라이언트의 다중성, 누구를 옹호할 것인가

C복지관의 방과 후 공부방을 이용하고 있는 영희(12)와 철이(8)는 정신적인 어려움을 겪고 있는 아버지(45세, 막노동)에게 심한 학대를 받고 있음을 호소하며, 영희는 간헐적으로 집 밖의 보호를 호소하고 있다. 이 오누이는 학교에서 집단 따돌림을 당하고 있으며, 철이는 따돌림을 당하면 싸움을 하는 등 문제아로 보고되고 있다. 어머니(43세, 가사보조원)도 남편에게 폭력을 당하고 있다. 한때는 이혼을 생각했지만 아이들에게 아버지의 존재가 없는 것보다는 있는 것이 낫다고 생각하고, 무능한 남편이지만 돌보아 주지 않으면 폐인이 될 것 같아 같이 살고 있다고 한다. 그러나 남편의 폭력에 대해서는 어떠한 대책을 갖고 있지 않다. 아이들은 아버지의 폭력이 심할 때 복지관에 와 보호를 요청하기도 하고 이웃에 있는 단기 쉼터에서 생활하고 싶다는 말도 자주 한다. 담당 사회복지사는 「가정폭력방지 및 피해자보호 등에 관한 법률」에 의거해 아버지를 고발조치하고 싶지만 어머니가 이를 강력하게 반대하고 있다. 사회복지사가 가족에 개입하고자 하면 아버지는 남의 집안일에 왜 참견하냐며 사회복지사에게 화를 내고 협력하지 않고 있다. 사회복지사는 가정폭력의 대처 방법과 이혼의 방법 및 절차를 알려 주면서 문제해결을 함께 도모하고자 했으나 어머니는 경제 문제와 아이들에게 아버지 없는 아이들이란 낙인을 주지 않기 위해 소극적인 태도로 임하고 있다.

이 사례에서 사회복지사가 직면하게 되는 가치 딜레마 및 윤리적 갈등 상황은 다양하다. 첫째, 클라이언트가 누구인가에 관련된 문제다. 사회복지관의 이용자인 두 자매, 가해자인 아버지, 문제를 호소하면서도 현상 유지를 원하는 어머니 중 클라이언트는 누구인가? 어느 가족 성원을 제일 먼저 도와주어야 하나? 둘째, 어머니가 아이들 아버지의 가정폭력을 고발하는 것을 반대한다고 해서 이를 묵인해야 하는 것인가? 이를 인지한 사회복지사가 가정폭력에 대한 신고의 의무를 수행하지 않는다면 「아동복지법」과 「가정폭력방지 및 피해자보호 등에 관한 법률」을 위반하는 것이 된다. 셋째, 비록 미성년이지만 아이들은 단기간이라도 가정에서 벗어나고 싶어 한다. 그런데 이것이 친권자인 부모의 의견과 다르다고 하여 묵살하는 것은 클라이언트의 자기결정권을 존중하는 사회복지실천의 가치에 위배되는 것은 아닌가? 넷째, 「가정폭력방지 및 피해자보호 등에 관한 법률」에 의거한 고발조치는 과연 이 가족의 문제를 해결할 수 있을까? 이 가족을 둘러싸고 있는 빈곤과 억압과 차별의 구조 및 맥락을 간과한 상태에서, 적절한 지원책 없이 고발했을 경우에 오히려 문제는 심화되고 사회복지사와 이 가족 간의 신뢰 관계는 돌이킬 수 없는 지경이 될 수도 있을 것이다.

(4) 사회복지사의 역할 다중성 및 의무 다중성

사회복지사의 역할과 의무는 다양하며 복잡하다. 사회복지사는 실천가로서 클라이언트의 대변자이며, 동시에 기관의 행정 관리자, 지역 주민의 옹호자·협력자·지도자다. 뿐만 아니라 사회복지사는 자신의 후배 및 동료 사회복지사들에게는 슈퍼바이저이자 슈퍼바이지의 역할을 하고 있다. 이처럼 동시에 여러 가지 역할을 수행하다 보면 역할의 모호함, 역할의 과중함을 경험하게 되는데, 이는 윤리적인 사회복지실천에 영향을 미치게 된다.

사례 학교비밀보장 의무 갈등

클라이언트는 16세 된 중3 여학생으로 학교 폭력 문제로 사회복지실에 의뢰되었다. …… 사회복지사는 아동학대 신고 의무자지만, 클라이언트가 양아버지에게 맞은 상황을 외부에 알리고 싶지 않아 하고 어머니에게도 비밀로 하고 싶어 하는 상황에서, 클라이언트의 요구대로 보호자에게 알리지 않아야 하는지 아니면 학생의 보호자에게 그 사실을 알리고 지혜롭게 풀어 가야 하는 것인지 고민하고 있다.

이는 아동폭력에 관한 사실에 대해 '비밀유지'를 지켜야 하는지 혹은 '사회복지사의 신고의무'를 다해야 하는지 고민하는 사례다. 의무론적 접근을 따르면 아동학대 사실을 보호자에게 알려야 하지만, 미성년자인 아동 클라이언트의 비밀유지 요청을 들어주는 것이 윤리적인가?

(5) 윤리강령의 모호, 윤리적인 실천지침의 부족

대부분의 사회복지 윤리강령이 선언적인 내용을 담고 있는 경우가 많다. 또한 실제 실천행동의 기준이 되는 실천지침이 구체적으로 마련되어 있지 못한 것도 사실이다. 또한 법률 및 규정 외에 사회복지사의 윤리강령과 타 전문가 집단의 윤리강령들이 서로 일치하지 않아 사회복지실천 현장에서 실천기준을 놓고 상호 충돌 가능성이 있다.

사회복지현장에서 윤리적인 책임감 있는 행동을 하고자 노력할 때 윤리규정의 모호함으로 인해 겪을 수 있는 문제점은 다음과 같다.

- 윤리규정에만 의존해서 해결할 수 없는 문제들도 있다.
- 윤리규정의 명확성과 정밀성이 부족하여 실천에 적용하는 것에 어려움이 있는 규정이 있다.
- 단순히 윤리규정과 사례집을 공부하는 것만으로는 사회복지실천 현장에서 윤리적 직무수행을 할 수 없다.
- 서비스 소비자(클라이언트)는 자신의 사회복지사가 윤리적으로 직무를 수행하는지 판단할 수 있는 지식과 경험을 거의 가지고 있지 않다.
- 여러 전문가 단체 및 협회가 정한 윤리규정들 간에는 상충되는 점들이 있고, 심지어 한 단체의 윤리규정 내에도 갈등요소가 존재한다.
- 윤리규정은 사전예방(proactive)이라기보다는 사후처리(reactive)에 가까운 특성을 띠고 있다.
- 사회복지 실무자의 개인적 가치관이 윤리규정에 나온 특정·기준과 상충될 수 있다.

- 윤리규정이 기관의 방침과 관례가 일치하지 않을 수 있다.
- 윤리규정은 문화적 틀 내에서 이해할 필요가 있다. 그러므로 규정들은 특정 문화적 배경에 맞춰 융통성 있게 적용해야 한다. 또한, 보호 혹은 상대방에게 알려야 할 의무 등과 관련해서 윤리규정이 법률이나 법규와 일치하지 않을 수 있다. 예를 들어, 사회복지사 윤리규정에 개인의 사생활 보호 및 공공의 알 권리 등의 상호 충돌 가능성은 언제나 존재한다.
- 사회복지사 실천전문가 단체(예: 장애인복지협의회, 사회복지사협회, 사회복지시설협회 등) 안에서 다양한 관점들이 있기 때문에 모든 구성원들이 제안된 기준들에 동의하지 않을 수 있다.

(6) 윤리적 상대성(상황주의)

윤리적 '상황주의' 혹은 '상대주의'에 따르면 윤리적인 의사결정은 시간과 장소 그리고 당시의 조건 등에 따라서 변화가 가능할 수 있음을 뜻한다. 현재에는 비윤리적인 의사결정이 훗날 윤리적인 결정이 될 수도 있고, 우리 사회에서는 윤리적이지 못한 실천 방식이 다른 문화권에서는 윤리적인 실천으로 인식될 수도 있다. 따라서 상황에 따라 윤리적인 의사결정이 달라질 수 있다.

사례 일자리 사업 참여 여성노인

A 할머니는 기관에서 진행하는 일자리 사업에 참여하고 있다. …… A 할머니는 자녀가 있다는 이유로 기초생활수급자 책정을 받지 못하였다. …… 3개월 단위로 재사정을 통해 지속 · 탈락을 결정한다. 그러나 A 할머니는 자신이 지속적으로 일을 할 수 있도록 사회복지사를 압박하고 있다. 사회복지사는 재사정을 한다는 원칙을 고수하고 있다.

이 사례에서 사회복지사는 자신의 '개인적 가치'와 '클라이언트의 태도' 및 '행동'이나 '가치' 간에 차이가 커서 클라이언트의 태도를 수용하는 것에 매우 불편함을 느끼고 있다. 사회복지사는 클라이언트가 일자리를 지속할 수 있도록 도와주어야 하는지, 사업의 원칙과 기관의 규정대로 재사정 후 일자리 탈락 여부를 결정해야 하는지 고민하고 있다. 즉, 클라이언트의 이익을 우선 고려해야 하는지 윤리적인 상황주의 관점에서 생각할 수 있겠는가?

사례 지적장애 클라이언트의 근로능력 및 취업 알선 대 국가 기초생활수급권 유지

B씨(남 25세, 무직)는 지적장애 3급으로 부양능력이 없는 아버지와 함께 살고 있으며, 현재 국민기초생활수급자로 생계비를 지원받고 있다. …… 복지관 취업 담당 사업복지사는 B씨의 직업능력평가 결과 ○○식품에 취업 가능성이 높다는 것을 확인하였다. B씨 또한 근무 여건 및 급여 수준에 만족하여 현재 ○○식품에서 2주 차 현장훈련을 받고 있다. 이러한 상황에서 B씨의 아버지는 아들이 취업을 하면 국가지원이 줄어들거나 중단될까 봐 취업을 반대하고 있다.

이 사례에서 클라이언트의 아버지는 클라이언트가 취업능력이 있다 해도 그 결과의 모호성(클라이언트가 지속적으로 취업상태로 활동을 할 수 있을 것인지에 대한 모호함)과 국가지원금(수급비)의 삭감이나 중단을 우려하여 클라이언트의 취업을 거부하고 있다. 사회복지사는 클라이언트의 권리(예: 취업, 근로활동의 선택) 대 가족(클라이언트의 아버지)의 선택 중에서 무엇을 존중할 것인지, 그리고 이 상황이 「국민기초생활 보장법」상의 특수한 상황에 해당되는지 고민하고 있다. 이때 사회복지사의 윤리적인 실천은 무엇인가?

(7) 가치의 충돌

클라이언트의 문제를 해결하는 데 있어서 나타날 수 있는 가치 딜레마와 윤리적 갈등 상황은 매우 다양할 수 있다. 클라이언트뿐만 아니라 클라이언트와 상호작용하는 외부체계들과의 관계에 미치는 영향들까지 고려하게 되면 옳고 그름, 좋음과 나쁨이라는 단선적인 결정을 내리기란 거의 불가능하다. 어떤 결정이건 간에 항상 긍정적인 면과 부정적인 면이라는 양면성을 내포하고 있기 때문이다. 유능한 사회복지사라면 이런 양면성을 고려해야 하며, 동시에 윤리적으로 정당하다고 판단되는 결정, 즉 옳은(right) 결정을 선택할 수 있어야 한다.

사례 친권 대 친권의 제한

이 사례는 보호자의 자기결정 (친권) 관련 사례다. 어머니는 가출로 생사를 모르고, 아버지는 범죄로 교도소 복역 중인 상태에서 박 군은 ○○장애인재활시설에 입소하게 되었다. 박 군은 재활원에서 사소한 절도나 거짓말을 하지만 학교나 태권도 학원에서의 생활에 특별한 문제가 없었다. 어느 날 새벽에 출소한 아버지가 술에 취한 채 재활원을 방문하여 자신의 아들이므로 데리고 가겠다 하여 나간 뒤 퇴소 서류만 보내와 퇴소 처리를 하게 되었다. 박 군의 미래를 위해서는 알코올 중독과 범죄 경력이 많은 아버지가 박 군을 데려가지 못하게 해야 한다. 그러나 우리 현실에서는 친권을 제한할 수 있는 방법이 없어서 그저 방관할 수밖에 없었다.

이 사례는 친권과 양육권을 가지고 있는 친부의 자기결정권을 인정해야 할 것인지, 아동의 삶의 질과 올바른 양육을 위해 가족의 자기결정권에 제한을 가해야 할 것인지에 관한 가치 충돌이 있음을 보여 준다. 사회복지사는 친권을 제한할 수 없는 현실 앞에서 실천의 한계를 느끼고 있다.

(8) 자원의 부족과 공정한 분배

존재하고 있는 자원, 즉 인적·물적 지원, 정보, 기술 등의 부족과 공정한 분배의 문제가 생길 수 있다. 클라이언트의 욕구수준에 따라 제공되어야 할 자원은 언제나 부족하기 마련이다. 사회복지사는 부족한 자원을 어떻게 분배해야 하는지, 서비스 제공의 우선순위를 어떻게 정해야 하는지, 우선순위를 결정할 수 있는 정확한 욕구사정 기준이 과연 마련되어 있는지, 이를 사정할 측정도구는 존재하는지 윤리적인 딜레마를 경험하게 된다. 공정한 분배란 무엇인가?

사례 난치병 어린이 치료비 지원 및 분배문제

난치병 어린이 치료 대상자 300명을 접수하고, 지역사회 내의 종합병원 소아과 전문의와 사회복지 전문가로 구성된 심사위원회를 구성해 대상자에 대한 우선순위를 정하는 심사를 진행하였다. 지원 대상자로 선정되면 공동모금회의 전액 지원으로 종합병원에서 치료받을 수 있다. 대상자를 심사하는 과정에서 심사위원들 간에 이견이 나타났다. 일부 심사위원은 소액으로 완치가 가능한 아동들을 우선 선정하고자 하는 반면, 일부 심사위원은 치료비가 많이 들더라도 위급한 아동들을 우선 선정하고자 한다.

제한된 예산으로 치료비를 지원해야 하는 상황이다. 사회복지사는 공동모금회 지원의 치료비 지원과정에서 소액으로 완치가 가능한 아동을 우선 지원해야 하는지, 치료비가 많이 들더라도 위급한 아동을 우선 지원해야 하는지 고민하고 있다. 자원분배의 기준은 무엇인가, 이의 기초가 되는 가치 및 윤리적 근거는 무엇인가, 그리고 이때 윤리적인 분배방식은 무엇인가?

(9) 사람들 간의 관계에서 비롯된 문제

전문가의 이중 혹은 다중 관계에 따른 윤리 문제, 그리고 이러한 관계에 있어서의 '경계의 모호성'의 문제가 생길 수 있다. 예를 들어, 전문직인 사회복지사와 클라이언트 간의 관계를 비롯하여, 기관의 직원인 동료 및 슈퍼바이저 등과의 관계, 또한 지역 주민, 봉사자, 후원자 등 관련된 모든 기관 구성원들과의 관계에서 비롯되는 윤리적인 문제를 겪을 수 있다.

사례 동료 직원의 부적절한 행동에 대한 문제 제기

A 사회복지사는 평소에도 장애인 인권 문제와 인격 존중 문제에 많은 관심을 가지고 있으며, 그런 면에서 항상 솔선수범하려고 노력하고 있다. …… 한편, B 사회복지사는 기관을 이용하는 이용자를 대하는 태도에 문제가 있다. B의 행동 때문에 A의 마음은 항상 편치 않았으며, A는 B의 행동을 어떤 식으로든 해결해야 한다고 생각한다. …… 어느

날 한 여성 장애인이 버스에서 조금 늦게 내린다고 B가 심한 욕설을 했던 것이다. 더 이상 두고 볼 수 없다고 생각한 A는 이 일을 기관 내 윤리위원회에 알렸고, B는 결국 사퇴하게 되었다. 하지만 같이 일하는 동료에게 어떻게 그렇게 가혹한 행동을 할 수 있느냐며 주변의 시선이 곱지 않았다.

장애인복지관에 근무하고 있는 사회복지사에게는 장애인 인권 문제에 관해 높은 민감성이 요구된다. 동료의 클라이언트와의 부적절한 관계, 전문가로서의 능력 부족, 클라이언트에게 가혹하고 비인권적인 행위 등의 문제점을 발견하였을 때 취할 수 있는 윤리적인 행동은 무엇인가?

3) 윤리적 결정을 위한 고려사항

사회복지사가 실천현장에서 경험하는 윤리적 딜레마를 윤리적으로 풀어내기 위해서 사회복지사가 고려해야 할 요소들을 살펴보면 다음과 같다.

(1) 윤리적 적용

전문 활동을 펼치는 과정에서 윤리적인 적용을 고려할 때 사회복지사는 다음의 다섯 가지 사항을 기억해야 한다.

- 사례에 적용될 수 있는 모든 윤리 원칙들은 신중히 고려해야 한다.
- 비밀보장은 사회복지사의 중요한 실천 원칙인데, 이 원칙 때문에 사회복지사는 윤리적 딜레마에 빠질 수 있다.
- 클라이언트가 자신이나 타인의 생명에 위험하다고 판단될 경우 사회복지사는 비밀보장의 원칙보다는 생명존중의 원칙을 우선적으로 적용해야 한다.
- 사회복지사는 지역사회의 도덕적 · 사회적 규약을 존중해야 한다.
- 사회복지사는 자신들의 능력과 한계성을 냉철하게 인식해야 한다.

(2) 법적 적용 및 자격 요건

사회복지사는 자신의 업무와 활동이 법의 제재를 받게 되는 경우가 있는지 법적인 관점에서 살펴보아야 한다. 예를 들면, 사회복지사는 특정 업무를 수행하기 위해 자신이 자격을 갖췄는지 혹은 법이 제시한 면허증을 소지하고 있는지 등을 점검해야 한다. 사회복지사가 자신의 자격 범위에 벗어난 활동을 하게 된다면 이것은 비윤리적일 뿐만 아니라 불법행위가 된다.

(3) 도덕적 · 전문적인 판단

도덕적 · 전문적인 판단은 사회복지사가 가진 개인의 가치체계와 관련 있다. 가치는 그 시대의 문화, 집단, 사람들이 바람직하다고 생각하는 관습, 기준 혹은 원칙을 말한다. 가치는 인간이 적절한 행동을 선택할 수 있도록 지침(guide) 또는 기준(criteria)을 제공하기 때문에 가치 함유적인 전문직에 종사하는 사회복지사에게 중요한 잣대로 작용한다. 가치가 바람직한 행동을 선택하는 데 큰 도움을 주기는 하지만, 가치를 따른 결정과 행동이 항상 바람직한 결과를 가져오는 것은 아니다. 예를 들면, 사회복지사가 클라이언트의 비밀보장을 철저히 지킨 결과, 타인의 생명에 위험을 주는 비극을 초래할 수도 있다.

(4) 윤리적 절대성과 상황적 판단 기준의 우선순위

사회복지사는 클라이언트의 참여, 자기결정, 비밀보장 등을 기본적인 사회복지실천의 가치라고 보는 데 일반적으로 동의한다. 그러나 사회복지사의 가치관에 대한 우선순위와 목적 그리고 수단 등이 다르기 때문에 사회복지사는 일반화된 가치 기준과는 다른 가치나 윤리적 선택을 할 수 있다. 사회복지의 가치는 사회의 가치에 기반을 두고 나왔으나 반드시 현 사회의 가치와 일치하는 것은 아니다. 예를 들어, "모든 사람은 평등하게 존중받아야 한다."는 일반적인 윤리에 대해 사회복지사는 "그러나 클라이언트의 이익이 우선적으로 보호받아야 한다."를 강조할 수도 있다. 사회복지실천에서 이러한 가치 기준은 절대적인 것이 아니며, 클라이언트를 도울 때 유용하게 사용할 수 있는 개념들에 지나지 않는다. 유능한 사회복지사는 이 지침을 잘 이해하여 특정한 클라이언트를 만날 때 어떤 지침 내용이 유용한지를 잘 파악할 수 있어야 한다(Zastrow, 1995).

4. 가치갈등과 윤리적 딜레마의 해결책

윤리적 딜레마는 문제해결을 위한 여러 대안 중에서 어떤 특정한 해결책을 선택하기에 어려운 문제 상황에 처하는 것을 말한다(Loewenberg & Dolgoff, 1988). 이는 사회복지사가 전문가로서 지켜야 하는 윤리적 의무(duties) 혹은 책무(obligation)가 서로 충돌하고 있어 어떠한 실천행동을 선택하는 것이 윤리적으로 올바른 것인지 판단하기 힘든 상태로서, 윤리적 갈등(ethical conflict)으로도 불린다. 이때 윤리적 의사결정(ethical decision making)이 필요한데, 이는 사회복지실천 과정에서 발생하는 다양한 윤리적 교착상태를 해결하고자 하는 목적에서 사회복지사가 선택할 수 있는 다양한 개입 행위의 대안들 가운데 가장 윤리적인 것과 관련하여 내리는 윤리적 선택 행위를 의미한다.

윤리적 딜레마를 해결하기 위한 윤리적 의사결정의 방법으로 여러 학자들은 다음과 같이 제시하였다.

1) 사회복지실천 가치 및 자기 인식

(1) 사회복지사의 가치관 인식

브릴(Brill, 1985)은 인간을 돕는 원조자의 자질론에서 자신에 대한 이해를 높이기 위해 자신을 활용할 수 있는 훈련방법을 다음과 같이 제시하고 있다.

- 나는 자신에 대해 어떻게 느끼고 생각하는가?
- 자신의 기본 욕구를 어떻게 처리하는가?
- 나의 가치체계는 무엇이며, 그것이 어떻게 내 행동과 다른 사람과의 대인

관계를 규정하는가?

- 내가 생활하며 일하는 사회에서 나는 어떻게 관계를 맺고 있는가?
- 자신의 생활양식은 무엇인가?
- 나의 기본 철학은 무엇인가?

또한, 브릴은 사회복지사의 내면화된 가치의 중요성을 지적하며 이를 파악하기 위한 노력으로 다음과 같은 사항들을 제시하고 있다.

- 자신의 존재를 인식하며, 내면화되어 있는 감정적인 요소를 이해한다.
- 자신의 편견이 무엇인가를 의식하는 데 최선을 다한다.
- 자신의 가치관을 객관적이고 현실적으로 평가하도록 노력한다.
- 변화가 필요한 가치관은 변화시킨다.

(2) 사회복지사의 가치관 드러내기

켈먼(Kelman, 1965)은 사회복지사가 클라이언트를 위하여 자신의 가치를 '밝혀'야만 하고, 클라이언트가 사회복지사와 평등한 입장에서 자신의 가치를 밝힐 수 있어야 한다고 주장했다. 이러한 접근은 약물, 부적절한 성관계, 절도 등의 문제를 지닌 클라이언트의 문제를 다루는 데 유용할 수 있다. 그러나 이러한 접근에는 위험이 도사리고 있다. 사회복지사의 가치는 클라이언트에게 중요한 관심사가 아닐 수 있으나, 사회복지사의 가치를 클라이언트에게 이야기하는 것은 클라이언트에게 영향을 줄 수 있다. 예를 들어, 낙태에 반대하는 가치를 지닌 사회복지사는 의도치 않게 낙태를 한 클라이언트에게 죄의식을 갖게 할 수 있다. 사회복지사는 자신의 가치를 이야기할 경우 클라이언트에게 가장 건설적이고 도움이 될 수 있는지를 전문적으로 판단해야 한다.

(3) 사회복지사의 편견 해소

재스트로(Zastrow, 1995)는 클라이언트에게 부정적인 영향을 줄 수 있는 사회복지사의 편견을 줄이기 위한 방법을 다음과 같이 제시하고 있다.

- 사회복지사는 자신의 편견이 무엇인가를 의식하는 데 최선을 다해야 한다.
- 자신의 가치관을 객관적이고 현실적으로 평가하도록 노력한다.
- 변화가 필요한 가치관을 변화시키기 위해 사회복지사는 다음과 같은 프로그램에 참여하여 자기 인식을 높이도록 노력해야 한다.

① 생체자기제어(biofeedback)
② 초월명상(transcendental meditation)
③ 근육이완법(muscle relaxation)
④ 게슈탈트치료(gestalt therapy)
⑤ 자아정체감 형성(identity formation)
⑥ 감수성 훈련(senstivity training)
⑦ 참만남집단(encounter groups)
⑧ 자기인식훈련(self awareness training)
⑨ 반성적 기록(성찰 일지)을 통한 영성훈련(reflective practice)

이 중에서 반성적 실천과정과 자기인식훈련의 예는 〈표 3-4〉와 〈표 3-5〉와 같다.

표 3-4 ● 반성적 실천과정

20 년 월 일
일련번호:

반성적 실천 과정	내용
주요 내용	오늘 하루 사회복지실천과정에서 겪었던 일 중에서 기억에 남는 사건(실천과정)을 자세하게 기술한다.
느낌	처음 해당 상황에 접하게 되었을 때의 생각과 느낌, 그러한 생각과 느낌을 갖게 한 원인들을 생각해 본다.
평가	사건을 마무리하기 위해 어떤 행동을 했는지, 그리고 그 행동의 결과를 어떻게 평가하는지에 대해 작성한다.
분석	실천과정을 평가하는 지금 시점에서 바라봤을 때, 어떤 느낌을 받으며 새롭게 배우게 된 것들은 무엇인지 생각해 본다.
결과	나의 행동에 따른 결과는 어떠했으며, 만약 다른 행동을 했으면 어떤 결과가 나왔을지 생각해 본다.
계획	앞으로 같은 상황이 일어날 경우 어떻게 대응하는 것이 좋은지, 이번 결과가 나의 가치관에는 어떤 영향을 주었는지 생각해 본다.

표 3-5 ● 자기인식훈련

자기인식훈련 1

나의 세계관 및 영성을 탐색하기 위한 질문입니다.

1. 우주의 보이지 않는 질서에 대한 나의 신념은 무엇입니까?
2. 이런 신념이 어떻게 내 삶을 살아가는 방식에 영향을 미쳤습니까?
3. 이런 신념이 어떻게 나와 다른 신념을 가진 사람과의 관계에 영향을 미쳤습니까?
4. 내 삶에 원동력을 주는 의미에 대한 궁극적 관심은 무엇입니까?
5. 내 삶의 목적은 무엇입니까?
6. 자존감, 스스로 인정하는 부분, 도덕적으로 좋은 사람의 이미지는 무엇입니까?
7. 내가 좋은 사람이라고 느끼게 하는 것은 무엇입니까?
8. 내가 사랑하는 것 열 가지를 적어 봅시다.

자기인식훈련 2

1. 다양한 요인에 관련된 나의 가치를 탐색하기 위한 질문입니다. 이와 관련하여 갖고 있는 생각을 작성해 봅시다.

① 인종 ② 계급 ③ 성 ④ 나이 ⑤ 종교 ⑥ 성적 취향 ⑦ 힘
⑧ 나의 삶의 경험이 영향을 준 태도, 왜곡, 경험, 유형화 등

2. 나의 신념: 평상시에 자신이 가지고 있는 도덕적 신념이 있다면 써 보고 그것이 왜 중요한지 설명해 봅시다.

3. 다음은 사회복지실천에서 중요한 원칙들입니다. 자신이 중요하게 생각하는 원칙을 순위대로 나열해 보십시오.
- 생명보호의 원칙
- 평등 및 불평등 원칙
- 차등 원칙
- 자율과 자유의 원칙
- 성실의 원칙
- 최소한 해악의 원칙
- 삶의 질 원칙
- 사생활보호 및 비밀보장의 원칙

인간을 돕는 전문직에 종사하는 전문가들이 자신의 가치관을 보다 명확하게 파악하기 위한 수단으로 활용하는 방법이다. 다음의 설명에 따라 연습을 해 보자.

표 3-6 ● 가치관 명료화 연습

목적: 사회복지실천에서 몇 가지 주요 문제에 관한 가치관을 명료화하기 위해 설계된 연습

1단계: 연습의 목적을 진술하라. 사회복지사는 자신의 개인적인 가치관과 전문적인 가치관을 인식/의식하고 있어야 한다. 그래야만 클라이언트와 함께 일하는 과정 속에서 어느 시점에서 비심판적인 태도를 취하고 어느 시점에 어느 특정 가치를 설득 또는 역설해야 하는지 알 수 있다. 3명씩 소집단을 만들도록 한다. 각 소집단에게 다음의 질문들에 대한 답과 답에 대한 이유에 도달하도록 한다(다음의 질문들이 적힌 종이를 나누어 준다.).

다음과 같은 상황에서 당신은 어떤 결정을 내릴 수 있는가?

1. 당신이 시립아동상담소의 아동복지 지도원이라고 가정하라. 당신은 한 아버지가 그의 10세 된 딸에게 근친강간을 범하고 있다는 증거를 갖고 있다. 당신은 어떤 방법으로 근친강간을 멈추게 할 것인가?

2. 당신은 인공유산이 합법화되어야 한다고 생각하는가?
3. 당신이 아버지/어머니가 되었다고 가정하라. 당신은 당신 자녀를 급우 중 한 명 또는 그 이상이 에이즈를 갖고 있는 학교에 보내겠는가?
4. 당신은 남성보다 여성에게 고용의 우선권을 주는 여성 고용 차별 철폐 프로그램을 지지하겠는가?
5. 당신은 한평생 앉을 수도 없을 정도로 심한 중증 장애인의 생명을 국세로 무기한 유지시켜야 한다고 생각하는가?
6. 당신은 국가가 인간을 복제하는 능력을 개발하는 대규모의 프로그램을 지원해야 한다고 생각하는가?
7. 당신은 특정범죄에 대해서는 사형이 적용되어야 한다고 생각하는가?
8. 당신은 동성애자도 초등학교와 중학교 선생님이 될 수 있어야 한다고 생각하는가?
9. 당신은 전쟁 시 여군도 전투에 참여해야 한다고 생각하는가?
10. 당신은 중 · 고등학생들을 대상으로 한 성교육 시간에 학생들이 콘돔이나 기타 피임기구를 원한다면 이를 지급해야 한다고 생각하는가?

2단계: 소집단이 각 질문에 대한 답을 제시하고 토의하게 하라(이 연습의 목적은 학생들로 하여금 그들의 가치관을 명료화하도록 돕는 것이지 특정 가치체계를 강요/설득하고자 하는 것이 아니라는 것을 분명히 설명한다.).

3단계: 학생들로 하여금 다른 학생들이 강하게 반대하는 의견을 표현했을 때 어떻게 느꼈는지에 대해 토의하게 하라.

출처: Zastrow(1995), pp. 69-70.

(4) 클라이언트의 가치관 존중

클라이언트는 자신의 가치관이 무엇인지 알도록 도움 받아야 하고, 또한 자신의 가치에 부합되는 해결책을 모색할 수 있도록 도움을 받아야 한다. 클라이언트는 자신이 선택할 수 있는 자유를 침해당하지 않도록 보호받을 필요가 있다. 낙태, 이혼, 입양, 동성애 등에 대해 상담을 원하는 클라이언트는 이를 수용하는 가치관을 지닌 사회복지사에게 의뢰되어야 한다.

(5) 글래서의 도덕적 지침 활용

글래서(Glasser, 1965)가 제안한 보다 발전된 도덕적 지침은 클라이언트가 타인의 요구를 침해하지 않는 한 자신의 요구를 충족시키고 그들이 원하는 것을 하도록 허용하는 것이다. 이러한 방법이 낙태, 동성연애, 부적절한 성관계를 갖는 사람 등의 문제를 해결하는 데 있어서 매우 유용한 것으로 나타났다. 이는 또한 아동학대, 성폭력, 근친강간 등의 문제 해결에도 유용한데, 그것은 자신의 행동이 타인에게 미치는 영향을 다루기 때문이다. 모든 사람에게 유용하게 적용되는 단일한 도덕적 지침은 존재하지 않는다. 사람마다 생활방식과 목표 그리고 개인적인 가치들이 다르기 때문이다.

2) A-B-C-D-E 전략

실레오와 코팔라(Sileo & Kopala, 1993)는 상담자가 윤리적 딜레마에 부딪쳤을 때 그것을 순차적으로 고려해 보는 A-B-C-D-E 전략을 〈표 3-7〉과 같이 제시하였다(Hill & O'Brien, 2001: 104-107).

표 3-7 ● **실레오와 코팔라의 A-B-C-D-E 전략**

평가 (Assessment)	상담자는 클라이언트의 상태와 자원, 자신의 가치, 감정, 상황에 대한 반응을 파악한다. 또한, 어떤 법이나 규율을 적용할 수 있는지를 고려한다.
도움 되기 (Benefit)	상담자는 클라이언트와의 관계에서, 그리고 특정 다른 인물과의 관계에서 도움이 되는 것이 무엇인지를 생각한다.
결과와 자문 (Consequences and Consultation)	상담자는 윤리적 · 법적 · 감정적 · 치료적 결과를 고려한다. 또한 주요한 윤리적 문제를 정의하고 처리하도록 도움을 줄 수 있는 슈퍼바이저에게 자문을 구한다. 자신의 문제가 상담과정에 영향을 미치는 상황이나 윤리적 딜레마의 해결에 직면한 초보 상담자는 슈퍼바이저에게 즉시 자문을 구하는 것이 중요하다.
의무 (Duty)	상담자는 누구에 대해 의무가 있는가를 고려해야 한다. 때로 상담자는 클라이언트가 아닌 다른 사람을 보호해야 할 의무를 가진다. 예를 들어, 클라이언트가 상처를 주려고 위협하는 사람이 보호의 대상이 된다.
교육 (Education)	상담자는 유사한 윤리적 딜레마를 다룰 때 어떤 행동을 취해야 할지에 대한 판단 근거를 자신이 배운 것에 두고 자신의 배움을 재검토한다.

3) 콩그레스의 윤리결정모델(ETHIC 모델)

콩그레스(Congress, 1999)는 사회복지사가 가능한 효과적이면서 빠르게 윤리적 결정을 할 수 있도록 윤리결정모델(ETHIC Decision-Marking Model)을 개발했다. 이 모델은 가치, 윤리강령, 관련 법 및 실천적 맥락을 고려해 상이한 결정들의 잠재적 결과들에 대한 가설을 설정·분석함으로써 특정 경우에 선호되는 대안을 결정한다(김상균, 오정수, 유채영, 2002: 153).

표 3-8 ● **콩그레스의 윤리결정모델**

검토 (Examine)	관련되는 개인적 가치, 사회적 가치, 기관의 가치 및 전문적 가치를 살펴본다.
숙고 (Think)	상황에 적용되는 윤리강령의 윤리기준, 관련 법과 판례들을 고려한다.
가설 설정 (Hypothesize)	상이한 결정들의 잠재적 결과들에 대한 가설을 설정한다.
확인 (Identify)	가장 취약한 대상에 대한 사회복지의 헌신에 비추어 이익을 얻을 사람과 해가 될 사람을 확인한다.
자문 (Consult)	윤리적 선택에 대해 슈퍼바이저와 동료들의 자문을 받는다.

4) 로웬버그와 돌고프의 일반결정모델

로웬버그와 돌고프(Loewenberg & Dolgoff, 1996)의 윤리적 의사결정모델은 의사결정의 기본 틀과 형식인 윤리적 의사결정 과정에 대한 부분(일반적인 결정모델), 주어진 사례에서 윤리적 결정과 관련된 가치들을 명확히 하도록 하는 윤리적 사정 심사, 상이한 대안들이 제시될 때 우선순위로 고려해야 할 원칙들을 제시하여 주는 윤리적 원칙의 우선순위 결정이라는 세 부분으로 나누어진다.

첫째, 〈표 3-9〉의 일반결정모델은 복잡한 상황에서 적용할 수 있는 일반적 모델로 윤리적 결정만이 아니라 일반적 의사결정에도 사용이 가능하다. 이 모델은 사회복지사가 현재 직면해 있는 다양한 상황에 개입할 때 무엇이 필요한지를 합리적으로 계획할 수 있도록 도움을 준다. 이 모델은 또한 의도된 행동의 비합리성과 충동성, 무계획적 결과를 최소화하는 데 도움을 준다.

표 3-9 ● **일반결정모델**

단계 1: 문제가 무엇이며, 문제를 지속시키는 요인들이 무엇인지를 확인한다.
단계 2: 클라이언트, 희생자, 지지체계, 전문가 및 그 밖의 사람들을 포함해서 당면 문제에 관련되어 있는 사람들과 제도들을 확인한다.
단계 3: 확인된 여러 관계자들이 당면 문제와 관련해서 갖고 있는 가치인 사회의 가치, 전문적 가치, 그리고 클라이언트와 사회복지사의 개인적 가치를 확인한다.
단계 4: 당면 문제를 해결하거나 혹은 적어도 감소시킬 수 있는 목적과 목표들을 확인한다.
단계 5: 대안적인 개입전략과 개입 표적을 확인한다.
단계 6: 확인된 목표들에 비추어 각 대안들의 효과성과 효율성을 사정한다.
단계 7: 의사결정에 관여해야 할 사람들을 결정한다.
단계 8: 가장 적절한 전략을 선택한다.
단계 9: 선택된 전략을 실행한다.
단계 10: 실행을 검토하고 예기치 않은 결과들에 특별한 주의를 기울인다.
단계 11: 결과들을 평가하고 부가적인 문제들을 확인한다.

둘째, 윤리적 사정 심사표(Ethical Assessment Screen: EAS)는 사회복지실천에서의 의사결정의 윤리적 측면을 더욱 명료화하고 통합하기 위한 것이다(〈표 3-10〉 참조).

셋째, 만약 사회복지사가 윤리적 사정이나 규칙심사에서 만족스러운 지침을 발견하지 못한다면 다음 단계인 윤리적 규칙 심사표(Ethical Rules Screen: ERS)를 사용한다(〈표 3-11〉 참조). 윤리적 원칙 심사표(Ethical Principles Screen: EPS)는 윤리적 원칙들의 순위를 제시하고 있다(〈표 3-12〉 참조). 윤리적 원칙의 순위는 사회복지사들 사이의 합의에 기초하고 있다. 한 가지 이상의 원칙이 관련되어 있고, 또한 각 원칙들이 상이한 결과를 가져올 상황에서 원칙들의 서열을 적용해 선택 가능한 윤리적 대안을 분석한다. 즉, 윤리적 원칙 1에 기초한 사정은 윤리적 원칙 2나 3에 기초한 사정보다 우선되며, 윤리적 원칙 6과 7이 모두 적용되는 경우에는 윤리적 원칙 6이 우선권을 가진다.

표 3-10 ● **윤리적 사정 심사표(Ethical Assessment Screen: EAS)**

1. 직면해 있는 윤리적 딜레마와 관련되는 개인적 가치를 확인한다.
2. 윤리적 결정에 관련된 사회적 가치를 확인한다.
3. 관련되는 전문적 가치와 윤리를 확인한다.
4. 선택할 수 있는 윤리적 대안들을 확인한다.
5. 어떤 대안적인 윤리적 행동들이 다른 사람들의 권리와 복지뿐 아니라 클라이언트의 권리와 복지를 최대한 보호할지를 확인한다.
6. 어떤 대안적 행동이 사회의 권리와 이익을 최대한 보호할지를 확인한다.
7. 위의 1, 2, 3번 사이의 갈등들을 줄이기 위해서 무엇을 할 수 있는가? 5, 6번 사이의 갈등들을 줄이기 위해 무엇을 할 수 있는지를 확인한다.
8. 어떤 대안적 행동이 최소 손실의 원칙을 지킬 수 있는지를 확인한다.
9. 대안적 행동들이 어느 정도로 효율적이며 또한 윤리적일 수 있는지를 확인한다.
10. 대안적 행동들의 단기적이고 장기적인 윤리적 결과를 모두 고려하고 비교 평가했는지를 확인한다.

표 3-11 ● **윤리적 규칙 심사표(Ethical Rules Screen: ERS)**

1. 윤리강령을 살펴보고 어떤 규칙을 적용할 수 있는지 결정한다. 이러한 규칙들은 사회복지사 개인의 가치체계보다 우선되어야 한다.
2. 적용 가능한 한 가지 혹은 여러 가지의 강령 규칙을 따른다.
3. 구체적인 문제에 대해서 강령 규칙이 직접적으로 부합되지 않거나 혹은 여러 개의 강령 규칙들이 상충되는 지침을 제공하는 경우에는 윤리적 원칙 심사표(EPS)를 활용한다.

표 3-12 ● **윤리적 원칙 심사표(Ethical Principles Screen: EPS)**

원칙 1. 생명보호의 원칙
원칙 2. 평등과 불평등 원칙
원칙 3. 자율성과 자유의 원칙
원칙 4. 최소 손실의 원칙
원칙 5. 삶의 질의 원칙
원칙 6. 사생활보호와 비밀보장의 원칙
원칙 7. 진실성과 정보 개방의 원칙

5. 윤리강령 제정의 필요성 및 의의

윤리강령은 전문직의 실천영역에서 지켜야 할 원칙이다. 여러 학자들이 소개한 윤리강령의 주요 기능은 다음과 같다.

1) 전문가 윤리강령의 기능

(1) 로웬버그와 돌고프

윤리강령은 전문직의 실천영역에서 지켜야 할 원칙들을 포함하고 있는 것으로 윤리강령의 주요 기능은 다음과 같다.

- 실천에서 제기될 수 있는 윤리적 딜레마에 대한 지침을 제공한다.
- 무능력한 실천가로부터 많은 사람들을 보호한다.
- 정부의 통제로부터 전문직을 보호한다.
- 전문가들이 조화롭게 일하도록 돕는다.
- 소송으로부터 전문가를 보호한다.

전문가가 전문직을 수행함에 있어서 전문가의 윤리를 따라야 할 필요성은 대부분의 전문가 협회나 조직이 윤리강령을 채택하고 있다는 사실에서도 알 수 있다. 사회복지사도 예외는 아니다.

(2) 리머(Reamer, 1999)

리머(1995)는 사회복지 윤리강령의 필요성을 다음과 같이 제시하였다.

- 전문가 자신의 가치관과 다른 사람들(클라이언트, 지역 주민, 동료 전문가, 직장상사 등)의 가치관 사이에 어떤 공통점과 차이점이 있는가를 체계적으로

확인하기 위해 필요하다.

- 윤리적 딜레마의 실태를 이해하고 이에 대처할 수 있는 능력을 갖추기 위해 필요하다.
- 다수의 상이한 가치들 사이의 관계 정립 또는 위계 설정을 위해 필요하다.
- 사회복지의 현행 주류 가치가 얼마나 정당한가를 반성하고, 나아가서 시대적 조류에 맞는 가치를 정립하기 위해 필요하다.
- 사회복지 실천방법을 개발하거나 전문가의 전문경력을 발전시키기 위해 필요하다.

2) 한국사회복지사협회(2001)의 윤리강령

한국사회복지사협회에서 2001년에 개정한 사회복지사 윤리강령은 사회복지사의 전문성 강화와 사회적 가치의 확대, 사회적 관련성과 책임에 대한 윤리 의식 및 행동방향 설정의 필요성에 의하여 기존의 선언적 윤리강령에서 탈피하여 실천적 행동강령으로서의 역할을 할 수 있게 규정하였다. 사회복지사 윤리강령은 전문, 윤리기준, 사회복지사 선서 등 총 6장으로 구성되어 있는데, 크게 세 부분으로 구분하여 볼 수 있다. 첫째, 전문에서는 인본주의, 평등주의 사상, 인간의 존엄성과 가치 존중, 천부의 자유권과 생존권의 보장, 사회정의, 평등과 자유, 민주주의 가치 실천 등을 기본 이념으로 선언하고 있다. 둘째, 실천적 가치로서 클라이언트 개인의 주체성과 자기결정권의 보장, 사회복지사의 전문적 지식과 기술의 개발, 전문가로서 능력과 품위의 유지 노력 등을 규정하였다. 셋째, 윤리강령의 핵심이 되는 윤리기준에서는 사회복지사의 기본적 윤리기준, 클라이언트에 대한 윤리기준, 동료에 대한 윤리기준, 사회에 대한 윤리기준, 기관에 대한 윤리기준, 사회복지 윤리위원회의 구성과 운영을 규정하고 있다.

요 약

사회복지 전문직은 성찰 없이 단순히 전문적 지식이나 기술 등에 의해 주어진 기능을 수행하는 것이 아니라 전문적인 정체성에 입각한 지향과 가치를 토대로 하여 논리적이고 과학적(때로는 예술적)인 방식으로 사회적 맥락 속에서 자신의 역할을 하고 있다. 따라서 사회복지실천의 본질을 이해하기 위해서는 단순히 실용기술들의 패키지처럼 보이는 전문직의 피상적인 모습을 넘어 '멀리, 깊이, 넓게' 사회복지를 조망할 수 있어야 한다. 사회복지실천이 궁극적으로 무엇을 해야 하는지를 알려 주는 것이 가치와 윤리다. 가치와 윤리는 사회복지실천의 본질과 존재 이유가 되고 실천이 어떻게 이루어져야 하는 하는가를 알려 주는 인도자의 역할을 수행한다. 전통적으로 사회복지사는 인간존중과 사회정의 가치를 추구하는 전문가로 알려져 있다. 그런데 지금까지 전통적 사회복지실천에서 인간존중의 가치는 강조되었지만 사회정의의 가치는 거의 다루어지지 않았다는 비판을 받고 있다. 따라서 이 장에서는 사회복지의 주요 가치를 소개하면서 상대적으로 사회정의의 가치를 중요하게 다루었다. 다양한 가치에 기반하여 만들어진 사회복지실천의 윤리를 살펴보고, 실천현장에 맞닥뜨리는 가치와 윤리적 쟁점을 다루었다.

토의사항

1. 윤리, 가치, 지식 등의 관계에 대해 토의해 본다.
2. 사회복지실천 현장에서 개인 존엄의 가치와 사회정의 가치가 충돌할 때 해결법에 대해 토의한다.
3. 개인의 자기인식훈련을 통해 자신의 가치관에 대한 이해와 타인의 가치, 사회적 가치 그리고 전문가 가치 등에 대해 토의해 본다.
4. 사회복지현장에서 경험하는 윤리적 딜레마 사례를 이해하고, 윤리적 가치와 쟁점이 무엇인지, 그리고 이를 해결하기 위한 전략에 대해 토의해 본다.
5. 사회복지사협회의 윤리강령에 대해 이해한다.

참고문헌

김기덕, 최명민(2014). 바우만의 근대성 이론을 통한 한국사회복지실천의 유동성 분석. 한국사회복지학, 66(4), 53-75.

김기덕, 최소연, 권자영(2017). 사회복지 윤리와 철학. 경기: 양서원.

김상균, 오정수, 유채영(2002). 사회복지 윤리와 철학. 경기: 나남.

김성천, 강욱모, 김영란 외(2015). 사회복지학개론. 서울: 학지사.

김성천, 이은정(2012). 한국 사회복지실천 방법의 불균형에 관한 연구-사회복지실천 관련 교과목을 중심으로. 한국사회복지교육, 20, 176-201.

김정진(2019). 사회복지실천 기술론. 서울: 학지사.

사회복지사 윤리강령-한국사회복지사협회(2001. 10. 22.)

오혜경(2015). 사회복지윤리와 철학. 서울: 창지사.

정순둘(2005). 한국사회복지실천의 현실진단과 과제. 2005년도 춘계학술대회 자료집. 한국사회복지학회, 73-94.

황경식(2018). 정의론. 서울: 쌤앤파커스.

홍선미(2018). 사회복지와 인권. 한국사회복지학회 춘계학술대회 자료집.

BASW (2020). Code of Ethics. British Association of Social Workers.

Bell, L. A. (1997). Theoretical foundations for social justice education. In M. Adams, L. A. Bell, & P. Griffin (Eds.), *Teaching for diversity and social justice* (pp. 3-15). New York, NY: Routledge.

Brill, N. (1985). *Working with People: The Helping Process*(장인협, 문인숙 역, 1986). 사회복지의 원리와 방법. 서울: 집문당.

Chung, R. C-Y., & Bemak, F. P. (2012). 사회정의 상담(임상사회복지실천연구회 역, 2020). 서울: 학지사.

Congress, E. (1999). *Social Work values and ethics: Identifying and Resolving Professional Dilemmas*. Wadsworth: Thomson Learning.

Constantine, M. G. (2007). *Clinical practice with people of color*. New York, NY: Teachers College Press.

Fook, J. (1993). 급진사회복지실천(김성천, 박순우, 장혜림, 이현주, 이해령 역, 2007). 서울: 학지사.

Glasser, W. (1965). *Reality Therapy*. New York: Harper & Low.

Goodman, D. J. (2001). *Promoting diversity and social justice: Educating people from privileged groups*. Thousand Oaks, CA: Sage.

Hill, C. E., & O'Brien, K. E. (2001). *Helping Skills*(주은선 역, 2006). 상담의 기술. 서울: 학지사.

Johnson, L. C. (1986). *Social Work Practice*. Allyn & Bacon Inc.

Jones, K. (2007). *Best Practice in Social Work*(김경호, 김현욱, 장남서, 류방, 박일현 역, 2012). 사회복지와 비판적 우수실천. 경기: 공동체.

Kelman, H. C. (1965). Manipulation of Human Behavior: An Ethical Dilemma for the Social Scientist. *Journal of Social Issue*, *21*(2), pp. 31-46.

Loewenberg, F., & Dolgoff, R. (1988). *Ethical decisions for Social Work Practice*. IL: F. E. Peacock.

Loewenberg, F., & Dolgoff, R. (1996). *Ethical Decisions for Social Work Practice* Peacock.

Morales, A., & Sheafor, B. A. (1986). *Social Work* (4th ed.). Allyn & Bacon, Inc.

Mullally, B. (1993). *Structural Social Work: Ideology, Theory and Practice*. Toronto: McCelland and Stewart.

NASW. 미국사회복지사협회. www.naswdc.org

National Association of Social Workers. (1996). *Code of ethics*. Washington, DC: Author.

Rawls, J. (1971). *A theory of justice*. Cambridge, MA: Belknap Press/Harvard University Press.

Reamer, G. F. (1999). *Social Work Value and Ethics*. New York: Colombia University Press.

Specht, H. (1994). *Unfaithful Angels*, N.Y.: The Free Press.

Theoharis, G. (2007). Social justice educational leadership and resistance: Toward a theory of social justice leadership. *Educational Administration Quarterly*, *43*(2), 221-258.

Thompson, N. (2001). *Anti-Discriminatory Practice*. Palgrave Macmillan.

Zastrow, C. (1995). *The Practice of Social Work*. California: Wadsworth.

Zastrow, C. (2007). *Introduction to Social Work and Social Welfare: Empowering people*. Thompson Learning, Inc.

제4장

사회복지 전문인력의 활동과 성찰적 실천

1. 사회복지 전문인력의 직무와 역할
2. 전문인력의 성찰

사회복지 전문인력은 우리 사회의 다양한 실천현장에서 다양한 역할을 수행하고 있다. 넓은 의미의 사회복지실천 현장은 물리적인 장소의 개념을 넘어 사회복지실천이 이루어지고 있는 전문 분야(아동, 장애인, 노인 등)를 포괄한다. 반면, 좁은 의미에서의 실천현장은 클라이언트에게 사회복지서비스를 직간접적으로 제공하는 공공기관과 민간기관을 의미한다. 이 두 가지를 포괄하는 사회복지실천 현장에서 사회복지 전문인력이 담당하고 있는 일들의 성격과 역할은 사회복지사의 정체성 및 전문성과 직결되는 것이다. 따라서 사회복지 전문인력의 활동 상황을 통해 사회복지사의 정체성과 전문성을 이해해 보기로 한다.

성찰적 실천이란 자신이 하고 있는 일이 과연 최선인가를 반추하며 깊이 살피면서 실천하는 자세다. 급변하고 유동적인 현대 사회에서 활동하는 사회복지사는 자신에게 익숙한 지식체계나 전문가로서 행하는 실천방법에 대해 반성하는 성찰적 자세를 가져야 한다. 개인의 변화에 치중하는 미시적 접근에 익숙해진 사회복지사는 정치, 경제와 같은 거시적 체계가 클라이언트에게 미치는 영향에 대해 성찰하고, 클라이언트가 전문성과 기존 서비스의 통제를 받는 존재가 아니라 삶의 주체가 될 수 있도록 노력해야 한다.

1. 사회복지 전문인력의 직무와 역할

사회복지 전문인력은 크게 공적 영역에서 활동하고 있는 공무원과 민간의 다양한 영역에서 활동하고 있는 사회복지사(정신보건사회복지사, 의료사회복지사, 학교사회복지사 포함)로 나눌 수 있다. 먼저 행정기관에서 활동하고 있는 사회복지 전문인력의 주요 역할을 살펴본 후 각종 「사회복지사업법」과 관련된 영역에서 활동하는 사회복지사의 직무와 역할을 살펴본다.

1) 행정기관 내 사회복지 전문인력의 활동

사회복지 관련 행정기관에서 다수의 사회복지사들이 공무원으로 근무하고 있다. 이들은 행정 업무와 사회복지서비스 업무를 동시에 담당하고 있다. 사회복지 관련 대표적인 행정기관은 보건복지부와 여성가족부 및 시 · 도, 시 · 군 · 구 그리고 읍 · 면 · 동 등의 주민복지 · 문화센터 등이다. 보건복지부와 여성가족부 내 중앙공무원과 시 · 도에 근무하는 공무원은 주로 산하기관의 업무 지도와 감독에 따르는 행정 업무에 치중한다. 반면 시 · 군 · 구 그리고 읍 · 면 · 동에서 활동하는 사회복지전담공무원은 ① 취약계층 발굴 및 상담과 지도, 사회복지에 대한 욕구조사, 서비스 제공 계획의 수립, 서비스 제공 및 점검, 사후관리 등 통합사례관리에 관한 업무, ② 사회복지사업 수행을 위한 취약계층의 소득 · 재산 등 생활실태의 조사 및 가정환경 등 파악 업무, ③ 사회복지에 대한 종합적인 정보제공, 안내, 상담 업무 등을 수행한다(「사회보장급여법 시행규칙」 제8조). 특히, 통합사례관리사는 지원 대상자에게 보건 · 복지 · 고용 · 교육 등에 대한 사회보장급여 및 민간 법인 · 단체 · 시설 등이 제공하는 서비스를 종합적으로 연계 · 제공하는 업무를 맡아 수행한다.

읍 · 면 · 동 주민센터 근무 사회복지전담공무원은 영유아에서 노인에 이르기까지 생애주기별 원스톱 복지 시스템을 운영하기 위하여 '찾아가는 복지서비스', '맞춤형 통합서비스', '민간자원연계활성화' 등의 업무에 참여한다. '찾아가는 복지서비스'는 지역사회 (통)이장, 읍 · 면 · 동 지역사회보장협의체 위원들과 협력해 도움이 필요한 주민을 발굴하고, 장애인, 노인 등 거동이 어려운 주민을 방문해 상담하는 것이다. '맞춤형 통합서비스'는 심층상담을 통해 서비스 수요자에게 알맞은 복지서비스를 통합적으로 제공하는 것이다. '민간자원연계활성화'는 사회복지공동모금회, 지역사회복지관, 지역사회보장협의체 등 다양한 공공 및 민간 복지자원과의 연계를 통해 복지서비스 수요자들의 욕구를 맞춤형으로 통합 충족하기 위해 사회안전망을 강화해 나가는 활동이다. 〈표 4-1〉은 최일선 행정기관인 동 주민센터 사회복지전담공무원이 하루 동안 처리한 일의 예다.

표 4-1 ● 동 주민센터 사회복지전담공무원의 하루(예시)

시간	주요 업무	내용
08:20~09:00	업무 준비	먼저 출근한 동료들과 가볍게 인사를 나누고 서둘러 책상에 앉아 컴퓨터 전원을 켜는데, 할머니 한 분이 보행보조기를 밀고 현관문을 들어오심. 자녀의 부양비 부과로 생계비가 줄어 걱정이라는 할머니의 하소연을 듣고 차후 별도의 지원을 위해 행복이음과 후원 필요 명단에 할머니와의 상담 내용을 정리함.
09:00~12:00	국민기초생활 보장제도 수급자 상담 (전화상 및 내방 상담)	온나라결제시스템으로 내려온 공문 중 처리할 문서를 정리 후, 어제 미처 정리하지 못한 국민기초생활보장 신청 자료 2건을 스캐닝하고, 상담 내역을 작성하는 도중 전화벨이 울림. 자녀 취업으로 소득이 증가해 국민기초생활보장 수급 탈락을 걱정하는 한부모가정 세대로, 자녀가 취업하여 소득이 발생한 경우 일정 기간 동안 남은 가구원에 대해 별도 가구로 보장하는 자립지원 관련 제도를 설명함.
		이어 2~3차례 상담전화가 이어졌고, 책상 옆 간이의자에 상담을 기다리는 민원인의 근로능력평가용 진단서를 처리함. 전입 온 국민기초 수급세대와의 상담, 이어지는 전화로 오전 내내 분주하였음. 점심시간이 가까워질 무렵 부자가정인 ○○○ 님이 방문하여 올해 대학 졸업 예정인 둘째자녀가 서울시 공무원 시험에 합격했다는 반가운 소식을 전했음. ○○○ 님은 못난 부모를 만나 제대로 해 준 것도 없어 늘 미안한데 잠도 제대로 못 자면서 악착같이 시험공부에 매달렸다는 자녀 이야기를 하면서 눈물을 보이심. 아주 가끔 이런 반가운 소식을 전해 듣는 날이면 내 일인 것처럼 하루 종일 기분이 좋음.
	타 기관과 네트워킹	협회에서 집수리 지원 대상자 추천 요청이 있다는 구청 희망복지지원팀의 연락을 받고 미리 가정 방문을 약속한 2세대에게 다시 한번 확인 전화를 하고 오전 업무를 마무리함.
12:00~13:00	점심시간	민원 업무를 위해 교대식사

13:00~15:40	주거지원 사정을 위한 가정방문 (면접과 정보수집)	식사를 마치고 돌아와 책상 위의 전화 요청 메모지를 확인함. 국민기초 지원상담 문의, 국민기초 지원 세대의 차량 매입 관련 문의 등으로 차례대로 전화 상담을 하면서 오후 출장을 위해 출장신청서를 작성함.
		후반 식사를 마친 직원이 돌아오자 오후 1시 30분쯤 오늘 집수리지원 세대를 함께 방문해 주기 위해 미리 와 계신 통장님과 사무실을 나섬.
		혼자 생활하고 계신 83세 ○○○ 님을 방문함. 단독주택인데, 나무 지지대가 무너지기 직전인 시멘트 담장을 간신히 지탱하고 있어 몹시 위태롭게 보임. 방에서 TV를 보시던 ○○○ 님 할아버지가 인기척에 방문을 열고 나오심. 할아버지께 방문 목적을 설명 드린 뒤 집안을 살펴봄. 집안 내부는 비교적 정갈하게 정리되어 있었고, 도배지와 장판의 상태도 양호했음. 담장 부분 사진을 몇 장 찍고 집을 나옴.
		조손가정 세대인 ○○○ 님을 방문함. 다세대주택(17평형) 현관문을 열자 퀴퀴한 냄새로 선뜻 들어서기가 어려웠음. 거실 겸 주방에 있는 싱크대 위에 음식물이 널려 있었음. 통장님이 ○○○ 할머니에게 음식물 보관 방법을 설명해 주시는 동안 싱크대 및 집안 내부를 살펴봄. 싱크대 밑판이 썩은 채 내려앉아 있고 그 사이로 벌레도 보임. 일단 싱크대 교체와 청소지원을 희망복지지원팀과 논의하기로 하고 사무실로 들어옴.
	타 기관과 지역사회조직 네트워킹 참여	○○경찰서 여성 청소년과에서 온 전화를 전달받음. 가정폭력이 빈번하게 발생하는 아파트 주변을 대상으로 문제해결을 위한 협의회를 구성할 예정이니 참여를 부탁한다는 내용이었음. 좋은 취지에 공감을 하면서도 사례개입 정도 및 회의 참석에 따른 시간적인 부담 등으로 조심스러움.
15:40~18:00	의료지원을 위한 병원 방문	사무실로 들어서자 휠체어를 탄 낯익은 장애인 한 분이 눈에 들어옴. 순간 지난주 치과 치료가 필요하다고 상담했던 ○○○ 님과의 약속이 생각남. '오늘이었던가?' 탁상 달력에는 오늘 오후 4시로 표시를 해 두고 잊고 있었음. 다행히도 시간은 늦지 않았음. ○○○ 님은 먼저 본인이 직접 지역복지관을 통해 무료 치과 진료를 신청하였지만 대기자가 많아 2~3개월 정도의 기간이 더 소요된다는 답변을 듣고 다시 주민센터에 지원을 문의한 경우임. ○○○ 님의

	사례지원을 위한 협의, 후원방법 모색	상태는 치아가 거의 남아 있지 않아 씹는 음식물 섭취가 불가능해 보임. 민관복지협의체로 협약된 ○○치과와 먼저 협의를 거쳐 오늘 진료를 받을 수 있도록 미리 예약을 해 놓은 상태임. 거동이 불편한 ○○○ 님을 사회복무요원과 함께 부축해 치과를 방문함. 진료 결과 치아 전체 발치 후 틀니나 인플란트 시술이 필요한 상황임. 일부는 ○○치과에서 지원을 약속해 주었지만, 근로능력이 전혀 없이 맞춤형 생계급여에 의존해 생활하는 ○○○ 님은 본인 부담 비용을 부담스러워함. 오후 5시 30분쯤 사무실로 돌아와 동료들과 ○○○ 님의 치료비 지원 방안에 대해 논의함. 긴급의료비 및 무료 틀니 지원 등은 사유 미해당, 연령미달 등으로 지원이 불가하여 별도의 후원 방법을 찾아보기로 함.
	컴퓨터 시스템을 이용한 기록과 공문 작성	오늘 집수리 지원을 위해 방문한 세대에 대한 내용을 행복이음에 기록하고 관련 공문을 작성하여 결재 시스템에 올려놓는 동안 퇴근시간이 훌쩍 지나감. 퇴근시간이 지난 후에는 출장으로 자리를 비운 사이 민원인들이 놓고 간 서류와 전화 메모를 정리하고 처리해야 할 공문을 살펴봄. 마지막으로 혹시 오늘 놓치고 지나친 일이 없었는지 업무 수첩에 적힌 내용을 한 번 더 확인하고 ○○○ 님의 치료비 지원을 위한 후원방법 모색, 백미 지원 대상자 명단 제출, 지역업체 지원 장학생 발굴 등 당장 급하게 처리할 공문이나 새로운 일들을 기록하면서 정신없이 분주했던 하루를 보냄.

2) 사회복지관 사회복지사의 활동

'사회복지관'은 지역사회를 기반으로 일정한 시설과 전문인력을 갖추고 지역주민의 참여와 협력을 통하여 지역사회의 복지문제를 예방하고 해결하기 위하여 종합적인 복지서비스를 제공하는 시설이다(「사회복지사업법」 제2조의 5). 사회복지관의 사회복지사는 지역사회의 실정과 주민의 욕구파악 및 평가, 클라이언트의 성장과 자립을 위한 종합복지서비스 제공, 지역사회통합의 매개 역할, 지역사회 잠재자원의 발굴 및 활용, 지역 주민을 위한 사회교육 등의 업무를 수행한다. 사회복지사는 지역 주민의 욕구를 기반으로 지역사회의 특성에 맞는 다양하고 포괄적인 서비스를 제공하는 과정에서 개별 클라이언트에게 직접 서비스를 제공하는 미시적 접근과 지역사회 문제해결을 위한 거시적 접근을 모두 취한다. 사회복지관 사회복지사가 관여하는 사회복지관의 주요 기능과 사업을 〈표 4-2〉에 제시하였다.

표 4-2 ● **사회복지관의 기능 및 사업**

기능	사업 분야	사업 및 내용
사례 관리 기능	사례 발굴	지역 내 보호가 필요한 대상자/위기 개입 대상자(이후, 사례자)를 발굴 · 개입계획 수립
	사례개입	사례자의 문제와 욕구에 대한 맞춤형 서비스가 제공될 수 있도록 사례개입
	서비스 연계	사례개입에 필요한 지역 내 민간/공공 가용자원과 서비스에 대한 정보 제공 · 연계 · 의뢰
서비스 제공 기능	가족기능 강화	가족관계증진사업: 가족원 간 의사소통을 원활히 하고 각자의 역할을 수행함으로써 이상적인 가족관계를 유지함과 동시에 가족의 능력을 개발 · 강화하는 사업 가족기능보완사업: 사회구조 변화로 부족한 가족기능, 특히 부모의 역할을 보완하기 위하여 주로 아동 · 청소년을 대상으로 실시되는 사업 가정문제해결 · 치료사업: 문제가 발생한 가족에 대한 진단 · 치료 · 사회복귀지원사업 부양가족지원사업: 보호대상 가족을 돌보는 가족원의 부양부담을 줄여 주고 관련 정보를 공유하는 등 부양가족 대상 지원사업, 다문화가정, 북한이탈주민 등 지역 내 이용자 특성을 반영한 사업
	지역사회 보호	급식서비스: 지역사회 내 요보호 노인이나 결식아동 등을 위한 식사 제공 보건의료서비스: 재가복지사업 대상자들(노인, 장애인 등)을 위한 보건 · 의료 관련 서비스 제공 경제적 지원: 경제적으로 어려운 지역사회 주민들에게 현금 및 물품 등을 지원 일상생활 지원: 독립적인 생활능력이 떨어지는 요보호 대상자들이 시설이 아닌 지역사회에 거주하기 위해 필요한 기초적인 일상생활 지원

		정서서비스: 지역사회 거주 독거노인이나 소년소녀가장 등 부양가족이 없는 요보호 대상자들을 위한 비물질적인 서비스 제공 일시보호서비스: 독립적인 생활이 불가능한 노인이나 장애인 또는 일시적인 보호가 필요한 실직자 · 노숙자 등을 위한 보호 재가복지봉사서비스: 가정에서 보호를 요하는 장애인, 노인, 소년 · 소녀가정, 한부모가족 등 가족기능이 취약한 저소득 소외계층에게 다양한 서비스 제공
	교육문화	아동 · 청소년 사회교육: 주거환경 열악으로 가정 내 학습 곤란, 또는 경제적 이유로 학원 등 다른 기관 활용이 어려운 아동 · 청소년에게 학습내용 지도, 또는 각종 기능교육 실시 성인기능교실: 기능 습득을 목적으로 하는 성인사회교육 실시 노인 여가 · 문화: 노인을 대상으로 각종 사회교육 및 취미교실 운영 문화복지사업: 일반 주민 대상 여가 · 오락 프로그램, 문화 소외집단 대상 문화 프로그램 제공, 그 밖에 각종 지역문화행사 개최
	자활지원 등 기타	직업기능훈련: 저소득층의 자립능력 배양과 가계소득에 기여할 수 있는 기능훈련을 실시하여 창업 또는 취업을 지원 취업알선: 직업훈련 이수자 기타 취업 희망자들을 대상으로 취업에 관한 정보 제공과 알선 직업능력개발: 근로의욕/동기가 낮은 주민의 취업욕구 증대와 재취업을 위한 심리 · 사회적 지원 그 밖의 특화사업
지역 조직화 기능	복지 네트워크 구축	지역 내 복지기관 · 시설들 간 네트워크 구축을 통해 복지서비스 공급 효율성 제고(지역사회연계, 지역욕구조사, 실습지도)
	주민 조직화	주민이 지역사회 문제에 스스로 참여하고 공동체의식을 갖도록 주민 조직 육성 · 지원. 주민협력 강화에 필요한 주민의식 고양을 위한 교육 실시(주민복지증진, 주민조직화, 주민교육)
	자원 개발 및 관리	지역 주민의 다양한 욕구 충족 및 문제해결에 필요한 인력, 재원 등을 발굴하여 연계 및 지원 (자원봉사자 개발 · 관리, 후원자 개발 · 관리)

출처: 「사회복지사업법 시행규칙」[별표 3]

〈표 4-2〉에 제시된 사회복지관 사회복지사의 업무 중 사례관리와 관련된 활동 사례의 예를 〈표 4-3〉에 제시하였다.

표 4-3 ● 종합사회복지관 사회복지사의 하루: 사례관리를 중심으로(예시)

시 간	주요 업무	내 용
9:00~9:30	업무 준비	출근 후 금일 진행할 업무를 점검하고, 팀회의 준비를 함.
9:30~10:20	사업점검과 제안서 작성을 위한 팀 회의	○○동 팀회의는 매주 화요일에 진행함. 팀장이 전날 관부장 및 팀장회의 때 나온 사항에 대해 전달하고 슈퍼비전을 주며, 팀원 전체가 동별 사업에 대해 논의함. 오늘은 각 담당 사례 중 종합적인 욕구사정을 통하여 '동절기 도시락 추가식 지원', 'KT&G 복지재단 방역서비스', '한미글로벌 목욕표 지원', '한정식집 외식지원'이 필요한 분들을 추천하였고, 서비스 지원 시기 및 방법 등에 대해 이야기를 나눔. 또한 앞으로 청룡동 자치회관에 마련할 '나눔빨래방'과 지역 내 복지사각지대에 있는 분들을 위한 '밑반찬나눔' 사업을 어떻게 준비할지에 대해 논의함. 또한 사례관리사업을 활성화하기 위해 공동모금회 등에 제안할 제안서 작성을 위한 아이디어 회의도 병행함.
10:30~12:00	통합사례 회의	통합사례회의는 복지관 사례관리팀과 구청의 통합사례관리사, ○○동 통장님, 정신보건사회복지사, 다문화가정지원센터 직원이 참석하여 진행됨. 지난 한 주간 인테이크한 지역 주민, 기존에 사례관리를 하던 분들 중 개입이 필요하거나 종결이 필요한 상황에 대해 의견을 나누고 사례등록 여부, 사례개입 여부, 연계 가능한 복지서비스 등에 대해 논의하는 자리임. 오늘 나눈 사례는 ① 병원 입원 중에 병원비 지원을 요청하신 분으로 사례를 등록하여 희망온돌 긴급지원을 신청하여 의료비를 대납해 드리기로 결정함. 또한 퇴원 후에 지속적인 모니터링으로 필요한 부분에 대해 지원하기로 함. ② 다문화가정(6명) 사례로 아들 세대(5명)가 어르신과 분리되어 다른 동으로 이사를 가, 아들 세대 구성원들에 대한 사례를 종결하고 어르신만 사례관리를 하기로 결정함. 이 사례는 지역의 정신건강증진센터와 다문화가정지원센터가 함께 개입을 하고 있는 사례로 다문화가정지원센터에서 아들 가정에 지속적으로 개입을 하기로 함.
12:00~13:00	점심시간	복지관 지하 식당에서 식사를 함. 업무로 외부에 나가 있는 경우에는 외부에서 식사를 하면서 지역의 자원개발의 기회로 삼기도 함.

13:00~13:30	도시락 및 밑반찬 배달	새로운 공익요원이 배치된 날임. 공익요원은 앞으로 도시락밑반찬 배달을 전담할 것이며, 담당 사회복지사가 동행하여 배달 가정의 위치를 알려 주고, 각 가정의 상황 및 유의사항에 대해 공유함. 또한 배달 시 각 가정에 계신 어르신들의 안부를 확인함.
13:40~14:10	클라이언트 상담	박○○ 님이 방문함. 1년 반 전에 길에서 우연히 만나 상담했을 당시의 일상생활(식생활, 주거), 건강, 경제, 심리정서 전반의 위기가 대부분 해소되어 종결을 준비하고 있는 사례임. 이에 박○○ 님과 지난 1년 반의 시간을 돌아보고(주민등록말소 해제, 위기가정지원사업 신청을 통한 경제적 지원, 수급자 선정, 의료보장 1종 선정, 수급비 지원을 통한 일상생활 가능, LH임대주택 선정을 통한 주거안정 등), 이제는 박○○ 님 스스로 자립할 수 있는 힘이 있다고 이야기를 나누고, 본인의 동의하에 사례관리를 종결하기로 함. 단, 긴급할 때 후원품 등의 서비스를 지원받고 싶다고 하여, 이사 간 ○○동 권역의 복지관으로 서비스를 의뢰해 드리기로 함.
14:10~15:20	자원 연계	○○○ 어르신 생신날 후원업체인 파란하늘 꽃집에 방문하여 꽃바구니를 수령하고, 아띠 빵집에 가서 빵을 수령한 후에 가정방문을 하여 생신을 축하드리고 안부를 확인함.
15:20~16:20	가정방문 상담 및 자원 개발	경제적 후원금 지원과 관련하여 재사정을 하기 위해 김○○ 아동 가정에 방문함. 어머니와 둘이 살고 있는 가정으로, 어머니는 정신질환이 있어 일을 할 수 없고, 아이도 폐결핵으로 중 3 때 학교를 그만두고 집안에서만 생활을 하고 있음. 가정방문하여 어머니와 이야기를 나누고, 씻지 않아서 얼굴 보고 대화할 수 없다는 아이와는 문을 사이에 두고 이야기를 나눔. 좋은 소식은 구청에서 아동이 주민등록증을 발급할 시기가 되어 연락을 하였고, 아동의 사정을 알고 검정고시를 준비할 수 있게 도와주었다고 함. 일부 강제적이기는 하지만 아동이 세상에 나올 수 있게 되어 기쁨. 본 사례는 다음 주 사례회의에서 후원금 지원 여부에 대해 논의할 예정이며, 그다음 주 월요일 4개 동이 모두 모이는 복지사업팀 회의에서 최종 결정할 예정임.

16:20~16:40	클라이언트 전화 상담	기관으로 돌아오는 길에 팀 휴대전화로 김○○ 어르신에게 전화가 옴. 보청기 한쪽을 잃어버렸다고 하심. 이에 보청기를 사실 수 있는지 물었으나 어렵다고 하여, 혹시 외부에 보청기를 지원해 주는 곳이 있는지 알아보고 연락을 드리기로 함.
16:40~18:00	서류 정리	각종 일지(상담일지, 사례회의기록지 등) 및 서류 등을 정리함.

3) 아동복지 관련 활동

전통적으로 아동의 복지는 가정에 맡겨져 왔으나 사회의 변화에 따라 더 이상 가정 홀로 아동의 복지를 담당할 수 없게 되었다. 아동복지 관련 사회복지사는 모든 아동이 가족과 사회의 일원으로서 육체적·정신적으로 건강하게 성장 발달할 수 있도록 보호·지원하기 위해 활동한다. 아동복지 분야 사회복지사의 역할을 몇몇 주요 실천현장별로 제시한다.

(1) 아동상담

아동상담소는 아동과 그 가족의 문제에 관한 상담, 치료, 예방 및 연구 등을 목적으로 하는 시설이다(「아동복지법」 제52조 제1항 제6호). 아동상담소의 상담사는 부모와 아동이 자기 가정 내에서 바람직한 관계를 가지며 행복할 수 있도록 지지·강화해 주는 역할을 한다. 가족구성원의 기능을 개선하여 가족 붕괴의 위험을 방지함으로써 아동이 가정에서 안정적으로 성장할 수 있도록 돕는 것이다. 상담현장에서는 상담의 대상과 상담자가 활용하는 이론에 따라 다양한 이론과 기술이 혼합되어 사용된다. 상담의 대상에 따른 상담사업의 유형은 주로 개별상담, 집단상담, 부부상담, 가족상담 등으로 분류되며, 아동을 대상으로 활용될 수 있는 상담방법에는 놀이치료, 사회·심리극 등이 포함된다.

(2) 가정위탁보호

가정위탁보호는 부모의 사망, 실직, 질병, 학대, 방임, 알코올 및 약물 중독, 수감 등으로 아동이 원 가정에서 정상적으로 양육될 수 없을 때, 일정 기간 동안 다른 가정에서 아동을 보호·양육하는 제도다. 보호가정 유형에 따라 친조부모·외조부모에 의한 양육인 대리양육 가정위탁, 친조부모·외조부모를 제외한 친인척에 의한 양육인 친인척 가정위탁, 아동보호를 희망하는 일반인에 의한 가정위탁인 일반 가정위탁이 있다. 사회복지사는 다음과 같은 역할을 수행한다(「아동복지법」 제49조 제2항). ① 가정위탁사업의 홍보 및 가정위탁을 하고자 하는 가정의 발굴, ② 가정위탁을 하고자 하는 가정에 대한 조사 및 가정위탁 대상 아동에 대한 상담, ③ 가정위탁을 하고자 하는 사람과 위탁가정 부모에 대한 교육, ④ 위탁가정의 사례관리, ⑤ 친부모 가정으로의 복귀 지원, ⑥ 가정위탁 아동의 자립계획 및 사례관리, ⑦ 관할 구역 내 가정위탁 관련 정보 제공, ⑧ 그 밖에 대통령령으로 정하는 가정위탁과 관련된 업무.

(3) 방과후 돌봄(지역아동센터)

방과후 보호는 방과후 시간 동안 아동을 성인의 보호하에 둠으로써 안전 보장과 지도감독을 통해 일탈에 노출되지 않도록 하며, 저소득층 아동에게는 보충학습, 적성교육, 급식, 상담, 건전한 놀이와 오락의 제공, 보호자와 지역사회의 연계 등을 통해 아동의 발달욕구를 채워 주는 종합적인 아동복지서비스 활동이다. 이러한 활동은 지역아동센터를 통해 이루어지는데 지역아동센터 사회복지사는 지역사회의 빈곤아동, 맞벌이가정 아동, 부모 이혼이나 별거가정의 아동, 한부모가정 아동 등을 위해 앞서 제시한 종합아동복지서비스 활동을 수행한다.

(4) 학대피해아동 보호

학대피해아동 보호는 방임과 학대를 모두 포함하여 아동발달을 위협하거나 손상시키는 모든 행위로부터 아동을 보호하는 활동으로, 이러한 사업은 아동보호전문기관 등에서 실시한다. 사회복지사는 아동학대 사례를 발견한 경우 피해

아동을 원가정에 보호하면서 개입하거나, 가정과 분리하여 쉼터 등에서 보호하면서 아동의 신체 · 정신적 건강문제에 대한 의료적 지원, 상담지원, 그 밖에 다양한 치유 프로그램 제공을 위해 연계활동을 수행한다. 아동보호전문기관에서 활동하는 사회복지사는 아동학대예방과 관련된 다음의 업무를 수행한다(「아동복지법 시행령」 제45조 제2항). ① 「아동복지법」 제28조의 2에 따른 국가아동학대정보시스템에 피해아동, 그 가족 및 아동학대행위자에 대한 정보와 아동학대예방사업에 관한 정보의 입력에 필요한 자료의 제공, ② 아동복지시설, 「영유아보육법」에 따른 어린이집, 「유아교육법」에 따른 유치원, 「초 · 중등교육법」에 따른 학교, 경찰서, 주민자치센터, 보건소, 의료기관 및 「사회복지사업법」에 따른 사회복지관 등 아동학대예방 · 피해아동보호와 관련된 기관 간의 연계, ③ 피해아동 및 피해아동 가정의 기능 회복 서비스 제공. 2109년 아동학대 조사 공공화 정책이 도입됨에 따라 아동학대 대응 업무는 공공(지방자치단체 아동학대전담공무원)과 민간(아동보호전문기관 상담원)이 분담하여 수행하게 되었다. 경찰(112)로 일원화된 신고에 따라, 공공 부문에서 아동학대 조사부터 사후관리까지 전 과정을 모니터링하고, 민간 아동보호전문기관에서는 사례관리를 담당한다. 사례관리를 맡은 사회복지사는 피해아동의 회복과 가족기능 강화를 위해 서비스 계획을 수립하고 직접 또는 연계를 통해 간접적으로 서비스를 전달하며, 재학대 발생 예방에 주력한다. 또한 보호처분 이행 관리 및 지역사회 대상 아동학대 예방교육 등의 업무를 수행한다. 지역아동보호전문기관의 상담원이 하루 동안 수행한 역할의 예를 〈표 4-4〉에 제시하였다.

표 4-4 ● 아동보호전문기관 상담원의 하루(예시)

시 간	주요 업무	내 용
08:30~09:00	업무 준비	사무실에 출근하여 환기를 시키며, 밤 사이 접수된 팩스와 업무 관련 전자메일을 확인한 뒤, 아침 회의를 준비함.
09:00~10:00	업무 회의, 슈퍼비전	전체 직원들이 업무 회의에 참석하여 각자의 업무 보고를 하고, 금일의 중요한 일정을 공유함. 오늘 예정된 상담일정과 사례 보고를 하고, 그에 대한 슈퍼비전을 받음.

10:00~11:00	학대재발방지 모니터링 위한 전화상담	회의 후, 현재 원가정에서 보호 중인 아동의 근황 및 친모로부터의 재학대 발생 여부를 확인하기 위해 아동과 전화상담을 함. 잘 지내는지 궁금해서 전화했다는 말에 아동은 밝은 목소리로 잘 지내고 있다며 웃음. 우리가 연계한 ○○센터에서 치료·상담을 받는 것에 대해 묻자, 그림도 그리고 게임도 해서 재미있다고 함. 상담을 받게 된 후로 어머니와 대화를 나누는 시간도 늘었고 사이도 좋아졌다는 얘길 들으니 어머니와의 관계가 긍정적으로 개선되고 있는 것 같아 뿌듯함.
		이어서 아동의 어머니와 전화상담을 함. 어머니는 일을 하고 있던 중이긴 하나 잠깐은 전화 통화를 할 수 있다고 함. 근황을 묻자, 아동과 동일하게 잘 지내고 있다고 함. ○○센터에서 상담을 통해 '바람직한 훈육방법'을 배우는 중이며, 상담을 하며 자녀와의 관계에 대해서 많은 생각을 해 볼 수 있게 되었으며, 고맙다는 마음을 표현함. 적극적인 상담 참여로 어머니와 아동의 관계가 더 좋아지기를 바라는 마음을 전하며, 도움이 필요할 시 언제라도 연락할 것을 당부한 뒤 상담을 마침. 아동과 어머니 모두 치료·상담에 대한 만족도가 높은 것 같아 다행이라고 생각함.
		아동과 어머니의 치료·상담 진행 정도 및 평가를 확인하기 위해 ○○센터 담당 치료사와 전화상담을 함. 주 1회 상담을 진행하고 있으며, 초기 상담에서는 아동과 어머니가 서로에게 부정적인 감정을 보였으나 5회기 이후부터 서로에 대해 마음의 문을 여는 듯 긍정적인 모습이 보였다고 함. 현재 개별상담은 7회기까지 진행했으며, 남은 회기 동안 어머니에게는 부모상담 및 스트레스 해소에 대해 집중적으로 상담할 예정이라고 함. 10회기에 개별상담을 종료하고 난 뒤에는 가족치료를 계획하고 있다고 함. 아동 가정과 관련하여 논의할 사안이 있을 시 상호 간 협력하기로 하고 전화상담을 마무리함.
11:00~12:00	전산 입력과 사례회의 준비	가족기능의 강화와 관계 개선이 필요했던 가정에 치료·상담이 특별한 문제없이 진행되고 있고, 가정 내에서도 아동이 안전하게 보호받고 있어 한결 마음이 놓임. 그럼에도 재학대 발생 여부에 대한 지속적인 확인이 필요하므로, 개별상담 종료 회기 시점에 맞춰 가정방문할 일정을 계획함.
		상담 내용을 전산 시스템에 바로 기록하고 내일 계획되어 있는 아동학대 판단 자체 사례회의 준비를 함.

12:00~13:00	점심시간	점심시간에도 당직자는 전화 대기함.
13:00~16:00	가정조사와 응급조처	점심시간이 끝나기가 무섭게 전화가 걸려옴. 3~4세로 추정되는 옆집 아동 아동의 '위생 상태가 불결하다', '겨울인데 얇은 옷을 입고 다닌다'며 부모의 아동학대가 의심된다는 내용의 112 신고. 현장조사 동행을 구청 아동학대 전담공무원이 요청함. 파악된 아동 정보, 학대 의심 정황 등을 고려할 때 아동의 연령이 낮으며 현재 아동의 안전이 확보되지 않은 상황이라 짐작되어 응급아동학대 의심 사례 가능성을 염두에 두고 판단하여 관찰 경찰서에 긴급하게 동행을 요청하고, 아동학대 전담공무원과 함께 출발함. 가정 내부에는 쓰레기가 여기저기 널브러져 있고 악취가 나는 등 위생 상태가 불결했음. 추운 날씨임에도 불구하고 난방이 되지 않았으며, 차가운 방 안에서 4세 여아가 더러운 내의만을 입은 채 장난감을 갖고 혼자 놀고 있었음. 아동의 얼굴엔 눈물, 콧물 자국이 있었으며, 오랫동안 씻지 않은 듯 손과 발이 더럽혀져 있었음. 낯선 사람의 방문에 아동이 놀라지 않도록 우리(상담원과 경찰)에 대해 아동의 가정에 온 이유를 설명함. 아동은 짧은 단어로만 이야기할 수 있는 정도의 수준이었으며, 발음이 불분명하여 대화하는 데 어려움이 있었음. '밥은 먹었는지?', '아픈 곳은 없는지?' 물어보니 '아니'로만 대답했고, '엄마, 아빠는 어디에 있는지?'에 대한 물음에는 고개를 좌우로 젓기만 하는 모습이었음. 경찰과 함께 아동의 부모에게 계속해서 연락을 시도하였으나 연결되지 않았고, 당장 아동을 보호할 수 있는 친인척을 확인하기도 어려운 상황이었음. 우리는 아동이 계절에 맞지 않는 옷을 입고 있는 점, 난방이 되지 않으며 불결한 환경에서 보호자도 없이 아동이 혼자 있는 점, 아동 스스로 본인을 보호하기에는 연령이 어리다는 점, 특히 지금 부모와 연락이 닿지 않는 점을 근거로 아동의 안전을 위해 응급조치를 실시하기로 경찰과 협의함(담당 경찰이 응급조치 결과보고서 작성).
16:00~17:30	아동분리보호 결정과 연계기관 (경찰, 지자체) 협조	학대행위 의심자에 대한 현장조사가 진행되지 않은 상황이나 아동 일시보호가 필요한 상황임을 보고하고, 지자체 담당자와 연락하여 학대피해아동전담 그룹홈으로 이동함. 이동하면서도 아동의 부모에게 여러 차례 전화 통화를 시도하였으나 연락이 닿지 않아 연락을 요청하는 문자를 남

		김. 그룹홈에 방문하여 아동 일시보호를 요청하고, 관계자에게 아동의 현재 상황과 향후 우리 기관에서 진행할 절차(추가 현장조사, 필요 시 법적 조치, 아동 및 부모 상담 등)를 설명함. 아동과 관련하여 논의 또는 문의가 필요하다면 기관으로 연락을 줄 것을 안내하고, 지자체에 이와 같은 내용을 보고함.
		아동에 대한 응급조치 상황을 보고하고, 내일 아동에 대한 특이사항이 없었는지 확인할 것과 학대행위자 의심자인 부모에 대한 현장조사를 빠른 시일 내 진행할 수 있도록 경찰과 협업할 것에 대한 슈퍼비전을 받음. 이후 담당 경찰에게 아동 응급조치 결과보고서를 우리 기관으로 송부해 줄 것과 아동 부모에 대한 현장조사를 빠르게 진행해 줄 것을 요청하였고, 경찰은 적극 협력하겠다고 함.
17:30~18:30	사례기록 입력	아동보호전문기관 상담원은 현장조사 지원, 전화상담, 내방상담 등 하루에도 몇 차례씩 상담을 진행하기 때문에 상담 내용을 바로 기록하는 것이 중요하므로, 오늘도 우선적으로 전산 시스템에 신고접수 내용을 입력하고, 현장조사 내용은 중요한 키워드 중심으로 기록함. 하루 일과를 마무리하고 내일 해야 할 업무를 정리함(신고접수서 결재, 현장조사서 입력, 상담 내용 기록, 학대행위자에 대한 현장조사 진행, 오늘 응급보호한 아동의 그룹홈 적응 여부 확인, 중앙아동보호전문기관 요청 서류 및 법원 서류 관리 등).
		미처 마치지 못한 재학대 발생을 예방하기 위한 '가족기능 강화 가족캠프' 1차 계획안 보고안을 검토함.
		기관 휴대전화와 응급현장조사에 대비하여 각종 서류(아동보호동의서, 서약서 등 업무 진행에 필요한 서류)와 차량 열쇠, 지출카드(병원진료 등 급히 지출이 필요한 상황이 발생할 수 있으므로)를 가방에 챙겨 퇴근함.

(5) 그 밖의 활동

아동복지 분야 사회복지사는 공동생활가정(그룹홈)보호 업무에 참여하기도 한다. 공동생활가정보호는 아동에게 가정과 같은 주거 여건과 보호를 제공하는 것을 목적으로 하는 사업이다. 기존의 시설보호를 탈피하고 가정보호 형태를 강조하면서 지역사회 중심의 아동보호를 중시하는 이러한 보호 형태는 선진국에서는 오래전부터 실시되어 왔다. 공동생활가정(그룹홈)의 유형은 남녀의 구분에 따라 남녀분리형 · 남녀혼합형으로 분류되며, 보호의 유형에 따라 단기보호 · 장기보호 · 치료보호로 분류된다. 사회복지사는 공동생활가정의 부 또는 모의 역할을 수행하며 아동들을 보호한다.

양육시설에서 활동하는 사회복지사는 부모의 보호에서 벗어난 아동을 수용하여 보호하는 역할을 수행한다. 현재 우리나라의 양육시설에서는 가정위탁보호나 공동생활가정보호에 비해 훨씬 많은 아동을 보호하고 있다. 입양서비스 또한 아동복지 사회복지사가 참여하고 있는 영역이다. 입양은 「입양촉진 및 절차에 관한 특례법」에 의거하여 보호를 필요로 하는 아동에게 법적 · 사회적 과정을 거쳐 가정을 마련해 주는 서비스다. 이 밖에 아동복지 사회복지사는 「실종아동 등의 보호 및 지원에 관한 법률」에 따라 실종아동과 실종 장애인의 발생을 예방하고 신속한 가정복귀를 위해 활동하기도 한다.

4) 학교사회복지사의 역할

학교사회복지는 주로 학교체계 내에서 일어나는 학생의 문제들을 개인의 문제만이 아닌 개인을 둘러싼 환경과의 상호작용의 문제로 보고, 이러한 심리사회적 문제들을 학생-학교-가정-지역사회의 연계를 통해 예방하고 해결함으로써 모든 학생이 자신의 잠재력과 능력을 최대로 발휘할 수 있도록 돕는 활동이다. 학교사회복지사는 교육복지우선지역사업이나 지방자치단체사업에 참여하며, 학교에 상주하거나 지역교육복지센터에서 활동한다. 학교사회복지사의 주요 업무를 〈표 4-5〉에 제시하였다.

표 4-5 ● **학교사회복지사의 역할과 내용**

역할	내용
임상전문가	• 학생을 위한 개별, 집단상담 및 치료적 개입
교육자/ 자문가	• 학습, 진로를 위한 정보 제공 • 사회성기술, 학습전략, 의사소통 관련 훈련 및 교육
매개자/ 연계자	• 학생과 가족에게 필요한 자원의 발굴 · 연계
조정자/ 중재자	• 학생 · 환경 사이에서 문제해결 과정을 조정 · 중재
옹호자	• 학생과 가족의 인권 보장을 위한 옹호활동
자원개발자	• 학생 · 가족 · 학교에 필요한 지역사회자원 발굴 · 개발 촉진
공조자/ 협력자	• 교사 · 다양한 전문가 · 관련 기관과의 협력과 공조
조사연구자	• 실태조사와 효과성 연구 수행
정책제언가	• 학생복지 증진을 위한 다양한 정책 감시와 제언 제공

출처: 학교사회복지사협회(http://www.kassw.or.kr/page/s1/s2.php) 내용 수정.

학교사회복지사의 하루 활동 사례를 〈표 4-6〉에 제시하였다.

표 4-6 ● **학교사회복지사의 하루(예시)**

시간	주요 업무	내용
08:40~09 :00	청소 및 해야 할 일 목록 작성	학교에 출근하면 창문을 열어 환기를 하고 청소를 함. 책상에 앉아 업무수첩에 오늘 해야 할 일 목록을 작성함. 우선순위를 정해 오늘은 어떤 업무를 해야 할지에 대해 순위를 정함.
09:00~10:30	오전 행정업무 (기안 작성 및 품의 등)	업무포털에 접수된 공문이 있는지 확인함. 기한 내에 작성해야 할 계획서 날짜를 달력에 체크해 두고, 출장 관련 공문이 오면 교감선생님께 가서 출장 허락을 받고, 나이스에 출장을 기록함.
		이메일을 확인하여 자원봉사자 및 실습생의 일지를 체크하여 서면 슈퍼비전을 작성함. 관련된 서류를 보관하고, 지도계획서를 점검함.

		언어순화 프로그램 계획서를 작성함. 부정언어 사용이 심각한 요즘 아이들에게 어떤 목적과 방향성을 가지고 프로그램을 개입할 것인지 자료수집과 방법에 여러 날 고민하는 중임. 자료집 제작과 관련하여 실습생 및 인턴과 함께 아이디어 회의를 할 예정임. 언어순화와 관련하여 가정연계를 어떻게 효과적으로 진행할 수 있을지도 고민하는 중임. 학교와 학생들에게는 현장에서 직접 교육하며 즉각적인 대처를 할 수 있는 장점이 있지만, 변화를 이끌어 내기 쉽지 않은 학부모와 가정과는 어떻게 하면 협력체계로서 함께 가는 모습을 그릴 수 있을까. 프로그램을 진행할 때에도 낙인감 없이 모든 아동이 이해하기 쉬우려면 어떤 도구를 사용해야 하는지도 고민함. 이런 생각에 집중하며 프로그램 계획서를 작성함.
10:30~10:50	학교상담	행복꿈터(공모전을 통하여 학생이 직접 지은 학교사회복지실의 또 다른 이름)에 아이들이 올 시간. 아이들이 우당탕탕 복도를 전력질주해서 원하는 보드게임을 차지하겠노라 문을 벌컥 열며 들어섬. 오늘도 희준(가명)이는 자신이 만든 게임을 노트에 그려서 들어와 자기가 개발한 게임이라며 해 보라고 테스트를 권함. 얽히고설킨 미로를 보며 이런 것을 어떻게 그려 냈냐며 긍정의 칭찬을 해 줌.
11:00~11:30	학부모와의 전화상담	학부모님에게 전화가 걸려 옴. 학기 초에 배부한 학교사회복지실 홍보 리플렛을 보고 도움을 요청하고자 하는 것 같으나, 자녀의 이름과 학급을 얘기하지는 않아 굳이 처음부터 신상정보를 묻지 않았음. 어떤 용건인지 파악하기 위해 경청함. 30여 분을 상담하고, 아이들이 쉬는 시간에 또 보드게임을 하러 오기에 차후 상담시간을 예약한 뒤에 전화를 끊음.
11:30~12:00	인턴선생님 지도	10분 동안의 짧은 쉬는 시간에도 아이들은 알차게 행복꿈터에서 쉼을 얻고 감.
		고민했던 언어순화 프로그램에 대해서 인턴생과 함께 회의를 진행함. 자료집 구성을 어떻게 하면 좋을지 대략적인 틀을 함께 논의함.
12:00~12:30	점심시간	교장, 교감선생님, 비담임선생님들과 모여 소소한 일상을 나누며 점심식사를 함.

12:30~13:00	학생들과 점심식사	아이들의 점심식사 시간. 아이들이 점심을 먹고 행복꿈터로 와서 휴식을 취하도록 실습생 및 인턴생과 점심을 미리 먹고 아이들을 기다림. 언제든지 열려 있는 공간이라는 인식이 들 수 있도록 점심을 미리 먹고 기다리는 것은 모든 학교사회복지사의 당연한 일상임. 아이들과 함께 보드게임하고 자주 오는 희준이(가명)와 연희(가명)와 이야기를 나눔.
13:00~13:30	교육자료 출판 준비	자료집 인쇄업체 사장과의 미팅. 언어순화교육 자료집을 제작하는 데 예산이 한정되어 있다 보니 전교생 인원대로 책자를 만들려면 협의가 필요함. 다행히 사장님이 겉표지 디자인도 해 주고 자료집에 넣을 양도 넉넉히 할 수 있도록 견적을 내 주심.
13:30~14:00	행정업무 처리	예산 사용할 내용을 점검하고 에듀파인 품의기안을 올림. 자료집 제작에 드는 비용과 집단 프로그램에 사용할 물건 구매를 위해서임. 인터넷 장보기로 사야 할 물건들을 장바구니에 담아 두고 결제 완료가 되면 행정실에 결재를 요청함.
14:00~15:30	방과후 집단 프로그램 실시	방과후 집단 프로그램으로 아이들을 만남. 요일마다 다르게 다양한 프로그램으로 아이들과 만남의 시간을 가짐. 우리 학교에는 자원봉사 동아리가 있는데, 오늘은 자원봉사 이론교육을 진행하는 첫 번째 시간으로 아이들이 자원봉사자로서의 자세를 가지고 봉사에 임할 수 있도록 교육하는 중요한 시간임. 4~6학년 학생들 20명으로 구성됨. 각 학급에 있는 아이들이 잊지 않고 프로그램에 참여할 수 있도록 학교 메신저를 통해서 담임교사에게 미리 당부함. 간식, 출석부, 명찰표를 가지고 파워포인트 자료와 컴퓨터 세팅을 해 놓은 교실로 이동함. 아이들은 자원봉사 동아리의 일원으로 뽑혀 기대감과 설레임으로 교육에 참여하는 듯함. 앞으로 사회의 다양한 영역에서 빛과 소금의 역할을 담당하는 귀한 구성원으로 자라나길 소망함.
15:30~16:00	프로그램 활동 일지 작성	프로그램 정리를 하고 책상에 앉아 오늘 있었던 교육을 점검하고, 평가지를 살펴봄. '첫 수업이 만족스러운가?', '자원봉사자로서의 태도를 잘 학습했는가?', '앞으로 어떤 활동들로 아이들의 자긍심을 높여 줄 수 있는가?'에 대해 고민하고 관련 자료들을 수집·정리하여 보관함. 오늘 진행했던 활동지와 아이들의 기본 정보지를 아동별 개별 파일에 정리함.

16:00~17:00	일일활동 점검	하루의 일과를 정리함. '오늘 진행하기로 예정되어 있던 것은 다 처리했는가?', '다른 부서와의 업무 협의가 잘 이루어졌는가?', '다른 교사에게 쪽지를 보내놓았던 답변이 왔는가?', '물건을 사기 위해 기안한 문서는 결재가 완료되었는가?'를 확임함.
16:00~17:00	상담학생에 대한 정보 확인 및 담임교사와 의논	희준이가 오늘 학급에서 소란을 피웠다는 아이들의 말을 듣고 담임교사에게 전화를 걸어 무슨 일이 있었는지 확인함. 자신이 하고 싶은 일이 있으면 수업시간이건 아니건 기다리지 못하고 당장 해 달라고 떼를 쓰는 바람에 수업 진행이 어려웠다고 하심. 새로 부임하여 온 담임교사이므로 앞으로 희준이와 관련하여 상담을 요청할 일이 있으면 언제든지 복지실로 문의하라는 말을 전함. 희준이 어머님과 통화하여 가정에서는 어떤 모습으로 요즘 지내는지 확인하고, 가정에서 희준이가 욕구지연 훈련을 할 수 있도록 팁을 드리고, 학교에서도 일관성 있게 욕구지연의 연습을 할 수 있도록 하겠다고 알려드림.
	퇴근 준비	희준이에 대해 담임교사, 학부모와 상담한 내용을 업무관리 시스템에 기록하며, 사례관리 아동에 대한 서류를 정리함. 책상정리를 하고, 아이들이 놀고 간 행복꿈터를 정돈한 후 퇴근함.

5) 노인복지 관련 활동

노인복지란 노인문제에 대한 사회적 해결과 예방을 목표로 진행되는 공공 및 민간의 제반 활동이다. 노인문제는 복합적이어서 이들 문제의 해결과 예방을 위해서는 소득보장을 위한 주택연금제도와 일자리 지원, 보건의료서비스, 주거보장, 노인복지서비스 등이 필요하다. 여기서는 이 중에서 사회복지사들이 주로 관여하는 노인복지서비스 영역 안에서 사회복지사의 활동 내용만을 살펴보고자 한다.

(1) 재가노인복지서비스

사회복지사는 지역사회 내 일반가정에서 거주하면서 수발의 도움을 필요로 하는 재가노인들에게 방문요양서비스, 주 · 야간보호서비스, 단기보호서비스, 방문목욕서비스 제공에 직간접적으로 관여한다. 이러한 서비스들은 2009년 5월부터 시행 중인 「노인장기요양보험법」에 의한 급여에 포함되는 활동이다. 장기요양보험제도는 고령이나 노인성 질병 등으로 목욕이나 집안일 등 일상생활을 혼자서 수행하기 어려운 이들에게 신체활동, 가사지원 등의 서비스를 제공하여 노후생활의 안정과 그 가족의 부담을 덜어 주기 위한 것이다. 사회복지사는 이 외의 재가노인지원서비스의 제공을 위해 재가노인에게 노인생활과 신상에 관한 상담을 제공하고, 재가노인과 그 가족 등 보호자를 교육하며 각종 편의를 제공한다. 이러한 서비스에는 무료급식 및 밑반찬서비스, 차량이송서비스, 여가활동지원, 상담지원, 후원 · 결연서비스, 임종교육, 치매예방, 자살예방, 사례관리 등이 포함된다.

(2) 노인 권익보호

사회복지사는 노인학대의 예방 활동과 학대피해노인의 인권보호를 위해 노력한다. 이러한 업무를 수행하는 기관이 노인보호전문기관과 학대피해노인전용쉼터이다. 노인보호전문기관 내 사회복지사는 노인학대의 예방을 위한 홍보, 학대받은 노인의 발견 · 상담 · 보호와 의료기관에 치료 의뢰 및 노인복지시설에 입소 의뢰, 노인학대 행위자에 대한 상담 및 교육 등의 업무를 담당한다. 아울러 노인학대 행위자와 그 가정, 또는 업무 · 고용 등의 관계로 사실상 노인을 보호 · 감독하는 기관이나 시설 등에 대한 조사 업무도 수행한다. 학대피해노인전용쉼터 사회복지사는 ① 학대피해노인의 보호와 숙식 제공 등의 쉼터생활 지원, ② 학대피해노인의 심리적 안정을 위한 전문심리상담 등 치유 프로그램 제공, ③ 학대피해노인에게 학대로 인한 신체적 · 정신적 치료를 위한 기본적인 의료비 지원, ④ 학대 재발 방지와 원가정 회복을 위하여 노인학대 행위자 등에게 전문상담서비스 제공, ⑤ 상담 및 서비스 제공에 따른 기록과 그 보관, ⑥ 학대피해노인의 건강검진 지원 등에 직간접적으로 관여한다.

(3) 노인 여가활동 지원

비교적 건강한 노인을 대상으로 노후생활을 보람 있게 보낼 수 있도록 각종 여가와 취미활동 서비스를 제공하는 곳이 노인여가복지시설이다. 사회복지사는 다양한 노인여가복지시설에서 다양한 노인 여가활동 지원을 수행한다. 현행 「노인복지법」 제36조에 의한 노인여가복지시설에는 노인복지관, 경로당, 노인교실이 포함된다. 노인복지관의 사회복지사는 노인의 교양 · 취미생활 및 사회참여활동 등에 대한 각종 정보와 서비스를 제공하고, 건강증진 및 질병예방과 소득보장 · 재가복지, 그 밖에 노인의 복지증진에 필요한 서비스를 제공한다. 이 과정에서 사회복지사는 노인일자리사업, 종합상담사업, 목욕 및 노인용품 전시 등의 서비스 제공, 자원봉사활성화사업, 독거노인지원사업, 독거노인도우미 파견사업, 노인주거개선사업, 교통안전봉사사업 등에 참여한다.

경로당의 사회복지사는 지역노인들이 자율적으로 친목도모 · 취미활동 · 공동작업장 운영 및 각종 정보교환과 기타 여가활동을 할 수 있도록 돕는다. 경로당 내 프로그램의 예로는 자원봉사활동, 공동작업장 운영, 정보통신교육, 레크리에이션 활동, 건강운동 활성화, 노인복지회관 연계 프로그램 등이 있다. 노인교실 참여 사회복지사는 노인들의 사회활동 참여욕구를 충족시키기 위하여 건전한 취미생활 · 노인건강 유지 · 소득보장 기타 일상생활과 관련한 학습 프로그램을 제공한다.

6) 의료사회복지 관련 활동

사회복지사가 의료기관에서 근무할 수 있는 법적 근거는 「의료법 시행규칙」 제38조 제2항 제6호에 '종합병원에는 「사회복지사업법」의 규정에 의한 사회복지종사자 자격을 가진 자 중에서 환자의 갱생, 재활과 사회복귀를 위한 상담 및 지도업무를 담당하는 요원을 1인 이상 둔다.'고 규정한 것에서 찾을 수 있다. 의료사회복지사의 업무는 환자 관련 임상 업무와 의료기관 및 지역사회의 거시적 환경체계와의 상호작용 속에서 이루어지는 업무로 나눌 수 있다. 환자 관련 임상 업무는 치료팀의 일원으로 해당 임상과의 특성과 환자군의 특성에 따라 환자의 원활한 치료가 이루어지도록 치료적 여건을 조성하고, 환자의 회복과 사회복귀를 원조하는 다양한 프로그램들을 수행하는 것이다. 거시적 환경체계와 관련된 업무에는 지역사회와 연계성을 갖고 환자와 그 가족 또는 의료기관 이용자의 편의를 높이기 위한 서비스 제공, 지역사회를 대상으로 의료욕구 조사 및 건강교육의 실시, 병원의 정책 및 운영에 참여 등의 활동이 포함된다. 의료사회복지사의 핵심 업무를 〈표 4-7〉에 제시하였다.

표 4-7 ● **의료사회복지사의 핵심 업무**

환자의 심리 · 사회 · 정신적 문제해결	• 심리 · 사회적 문제의 원인 조사 및 사정 • 치료계획에 의한 환자의 개별치료 • 환자와 환자가족 교육 • 환자와 환자가족에게 질병에 대한 정보 제공
환자의 경제적 문제해결	• 후원자(단체) 연결 등을 통한 병원 외적 자원과 연결
지역사회자원 연결	• 지역사회자원과 연결
환자의 사회복귀 및 재활문제 해결	• 퇴원계획 상담
Team-Approach	• 사례분석 및 평가
사회복지부서의 순수행정	• 보고서 및 업무일지 기록 • 사회사업부서의 운영에 관한 회의
교육 및 연구조사	• 전문성 제고를 위한 교육 참여

출처: 남석인, 최권호(2014). 의료사회복지사의 역할.

7) 정신건강 증진 관련 활동

정신건강전문요원은 정신질환자의 인권보호와 지역사회 복귀를 위한 서비스를 제공하는 전문인력이다. 이들의 활동을 뒷받침하는 「정신건강증진 및 정신질환자 복지서비스 지원에 관한 법률」(이하 '정신건강복지법')이 21년 만에 전부개정되어 2017년 5월부터 시행되고 있다. 정신건강전문요원은 정신건강복지센터, 국공립 및 민간 정신의료기관, 정신요양시설, 정신재활시설, 중독관리통합지원센터 등에서 활동한다.

「정신건강복지법」 제17조(정신건강전문요원의 자격 등) 제2항에서는 정신건강전문요원을 정신건강임상심리사, 정신건강간호사, 정신건강사회복지사로 구분한다. 정신건강사회복지사는 타 정신건강전문요원, 정신과 의사, 그리고 일반 의료진과 함께 정신질환자의 정신건강 증진을 위한 활동에 참여한다. 「정신건강복지법 시행령」 제12조 제2항 관련 정신건강전문요원의 업무 범위는 공통업무와 분야에 따른 개별업무로 나누어진다. 주요 공통 업무에는 ① 정신질환자 등의 재활훈련, 생활훈련 및 작업훈련의 실시 및 지도, ② 정신질환자 등과 그 가족의 권익보장을 위한 활동 지원, ③ 정신질환으로 자신의 건강 또는 안전이나 다른 사람에게 해를 끼칠 위험이 있다고 의심되는 사람을 발견하였을 때 진단 및 보호의 신청, ④ 정신질환자 등에 대한 개인별 지원계획의 수립 및 지원, ⑤ 정신질환 예방 및 정신건강복지에 관한 조사 · 연구, ⑥ 정신질환자 등의 사회적응 및 재활을 위한 활동 등이 포함된다. 정신건강사회복지사의 개별 업무에는 ① 정신질환자 등에 대한 사회서비스 지원 등에 대한 조사, ② 정신질환자 등과 그 가족에 대한 사회복지서비스 지원에 대한 상담 · 안내가 포함된다. 정신건강복지센터에서 근무하는 정신건강사회복지사의 하루 일의 예를 〈표 4-8〉에 제시하였다.

표 4-8 ● **정신건강복지센터 정신건강사회복지사의 하루(예시)**

시 간	주요 업무	내 용
08:30~09:00	출근 및 업무 준비	출근하여 환기를 시키고, 밤 사이 접수된 팩스와 업무 관련 메일 및 홈페이지로 접수된 온라인 상담을 확인한 뒤, 아침 회의를 준비함.
09:00~09:30	실무회의 업무보고	팀장들이 실무회의에 참석하여 각자의 업무보고를 하고, 금일의 중요한 일정을 공유함. 오늘 예정된 외근 및 외부 행사 일정을 공유함.

09:30~10:00	문제해결 및 개입계획 논의 취업 담당자와 회원에 대한 보고와 동태 파악	○○○ 보호작업장 담당자가 남긴 전화요청 메모를 확인하고 전화함. 취업을 5개월째 유지하고 있던 회원이 전날 직무지도 과정에서 지적을 받았고, 당일 출근을 하지 않았다고 함. 보호작업장 측에서 회원과 여러 차례 통화 시도하였으나 연결이 되지 않아 보호자(조모)와 통화를 한 결과, 보호자는 회원을 다독거려 주지 않은 점에 대해 컴플레인하였다고 함. 보호작업장 측에서는 회원의 정신병적 증상을 고려하여 직무지도를 해 왔음에도 불구하고 반복되는 이유로 회원의 결근이 잦은 부분과 문제 상황에서 보호자의 대처방식에 대한 불편감 그리고 근무연장 가능성에 대한 우려감을 표현함. 최근 회원의 정신병적 증상이 악화되어 지속적으로 약물조정을 하고 있는 부분에 대해 설명하고 오전 중으로 회원과 접촉하여 늦게라도 출근할 수 있도록 설득하겠다고 이야기한 뒤 보호작업장 담당자와의 통화를 마침. 불규칙한 일상생활 패턴으로 집에서만 생활하던 회원이 취업 시도를 위해 자발적으로 약물관리와 일상생활관리를 하며 노력했던 6, 7개월 전의 회원의 모습, 취업 전 준비교육을 수료했다며 밝은 표정으로 찾아왔던 회원의 모습, 3개월의 수습기간이 끝나고 근로계약을 했다며 상기되어 있던 회원의 모습이 떠오름. 보호작업장 담당자와 통화를 마친 후, 취업 담당자에게 회원이 무단결근한 부분, 보호작업장 담당자와 통화한 내용을 공유하고 문제해결을 위한 개입계획을 논의함. 회원은 현재 심리적 스트레스 수준 높을 것으로 여겨지는 상황이므로 담당 사례관리자가 1차로 개입하여 정서적 지지 및 출근 독려를 한 후, 향후 취업 유지 여부에 대한 구체적인 계획 및 개입은 취업 담당자가 진행하기로 함. 취업 담당자와의 회의 후 회원과 보호자에게 여러 차례 통화 시도하였으나 연결이 되지 않아 가정방문하기로 계획을 세움. 당일 증상 및 약물관리 모니터링하고자 가정방문하기로 했던 다른 회원에게 양해를 구해 가정방문 일정을 변경함.
10:00~12:00	회원가정 방문과 상담	회원의 현 상태를 확인하고, 가능하다면 늦게라도 회원이 출근을 할 수 있도록 하겠다는 마음으로 급하게 가정방문을 함. 회원은 '저만 싫어하는 것 같아요.', '일하는 게 힘들어요. 그만두고 싶어요.', '선생님들 동료들한테 미안해서 다시는 못 갈 것 같아요.'라는 이야기만 반복해서 함. 회원이 취업을 하게 되면서 생긴 변화들(경제활동으로 인한 소

		비활동, 가족과의 관계 개선, 일상생활관리 능력 향상 등)에 대해 언급하며 취업 유지 독려를 위해 상담을 진행하였지만 회원은 퇴사하겠다는 결정을 이미 내린 듯함. 회원의 심리적 스트레스, 정신과적 증상 악화가 우려되어 지속해서 독려하기 어렵다는 판단하에 가족과 함께 상의하여 신중하게 결정할 것을 요청하고, 취업 담당자와 이러한 상황에 대해 논의할 수 있도록 상담 일정 조율 후 가정방문을 마침.
		회원을 설득하지 못했다는 무거운 마음, 회원의 잦은 결근 및 근무 태도로 인해 해당 사업장에서 근무하는 다른 회원들에게 부정적인 영향을 미치게 되는 건 아닌지 걱정하며 사무실로 복귀함.
12:00~13:00	점심시간	
13:00~17:00	지역행사 준비 상태 지도점검	청년을 대상으로 하는 대학교 지역행사에 참여하여 정신건강 상담부스를 운영함. 행사 참여를 통해 지역사회 내 시민과 보다 직간접적으로 소통하며 정신건강의 중요성을 상기시키고, 정신건강 관련 정보 안내 및 정신건강복지센터 내 사업을 소개하며 인지도를 향상시킬 수 있기에 우리 기관에서도 지역행사에 적극적으로 참여하려고 노력함.
13:00~17:00	지역사회 정신건강사업 진행점검과 지도	지역행사에서 찾아가는 정신건강검진 서비스를 실시하다 보면 우리 기관의 서비스가 필요한 고위험군 및 대상자를 조기 발견하는 경우가 있음. 아직까지 많은 시민들이 정신과적으로 어려움이 있어 치료가 필요해도 정신과라고 하면 방문을 쉽게 생각하지 못하는 경우가 있어 이런 지역행사를 통해 본인의 정신건강 상태를 파악할 수 있음. 또한 필요한 경우 상담 후 치료기관 및 본 센터와 연계될 수 있도록 정보를 제공하여 치료에 동기부여의 계기가 되기도 함.
	청년 대상 상담 실시	오늘도 학업과 취업에 고민하는 많은 청년들이 정신건강 부스에 방문하여 정신보건전문요원과 고민에 대해 이야기를 나누었고, 불면 및 우울감이 있었던 ○○○ 학생은 다음 주에 기관에 내소하여 상담 후 치료에 대해 논의하기로 함.
	지역사회 정신건강사업 진행	지역행사에서 상담 업무도 진행하지만 지역 주민을 대상으로 지역사회 내 정신건강 관련 설문을 실시하여 정신건강 인식도를 조사하고, 정신건강 관련 서비스에 대한 욕구를 파악하여 내년 사업계획에 참고할 수 있는 자료를 만

		드는 작업을 함. 몇 년 전까지만 해도 만성정신질환에 관련된 교육과 프로그램에 대한 욕구가 높았는데 최근에는 스트레스나 불안 등 일상생활에서 많이 경험할 수 있는 정신과 문제에 대한 욕구가 높아져서 일반 시민이 참여할 수 있는 교육 및 프로그램에 대한 사업을 확장할 예정임.
17:00~18:00	하루 활동 점검 및 마무리	정신보건정보시스템에 오늘 하루 진행하였던 상담 업무와 행사 업무 관련 실적을 정리하면서 하루를 마무리함.
		상담했던 클라이언트의 상담 진행 내용을 정리하면서 초기 면담 때 세웠던 계획을 점검하고, 사례관리로 파악된 정보를 통해 계획을 수정하는 작업을 진행함. 오늘 진행하였던 행사에 대해 다른 동료들과 논의하는 시간을 가지면서 다음 행사 진행 시 보충해야 할 부분에 대해 생각하는 시간을 가짐.

8) 장애인복지 관련 활동

장애는 신체적·정신적 기능의 손실과 환경적 요인에 의해 활동과 사회참여에 장기간 제약을 받는 상태다(WHO, 2010). 장애인복지는 장애인의 완전한 사회참여를 통한 사회통합을 목적으로 장애인이 가지고 있는 불리(handicap)를 인적·물적·사회적 다양한 자원의 활용과 협력을 통해서 가능한 한 경감·해소하고 더 나아가 일반 사람들의 장애인에 대한 인식의 극복, 개선, 제거와 관련된 활동이다. 장애인은 동시에 여러 종류의 서비스를 필요로 하는 경우가 많으며 중증장애인의 경우는 더욱 그렇다. 그중에서도 소득보장서비스, 고용서비스, 의료서비스, 장애인복지서비스는 장애인복지대책에서 핵심적인 제도들로서 장애인 삶의 질 향상을 위해서는 이들 서비스 담당 기관 간 협력과 조정이 요구된다. 장애인복지 관련 사회복지사는 주로 장애인 생활시설(중증장애인거주시설, 장애인공동생활가정 등), 장애인직업재활시설(장애인보호작업장, 장애인근로사업장), 장애인지역사회재활시설(장애인복지관, 장애인주간보호시설 등) 등에서 장애인복지 목적달성에 필요한 일들을 담당한다. 장애인복지관 근무 사회복지사의 일상을 〈표 4-9〉에 제시하였다.

표 4-9 ● 장애인복지관 근무 사회복지사의 하루(예시)

시 간	주요 업무	내 용
08:00~09:00	공문 처리 및 조회 이용자의 안전 점검	어제 미처 처리하지 못한 시청에 보내야 하는 월간 사업보고서를 작성하기 위해 서둘러 출근함. 작성된 보고서를 기관 내 전자결제 시스템에 올리고 사무국장과 담당 부장, 관장님의 결재가 이루어지면 협조공문과 함께 보고서는 시청 담당공무원에게 이메일로 송부될 것임.
		2, 3건의 공문처리를 함께함. 출근하는 직원들과의 가벼운 인사와 함께 조회에서는 장애인 인구의 변화 추이에 따른 새로운 사업을 기획하기 위한 기획단(TF팀) 구성에 대한 의견을 나눔.
		조기치료실을 이용하는 아동과 주간보호센터를 이용자, 직업훈련생, 그리고 문화예술활동을 통한 재활 프로그램 이용자 등 복지관 이용자들이 도착하는 시간이기도 하여 도착하는 차량 정리를 돕고, 차에서 내리는 장애인의 안전을 고려한 안내에 주의를 기울임.
09:00~12:00	공모사업을 위한 전담팀 구성	시에서 공모하는 장애인복지기금사업에 참여하기 위해 사업의 특성과 취지와 목적 등을 정확히 이해 · 분석하고, 대략적인 계획을 수립함. 기획공모사업도 있으나 자유로운 주제로 공모에 응할 수 있는 자유공모에 초점을 맞춤. 사업의 내용이 기관 내 타 전공자들(예: 재활치료사, 특수교사, 영양사 등)과의 협력이 필요한 사업이기 때문에 이들과의 협조를 구하는 일이 가능한가를 확인함.
		복지관 이용에 관한 문의전화를 다수 받음. 첫 번째 사례는 청년 발달장애인으로 올해 특수학교 고등부를 졸업했으나, 현재는 진학이나 취업도 못하고 집안에 있는 상황이라고 함. 기관에서 실시하고 있는 전환기 청년을 위한 평생교육 프로그램을 소개하고, 기관방문 약속을 정함.
	서비스 이용에 대한 전화상담	전환기 장애인을 위한 평생교육 프로그램은 항상 대기자가 많은 상황이나, 대기자를 위한 별도의 프로그램을 시범적으로 실시하고 있어 이에 대한 안내를 함.
		두 번째 사례는 뇌졸중으로 인한 50대 중도장애인으로 복지관의 체육시설을 이용하여 운동재활에 관심을 보여 구체적인 서비스를 안내하도록 체육 담당 교사에게 전화를 연결해 줌.

		장애인보호작업장 이용에 관한 문의, 직업재활, 의료 및 치료서비스, 조기교실, 평생교육 등 여러 차례 상담전화가 이어짐. 각각의 팀별 담당자에게 전화를 연결함.
	타 기관과 네트워킹	사회복지사인 김 선생은 며칠 후 개최할 장애인의 날 행사에 대한 최종 점검을 실시함. 장애인의 날 행사를 위해서는 관내 기관들과의 협력이 절대적으로 필요하기 때문에 시청의 장애인복지팀, 종합복지관, 자활센터, 자립생활센터 등의 담당자 그리고 특수학교를 비롯한 관내 교육기관, 자원봉사센터 등에 준비 상황을 알리고, 행사 당일의 각각의 역할을 확인함.
12:00~13:00	점심시간	민원 업무를 위해 교대 식사
13:00~17:00	사례관리에 대한 슈퍼비전 제공	식사를 마치고 돌아와 기관 내 사례담당자가 다음 날 있을 종합사례관리 회의에서 발표할 내용에 대해 슈퍼비전을 요청한 내용을 확인하고, 보고서를 검토하고, 미흡한 부분을 보완하도록 지시함. 사례회의는 담당 사회복지사를 비롯하여 의료전문가, 법률전문, 정신보건전문가, 재활전문가 및 공공기관의 사회복지사 등이 함께 참여하여 클라이언트에 대한 단기·중기·장기적 차원에서 개입전략을 수립하고, 필요한 서비스 제공을 어떻게 할 것인지 등에 대해 종합적으로 지원을 제공하기 위해 월 1회 지역사회 차원에서 이루어지고 있음.
	장애인 직업재활사업 확장을 위한 기획회의	현재 복지관 부설 장애인보호작업장에서는 제과·제빵 및 유자청, 원두커피 등을 생산하고 있음. 원료가 좋아 제품의 품질이 좋다는 입소문으로 생산이 언제나 부족한 실정임. 얼마 전 시청에 사업 확장의 필요성과 지원요청 사항을 제안했는데, 긍정적으로 결정할 계획이라면서 사업 확장에 필요한 구체적인 계획 등 협조공문을 정식으로 제출하라는 연락을 해 옴.
	동종 사업을 실시하고 있는 타 기관의 담당자와의 미팅	사회복지사는 이미 이에 대한 사업구상이 어느 정도 마련된 상태며, 사업계획서도 어느 정도 작성된 상황임. 현재의 사업을 확대하여 중증장애인 생산품 시설로 공공기관 우선구매 기관으로 인증을 받는 것을 목표로 함. 우선구매 기관 인증 조건을 검토하고, 이미 동종 사업을 하고 있는 타 기관의 담당자로부터 필요한 정보를 수집하고 구체적인 내용을 검토한 상태임. 이를 위해 기관의 사무국장,

		부장, 팀장 및 장애인직업재활 담당 사회복지사 등과의 회의시산을 잡고, 자신이 계획한 사업계획에 대한 프레젠테이션을 실시하기로 함. 계획서 제출 기안을 맞추기 위해서 퇴근 후 회의를 하기로 함.
	타 기관과 지역사회조직 네트워킹 참여	장애인직업재활사업을 담당하고 장애인 생산품 공공기관 우선구매사업의 인증기관인 한국장애인개발원의 홈페이지를 검색하고, 인증 관련 법률과 지침 및 각종 기준 등을 다운로드받고, 그 내용을 검토 · 확인함. 이와 같은 지침은 자주 변경되기도 하므로 가장 최근의 내용을 검토하는 것이 필수적임. 더불어 장애인개발원의 인증담당 직원과의 통화를 통해 절차와 방법 등에 대해 재확인함.
17:00~21:00	협조공문 처리 및 슈퍼비전 제공	책상 위에 쌓여 있는 각종 협조 공문과 보고서를 확인하고, 필요한 사항을 담당 사회복지사들에게 전달하고, 필요한 지시와 슈퍼비전을 제공함.
	클라이언트 집 방문	귀가하던 한 여성 장애인이 복도에서 미끄러져 병원 응급실로 옮겨졌다는 사실을 보고받고, 해당 병원에 전화를 걸어 상태를 확인함. 가족에게 이 사실을 알리고, 보호자로서 필요한 조치를 취하도록 함. 다행히 큰 사고는 아니어서 귀가 조치됨. 업무를 마치고, 병원을 거쳐 클라이언트 집을 방문하고, 클라이언트와 가족을 위로하고 필요한 사후조치를 취함.
	야간 회의	다시 복지관으로 돌아와 현재의 보호작업장의 사업을 장애인생산품 우선구매사업장으로 전환하는 등 사업을 확대하기 위한 야간 회의를 진행함. 이미 준비된 사업계획에 대해 담당자들의 의견을 모으고, 토의를 거쳐 최종 결정을 하기 위한 모임이며, 많은 예산과 노력이 들어가야 하는 사업이기 때문에 치밀한 계획과 정확한 예측이 요구되는 중요한 결정임.
	업무 일지 및 성찰 일지 작성	퇴근 전에 업무 일지를 작성함. 업무 관련 일지 외에도 성찰 일지를 작성함. 오늘 하루도 사회복지사로서 윤리와 가치를 충분히 고려하여 실천하였는지, 클라이언트에 대한 존중과 이들의 행복과 삶의 질 향상을 위한 노력을 하였는지, 그리고 혹시라도 사회복지 관련 법률 및 규정을 어긴 것은 없는지, 그리고 사회복지사로서의 의무를 소홀히 한 것은 없는지 등을 성찰함.

9) 가족 및 여성복지 증진 활동

(1) 가족복지 활동

가족복지 관련 사회복지사는 건강가정지원센터를 통한 다양한 가족에 대한 맞춤형 서비스 지원, 다문화가족지원센터를 통한 다문화가족 지원사업, 그 밖에 한부모가족 지원사업 등에 참여하고 있다. 건강가정지원센터 내 사회복지사는 건강가정사 자격을 소지한 후 다음과 같은 일에 참여한다. ① 가정문제의 예방 · 상담 및 개선, ② 건강가정의 유지를 위한 프로그램의 개발, ③ 건강가정 실현을 위한 교육[민주적이고 양성(兩性) 평등적인 가족관계 교육을 포함], ④ 가정생활문화운동의 전개, ⑤ 가정 관련 정보 및 자료 제공, ⑥ 가정에 대한 방문 및 실태 파악, ⑦ 아동보호전문기관 등 지역사회자원과의 연계 등.

다문화가족지원센터에서 활동하는 사회복지사는 다음의 업무를 수행한다. ① 다문화가족을 위한 교육 · 상담 등 지원사업의 실시, ② 결혼이민자 등에 대한 한국어교육, ③ 다문화가족 지원서비스 정보 제공 및 홍보, ④ 다문화가족 지원 관련 기관 · 단체와의 서비스 연계, ⑤ 일자리에 관한 정보 제공 및 일자리의 알선, ⑥ 다문화가족을 위한 통역 · 번역 지원사업 등, 그 밖에 자조모임, 다문화 인식개선사업 등의 기타 사업에 참여한다. 모자가족복지시설과 부자가족복지시설의 사회복지사는 생계가 어려운 모 · 부자 가족에게 일정 기간 동안 주거와 생계를 지원하는 일, 독립적인 생활이 어려운 모 · 부자 가족에게 일정 기간 동안 공동생활을 통하여 자립을 준비할 수 있도록 주거 등을 지원하는 일, 자립욕구가 강한 모 · 부자 가족에게 일정 기간 동안 주거를 지원하는 일에 관여한다. 미혼모자가족복지시설에서는 미혼 여성의 임신 · 출산 시 안전 분만 및 심신의 건강 회복과 출산 후의 아동의 양육 지원을 위하여 일정 기간 동안 주거와 생계를 지원하고, 출산 후 해당 아동을 양육하지 않는 미혼모 또는 미혼모와 그 출산 아동으로 구성된 미혼모자 가족에게는 일정 기간 동안 공동생활을 통하여 자립을 준비할 수 있도록 주거 등을 지원하는 일과 관계된 활동을 한다. 그 밖에 취약가족 역량강화사업, 한부모가족 상담사업, 한부모가족 취업지원 등의 일을 담당한다.

(2) 여성복지 활동

여성복지와 관련된 분야로는 성매매 방지 및 피해자 보호 활동, 가정폭력 · 성폭력 방지 및 피해자 보호 활동, 일본군위안부 피해자 지원 활동, 여성장애인 역량강화 활동 등이 있다. 성매매 피해자 상담소의 사회복지사는 성매매 피해자 등에 대한 현장상담, 법률 · 의료 지원, 관련 시설 연계 등을 통해 인권유린 상황에 조기 개입하여 피해자를 보호하고 탈성매매를 지원하는 활동을 수행한다. 성폭력과 가정폭력 피해자를 위한 다양한 서비스를 통합적으로 제공하는 '통합성폭력피해자통합지원센터'(해바라기센터)에는 사회복지사를 비롯하여 여성경찰관, 임상심리전문가, 심리치료사, 상담원, 간호사 등 전문인력이 배치되어 활동하고 있다. 여기서 일하는 사회복지사는 성폭력 · 가정폭력 · 성매매피해자 및 그 가족에 대한 긴급상담 및 지속상담, 성폭력으로 인한 외상 후 스트레스 장애(PTSD) 등 심리적 후유증 치유를 위한 정신건강의학과 진료 의뢰, 국선변호사 연계 등의 일과 관련된 활동을 한다. 외국인여성지원시설 사회복지사는 외국인 피해 여성에 대한 긴급 보호(3개월 이내), 통역서비스 제공, 상담, 귀국지원 중의 업무에 관여한다. 이주여성쉼터 사회복지사는 가정폭력, 성폭력, 성매매로 인하여 정상적인 가정생활 및 사회생활이 어렵거나 기타 긴급히 보호를 필요로 하는 이주여성 및 동반 아동을 보호하고 의료 · 법률 · 출국 등과 관계된 활동을 지원하거나 연계한다.

2. 전문인력의 성찰

1) 성찰성의 개념

성찰(省察)이란 자신이 하고 있는 일이 과연 최선인가를 반추하며 깊이 살피는 것으로, 사회복지사에게 성찰성은 자신에게 익숙한 지식체계나 전문가로서 경계를 넘어서 다양하고 새로운 관점과 지식을 받아들여 전문성을 넓혀 갈 수

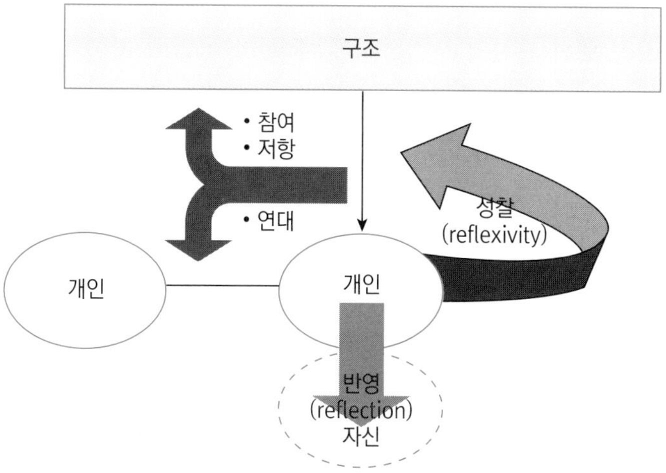

그림 4-1 ● **반영과 성찰의 역동성**

출처: 최명민, 김성천, 김정진(2015). 한국 사회복지실천교육의 대안 구축에 관한 연구. 한국사회복지학회 편, 한국사회복지교육: 현황, 과제, 그리고 대안. 서울: 신정.

있는 역량을 지칭하는 개념이다. Schön(1983)은 성찰적 사고는 '불확실하면서도 갈등이 내재되어 있는 전문직의 실천 상황을 새로운 시각으로 바라보는 사고'로 전문직 종사자가 자신의 실천 경험을 깊이 사고하면서 자신의 지식과 실천을 연결하는 것이라고 보았다(유영준 외, 2017).

성찰성(reflexivity)은 반성(reflection)과 반영(reflectivity)과 혼용하여 쓰기도 한다(Cruz, Gillingham, & Melendez, 2007), 기든스(Giddens)는 반영이 개인적 차원에서 자기 언행의 잘못이나 부족함이 없는지 돌이켜 보는 것이고, 성찰은 개인적인 수준을 넘어 사회적인 환경과 양자 간의 상호작용까지를 포괄하는 개념으로 구분하고 있다(최명민, 김기덕, 2013). 다음 백과사전(2020)에 의하면 성찰성은 개인적 삶과 사회적 삶을 두고 끊임없이 행하는 자기 감시와 관련된 속성으로 담론(談論)[1]의 구성과 관련되는 개념으로 규정함으로써 역시 반영과 차별성

1 담론(discourse)은 우리가 사물을 이해하고 설명하고 판단하기 위해 활용하는 지식, 주장, 실천의 구조이며, 어떤 행위는 허용하지만 어떤 행위는 허용하지 않는 사회화의 틀이자 얼개다(Parton, 1994: 13). 이런 성격을 지닌 담론은 결국 어떤 현상에 영향을 줄 수 있는 대화의 형태

을 두고 있다.

[그림 4-1]을 보면 거시적 사회환경에 대한 고려 없이 개인적 그리고 대인관계의 차원에서 이루어지는 반성은 반영이다. 그러나 개인은 구조의 영향(순응 또는 저항)을 받는 존재이기 때문에 이 관계를 고려하는 성찰 작업이 없으면 진실에 다가설 수 없다. 따라서 실천에서 실체에 접근할 수 있는 자세는 개인수준에서의 관계뿐만 아니라 그 관계에 지대한 영향을 주고 있는 사회구조의 작용을 면밀히 관찰하고 분석할 수 있는 성찰의 자세가 필요하다(최명민, 김기덕, 2013). 예를 들어, 예전에는 장애 문제가 장애를 가진 개인의 문제라고 반영적으로 인식하였으나, 이후에는 사회구조적 요인도 중시하는 성찰적 사고로 변화되었다.

2) 성찰적 실천의 필요성

(1) 유동적 근대사회와 성찰적 실천

사회복지실천 현장에서 성찰적 실천이 중시되는 이유 중 하나는 실천가가 맞닥뜨리는 문제 상황들이 점점 다양해지고 복합적이며, 불확실성이 높아지는 상황이 일상화되었기 때문이다. 이로 인해 사회복지사는 자신이 수행한 실천이 제대로 수행되고 있는지, 올바르게 실천되었는지에 대해 끊임없이 되묻지 않을 수 없다.

후기 근대사회의 도래와 함께 한국의 사회복지실천은 유동적 근대성(Liquid Modernity)의 대표적인 특성인 다양성, 양가성, 불확실성, 미결정성 등의 모습을 보여 주고 있다(김기덕, 최명민, 2014). 이로 인해 사회복지실천 영역은 점차 세분화되면서 전문성을 강조하는 경향이 거세지고 있다. 또한 효율성과 예측 가능성을 강조하는 신자유주의의 영향으로 사회복지실천 현장에서는 표준

로 작동한다. 그런데 이 대화로 이루어지는 담론에는 권력작용이 포함되어 있다. 예를 들어, 예전에는 남녀의 성차를 생물학적인 차이로 개념화하였으나 언제부턴가 사회가 남성과 여성의 역할을 만들고 규정하고 있다는 젠더의 개념이 보편화되고 있다. 따라서 최근에는 젠더 담론을 무시하고 대화하면 성찰적이지 못한 사람으로 취급되기 쉽다.

화된 매뉴얼 개발, 기관평가 실시, 정책이나 실천의 지침에 대한 사회적 감시체계 강화로 대변되는 관리주의(managerialism)가 강화되어 사회복지의 전문적 실천성은 오히려 약화되고 있다는 비판을 받고 있다(고미영, 2004; 김기덕, 최명민, 2014). 이러한 양상들은 전통적인 사회복지실천의 범주나 유형에 포함되지 않는 새로운 실천영역을 등장시키고 있으며, 복잡하고 혼란스러운 사회현상들은 기존의 사회복지실천 이론이나 관점으로 급변하는 사회복지실천 현장을 명확하게 설명하기 어렵게 한다(유동철, 2012; 유영준 외, 2017). 따라서 기존의 지식과 이론만으로는 만족할 만한 실천을 하기 어려운 상황이 전개되고 있다. 사회복지 교육현장은 경험적이고 합리적인 지식에 근거하여 실천방법들을 교육하고 있다고 하지만 급변하고 있는 현장에서 일하는 사회복지사들은 자신이 알고 있는 기존의 지식으로 실천할 때 다양한 한계에 부닥치는 경우가 점점 많아지고 있다. 이는 사회복지실천과정에서 마주하는 역동적 관계들이 급변하는 사회적 맥락에 영향을 받으며 수시로 변함으로써 사회복지실천이 복잡해지면서 기존의 지식이 무용지물이 되는 데 그치는 경우가 많기 때문이다(고미영, 2004).

(2) 사회복지실천 이론의 한계와 성찰성

'이론과 현장의 실천은 다르다.' 이는 현장에 있는 실천가들과 심지어는 3~4주간 실습하고 돌아온 실습생들로부터도 자주 들을 수 있는 이야기다. 학교에서 배우는 이론과 모델들이 적용되는 실천현장이 많지 않아서 기존 이론과 지식이 활용될 수 없는 실천에 대해 적지 않는 괴리감을 느끼기도 한다(Barak, 2019). 이것은 학교에서 배운 이론이 현실을 반영하지 못함으로써 이론이 실천에 도움이 되지 않는다는 한계를 보여 주는 것이다.

이러한 현상은 왜 나타나는가? 사회복지실천 현장에서 사회복지사는 전문적 지식과 이론을 갖고 일을 한다. 사회복지사가 아무리 좋은 감각과 의지를 갖고 열심히 하려고 해도 삶에 대한 앎(knowing), 즉 개념과 체험이 일치되지 않으면 진리를 알기 어렵고(최명민, 2019), 좋은 실천이라는 평가를 받기 어렵다. 그런데 이러한 '앎'이라는 지식의 가장 체계적인 형태는 '이론'이다(김기덕, 2003). 그런데 사회복지실천에서 습득하게 되는 지식과 이론이 과연 '환경 속의 인간'을 대상으로 하는 인간의 삶에 대한 '앎'을 잘 반영해 주고 있는가는 중요한 관건이 된다. 따라서 사회복지사는 실천하는 데 있어서 자신이 사용하는 지식과 이론 그리고 방법과 기술들이 과연 최선(best)인가에 대해 늘 성찰하는 자세를 가져야 한다.

특정 이론이 현실을 만족스럽게 설명하기는 어렵다. 사회과학의 이론은 인간과 환경에 대해 30%만 잘 설명하여도 큰 이론이라는 평가를 받기도 한다. 당연히 기존 사회복지실천에서 활용하는 이론들은 인간과 사회환경 간의 상호작용을 이해하는 데 있어서 일정한 한계를 지니고 있다. 그 대표적인 것이 사회복지실천에서 대표적인 관점이자 이론적 모델로 인정받고 있는 '생태체계모델'이다. 생태체계모델은 인간과 환경을 사회체계로 이해하고 이들 간의 상호작용을 도식화함으로써 미시와 거시를 아우르는 총체적 시야를 확보하는 데 기여하고 있다는 평가를 받고 있다. 그러나 생태체계모델이 삶의 주체로서 인간과 시공간에 놓인 체계들 간의 상호 관계에 포함된 다면적 요소들과 그 역동적인 관계를 통합적으로 사유하는 데 제한이 있고, 그 이론이 분석하고자 하는 현상의 역사성이나 규범성을 고려하며 실천적으로 접근하기 위한 틀로서는 취약하다는 비판을 받아 왔다. 특히, 여러 가지 권력이 작동하는 사회현상을 자연과학에서 유래한 체계이론의 개념으로만 이해함으로써 인간사회의 의도, 관심, 의미 등을 놓칠 수 있다는 점에서 단편적이라는 지적을 받고 있다(최명민, 김기덕, 2013).

생태체계론 외에 그동안 주류 사회복지실천 모델에서 차용한 이론들은 인간의 변화에 초점을 두는 심리학에 경도되어 왔고, 그중에서도 주로 자아심리학 위주로만 인간을 이해하려는 경향을 보이면서 정작 사회적 환경이 인간 주체에 미치는 총체적인 영향과 상호작용을 구체적으로 규명할 수 있는 이론적 기반을 갖추지 못하고 있다는 평가를 받고 있다. 또한 실천의 맥락을 구성하는 시대적 · 정치적 · 경제적 측면과 권력, 계급, 억압, 불평등과 같은 문제들을 체계적으로 이해할 수 있는 기회도 충분히 제공하지 못하고 있다는 비판을 받고 있다(최명민, 2019). 그 결과 사회복지실천은 마치 진공상태의 공간에서 심리적 차원의 인간에 초점을 두고 이를 변화시키려는 실천으로 다루어지는 경향이 있다. 예를 들어, 사회복지실천에서 옹호를 강조하고 있지만, 옹호활동이 요구되는 맥락으로서 혐오와 차별에 대한 이론이나 옹호를 위해 필요한 권력에 관한 이론은 배운 적이 없다. 따라서 이러한 모순적 상황에 대한 이해와 해결책에 대한 고려 없이 옹호 자체만을 당위적으로 강조하다 보니 현장에서 옹호를 실천하다가 맞닥뜨리게 되는 도전과 갈등을 돌파하는 것은 오로지 사회복지사의 현장 경험과 암묵지[2]의 몫으로 남겨지게 된다.

따라서 사회복지사는 활용하는 이론과 모델의 현실 적합성과 사회성 및 실천성을 잘 성찰해야 한다. 특히, 사회복지실천에서도 주류 방법론으로 간주되어 온 논리 실증주의적 접근법은 인간이라는 다양하고 불확실한 대상을 다루기 힘들고, 이론지식을 도출하는 필수적인 추론 과정에서 지적 정당화 조건을 충족시키지 못하며, 사회복지사가 갖는 직관과 예술적 속성, 암묵지 등을 포괄할 수 없다는 점에서 일정한 한계가 있다고 지적되어 왔다는 점을 유념하고 활용해야 할 것이다(김기덕, 2003).

이처럼 한쪽으로 편중된 이론의 개념과 구조는 이론과 실천 간 성찰적 관계를 단절시키고 이론을 사용하는 사회복지실천 주체의 소외를 야기시킨다. 더욱이 효율성과 예측성 및 표준화를 강조하는 신자유주의 사회에서 이론은 성과와 산출의 도구로만 이용되는 경향이 있다. 이러한 이론의 편중성이 현재 한국 사회복지실천에서 지속적으로 제기되어 온 이론과 실천 간의 괴리, 또는 이론의 현장 적용성 부족 등의 문제로 귀결되고 있다. 이론이 실천현장과 잘 부합되기 위해서 하향식의 연역적 연구방법뿐만 아니라 상향식의 귀납적 접근도 필요하다.

2 암묵지(tacit knowledge)란 개인적 접촉을 통해 전문가들 사이에서 전해지는 지식, 능력(Gray & Webb, 2009)으로 저절로 일어나는 행위, 판단, 인식 등 논리적 표현 없이도 이해가 가능할 때, 논증 없이도 결론을 이해할 때 존재하는 것이다. 즉, 이론적 기반 없이 현장 실천가들이 경험적으로 습득한 귀납적인 실천지식을 말한다.

3) 성찰적 사회복지사란

유동적 특성을 지닌 현대 사회에서 사회복지사는 성찰적 실천가가 되어야 한다. 성찰적 실천은 실천가에게 자신의 실천에 영향을 미칠 수 있는 다양한 요인들을 바라보게 하고, 실천현장에 대한 통찰력을 얻을 수 있게 한다(Johns, 2007). 성찰적 사회복지사의 전문적 활동은 기존의 지식체계에 대한 반성과 재적용의 연속적 과정으로(Payne, 1997), 사회복지사는 자신이 마주하고 있는 문제 상황과 지속적인 대화를 수행하면서 문제 상황을 해결해 가는 실천가가 됨을 의미한다. 2000년대 이후 등장한 우수실천(best practice)에서도 성찰은 매우 주요한 방법으로 언급되고 있다. 비판적 관점에서 시도되고 있는 우수 사회복지실천의 쟁점은 클라이언트가 삶을 계획할 수 있도록 많은 기회를 비판적이고 성찰적으로 제공하였는가에 달려 있다(Jones et al., 2007: 36).

Schön(1983)은 성찰적 실천을 '행위 중 성찰(reflection-in-action)'과 '행위 후 성찰(reflection-on-action)'로 구분하였고, 그중 '행위 중 성찰'의 중요성을 강조하였다(유영준 외, 2017). '행위 중 성찰'은 실천가의 행위가 진행되는 과정에서 행위 안에 내포된 앎을 재구성하면서 자신의 실천행위 과정에서 잠정적인 앎을 즉각적으로 검증함으로써 실천가의 앎을 변화시킬 수 있다. 이와 달리, '행위 후 성찰'은 실천가의 앎이 자신의 행위에 즉각적인 변화를 가져오지는 못하지만 행위 후에 자신의 행위 기저의 앎을 재구성하는 것을 말한다. 그러나 성찰적 실천에 관한 선행연구들은 '행위 중 성찰'을 직접 연구하기가 어렵기 때문에 대부분 '행위 후 성찰'을 다루고 있다(Schön, 1983; 유영준, 2006). 그러나 성찰적 사회복지사로 역량강화되기 위해서는 '행위 중 성찰'이 이루어지는 것이 중요하다.

4) 성찰 일지

사회복지사가 성찰적 실천을 하기 위해 사용하는 도구로 성찰 일지가 활용되고 있다. 성찰 일지는 자신의 실천과정에서 경험한 내용을 기술하고, 이를 스스로 분석 · 평가하기 위해 일지형식으로 기술한 것을 말하며, 일지 작성자의 성찰 내용, 과정, 성찰 수준의 변화 등을 기술하게 되었다. 나아가 성찰 일지 작성은 연구참여자의 성찰적 사고를 촉진하는 역할을 수행하기 때문에 성찰 일지를 작성하는 것은 성찰적 사고를 촉진시키는 전략으로 제안되고 있다(강인애, 정은실, 2009; 김하영, 김경은, 2013).

성찰 일지 작성을 통해서 얻을 수 있는 긍정적인 성과들은 다양하게 제시된다. 성찰 일지를 작성한 이들은 자신의 경험을 비판적으로 되돌아보고, 그 의미를 스스로 발견해 냄으로써 자신과 실천현장을 심도 있게 이해할 수 있는 기회를 제공해 준다(이숙정, 신정혜, 2014). 또한 영국과 미국을 중심으로 교육학, 사회복지학, 간호학 분야의 실무자들도 성찰 일지를 기록하면서 이론과 실제의 간극을 좁힐 수 있었고, 실천경험에 근거한 지식을 구성할 수 있는 전문가로 성장하는 모습을 보여 주고 있다. 성찰 일지를 통하여 사회복지사들이 '일상의 실천에서 대안 찾기', '자기객관화를 통한 부정적 감정의 해소', '능동적인 학습자로 변화' 등의 진전을 이루었다고 보고하였다(유영준 외, 2017).

이러한 성찰 일지의 지침과 예는 〈표 4-10〉과 같다.[3]

표 4-10 ● **성찰 일지 지침**

기술	• 실천과정에서 어떤 일이 일어났는가?(장소, 관련된 인물, 실천의 내용과 사건의 맥락, 실천의 결과에 대한 상세한 기술) • 예상치 못한 사건들-실천가를 당혹스럽게 하는 예상치 못한 사건들
느낌	• 이 사건에 대한 생각과 느낌은 어떠한가? • 무엇이 나로 하여금 이러한 감정들을 느끼게 했는가?(감정들의 목록) • 이 사건의 결과에 대해 나는 어떻게 느끼고 있는가?'

3 이 성찰 일지의 지침과 사례는 유영준(2006)의 박사학위논문인 「사회복지사의 반성적 실천에 관한 연구」의 부록 성찰 일지 사례에서 발췌하였다.

평가	• 무엇을 성취하기 위해 시도하는가?(무엇을 의도하였는가?) • 실천과정에서 좋은 점과 나쁜 점은 무엇인가?(의도한 것과 결과의 차이점) • 결과적으로 무엇이 잘되었으며, 내가 성공적으로 한 일들은 무엇인가?(동료, 클라이언트, 실천가-그렇게 생각하는 근거는?) • 실천가에게 가치 있는 것들 혹은 개선해야 될 점은 무엇인가?
분석	• 주어진 상황에서 어떤 의미를 찾을 수 있는가? • 성공 여부에 기여한 점들이 무엇이었는가?(내가 다르게 시도한 것은?-근거는?) • 이번 경험을 통해 무엇을 배웠는가? • 어떤 윤리적인 원칙이 관련되었는가? • 의사결정을 내렸을 때 근거는 무엇이었는가?(의사결정의 경우 지식의 근거들)
결론	• 나의 행동은 어떤 결과를 가져왔는가? • 어떤 대안들이 가능했었는가?
계획	• 유사한 상황이 벌어지면 어떻게 하겠는가? • 앞으로 나의 실천에 어떻게 영향을 미칠 것 같은가?

※ 성찰 일지 예(정신장애인 사회복귀시설)

얼마 전에 취업한 회원에 대한 사례관리를 하는 과정에서, 회원이 약(신경정신과 관련)을 먹지 않고 있다는 것을 알게 되었다. 이에 약을 중단한 이후 변화된 부분이나 증상의 악화 여부를 확인하였으나 별다른 이상이 없다는 것을 회원의 답변을 통해 확인할 수 있었다. 일단 금주 중에 병원에 가서, 계속 약물을 중단해도 될지에 대해 담당 주치의와 상의를 해 보기를 권유하고 사례관리를 마무리하였다.

현재의 상황이 중대한 것으로 여겨져 이틀 후 팀의 사례회의 시간에 비중을 두어서 이 일에 대한 논의를 진행할 수 있도록 하였다. 결과적으로 "회원의 상태가 크게 나빠지지 않았고, 사회생활을 주체적으로 하고 있는 회원인 만큼 어느 누구도 약 복용에 대해 강제할 수 있는 사람은 없다. 따라서 사례관리를 진행하면서, 문제가 있으면 긴밀히 개입해 가야 할 것이다"라는 것으로 결론이 났다.

회원이 약물을 중단하고 있다는 사실을 듣자마자, 내심 크게 놀랐고, '아 큰일 났구나.'라는 생각을 자연스럽게 하게 되었던 것 같다. 이후 회원의 약 중단 이후의 증상과 생활을 확인하면서도 다시 약을 복용할 수 있도록 해야 할 것만 같은 생각이 끊임없이 들었다. 결국 병원에 가서 상담을 해 볼 것을 권하였던 것이다. 그동안 센터를 이용하고 있는 회원들 중 많은 경우가 재발의 경험이 있고, 재발의 상당수가 약 복용의 중단이 직간접적인 영향을 주었다는 것을 경험적으로 알고 있는 터였다.

그러나 그 사건이 주는 '놀람'과 더불어 사례회의 결과는 나를 또 한 번 정신이 번쩍 들게 하였다. 오히려 후자가 현재로서는 더 깊은 인상을 남기고 있는 듯하다. 애초에 나는 정신보건 영역에서 중요한 것은 정신장애인들의 임파워먼트를 실질적으로 현실화하는 것이라 생각하고 공부하고 현장에 진출했다. 그 실천에서 핵심은 자기결정권이 실질적으로 보장되는 환경을 조성하고, 정신장애를 병리적인 것에 국한하지 않고 오히려 사회적인 측면을 중심으로 접근해야 한다는 것이었다. 하지만 사례회의를 통해, 나는 그 순간에 그러한 나의 핵심적인 신념을 전혀 생각하지 않았다는 것을 깨닫게 되었던 것이다. 그 당시의 나의 실천내용이 크게 적절치 못했다기보다는 오히려 그러한 신념을 그 상황에서, 사례회의를 하기 전까지 떠올리지 않았다는 사실이 문제였다.

나는 일련의 과정에서 회원이 재발을 하지 않고 직장을 유지할 수 있는 데 도움이 되고자 했다. 이에 약 복용 중단을 신중하게 재고할 수 있게 하고자 했고, 그러한 판단이 적절한지 다른 동료들의 자문을 구하기도 하였다. 내가 상담을 하면서 병원에 갈 것을 권유한 것은 실제로 회원이 좀 더 신중하게 약에 대해서 고려할 수 있는 기회가 될 수도 있었을 것이다. 하지만 병력을 숨기고 직장생활을 할 만큼 사회적인 편견을 의식하고 있는 회원에게 또 하나의 의심하는 눈초리를 경험하게 했을 수도 있다. 이는 동료들의 조언을 통해, 그동안 누가 물어볼 때만 관념적으로 떠올려 왔던 회원을 존중한다는 것의 가치를 실제적으로 인식할 수 있는 계기가 되었다. 앞으로 회원들을 대할 때, 긍정적인 영향력을 발휘할 수 있을 것이라 본다.

이번 경험은 먼저 내가 실천에 있어 중요한 기준이 무엇이었는가에 대해 되새길 수 있는 기회가 되었다. 그와 동시에 내가 실천을 하면서 많은 경우 관성에 젖어 중요한 가치나 기준을 소홀히 하며 지내고 있을 수도 있다는 생각을 하게끔 했다. 그리고 이번의 사례회의와 같이 함께 지혜를 모으는 과정이 큰 힘을 발휘할 수 있다는 점을 확인할 수 있었다. 또한 정신보건사회복지 영역에서 증상과 약으로 대표되는 병리적인 측면과 편견과 생활, 권리 등으로 대표되는 사회적인 영역 사이의 경계를 인식하고 구체화하는 것이 이후 꾸준히 안고 가야 하는 과제라는 점을 인식할 수 있었다. 만약 상담을 하던 그 당시로 돌아간다면 나는 어떻게 다르게 접근할 수 있었을까? 음…… 병원을 가도록 성급히 제안하기 전에, 어떤 판단으로 약 복용 중단을 결심하게 되었는지를 궁금해하고 그 맥락을 공유하려 할 수 있었을 것이다. 그리고 그 맥락 속에 있는 삶의 모습들과 어려움들을 개인의 탓으로만 돌리지 않을 수 있도록 도움을 줄 수도 있었을 것이다. 그러면서 약 복용에 대해서도 무조건적인 거부나 수용이 아닌 필요에 의해서 판단하고 적극적으로 활용할 수 있도록 안내할 수도 있었을 것이다.

요 약

공공과 민간의 각 영역에서 활동하고 있는 사회복지사의 역할과 임무를 살펴보았다. 사회복지사는 보건복지부, 여성가족부를 비롯한 중앙 행정기관과 시 · 군 · 구, 읍 · 면 · 동의 지방자치 행정기관에서 다양한 사회복지 관련 업무를 수행하고 있다. 민간영역에서 활동하는 사회복지사는 거주시설과 지역사회의 이용시설에서 다양한 사회복지 서비스를 제공하고 있다. 이러한 서비스들을 나누어 살펴보았으나 실제 상황에서는 여러 기관이 담당하고 있는 서비스가 상호 연계되거나 통합적으로 제공되고 있다. 지역사회복지관, 노인복지관, 장애인복지관, 정신건강복지센터의 사회복지사는 지역사회와 연계를 통해 통합적 사회복지서비스를 제공하고 있다. 이와 더불어 일반 주민 가운데 다양한 욕구를 가지고 있는 클라이언트가 늘어나면서 사례관리자의 역할이 중시되고 있다. 사례관리 담당 사회복지사는 특정 분야를 중심으로 한 전문화된 역할뿐 아니라 복합적인 욕구를 가진 클라이언트를 중심으로 다양한 서비스를 지속적이고 체계적으로 관리하는 업무를 담당한다. 최근에는 동 주민센터의 복지허브화 기능을 확대 · 강화하고 취약 주민의 욕구를 파악하기 위해 사회복지사가 주민을 찾아나서는 복지서비스가 활성화되고 있다. 이와 같이 사회복지사가 활동하는 실천현장과 활동 내용은 매우 다양한 것을 알 수 있었다. 사회복지사가 각기 다른 실천현장에서 일하기 위해서는 각 현장의 특성과 사회복지사의 역할과 활동 내용을 정확히 이해해야 할 것이다. 또한 각 실천현장에서 필요로 하는 지식과 기술을 습득하기 위한 교육과 훈련을 적절히 받아야 할 것이다.

급변하고 있는 유동적인 현대 사회에서 사회복지사는 성찰적 실천가가 되어야 한다. 사회복지실천에서 성찰은 개인적 차원에서의 성찰을 의미하는 반영적(reflective) 실천과 반영적 실천을 넘어 개인과 사회의 역동적 관계까지 포괄적으로 숙고하는 개념인 성찰적(reflexive) 실천으로 구분되고 있다. 이렇게 구분되기는 하지만 넓은 의미에서 성찰성은 사회복지사로 하여금 자신에게 익숙한 지식체계나 전문가로서 경계를 넘어서 다양하고 새로운 관점과 지식을 받아들여 전문성을 넓혀 가는 개념으로 쓰인다.

토의사항

1. 다양한 실천현장 활동 중 사회복지사의 전문성이 가장 요구되는 현장은 어디인지, 그리고 그렇게 생각하는 이유는 무엇인지 토의해 보자.
2. 사회적인 변화와 함께 새롭게 사회문제 혹은 사회적인 요구에 따라서 사회복지실천 현장으로 개발될 가능성이 있는 현장에 대해 생각해 보며, 이때 사회복지사는 어떤 활동을 기대할 수 있는지 토의해 보자.
3. 사회복지실천에서 사회복지사의 성찰적 자세가 필요한 이유는 무엇인가?
4. 여러분의 학교생활에 대해 성찰 일지를 작성해 보고 동료들과 논의하시오.

참고문헌

강인애, 정은실(2009). 성찰저널(Reflective Journal)이 지닌 교육적 의미에 대한 탐구 대학에서의 수업 사례. 교육방법연구, 21(2), 93-117.

고미영(2004). 가족복지 서비스를 위한 새로운 실천 패러다임에 관한 연구. 한국가족치료학회지, 12(2), 53-75.

김기덕(2003). 사회복지 지식의 인식론적 기초. 비판사회정책(구, 상황과 복지), 8, 13-43.

김기덕, 최명민(2014). 바우만의 근대성 이론을 통한 한국사회복지실천의 유동성 분석. 한국사회복지학, 66(4), 53-75.

김하영, 김경은(2013). 사회과 인권수업에서의 성찰 일지 쓰기의 효과분석: 학업성취도와 학업적 자기효능감을 중심으로. 시민교육연구, 45(3), 81-102.

남석인, 최권호(2014). 의료사회복지사의 역할. 대한의료사회복지사협회 2014년 춘계 심포지엄 발표자료.

보건복지부(2015). 2015년도 장애인복지사업안내.

보건복지부(2015). 보건복지백서.

아동보호전문기관(2015). 사업안내.

유동철(2012). 지역복지실천의 새로운 모색: 조직화와 공동체를 중심으로. 한국사회복지연구회 추계학술대회 자료집, 209-234.

유영준(2006). 사회복지사의 반성적 실천에 관한 연구. 가톨릭대학교 대학원 박사학위논문.

유영준, 최옥채, 용효중(2017). 사회복지사의 성찰 일지 작성 경험에 관한 질적 연구. 사회과학연구. 경성대학교 사회과학연구소, 33(2), 2017, 5, 1-28(28pages).

이숙정, 신정혜(2014). 성찰적 글쓰기 활동이 여대생의 Self-authorship 발달에 미치는 영향. 교양교육연구, 12(8), 337-374.

최명민(2019). 사회복지실천 '이론'의 의미와 정당성: 성찰성(reflexivity)을 중심으로. 한국사회복지실천연구학회 추계학술대회 자료집.

최명민, 김기덕(2013). 기든스(Giddens)의 성찰성 이론을 통한 임파워먼트의 재해석. 한국사회복지학, 65(2).

최명민, 김성천, 김정진(2015). 한국 사회복지실천교육의 대안 구축에 관한 연구. 한국사회복지학회 편, 한국사회복지교육: 현황, 과제, 그리고 대안. 서울: 신정.

학교사회복지사협회(http://www.kassw.or.kr/page/s1/s2.php)

Barak, A. (2019). Critical Questions on Critical Social Work: Students' Perspectives. *British Journal of Social Work*, 1-18.

Cruz, H. D., Gillingham, P., & Melendez, S. (2007). "Reflexivity, its Meanings and Relevance for Social Work: A Critical Review of the Literature". *British Journal of Social Work*, *37*, 73-90.

Gray, M., & Webb, S. A. (2009). 사회복지학의 새로운 접근(김기덕, 최명민, 이현정, 조성우 역, 2012). 서울: 시그마프레스.

Jones, K. (2007). *Best Practice in Social Work*(김경호, 김현욱, 장남서, 류방, 박일현 역, 2012). 사회복지와 비판적 우수실천. 경기: 공동체.

Parton, N. (1994). Problems of Government. (Post)Modernity and Social Work, *British Journal of Social Work*, *24*, 9-32.

Payne, M. (1997). 현대사회복지실천이론(서진환, 이선혜, 정수경 역, 2001). 경기: 나남.

Schön, D. A. (1983). *The reflective practitioner: How professionals think in action*. New York: Basic Books.

Sheafor, B. W., Horejsi, C. R., & Horejsi, G. A. (1997). *Techniques and Guidelines for Social Work Practice* (4th ed.). Boston: Allyn and Bacon.

World Health Organization (2010). World report on disability.

제5장

사회복지실천의 기본적 관점

1. 환경 속의 인간
2. 체계적 관점
3. 생태체계적 관점

사회복지실천의 관점은 사회복지사가 인간행동과 사회환경, 그리고 이 양자 간의 상호작용 양상을 관찰할 때 사용하는 일종의 시각 또는 렌즈(lens)라고 할 수 있다. 실천관점은 사회복지사의 교육 배경에 따라 약간씩 다를 수 있지만, 사회복지실천과 여타의 실천을 구별 짓는, 사회복지사들이 공유하는 독특한 실천관점이 있다. 앞서 제1장과 제2장에서 소개한 '환경 속의 인간' 관점이 바로 그것이다. 이러한 실천관점 형성 및 발전에 가장 큰 영향을 준 것이 바로 일반체계적 관점과 생태체계적 관점이다. 이 장에서는 '환경 속의 인간' 관점과 그 안의 요소인 개인과 개인 및 환경에 대한 관점, 그리고 일반체계적 관점과 생태체계적 관점을 살펴본다.

1. 환경 속의 인간

제1장에서 살펴보았듯이, 사회복지실천의 목적은 개인과 환경 간의 상호작용의 증진을 통해서 사회구성원 모두의 삶의 질을 향상시키는 것이다. 이러한 목적달성을 위한 노력이 사회복지실천인데, 그렇다면 이 실천의 초점은 개인에게 맞추어져야 할 것인가? 아니면 환경에 맞추어져야 할 것인가? 실천의 초점을 개인에게 맞춘다는 것은 개인·환경 간의 상호작용 증진의 책임을 개인에게 둔다는 것을 의미하고, 실천의 초점을 환경에 맞춘다는 것은 개인·환경 간 상호작용 증진을 위해 환경을 변화시킴을 의미한다. '환경 속의 인간(Person-in-Environment: PIE)'이란 개념은 개인·환경 간 상호작용 증진의 책임을 개인과 환경 모두에게 두는 것을 의미한다. 즉, 인간이 경험하는 각종 문제의 원인을 개인 또는 환경 중 어느 한쪽의 결함으로 보기보다는 개인적 요소와 환경적 요소가 서로 어우러져서 나타난 결과로 본다는 것이다. 따라서 이 관점에 입각하여 사회복지실천을 행하는 사회복지사는 개인, 가족 또는 집단체계가 그들의 생활에 영향을 미치는 주변 사회체계들과 어떻게 상호작용하는가를 주의 깊게 살펴

보면서 활동한다. 즉, 문제의 원인을 알아내고 문제해결을 시도하려 할 때 문제해결방안을 개인의 변화에서만 찾는 것이 아니라 그 개인의 문제 또는 역기능에 영향을 미치는 주변 사회환경의 변화 또는 개선에서도 찾는다. 또한, 개인과 환경 사이의 상호작용 내용과 양상이 어떠한가에 대해서도 관심을 갖는다.

이러한 관점은 사회복지실천 방법의 초기 모델이라 할 수 있는 리치먼드(Richmond, 1917)의 『사회진단(Social Diagnosis)』 속에 이미 함축되어 있던 것으로서 1950년대 이후부터 사회복지실천의 기본 개념 틀로 확실히 자리 잡기 시작하였고(Compton & Galaway, 1999), 그 후 많은 사회복지실천 이론가들에 의해서 반복적으로 강조되어 왔다. 고든(Gordon, 1969)은 일찍이 환경 내에 존재하는 것, 즉 환경이 제공하고 있는 자원과 개인이 갖고 있는 욕구나 성장 잠재력과의 조합을 이루어 내는 것이 사회복지사 활동의 초점이라고 하였다. 바틀렛(Bartlett, 1970)은 모든 사회복지실천의 공통 기반은 개인과 환경(persons & environment)에 대한 이중 초점이라고 하여 사회복지사는 개인이 가진 대처능력과 개인에 대해 환경이 요구하는 것 사이의 균형을 이루어 주기 위해 노력해야 한다고 하였다. 저메인과 지터맨(Germain & Gitterman, 1980)도 그들의 저서 『사회복지실천 생활 모델(Life model of social work practice)』에서 개인변화와 사회개혁이라는 두 가지 측면에 동시에 개입하는 사회복지실천 전통을 언급하면서 이러한 전통을 통합하여 이어 갈 것을 주장하였다. 이들은 개인과 개인에게 영향을 주는 사회 · 물리적 환경 간의 역기능적 교환을 개념화하려고 노력하였으며, 사회복지사는 개인과 환경 사이의 역기능적 교환에 개입해야 한다고 강조하였다. 즉, 사회복지사는 어떤 때는 개인, 어떤 때는 환경, 또 어떤 때는 개인과 환경 간의 상호작용 양상을 변화시키기 위한 전략을 구사하지만, 이 모든 전략은 결국 개인 · 환경 간 상호작용의 성격을 변화시키기 위한 것이다.

전미사회복지사협회(National Association of Social Workers, 1981)의 실천 선언문에서는 "사회복지실천의 목적은 모든 사람의 삶의 질을 향상시키기 위해 개인과 사회 사이의 상호 유익한 상호작용을 증진시키거나 복구시키는 것이다."(p. 6)라고 밝히고 있다. 그리고 이러한 목적을 달성하기 위해 사회복지사는 여러 사람과 함께 첫째, 개인과 개인 주변 환경의 타인 사이의 상호작용을 촉진하고, 둘째, 개인이 자신의 능력을 확대시키고 자신의 문제해결 및 대처능력들을 향상시킬 수 있도록 도움을 제공하며, 셋째, 사회 및 환경과 관련된 정책에 영향을 주는 활동을 한다고 하였다.

[그림 5-1]은 지금까지 소개된 개념을 정리 통합하여 보여 주고 있다. [그림 5-1]에서 개인은 생활의 주체로서 나름대로의 성격, 자질, 능력, 성취동기, 야망, 욕구, 삶에 대한 의욕 등을 갖고 생활함을 보여 준다. 개인은 때로 남들과 다른 특별하고도 독특한 욕구를 가질 수 있다. 예를 들면, 지체장애인이나 시각장

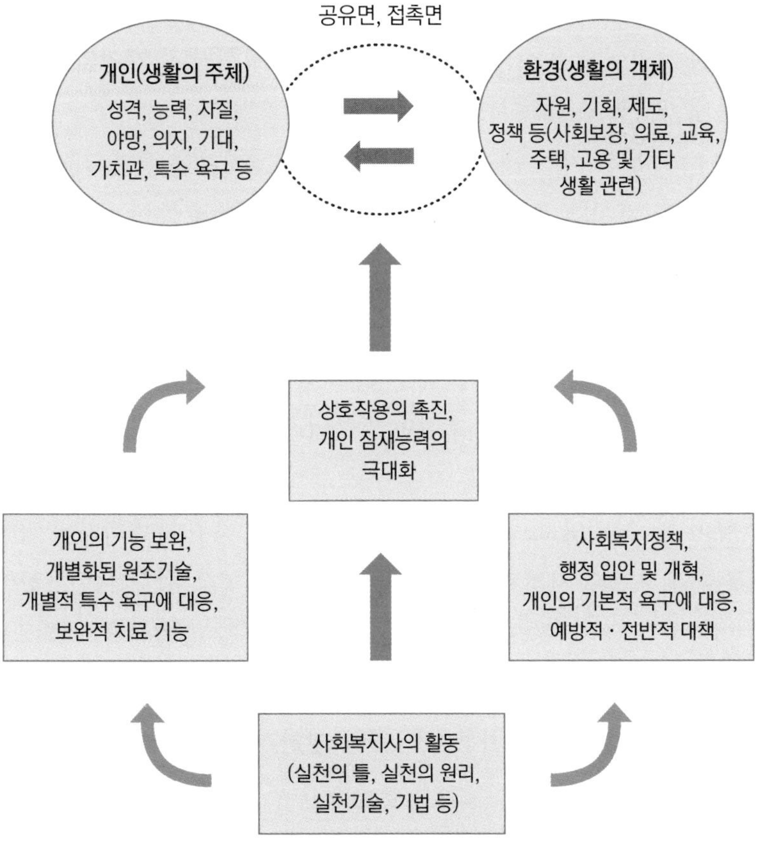

그림 5-1 ● **개인-환경 상호작용에 대한 사회복지사의 개입활동**

애인의 일상생활 유지를 위해서는 보행 보조기구나 안내견 등이 요구된다. 개인은 나름대로의 독특한 욕구를 지닌 채 자신을 둘러싼 사회의 요구에 부응하거나 적응, 충돌 또는 부적응 등을 경험하면서 생활하게 된다.

개인을 둘러싼 사회환경은 각 개인이 살아가는 데 필요한 여러 가지의 자원, 기회 또는 장애물로 구성되어 있다. 이 환경은 각 사람에게 주어진 삶의 객체이자 대상이라고 볼 수 있다. 자신이 태어난 가족의 특성, 주요 생활이 이루어지고 있는 지역사회, 전반적 사회의 문화적 특성, 사회의 실질적 운영 규칙, 각종 자원 및 기회 배분의 사회적 공정성, 최저 생계의 보장을 위한 기본적 생계 지원 제도의 유무, 최소한의 인간다운 생활을 영위하는 데 필요한 교육, 의료, 주택, 고용 정책들의 유무 및 그 성격과 수준 등이 사회환경의 특성을 구성한다. 이러한 여건들이 개인에게 우호적으로 형성되어 있는 사회는 각 개인의 기본적 욕구에 적절하게 대응하고 있는 사회라고 볼 수 있다.

각기 다른 특성을 가진 개인과 사회환경은 상호작용을 통해 각자의 기능을 수행해 가는데, 개인과 사회환경 간의 상호작용 영역을 개인 · 환경의 공유면, 접촉면 또는 교류면이라고 할 수 있다. 이 교류의 공간에서 개인 욕구와 사회 욕구 사이의 조합(match)이 이루어진다(Gordon, 1969). 사회복지사의 활동은 개인과 사회환경 사이의 교류 공간에서 진행되는 욕구들 사이의 조합이 원만히 이루어질 수 있도록 돕는 데 그 초점이 맞추어져 있다. 이러한 활동은 한편으로는 개인의 성격, 역기능, 능력 및 기술 부족 등에 주로 개입하는 개인 변화 촉매인의 역할이 될 수도 있고, 다른 한편으로는 사회의 자원과 기회가 공정하게 배분되도록 각종 사회복지정책 및 행정의 변화 및 개혁을 시도하는 사회변화 촉매인의 역할이 될 수도 있다. 사회복지사는 이러한 양 측면에서의 촉매 활동을 잘 수행하기 위해 사회복지실천의 다양한 관점과 그에 따른 실천의 원리들을 이해해야 하며, 구체적인 실천활동을 위한 실천기술 및 기법들을 익히고 연습해야 한다.

콤프턴과 갤러웨이(Compton & Galaway, 1989)는 사회복지실천의 발달과정에서 나타난 논쟁, 즉 사회복지실천은 개인의 변화(치료)를 위해 노력하는가, 아니면 사회를 변화(개혁)시키기 위해서 주로 노력하는가에 대해 살펴본 바 있다. 전통적으로 변화 매개인(change agent)으로 활동해 온 사회복지사들의 실천 관련 연구 결과를 1970년대부터 살펴볼 때, 대부분의 사회복지사들은 개인의 변화를 위한 임상적 실천과 사회개혁을 위한 실천 모두를 통합한 실천을 해 왔다는 것이 이들의 결론이었다.

1990년대 초에 사회복지 학계에서는 환경 속의 인간(person-in-environment: PIE) 시각에서 문제를 분류할 수 있는 체계를 개발하였다(Karls & Wandrei, 1992). 이러한 PIE 체계는 개인과 환경 모두에 초점을 두고 활동하는 사회복지실천에 부합되는 문제 분류체계를 갖기 위한 사회복지 전문직의 노력의 결과이며, 미국정신의학협회(American Psychiatric Association, 1994)가 마련한 정신질환 진단 및 통계 편람(Diagnostic and Statistical Manual for Mental Disorder: DSM) 체계에 대한 불만의 결과라고 볼 수 있다(Compton & Galaway, 1999). DSM이 정신의학적인 문제들에 대해 질병 및 병리적 개념에서 문제를 정의하려는 반면에, PIE는 개인의 역할 기능 수행과 아울러 개인 주변으로부터의 지지 상황 모두를 고려하여 문제를 분류하는 체계다. 이 체계는 아래의 4개 축으로 구성되어 있다.

- **제1축**(Axis I): 사회기능상 문제(Social Functioning Problems)
- **제2축**(Axis II): 환경상 문제(Environmental Problems)(물리적 · 사회적 맥락)
- **제3축**(Axis III): 정신건강상 문제(Mental Health Problems)
- **제4축**(Axis IV): 신체건강상 문제(Physical Health Problems)

이에 대한 상세한 내용은 카들즈와 완드레이(Karls & Wandrei, 1992)의 저서를 참고하기 바란다.

1) 환경 속의 인간에서 '인간'(개인)에 대한 관점

사회복지사가 개인적 특성에 관여할 경우 개인의 한 부분만을 볼 것이 아니라 다차원적인 시각에서 상호 연관된 다양한 측면들을 보아야 한다([그림 5-2] 참조). 개인은 생물학적 또는 신체적 특성, 지적 특성, 정서적 특성, 사회적 특성, 영적 특성, 경제 상황, 가족 상황, 문화 배경 등의 특성이 혼합되어 하나의 전체적인 인간으로 표출되기 때문이다(Brill, 1985). '환경 속의 인간'이라는 의미 속에 포함되어 있는 '인간'이라는 개념은 개인의 '성격'과는 다른 의미라는 사실을 명심해야 한다. 성격은 전체 인간의 한 구성 부분에 불과하다. 사회복지실천 과정에서 '환경 속의 인간' 중 인간(개인)의 의미를 개인의 성격으로 국한하려 할 경우, 사회복지실천의 활동은 사회복지 영역보다는 오히려 심리학의 영역으로 치우칠 수 있다. 이러한 전체로서의 인간에 대한 관심은 사회복지 전문직이 관여해야 할 업무의 폭을 결정하게 된다. 예를 들어, 음식, 주거, 위생 및 건강 유지 등의 기초 욕구를 충족시키는 데 어려움을 겪고 있는 사람의 경우, 그 사람의 결핍된 욕구 충족을 돕기 위해 사회복지사는 그 사람의 신체기능 상태, 지식 및

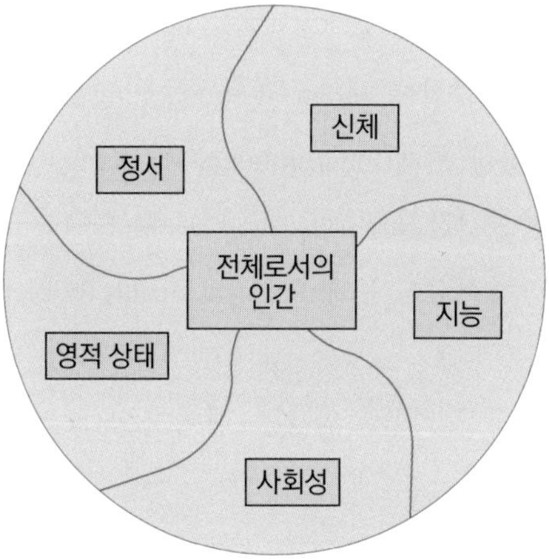

그림 5-2 ● **전체로서의 인간**

출처: Brill(1985), p. 27.

기술의 수준, 정서적 안정 상태, 영적 상태, 자신 또는 타인을 지각하는 상태, 삶에 대한 동기 수준, 삶의 목적이나 야망의 유무와 그 내용 등을 살펴본 후 그 결과에 따라 다양한 활동을 여러 차원에서 전개할 수 있다.

2) 환경 속의 인간에서 '환경'에 대한 관점

환경은 개인의 주위를 둘러싸고 있는 조건들을 의미한다. 인간과 모든 살아 있는 생명체에 영향을 미치는 주변의 물리 · 사회적 구조, 물리 · 사회적 세력, 이들의 운동과정 등이 환경에 포함된다. 사회복지실천 현장에서 일하는 사회복지사에게 특히 관심의 대상이 되는 환경은 개인의 일상적 생활에 직접적인 영향을 미치는 근접환경이다. 여기에는 개인의 가족, 친한 친구, 이웃, 직장의 동료, 일상적인 생활을 해 나가면서 접하게 되는 서비스 및 프로그램들이 해당된다. 티어와 시포(Teare & Sheafor, 1995)는 사회복지실천 업무에 관한 실증적 조사 및 분석에 기초해서, 사회복지사는 클라이언트가 그들의 근접환경과의 상호작용을 보다 원활히 해 나갈 수 있도록 돕는 데 시간의 대부분을 보낸다고 하였다. 보다 광범위한 환경인 간접환경의 변화를 위해 개입하는 경우는 상대적으로 적은데, 그 이유로 티어와 시포(Teare & Sheafor, 1995)는 간접환경을 변화시키기는 상대적으로 어렵고 간접환경의 영향은 비교적 덜 분명하게 나타나기 때문으로 보았다. 클라이언트의 주변 환경은 흔히 미시환경, 중간환경, 거시환경 등으로 나뉜다. 이러한 환경들에 대해서는 제3절 생태체계적 관점을 설명하면서 자세히 다룬다.

2. 체계적 관점

체계적 관점에 따르면, 개인과 사회의 문제는 원인-결과의 관계로 해석되기보다는 상호 연결된 전체로 파악된다. 즉, 개인과 환경은 어느 한쪽이 다른 한쪽에 일방적인 영향을 끼치는 것이 아니라 양자가 모두 원인인 동시에 결과인 상호적 원인관계(reciprocal relationships)로 형성된 전체로 파악된다. 이러한 체계적 관점은 사회복지실천의 목적과 잘 부합된다고 할 수 있는데, 문제의 파악 및 개입의 초점을 개인 또는 환경의 어느 한 곳에 두기보다는 상호작용하며 영향을 주고받는 전체에 두기 때문이다. 일반체계 관점의 기본적인 속성과 관련 개념들을 살펴보기로 한다.

1) 체계의 기본 성격

체계(system)란 상호 의존적이며 상호 영향을 주고받는 부분들로 구성되어 있는 전체를 의미한다. 다시 말하면, 체계는 상호 관계를 맺고 있는 구성 요소들의 집합체이지만, 구성 요소들의 단순 집합이 아니라 구성 요소 간 상호작용 또는 관계 양상을 포함하는 하나의 전체 또는 단위를 의미한다. 이런 맥락에서 체계의 속성은 "전체는 각 부분들의 합보다 크다."로 간략히 정의된다. 따라서 체계를 구성하고 있는 부분들 간 상호작용의 독특성이 체계의 특성을 만들어 낼 수 있다.

체계는 끊임없이 변화하는 전체로 간주된다. 이러한 변화는 체계가 지향하는 목적에 따라 다르게 나타나는데, 체계의 구성 요소들은 목적을 향해 어느 일정 시점에서 볼 때는 비교적 안정된 구조 내에서 비교적 정형화된 방법으로 서로 영향을 주고받는다. 비교적 안정된 구조를 유지하려는 체계의 속성을 항상성(homeostasis)이라 하며, 비교적 정형화된 행동방식을 흔히 체계가 갖고 있는 규칙(rules)이라고 한다.

체계의 구성 단위들은 상호 의존적이며 상호 영향을 주고받고 있기 때문에 체계의 어느 한 부분의 변화는 전체로서의 체계, 그리고 그 체계를 구성하고 있는 다른 요소들 모두에게 영향을 준다. 사회복지실천 측면에서 보면 어떤 체계의 어느 한 지점에 대한 개입은 전체 체계의 변화를 초래하거나 영향을 준다고 볼 수 있다. 따라서 어떤 체계 내 한 구성원에게 동일한 변화를 발생시키기 위해 사회복지사가 개입할 수 있는 방법은 여러 가지가 있을 수 있다. 다른 구성원의 변화를 통해 초점 구성원의 변화를 가져올 수도 있고 초점 구성원 자체의 변화를 시도할 수도 있다. 또한 어떤 체계에 동일한 방식의 개입을 했다고 해도 항상 동일한 결과를 얻을 수 있는 것은 아니다.

2) 체계와 관련된 개념

체계는 경계를 갖고 있는데 체계가 갖고 있는 경계의 속성에 따라 개방체계와 폐쇄체계로 나뉠 수 있다. 경계는 명확성(clarity), 투과성(permeability), 유연성(flexibility) 등의 속성을 가지고 있다.

개방체계는 투과성이 높은 경계를 갖고 있는 체계다. 이러한 체계는 외부로부터 성장 및 발달에 필요한 정보나 에너지를 자유롭게 받아들임으로써 체계 자체의 기능을 유지 · 발전시킬 수 있다. 개방체계 내부에서는 구성 요소들 간의 질서가 증가하며, 구성 요소 나름대로의 다양성이 증가하여 각자의 잠재능력이 최대한 발휘될 수 있다. 체계의 조직과 질서를 유지시키는 힘, 조직이 살아 움직이며 발달하게 하는 힘이 작용하고 있는 상태를 부적 엔트로피(negative entropy) 또는 네겐트로피(negentropy) 상태라고 한다. 어떤 체계가 성장 · 발전하기 위해서는 외부로부터의 정보나 에너지가 원활히 투입될 수 있을 만큼 체계의 경계가 적절히 개방되어 있어야 한다. 따라서 성장이 왕성한 체계는 비교적 명확하면서도 반투과적(semipermeable)인 경계를 갖고 있으면서 동시에 그러한 경계를 유연성 있게 유지하기 위한 장치들을 갖고 있다(Compton & Galaway, 1999).

폐쇄체계는 다른 체계와 상호 교류가 없는 체계다. 정보나 에너지의 투입(input) 또는 산출(output)이 거의 없다. 폐쇄체계 내 구성원들은 시간이 지나감에 따라 점차 동질성을 띠게 된다. 따라서 체계 내의 조직 구성 및 그 기능이 쇠퇴하게 된다. 이러한 상태를 엔트로피(entropy) 상태라 하는데, 이러한 상태가 지속되면 조직은 결국 소멸된다. 외부와의 접촉이 단절된 가족의 경우 폐쇄체계에 해당된다. 이러한 가정은 부부관계, 부모-자녀관계 또는 형제자매 관계 상황에 대해 외부로부터의 충고나 간섭, 도움 등이 차단되어 있기 때문에 내부의 기능이 쇠퇴하게 되고 역기능이 일어날 경우 회복될 가능성이 매우 희박하다.

상위 및 하위체계는 상대적인 개념이다. 어떤 한 체계는 그 체계를 구성하고 있는 부분들에게는 상위체계가 되고, 그것을 포함하고 있는 보다 큰 체계에게는 하위체계가 된다. 어떤 한 체계가 상위체계와 하위체계가 동시에 되는 현상을 홀론(holon)이라고 한다. 이것은 희랍어 'holos(전체)'의 처음 부분과 'proton' 또는 'neuron(작은 분자)'의 끝부분이 결합되어 형성된 합성어인데(Koestler, 1979), 중간수준의 체계가 갖고 있는 이중적인 성격을 나타내 주는 말이다. 이러한 현상으로 인해 어떤 한 체계는 하위체계를 대표하는 동시에 상위체계의 영향을 받는다. 이러한 홀론의 개념은 환경 속의 인간이라는 개념적 틀에 입각하여 활동하는 사회복지사에게 도움이 된다. 사회복지사는 사회문제를 진단하고 개입함에 있어 초점체계를 설정하는 일이 중요한데, 초점체계를 중심으로 그 체계를 구성하고 있는 하위체계들의 기능, 그 초점체계를 포함하고 있는 상위체계들의 기능들을 파악하고 변화를 모색할 수 있다.

3) 체계 내의 활동

변화와 안정 안에서 체계는 목적 지향적인 활동을 한다고 하였다. 살아 있는 체계, 즉 인간으로 구성된 체계는 끊임없는 변화와 움직임 과정에 있다. 순간적으로는 체계가 정지해 있는 듯 보이지만 이것은 정지 상황이 아니라 안정 상황이라 볼 수 있다. 체계는 나름대로의 목적을 갖고 있는데, 이러한 목적을 달성하기 위해 체계는 한편으로는 구성 요소들 간의 상호작용이 목적달성에 필요한 방향으로 질서 정연하게 이루어질 것을 요구하면서, 다른 한편으로는 외부로부터 오는 정보, 자극, 피드백 등을 목적달성에 도움이 되는 방향으로 선택하고 활용하게 된다. 체계는 내부적으로 끊임없이 변화하고 움직이면서 질서를 유지하고 구조를 안정시키는 경향이 있는데, 이러한 상태를 역동적 평형상태(dynamic equilibrium)라고 부른다. 체계의 구조를 변화시키지 않은 채 환경과의 상호작용 속에서 체계의 균형을 회복하려는 내부 성향이라는 점에서 이것은 체계의 항상성이라 할 수 있다.

투입, 전환, 산출활동은 다음에서 설명할 피드백과 함께 상호 관련된 활동을 유기적으로 수행한다. 투입은 외부로부터 어떤 체계 내로 들어가는 에너지나 정보 등을 의미한다. 전환활동은 투입물을 처리하여 체계의 기능 유지에 필요한 형태로 전환하는 작용을 의미한다. 산출은 전환활동을 통해 나타난 결과물이 체계 밖으로 나타난 것을 의미한다. [그림 5-3]은 투입, 전환활동, 산출, 피드백이 상호 관련된 활동을 하는 것을 보여 준다.

피드백이란 일련의 정보 투입이 일어나는 의사소통 장치로서 체계는 피드백을 통해 새로운 행위를 산출하거나 기존의 행위를 수정하는 자기조절적 행위(self-adjusting behaviors)를 통해서 자신의 목적을 달성하게 된다. 피드백의 내용은 체계 내부로부터의 정보뿐만 아니라 체계 외부로부터의 정보도 포함한다. 체계는 자신의 목적에 견주어 외부 정보에 의미를 부여하고 우선순위를 설정해 가면서 적절한 행위를 산출해 냄으로써 자신의 목적을 달성하게 된다. 기존의 행위를 수정하는 방향으로 가해지는 피드백을 부정적 피드백이라 하고 기존의 행위를 강화하여 현재의 행위가 지속적으로 더 많이 발생하기 위한 목적으로 가해지는 피드백을 긍정적 피드백이라 한다. 사회복지사는 클라이언트체계가 현

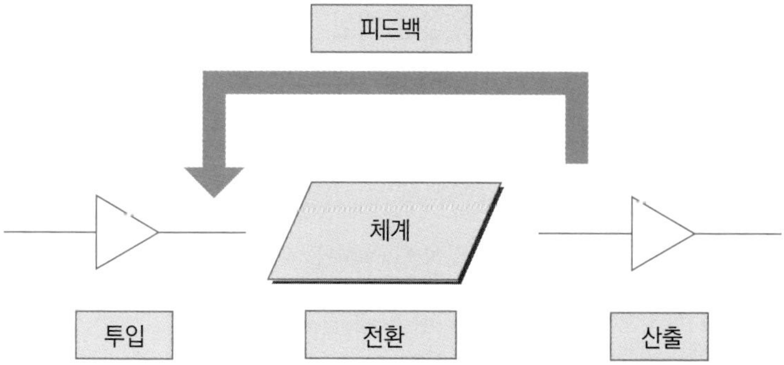

그림 5-3 ● **체계 내의 활동(투입-전환-산출)**

재 원하는 것이 무엇인지, 클라이언트체계가 궁극적으로 이루고자 하는 것은 무엇인지, 클라이언트가 상호 관련을 맺고 교류하고 있는 보다 큰 체계들이 추구하는 목적은 무엇인지를 살피면서 클라이언트체계에 적절한 긍정적 또는 부정적 피드백을 제공해야 한다. 클라이언트체계의 목적이 불분명하거나 파괴적인 목적을 갖고 있을 경우 그 목적에 대한 적절한 교섭과정이 있어야 할 것이다.

4) 사회복지실천과 관련된 체계들

사회복지사는 실천현장에서 만나는 클라이언트체계들이 자신들의 문제를 해결해 가도록 도움을 제공하는 과정에서 클라이언트체계들과만 활동하는 것이 아니라 클라이언트체계의 문제에 영향을 미치는 주변의 많은 체계들, 그리고 그 주변 환경 체계들과 클라이언트체계들 간의 상호작용 양상에 관여하게 된다. 클라이언트체계가 표출하는 문제는 그들의 주변 환경 체계들과 상호작용의 결과로 발생했다고 보는 것이 사회복지실천의 기본 시각이기 때문이다. 또한 클라이언트체계가 누구인지 분명하지 않은 경우도 발생할 수 있다. 예를 들어, 비행 청소년의 경우, 클라이언트체계는 비행 청소년이 될 수도 있고 그의 부모가 될 수도 있는데, 이 비행문제를 해결하기 위해서는 청소년 개인체계에 대한 개입뿐만 아니라 그 부모체계, 학교체계, 동료체계, 청소년 쉼터나 청소년 상담실 등의 타 기관체계, 검찰·경찰체계, 보호관찰체계 등에 대한 개입 그리고 이 모든 체계와 청소년 체계와의 교류 양상에 대한 개입이 필요하다.

핀쿠스와 미나한(Pincus & Minahan, 1973)은 사회복지사가 실천현장에서 함께 활동하게 되는 이러한 복잡하고 다양한 체계들을 네 종류의 체계로 분류하여 제시하였다. 변화매개체계, 클라이언트체계, 표적체계, 행동체계 등이 이에 해당된다. 콤프턴과 갤러웨이(Compton & Galaway, 1999)는 여기에 전문가체계라는 것을 추가하였다. 이러한 체계들은 항상 명확히 구분될 수 있는 것들이 아니고 각 체계들이 사회복지사체계와 만나게 되는 목적, 그리고 만남을 통해 맺게 되는 관계 양상에 따라 변할 수 있다.

(1) 변화매개체계

사회복지사는 클라이언트의 문제 상황에 변화를 가져오기 위해 그 문제와 관련된 여러 가지 체계를 확인해 내고, 그 체계들과 함께 노력하기 위한 계획을 수립하며, 그 계획을 실천에 옮기기 위해 노력하는 변화매개체계다. 사회복지사가 속해 있는 사회복지관, 사회복지 상담실, 각종 쉼터, 자활지원센터 등은 변화매개체계가 된다. 변화매개체계는 기관 나름대로 갖고 있는 활동 영역, 활동의 방침, 활동 권위의 확보, 각종 자원의 제공 및 연결 등을 통해 실질적인 사회복지사의 활동 방향을 결정하게 된다.

(2) 클라이언트체계

사회복지사에게 도움을 청하거나 어떤 문제해결을 위해 사회복지사와 공동의 노력을 기울이겠다는 묵시적 계약 상태에 있는 사람(체계)들이 클라이언트체계가 된다. 앞서 언급한 비행 청소년의 경우, 그들 스스로 사회복지사에게 도움을 요청하는 일은 매우 드문 일이다. 학교 교사가 학교사회복지사(변화매개체계)에게 도움을 요청하고 학생의 비행문제 해결을 위해 학교사회복지사와 함께 노력하겠다고 했을 때, 이 교사는 클라이언트체계가 된다. 부모가 비행 청소년 문제를 갖고 상담을 요청해 왔을 경우에는 부모가 클라이언트체계가 된다. 하지만 나중에 비행 청소년이 변화를 보이면서 사회복지사에게 자신의 문제해결을 위해 직접 도움을 요청하기 시작했을 경우, 청소년 자신도 클라이언트체계가 된다. 한편, 클라이언트체계가 누구인지 분명하지 않은 경우도 있을 수 있다. 추운 겨울에 난방 보일러를 켜지 않은 채 겨울을 나려는 노인을 보호하기 위해, 노인에게 사회복지관이 나서서 밑반찬을 제공하거나 난방 서비스를 제공하는 경우 클라이언트체계는 막연한 국가나 사회가 될 수 있다. 특히, 노인이 도움을 직접 요청하지 않았을 경우에는 더욱 그렇다.

(3) 표적체계

변화매개체계가 그 활동 목적을 달성하기 위해 변화시킬 대상이 표적체계다.

클라이언트체계가 변화의 대상인 경우는 클라이언트체계가 곧 표적체계가 된다. 하지만 환경 속의 인간에 초점을 두는 사회복지실천에 있어서 많은 경우 변화매개체계인 사회복지사는 클라이언트의 문제해결을 위해 클라이언트 주변의 다른 체계를 변화시키려는 노력을 하게 된다. 이 경우 주변의 다른 체계들이 표적체계가 된다. 법원의 상담 명령에 의해 본인의 의사와 관계없이 행동교정을 받기 위해 사회복지사에게 의뢰된 비행 청소년이 있다고 할 때 법원이 클라이언트체계가 되고 비행 청소년은 표적체계가 된다.

(4) 행동체계

사회복지사의 활동 목적을 달성하기 위해 공동으로 노력하는 모든 체계들이 행동체계에 해당된다. 앞서 예로 든 청소년 비행문제를 해결하기 위해 사회복지사인 변화매개체계는 가족체계, 학교체계, 동료체계, 지역사회의 유흥 지역의 상인으로 구성된 지역사회체계, 청소년단체체계 등과 상호작용하면서 공동 노력을 펼칠 수 있다.

(5) 전문가체계

한국사회복지사협회와 같이 사회복지사들로 구성되어 있어 사회복지사의 전문성을 강화하고 사회 내에서 사회복지사의 위상을 높이기 위해 노력하는 체계, 한국사회복지교육협의회와 같이 사회복지 전문인을 길러 내는 단체들의 연합으로 구성된 협의체계, 한국사회복지협의회와 같이 일선 사회복지기관들의 연합으로 구성된 체계 등이 전문가체계에 해당된다. 전문가체계는 사회복지사의 활동에 정당성을 부여하고 사회복지사가 기본적으로 갖추어야 할 가치체계와 기본적 윤리체계 등을 마련하고 사회복지사로 하여금 그것들을 실천하게 하는 역할을 한다. 사회복지사는 전문가체계의 도움을 얻어 자신이 속한 기관에서 자신의 영향력을 증대시키거나 사회변화 노력에 대한 지원을 얻어 낼 수 있다.

(6) 다양한 체계와 사회복지실천

사회복지사의 활동은 지금까지 살펴본 체계들 중 어느 한 체계와 활동하는 경우보다는 여러 가지의 체계들과 동시에 활동하는 경우가 더 많다. 이렇게 서로 다른 체계들과 동시에 활동하게 될 경우, 사회복지사는 다음의 네 가지 중요 사항을 살펴야 한다. 첫째, 어느 체계가 클라이언트체계인가를 분명히 한다. 클라이언트체계는 사회복지사와 계약을 맺은 상대이기 때문에 클라이언트체계가 사회복지사의 활동에 가장 큰 영향을 미치게 된다. 둘째, 클라이언트체계를 중심으로 클라이언트체계에 영향을 미치는 하위 또는 상위체계들을 찾아낸 후 활동의 주요 초점(focal point)이 되는 체계 수준을 정한다. 이렇게 설정된 체계의 구성 요소들 가운데 표적체계를 확인한다. 셋째, 변화 노력에 함께 참여하게 될 행동체계들을 찾아내고 행동체계들의 구성 요소들을 확인한다. 넷째, 사회복지사의 활동에 직간접으로 도움을 제공하고 후원할 적절한 전문가체계를 확보한다.

5) 체계적 관점 의의

체계적 관점은 사회복지실천에 매우 큰 영향을 주었다. 그 영향들을 살펴보면 다음과 같다.

첫째, 사회복지실천의 개념적 틀을 제공하였다. 인간문제와 사회현상을 분석하고 개입함에 있어 일방향의 단선적인 '원인-결과'의 시각을 갖고 두 변수를 짝짓는 실천의 틀로부터 상황 속의 인간 관점에서 모든 주변 변수들이 상호 관련된 전체라는 시각을 갖춘 실천 틀로 전환되는 바탕을 제공하였다.

둘째, 인간의 생활체계에서 발생하는 문제들을 파악함에 있어 개인, 환경, 개인과 환경과의 상호작용, 개인이 그 상호작용 양상에 부여하는 의미 등을 종합적으로 고려함으로써 하나의 문제가 발생하기까지에는 복합적인 요소들이 관여한다는 관점을 제공하였다. 이것은 하나의 생활체계를 구성하는 개인, 개인의 사회적 · 물리적 환경 등은 각각 개별적으로 존재하는 것이 아니라 상호작용하여 운명을 같이하는 하나의 전체라는 관점으로 발전하였다.

셋째, 사고의 틀이 개별적인 것에서 상호작용하는 전체로 확대됨에 따라 사회복지실천의 관심이 개인의 특성에서 관련 요소들 간의 상호 관련성으로 이동하는 데 기여하였다.

넷째, 문제 현상에 대한 사정 및 개입에 있어 체계 내의 한 요소의 변화가 체계를 구성하고 있는 다른 요소 및 체계 전체에 영향을 미친다는 사실을 분명히 하였다. 이것을 흔히 파문효과(ripple effect)라 한다. 이것은 체계 내의 한 요소를 변화시킬 수 있는 방법은 여러 가지가 있을 수 있다는 것을 의미한다.

다섯째, 체계적 관점 하나의 분석 틀을 제공할 뿐 문제 상황을 변화시키기 위해 사회복지사가 구체적으로 어떤 행동, 어떤 처방을 해야 할지를 알려 주지는 않는다. 이러한 구체성에 대한 정보는 체계론적 관점을 바탕으로 발달시킨 실천이론들에서 찾아야 할 것이다.

여섯째, 체계적 관점은 사회복지사가 소속되어 있는 기관, 사회복지사, 클라이언트, 사회복지사의 활동 목적달성을 위해 사회복지사가 접촉해야 할 주변 체계들을 동일한 상호 교류의 장에 놓고 고찰할 수 있는 시각을 제시하였다. 이로써 사회복지사는 문제 상황과 동일한 활동의 장에서 문제 상황에 영향을 주기도 하고 문제 상황으로부터 영향을 받기도 하면서 변화매개체계로서 활동하는 존재라는 것을 인식하게 되었다.

3. 생태체계적 관점

생태체계적 관점은 흔히 생태체계론(ecosystems), 생태적 체계론(ecological systems), 생태적 관점(ecological perspective) 등과 호환되어 사용되는 것으로서 체계적 관점(Bertalanffy, 1967)과 생태적 관점(Auerswald, 1968)이 합성된 것이라 할 수 있다. 브론펜브레너(Bronfenbrenner, 1979)는 인간발달 과정을 분석하는 가운데 체계론적 관점을 확대하여 '생태적 체계(ecological systems)'라는 용어를 사용하였고, 이 용어는 저메인과 지터맨(Germain & Gitterman, 1980)이 생활모델(life model)이라는 그들의 사회복지실천 모델을 제시하는 가운데 생태체계모델(eco-systemic model)을 도입하면서 사회복지실천에 자리 잡게 되었다.

생태학은 유기체와 환경 간의 관계를 연구하는 생물과학이다. 생태학적 관점은 환경과 유기체가 역동적인 평형상태를 유지하면서 성장하는 과정에 관심을 두고 있다. 이것을 인간행동에 적용할 경우 인간과 인간의 주변 환경 간의 상호작용, 상호 의존성 또는 역동적 교류와 적응에 초점이 주어진다. 앞서 살펴본 '환경 속의 인간'이 제시하는 개념적 틀을 실천적 의미로 구체화한 것이 사회복지실천 분야에서의 생태체계적 관점이라 할 수 있다. 따라서 사회복지실천에서 사용되는 생태체계적 관점은 사회문제를 다룸에 있어 개인, 환경, 개인과 환경 간의 상호적 관계 모두에 초점을 둔다(Germain & Gitterman, 1995). 이러한 개념적 틀 속에서 개인과 그를 둘러싼 환경은 문화적 · 역사적 맥락 속에 공존하는 요소들, 즉 생태체계라는 단일체계 내에 함께 존재하는 요소들로 간주된다. 따라서 개인과 환경 모두는 특정 상황 속에서 양자가 끊임없이 영향을 주고받는 관계 측면에서 관찰되고 파악되어야만 충분히 이해될 수 있다. 이러한 상호성은 인간과 그 주변 환경이 동일 생태체계 안에서 영향을 주고받으며 생활해 가는 가운데 공동의 운명을 형성해 감을 의미한다.

생태적 사고는 종래의 단선적 사고와는 현격한 차이를 나타낸다. 단선적 사고가 A와 B와의 관계를 논함에 있어 A가 B의 변화에 기여한 영향만을 살피고 그 과정에서 발생했을지도 모를 A 자신의 변화에는 관심을 보이지 않는 반면, 생태체계적 사고는 A와 B 사이에 시간을 두고 지속되는 순환적 교환에 관심을 둔다. 즉, A가 B의 변화에 영향을 주고, B의 변화는 다시 A의 변화에 영향을 주고, 이 변화는 다시 B에 영향을 주어 B를 변하게 한다는 것이다. 이러한 과정은 생태체계 관점의 주요 개념들인 교류(transaction), 상호 의존성(reciprocity), 상호성(mutuality) 등의 용어에 의해 표현된다(이필환 외, 1999).

생태체계 관점에 내포된 개념 중 중요한 것이 '적응(adaptation)'이라는 개념이다. 생태체계 관점에서 말하는 적응이란 '개인 대 환경의 적절한 결합(person:

environment fit)'(Germain & Gitterman, 1995: 817)을 의미한다. 이 '적합(fit)'이라고 하는 것은 개인 또는 집단의 욕구, 권리, 목적, 능력 등과 개인이나 집단이 처한 문화적 · 역사적 맥락 속에 존재하는 물리적 · 사회적 환경의 성질 및 그 운영 상황 사이의 맞물림 상태, 즉 개인적 욕구와 사회적 요구 또는 자원 사이의 조화와 균형 정도를 의미한다. 따라서 개인이나 환경에게 있어 그 적합도는 매우 낮을 수도 있고 높을 수도 있는 것이다. 양자 사이의 적합도가 비교적 양호할 경우 그것을 '적응이 잘된 상태(adaptedness)'(Dubos, 1978)라고 한다. 상호 적합이 잘 이루어진 상태에서는 인간과 환경이 상호 긍정적인 영향을 주고받으면서 상호 적응적 기능이 향상되는 반면, 적응이 잘되지 않은 상태에서는 개인 건강의 파괴와 사회적 기능의 위축 등으로 인해 개인의 성장과 발전이 지체되며 개인과 상호작용하는 환경도 그에 따라서 손상을 입게 된다. 적응과정은 인간이 인간과 그들 환경 간의 적합도를 유지하거나 향상시키기 위해 지속적으로 동원하는 변화 지향적인 인지, 감각, 지각, 행동적인 노력의 과정을 의미한다. 적응은 환경을 변화시키기 위한 노력, 개인 자신을 변화시키기 위한 노력, 환경과 개인 모두를 변화시키기 위한 노력, 이러한 노력의 결과로 발생한 변화에 적응하기 위한 노력 모두를 포함한다.

개인과 환경의 상호작용을 이해하기 위해서는 개인의 상호작용 대상인 환경에 대한 이해가 필요하다. 다음에서는 개인이 상호작용하는 환경의 수준을 살펴본다.

1) 환경의 수준

인간은 그들이 처한 환경과 상호작용하는 과정에서 여러 가지 수준의 체계들과 동시에 교류한다는 점에 주목할 때 사회복지실천의 시야는 개인의 가장 가까운 환경에서부터 시작하여 각종 수준의 사회환경, 자연환경, 나아가 생태환경에까지 확대될 수 있다. 개인은 이러한 상이한 수준의 환경으로부터 직간접의 영향을 받게 되는데, 어떤 거시환경이 개인에게 주는 영향은 대개의 경우 그 환경과 개인 사이에 놓인 중간체계의 성격에 의해 조정된다. 예를 들면, 일반적으로 빈곤지역 청소년이 그렇지 않은 지역의 청소년에 비해 비행에 빠질 확률이 높다고 보고되고 있는데, 빈곤지역에 있다 하더라도 가족 기능이 원활히 유지되고 있는 가정에서 성장하고 있는 청소년의 경우는 그렇지 않은 가정에서 성장한 청소년에 비해 비행에 빠지는 경우가 매우 적은 것으로 나타나고 있다. 이것은 빈곤 지역 환경체계 특성의 영향이 직접 개인 청소년에게 미치는 것이 아니라 가족이라는 중간체계를 경유하면서 매개 또는 조정됨을 나타낸다. 개인은 생태체계 내에서 많은 미시체계, 중간체계, 거시체계들과 상호작용하며 생활한다.

콤프턴과 갤러웨이(1999)는 상이한 수준의 환경을 4개의 환경, 즉 개인이 처한 개별 상황, 미시수준(micro level) 환경, 중간수준(mezzo level) 환경, 거시수준(macro level) 환경 등으로 나누었다. 각 수준에 속한 체계는 그 수준보다 큰 수준체계 내에 놓여 있어 각 수준체계가 어떻게 기능하느냐는 대개 높은 수준체계와의 상호작용 양상에 좌우된다(Bronfenbrenner, 1979). 개인이 처한 개별 상황이라고 하는 것은 개인이 어느 특정한 순간, 특정한 상황에서 경험하고 인지하는 내용이다. 이 경험 내용을 통해 우리는 외부세계에 의미를 부여하고 그 외부세계를 적절히 다루기 위한 특정한 행동을 발달시키게 된다(Magnusson & Allen, 1983).

미시수준 환경은 전체의 물리적 · 사회적 환경 중에서 개인이 일상생활 속에서 직접 접촉하고 상호 교류할 수 있는 최근접 환경이다. 친구, 가족, 직장 동료, 여가 생활 등을 통해 개인이 직접 경험하는 일상적 세계가 이 수준의 환경에 포함된다. 대개 미시수준 환경은 개인별로 독특성을 지닌다. 즉, 다른 누구도 동일한 환경을 동일하게 경험하지 않는다는 것이다. 이러한 미시수준 환경은 인간의 행동 및 정서발달과 성장에 매우 중요한 영향을 미친다.

중간수준 환경은 전체 환경 중에서 미시수준 환경에 직간접으로 영향을 주어 미시수준 환경의 성격과 기능을 결정하는 환경이다. 개인이 일상적으로 경험하는 생활에 영향을 주는 학교, 직장, 교회 등이 여기에 해당된다. 즉, 학교의 구조, 학교 운영 과정, 학교의 정책결정 과정, 학교 규칙의 경직성 또는 유연성 등이 학교에 속한 구성원(미시체계)의 생활에 영향을 준다. 또한 여가활동이 일어나는 장소나 공간의 성격이 그 안에서 여가를 즐기는 사람들에게 영향을 줄 수 있다. 개인이 이용할 수 있는 지역사회 자원체계들, 일상생활의 필요에 의해 접하게 되는 각종 집단들의 성격 등도 여기에 해당된다.

거시수준 환경은 사회구성원 모두에게 공통적으로 해당되는 환경을 의미하며, 넓은 사회의 물리적 · 사회적 · 문화적 · 경제적 · 정치적 구조 등이 여기에 해당된다. 뿐만 아니라 사회 전반의 기술 수준, 사회구성원이 사용하는 언어, 주택 수준, 법률의 성격, 관습의 내용, 사회의 내면에 흐르는 규칙, 특정 지역의 기후 등도 여기에 포함된다.

앞서 체계이론에서 살펴본 홀론 현상이 여기에도 해당된다. 각 환경은 보다 작은 환경에 대해서는 상위체계가 되고 보다 큰 환경에 대해서는 부분, 즉 하위체계가 된다. 각 부분 속에서 전체의 속성이 발견되고 전체는 각 부분들의 합과 각 부분들이 상호작용의 양태를 합한 것이 된다. 따라서 모든 수준의 체계들은 상호작용하는 하나의 전체인 것이다.

2) 실천의 유용성

생태체계 관점을 반영하여 사회복지실천에서 유용하게 사용될 수 있는 도구가 생태도(eco-map)(Hartman, 1978)다. 이것은 동일한 삶의 공간 내에 존재하는 상호 관련되어 있는 체계들을 찾아내어 그 체계들끼리 영향을 주고받는 양상들을 그림으로 묘사하는 실천도구다. 이 지도 속에서는 개인 또는 가족체계와 주변 관련 체계들 사이에 발생하는 자원과 에너지의 유입 및 유출 상황, 갈등 상황, 관계 상황 등이 기록된다. [그림 5-4]는 하나의 생태체계 내에 함께 존재하며 상호작용하는 개인과 주변 환경체계의 관계를 간략하게 보여 주는 생태도다.

[그림 5-4]의 생태도에서 생태체계 내의 모든 구성체계는 동일한 역사 · 문화적 배경 가운데 존재한다. 이러한 배경적 성격을 [그림 5-4]에서는 점선 안에 표시하였다. 그러한 역사 · 문화적 배경 속에 개인을 중심으로 개인 생활에 영향

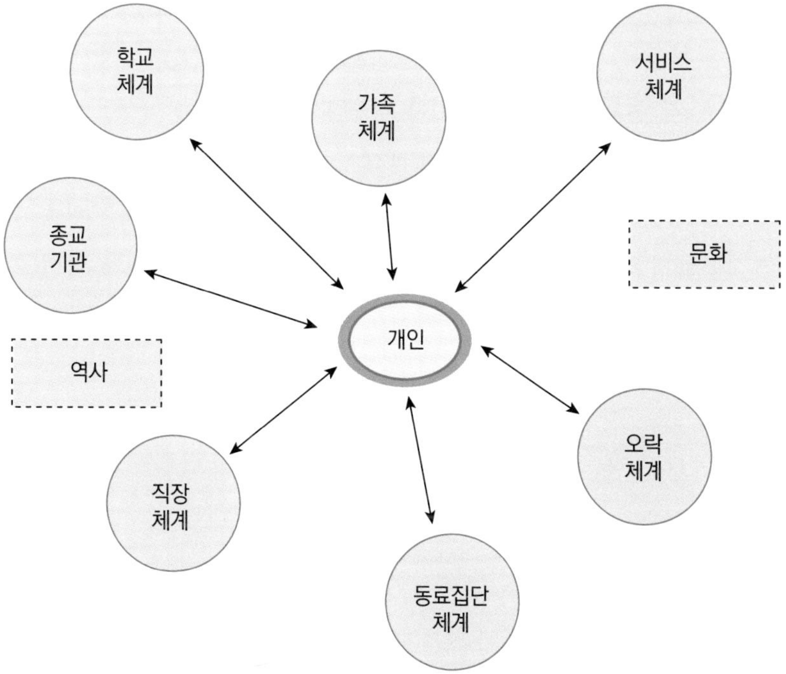

그림 5-4 ● **생태도**

을 미치는 각종 체계들이 그려지게 된다. 대개 가족 상황은 중앙에 원으로 표시되는데 그 안에 가족구성원들을 그려 넣게 된다. 개인에게 가장 큰 영향을 미치는 가족을 필두로 하여 개인 또는 가족 주변에는 각종 크기의 원들을 그리고 가족구성원 개개인 또는 가족 전체와 이들 가족 주변의 원들과의 상호작용 양상을 각종 부호를 이용하여 그리게 된다. 생태체계 내의 구성체계들인 가족 주변의 작은 원에는 학교, 비행 친구들, 사회복지시설, 학교, 여가시설, 종교기관, 부모의 직장 등이 표기될 수 있다.

이렇게 상호작용하는 요소들이 확인되면, 이 요소들 사이의 관계 양상이 선으로 연결된다. 이 선들은 체계들 사이의 연결 여부와 연결의 성격을 동시에 나타낸다. 대개 직선 또는 굵은 실선으로 연결되어 있는 경우 체계들 사이의 관계가 중요하고, 강하며 긍정적임을 나타낸다. 점선으로 연결되어 있는 경우는 관계가 미미하고 약함을 나타낸다. 실선 위에 톱니 모양의 선을 추가하거나 실선 위에 작은 사선들을 평행으로 그려 넣은 것은 충돌 관계 또는 긴장이 많은 관계를 나타낸다. 각 선을 따라서 에너지나 정보의 이동 방향을 화살표로 그려 넣을 수 있다. 이러한 과정을 거쳐 완성된 생태도를 살펴보면서 사회복지사는 개인 또는 개인이 속한 가족과 주변 환경 체계들 간의 상호작용, 상호 의존성, 적응성, 개인 대 환경 간의 적합도를 높이기 위해 변화되어야 할 체계 및 변화의 방향 등에 대해서 검토해 볼 수 있다. 생태도의 자세한 예는 제11장 [그림 11-2]를 참고하기 바란다.

요 약

이 장에서는 사회복지실천의 기본 틀이자 관점인 '환경 속의 인간' 개념을 살펴보았다. '환경 속의 인간' 개념을 구성하고 있는 개인, 환경 모두 복합적이고 다차원적인 관점에서 파악해야 함을 강조하였다. 다음으로 사회복지실천의 안내자 역할을 하는 대표적인 두 실천관점인 일반체계적 관점과 생태체계적 관점을 살펴보고, 이 관점들이 사회복지실천과 관련하여 갖는 의미를 살펴보았다.

토의사항

1. 문제를 호소하는 사람들을 대상으로 서비스를 제공하는 다른 직종이 갖고 있는 개념적 틀과 사회복지실천의 개념적 틀의 차이점은 무엇인지 토의해 보자.
2. 앞에서 살펴본 차이점들이 실제 실천현장에서 어떻게 반영되고 있는지 토의해 보자.
3. 환경 속의 인간의 개념을 실제 삶 속의 현상을 이해하는 데 구체적으로 적용할 수 있는 사례들은 무엇인지 토의해 보자.
4. 사회복지 관련 체계들의 종류와 역할들을 토의해 보자.

참고문헌

이필환 외 공역(1999). 사회복지실천이론의 토대. 서울: 나눔의 집. M. A. Mattaini, C. T. Lowery, & C. H. Meyer (Eds.) (1995). *The foundations of social work practice* (2nd ed.). Washington, DC: NASW Press.

American Psychiatric Association (1994). *Diagnostic and statistical manual of mental disorders* (4th ed.). Washington, DC: Author.

American Psychiatric Association. (2013). *Diagnostic and statistical manual of mental disorder* (5th ed.). Washington, DC: Author.

Auerswald, E. H. (1968). Interdisciplinary versus ecological approach. *Family Process, 7*, 202-215.

Bartlett, H. M. (1970). *The common base of social work practice*. NY: National Association of Social Workers.

Brill, N. (1985). *Working with people: The helping process* (3rd ed.). White Plains, NY: Longman.

Bronfenbrenner, U. (1979). *The ecology of human development*. Cambridge, MA: Harvard University Press.

Compton, B., & Galaway, B. (1989). *Social work processes* (4th ed.). Pacific Grove, CA: Brooks/Cole.

Compton, B., & Galaway, B. (1999). *Social work processes* (6th ed.). Pacific Grove, CA: Brooks/Cole.

Dubos, R. (1978). Health and Creative adaptation. *Human Nature, 1*, 74-82.

Fisher, J. (1978). *Effective casework practice: An eclectic approach*. NY: McGraw-Hill.

Frank, M. G. (1980). Clinical social work: Past, present, and future challenges and dilemmas. In P. L. Ewalt (Ed.), *Toward a Definition of Clinical Social Work* (NASW Conference Proceedings). Washington: NASW.

Germain, C. B., & Gitterman, A. (1980). *The life model of social work practice*. NY: Columbia University Press.

Germain, C. B., & Gitterman, A. (1995). Ecological perspective. In R. L. Edwards (Ed.), *Encyclopedia of social work* (Eds.). Washinton: NASW Press.

Gordon, W. E. (1969). Basic contracts for an integrative and generative conception of social work. In G. Hearn (Ed.), *The general systems approach: Contributions toward a holistic conception of social work*. NY: Council on Social Work Education.

Hartman, A. (1978). Diagrammatic assessment of family relationships. *Social Casework, 59*, 465-476.

Kaplan, L. (1986). *Working with multiproblem families*. Lexington, MA: lexington Books.

Karls, J. M., & Wandrei, K. E. (1992). PIE: A new language for social work. *Social Work, 37*(10), 80-85.

Koestler, A. (1979). *Janus: A summing up*. NY: Vintage Books.

Koglevzon, M., & Maykrznz, J. (1982). Theoretical orientation and clinical practice: Uniformity versus eclecticism. *Social Service Review*, *56*(1), 120-129.

Magnusson, D., & Allen, V. L. (1983). An interactional perspective for human development. In D. Magnusson & V. L. Allen (Eds.), *Human development: An interactional perspective* (pp. 3-34). NY: Academic Press.

National Association of Social Workers (1981). Conceptual framework II (Special Issue). *Social Work*, *26*(1), 6-75.

Pincus, A., & Minahan, A. (1973). *Social work practice: Model and method*. Itasca, IL: Peacock.

Richmond, M. (1917). *Social Diagnosis*. NY: Russell Sage Foundation.

Sheafor, B. W., Horejsi, C. R., & Horejsi, G. A. (1997). *Techniques and Guidelines for Social Work Practice* (4th ed.). Needham Heights, MA: Allyn & Bacon.

Teare, R. J., & Sheafor, B. W. (1995). *Practice-sensitive social work education: An Empirical Analysis of Social Work Practice and Practitioners*. Arlington, VA: Council on Social Work Education.

von Bertalanffy, L. (1967). General systems theory. In N. Demerath & R. A. Peterson (Eds.), *Systems change and conflict* (pp. 119-129). NY: Free Press.

제6장

사회복지실천의 새로운 관점

1. 강점관점
2. 사회구성주의
3. 다문화관점
4. 성인지관점
5. 비판적 관점

제5장에서는 사회복지실천의 기본적 관점으로 환경 속의 인간, 체계적 관점, 그리고 생태체계적 관점을 살펴보았다. 이 세 가지 관점은 사회복지실천의 바탕에 자리 잡고 있는 관점이라 할 수 있다. 이러한 기본 관점 외에 최근 사회복지실천 현장에서는 새롭고 다양한 관점들이 활용되고 있다. 비교적 새롭게 등장한 여러 가지 다양한 사회복지실천 관점들 중에서 이 장에서는 대표적인 다섯 가지 관점을 살펴보고자 한다. 강점관점과 사회구성주의 관점은 포스트모더니즘의 영향을 받아 클라이언트를 도움의 대상으로 보는 것이 아니라 잠재적 역량을 가진 삶의 주관자로 보는 관점이다. 다문화관점은 다문화주의에 입각하여 다양한 인종과 민족 집단의 문화를 단일한 지배문화에 동화시키기보다 서로 인정하고 존중하면서 공존을 지향하는 관점이다. 성인지관점은 사회 도처에 젠더화된 사회적 성 불평등의 문제를 개선하기 위하여 각종 제도나 정책 및 실천이 남녀에게 미치는 영향과 문제점에 주목하고 개선안을 모색하는 시각이다. 비판적 관점은 기존의 관점을 있는 그대로 받아들이기보다는 새로운 시각에서 대안을 모색하고 도전해 보는 관점이다.

1. 강점관점

강점관점은 사회복지사가 클라이언트를 돕는 과정에서 클라이언트의 문제와 병리 현상보다는 강점에 초점을 두고 활동하는 것이 클라이언트의 문제해결에 보다 효과적이라는 관점이다.

1) 강점관점의 정의

샐리베이(Saleebey, 2009a)는 강점관점을 “클라이언트가 갖고 있는 목적 및 꿈을 실현하게 하거나, 클라이언트 자신의 다양한 문제로부터 벗어나도록 돕는 사회복지 실천활동의 전 과정에서 사회복지사가 클라이언트의 강점과 자원을 발견하고 드러내어 묘사, 탐색, 활용하려는 총체적인 노력"(p. 1)이라고 정의했다. 이것은 사회복지사가 클라이언트를 대할 때 표출 문제에만 주로 또는 전적으로 초점을 두기보다는 클라이언트의 가능성으로 시야를 돌리는 것을 의미한다.

우리의 전통적인 사회복지실천 개입활동은 클라이언트의 문제 상황을 면밀히 조사한 후 적절한 개입을 통해 잘못된 점을 고쳐 주는 것이었다. 문제에 초점을 두고 진행하는 이러한 실천모델을 통칭하여 의료모델이라 하는데, 의료모델 내에서는 의사가 환자를 진단하듯이 사회복지사도 클라이언트 문제의 원인과 관련된 많은 정보를 수집 · 분석하여 문제의 원인을 찾아낸 후 그 원인을 제거하기 위한 적절한 개입을 수행하는 것이었다. 이 과정에서 클라이언트의 의견 또는 관점보다는 사회복지사의 전문적 지식과 관점이 주된 역할을 해 왔다. 또한 문제에 대한 정확한 진단 및 사정을 하기 위해 사회복지사와 클라이언트 간 대화는 문제를 중심으로 이루어질 수밖에 없었다.

클라이언트의 문제나 병리에 초점을 둔 의료모델로부터 강점, 장점 또는 건강한 측면에 초점을 두는 강점관점으로의 전환은 소위 근대주의적(modernism) 관점에서 탈근대주의(postmodernism, 이하 포스트모더니즘) 관점으로의 변환에 맞춰 본격적으로 진행되었다고 할 수 있다. 근대주의적 관점에서는 현실 또는 진실은 유일하고 변하지 않으며, 누구나 관찰에 의해 그 실체를 확인할 수 있다고 본다. 반면, 포스트모더니즘 관점에서는 현실 또는 진실이라고 하는 것은 개인, 사회 또는 주변 요소들에 의해 다르게 인식될 수 있는 다중성을 갖고 있다고 본다. 인간은 지속적으로 변화하는 사회 맥락 속에 놓여 있기 때문에 맥락이 바뀌면 현실 인식도 달라질 수 있다는 것이다.

강점관점은 근대주의 관점에 입각한 의료모델과는 다른 시각 또는 렌즈로 개인, 가족 및 지역사회를 바라볼 것을 요구한다. 이 모든 생활 단위들이 아무리 일그러지고 처참한 상황에 놓여 있다 할지라도 사회복지사는 이들의 역량, 재능, 경쟁력, 가능성, 비전, 가치, 희망 등의 관점에서 이들을 보아야 한다는 것이다(Saleebey, 1996: 296). 즉, 클라이언트의 부족한 것보다는 갖고 있는 것, 모르는 것보다는 아는 것, 할 수 없는 것보다는 할 수 있는 것들을 헤아려 볼 것을 요구한다. 이 과정에서 클라이언트의 내부와 외부에 존재하는 자원 목록들이 작성될 수 있을 것이다. 강점관점의 저변에는 인간 정신 속에 내재하는 고유의 지혜와, 역경 속에서도 발휘되는 인간의 잠재적 역량에 대한 인정과 존중이 깔려 있다. 사회적으로 가장 낮은 위치에서 학대, 억압, 차별, 외상, 고통 그리고 그 밖의 역경을 경험하고 있는 사람이라 할지라도 그 가운데서 희망과 변화의 싹은 돋아날 수 있다는 것이다.

이를 실천하기 위해서는 우선적으로 클라이언트에 대한 초기 불신이 중지되어야 한다. 클라이언트의 언행이나 상태를 언뜻 살핀 후 '이 사람은 믿을 수 없는 사람', '이 사람은 도저히 어려움에서 헤어날 수 없는 사람' 또는 '이 사람은 도덕적으로 도저히 용납할 수 없는 사람'이라고 판단을 하는 것은 클라이언트의 상황과 변화 가능성에 대한 불신을 드러내는 것이다. 강점관점을 통해 이루고자 하는 것은 클라이언트 속에 숨어 잠자고 있는 '가능성'을 얽매고 있는 끈을 풀어 주는 일이다.

사회복지사 측의 의식적인 노력과 더불어 클라이언트의 협조 또한 요구된다. 클라이언트는 종전의 수동적인 입장에서 탈피하여 자신의 문제를 해결하기 위해 사회복지사와 공동으로 노력하는 자세를 가져야 한다. 즉, 강점과 탄력성에 기초한 보다 평등한 실천관계 속에서 사회복지사와 클라이언트 간 협력적 작업이 수행되어야 된다. 협력적 작업 관계 속에서 클라이언트는 자신과 자신을 둘러싼 지지체계 또는 환경에 대해 진솔한 진술을 해야 한다. 클라이언트와 클라이언트의 지지체계 또는 환경이 강점관점 사회복지실천과정 속에서 중심적 역할을 하게 된다(Blundo, 2009: 37).

평등주의적이고 협력적인 작업관계를 통해 사회복지사와 클라이언트는 클라이언트가 원하는 삶을 향한 변화를 위해 공동 노력을 하게 된다. 이 과정에서 클라이언트가 처해 있는 상황을 다차원에서 융통성 있게 살피는 노력, 클라이언트가 진정으로 희망과 가능성을 지닌 존재라는 진솔한 믿음의 공유, 이전에 생각하거나 경험하지 못했던 세계를 창의적으로 탐색하는 공동 노력이 이루어진다.

이러한 공동 노력을 통해 클라이언트가 원하는 삶을 향한 변화에 도움이 될 수 있는 클라이언트의 흥미, 역량, 동기, 자원, 희망 등을 발견해 내어 활용함으로써 궁극적으로 클라이언트의 삶의 질이 향상될 수 있도록 하는 것이다.

여기서 경계해야 할 것은 전통적인 실천의 틀 또는 관점 속에 '강점' 또는 '권한 부여' 등의 용어를 끼워 넣는 것만으로 강점관점을 실천하고 있다고 착각하는 것이다. 사회복지사 자신의 이론적 틀과 전문적 지식 안에서 원조과정 전체를 계획・지시・통제하면서 '강점' 또는 '권한 부여' 등의 용어를 사용한다고 해서 강점관점의 실천이 될 수 없다. 강점관점에 입각한 진정한 실천을 하기 위해서는 우선 실천과정에서 사회복지사에 의한 문제 정의, 상황 해석, 개입 처방 등이 철저히 자제되어야 한다. 그 가운데 클라이언트가 어떤 상황으로 변화되길 원하는지, 클라이언트는 진정으로 무엇을 하고 싶어 하는지 등에 초점이 맞추어져야 한다(Margolin, 1997: 124).

이러한 강점관점은 심각하고 고질적인 정신장애 성인, 알코올 및 약물 문제로 힘겨워하는 사람, 심한 정서장애 아동 및 그 가족, 교정시설에 있는 사람들, 이웃 및 지역사회, 정책 분석, 사례관리 등에 두루 활용되고 있으며, 많은 효과를 나타내고 있다(Saleebey, 2009a). 경영학의 아버지로 불리는 드러커(Peter Drucker, 2008)도 성과는 약점 보완보다는 강점을 강화하는 데서 출발한다고 주장하여 강점관점은 사회복지실천에서뿐만 아니라 경영학에서도 그 효과성이 주장되고 있다.

2) 강점관점의 역사

이 관점은 클라이언트의 문제해결을 위한 원조활동 과정에서 사회복지사가 클라이언트의 강점과 자원보다는 주로 클라이언트의 문제, 결핍, 장애 또는 병리 현상에 초점을 두어 왔던 것에 대한 반발로 드러나기 시작했다. 이러한 관점이 어느 시점에서 갑자기 나타난 것은 아니다. 사회복지실천의 틀 또는 관점 자체가 '환경 속의 인간(person-in-environment: PIE)'에서 출발했기 때문에 개인의 병리나 문제에 초점을 두기보다 개인과 환경 간의 관계 속에서 발견되고 활용될 수 있는 개인의 자질에 관심을 기울이는 과정에서 강점관점은 오래전부터 사회복지실천의 내용 속에 담겨져 활용되어 왔다. 그 예들로, 태프트(Taft, 1944)에 의해 발전된 기능주의에서는 클라이언트를 사회경제적 결핍을 경험하고 있는 부족한 존재로 보는 대신 잠재력과 강점을 가진 희망적인 존재로 보았다. 사회복지사가 클라이언트를 이러한 시각에서 볼 때 클라이언트는 사회경제적으로 성장할 수 있다는 것이다(Taft, 1944: 7-8). 해밀턴(Hamilton, 1958)은 많은 사람들이 대공황과 같은 극심한 사회경제적 시련을 이겨 내는 것을 보면서 "극심한 압박과 시련 속에서 큰 능력을 발휘하는 것은 인간이 대대로 물려받은 유산의 일부분이다."(p. 22)라고 하여 어려움에 처한 클라이언트에게도 어려움을 이겨 낼 수 있는 큰 능력이 숨겨져 있음을 시사했다. 심리 · 사회모델의 주창자인 홀리스(Hollis, 1964)도 사회복지 임상실천은 "클라이언트가 문제라고 보는 것, 클라이언트가 그 문제를 해결하기 위해 노력해 온 것, 클라이언트가 문제와 관련하여 원하는 것"(p. 87)을 아는 것으로부터 출발하는 것이라고 하여 클라이언트의 삶을 지탱해 온 클라이언트의 강점을 인정함과 동시에 클라이언트를 자신의 비전을 제시할 수 있는 능력을 가진 존재로 보았다. 펄먼(Perlman, 1957)은 클라이언트가 문제해결을 위한 기본 역량을 갖고 있다는 전제하에 자신의 문제해결모델을 제시하면서 사회복지실천 개입의 초점은 클라이언트가 사회복지사에게 갖고 온 문제를 직접적으로 해결해 주는 것보다는 문제해결에 필요한 클라이언트의 기본 역량을 개발하기 위한 교육에 맞춰져야 한다고 했다. 레이놀즈(Reynolds, 1975)는 사회복지사가 클라이언트의 문제들(problems)에 대해 집중적으로 질문하기보다는 "당신은 지금까지 잘 버텨 왔습니다. 어떻게 그렇게 할 수가 있었지요?"(p. 125)라고 물을 때 훨씬 더 효과적인 사회복지 임상실천이 이루어질 것이라고 하여 대화 속에서 클라이언트의 강점을 찾아내려고 했다.

맥을 함께하는 이러한 주장들은 당시에 심리 · 사회모델, 자아심리학, 문제해결모델 등의 주장 속에서 내부적 · 부분적으로 등장한 강점관점이었다 할 수 있다. 하지만 강점관점이라는 용어가 본격적으로 드러나면서 강조되기 시작한 것은 웨익, 랩 및 설리번 등(Weick, Rapp, Kisthardt, & Sullivan, 1989)이 "강점관점(strengths perspective)이란 (클라이언트의) 결핍 요소에 초점을 두거나 역량 한계에 대한 판단을 내리는 대신에 클라이언트가 자신의 삶을 영위해 가는 과정에서 동원할 수 있는 개인적 자원 및 공유된 자원을 찾는 것"(p. 352)이라고 정의하면서부터라고 할 수 있다. 이후 샐리베이(Saleebey, 1996, 2009)는 강점관점을 체계적인 사회복지실천의 패러다임 또는 실천의 틀로 승화시켰다. 디종과 밀러(De Jong & Miller, 1995)가 발전시킨 해결 중심적 접근은 병리적 관점 또는 문제 중심적 관점에서 벗어나 문제가 존재하지 않거나 문제가 덜 심각했던 예외 상황에 대한 탐색을 통해 변화를 향한 목적을 설정하고 그 목적을 이루기 위해 변화되어야 할 구체적인 행동 및 상황을 확인 · 실천해 나간다는 점에서 강점관점과 많은 공통점을 보이고 있다.

3) 강점관점을 나타내는 용어 및 요소들

사람이 일상적으로 사용하는 언어는 그 사람의 생각과 행동에 많은 영향을 주게 마련이다. 불평, 불만, 절망의 언어를 주로 사용하는 사람의 삶은 어둡고 절망적일 수 있는 반면, 칭찬, 감사, 희망의 언어를 주로 사용하는 사람의 삶은 밝고 희망적일 수 있다. 특정 관점이 사용하는 주요 용어들 속에 그 관점의 세계관이 담겨 있다. 강점관점의 체계화 작업을 지속한 샐리베이(2009a)는 강점관점을 대변하는 주요 어휘들을 제시하였는데, 요약 · 해석 · 부연 설명하면 다음과 같다.

(1) 강점관점의 주요 어휘

① 변형성

변형성(plasticity)은 형태의 변화 가능성을 의미한다. 특히, 우리 인간 생활에 가장 큰 영향을 미치는 뇌의 변형 가능성과 관련하여 최근 뇌 속을 그림으로 들여다볼 수 있는 기술들에 힘입어 성인이 된 뒤에도 뇌가 미세하지만 의미 있는 변형을 지속한다는 것이 드러나고 있다. 변형의 대부분은 특히 뇌신경세포의 자극 전달부(synapse)에서 삶의 경험, 학습, 마음 상태 등에 따라서 발생한다고 한다(LeDoux, 2000). 신경 단위인 뉴런(neurons)이 서로 정보를 주고받는 곳이 바로 뇌 신경세포의 자극 전달 부분이다. 뇌는 우리의 신체기능뿐만 아니라 우리의 생각과 행동을 명령하는 곳이기 때문에 뇌의 변형은 곧 우리 신체기능, 생각, 행동 등의 변형 가능성을 예고하는 것이다. 이러한 뇌의 변형성에 기초해 볼 때 인간은 행동, 감정, 인식 등을 수정 · 확대할 수 있는 놀라운 능력을 갖고 있다고 할 수 있다. 다시 말해, 어떤 특정 환경 속에서 우리가 어떤 자극에 어떻게 노출되느냐, 어떤 것을 학습하느냐에 따라 우리의 반응(행동, 생각, 감정 등)은 얼마든지 달라질 수 있다는 것이다.

② 가짜 약 효과

가짜 약 효과(placebo effect)란 새로 개발된 진짜 약물의 효과를 알아보기 위한 임상실험에서 등장하는 개념이다. 약물실험에 참가한 인원들을 실험집단과 통제집단으로 분류한 다음 실험집단에 속한 사람들에게는 새로 개발된 진짜 약을, 통제집단에 속한 사람들에게는 약효가 전혀 들어 있지 않은 가짜 약(placebo)을 준다. 통제집단에 속한 사람들도 자신이 새로 개발된 약을 먹었다고 생각하게 하기 위해 약효 없는 약을 이들에게 투입하는 것이다. 새로 개발된 약의 효능을 증명해 보이기 위해서는 가짜 약의 효능보다 실제 약의 효능이 월등하게 높게 나타나야 할 것이다. 하지만 많은 실험 현장에서 가짜 약도 실제 약 못지않은 효과를 나타낸다고 보고되고 있다. 이것은 실험에 참가한 사람이 자신에게 주어진 약을 먹을 때 갖게 되는 생각이 약효를 발휘하게 한다는 것을 보여 주는 것이다. 이러한 현상을 통해서 우리는 우리가 처한 상황에 대한 긍정적 평가, 긍정적 기대, 잘 해결될 수 있을 것이라는 믿음 등의 능력을 짐작해 볼 수 있다. '나는 약점 많은 못난 사람이다.'라는 생각과 '나는 이런 저런 강점을 지닌 능력 있는 사람이다.'라는 생각은 실제 삶 속에서 많은 차이를 발생시킬 수 있다는 것이다.

③ 권한 부여

권한 부여(empowerment)란 개인, 집단, 가족, 지역사회 등(이하, 클라이언트)으로 하여금 그 자신들 가운데서 또는 그들을 둘러싼 환경 가운데서 스스로 자원을 발견·확대할 수 있도록 지원하고자 하는 의도 및 과정이다. 어떤 클라이언트가 권한 부여되기 위해서는 이들을 둘러싼 환경 내에 이들이 선택할 수 있는 대안들이 먼저 마련되어야 하고, 클라이언트는 제공된 대안들을 선택할 수 있는 권한을 가져야 한다. 클라이언트는 선택 대안들이 존재한다는 사실을 알아야 하고, 행동을 취할 수 있는 권한을 가져야 하며, 실제 행동을 취할 수 있는 자원과 능력을 소지해야 한다. 권한 부여의 현상이 실제적인 행동으로 나타나기 위해서는 클라이언트와 그 주변 환경 간 협동적 파트너십이 형성되어야 하고 클라이언트의 행동이 수반되어야 한다. 권한 부여 과정에서 클라이언트의 장점과 역량이 최대한 확대될 수 있도록 해야 한다. 이때 클라이언트는 전문가의 처분을 수동적으로 따르는 존재가 아니라 적극성을 지닌 행위 주체로 간주되어야 한다. 대부분의 원조 전문직은 원조 대상인 클라이언트에게 최선의 대안을 알려 준 후 그것을 실천하도록 강요해 온 경향이 있다. 물론 사회복지 전문직은 그렇게 하지 않기 위해 많은 노력을 해 왔다. 강점관점은 일반적 원조 전문직과는 다른 태도와 방침을 견지한다. 즉, 클라이언트의 장점이나 자원은 회복·확대될 수 있다고 보고 이들 자원은 거의 항상 주변 환경과의 관련 속에서 그리고 주변 환경에 참여를 통해서 발견·활용되게 하는 것이다.

④ 구성원 신분

어떤 사람이 어느 단체나 지역사회의 구성원이 아니라는 것은 그가 고립되어 있음을 의미하고, 그것은 곧 주변화나 부당한 탄압의 대상이 될 수 있음을 의미한다. 사람은 가정, 조직, 지역사회의 책임 있고 당당한 구성원 지위를 가져야 한다. 강점관점은 우리가 도움을 제공할 대상자들이 어떤 사회 단위의 구성원(membership)이며, 그 구성원의 자격에 따른 존엄, 존경, 가치, 책임 등을 보유하고 있는 존재라는 것에서 출발한다. 하지만 실제적으로 사회복지사가 도와야 할 사람들은 소속될 곳도, 소속감도 없는 경우가 많다. 이러한 사람들이 각자의 구성원 지위를 회복하고 구성원에 따르는 권리, 책임, 안정감 등을 갖게 하는 것이 권한 부여의 첫걸음이 된다.

⑤ 탄력성

인생의 극심한 역경과 혼란 가운데서도 좌절하거나 무너지지 않고 어려움을 이겨내고 승리한 인생 역전의 드라마를 우리는 가끔 보고 듣는다. 멀게는 한국전쟁 중 부모·형제를 잃고 혼자 남은 사람들이 성공을 한 경우에서부터 가깝게는 알코올 중독 부모나 학대 부모 밑에서 성장한 아동이 역경을 딛고 일어서 훌륭한 인물로 성장한 것을 보게 된다. 이들이 인생에서 겪은 역경은 인생에 상처가 되어 남아 있을 수 있지만, 이것 자체가 인생을 파멸로 이끄는 결정적 요소가 되지는 못했다는 것이다. 역경에 굴하지 않고 그 가운데서 되튀어 오르는 인간의 성질을 탄력성(resilience)이라고 한다. 역경 속에서 인간은 교훈을 얻기도 하고 인생을 살아가는 지혜를 얻기도 한다. 탄력성은 하나의 과정이다. 세상의 도전과 요구 속에서 지속적으로 자신의 역량, 지식, 통찰력을 가다듬고 신장시켜 가는 과정이다.

⑥ (자연) 치유와 온전성

장애, 질병, 상해, 평형 상실 등에 직면한 신체 또는 정신이 이와 같은 위험 요소들에 저항하여 스스로 온전한 상태로 되돌아오는 기능을 자연 치유(healing)라고 한다. 역경에 직면했을 때 되튀어 오르는 속성이 있듯이, 모든 유기체 또한 자연 치유 성향을 갖고 있는 것으로 보인다. 『뇌내혁명』의 저자 하루야마 시게오(1996)는 우리 몸은 자연 치유력을 갖고 있는데 긍정적 또는 플러스(+) 생각을 뇌로 전달해 뇌로 하여금 베타-엔도르핀(β-endorphin)을 방출하게 할 때 이러한 치유력은 높아진다고 했다. 자연 치유는 대개의 경우 유기체와 유기체 또는 유기체와 환경과의 관계에 지배되기 마련인데, 이 관계의 속성이 바로 치유를 생성하고 지지하는 맥락이 된다. 치유는 유기체와 환경과의 관계가 편안하고 유익할 때 잘 발생한다. 관계를 구성하는 환경(가족, 집단, 지역사회 또는 사회연결망 등) 중 어떤 것은 유기체의 신체 · 정신적 건강을 증진시키는 반면, 어떤 것은 반대로 악화시킬 수 있다. 사회복지사는 클라이언트의 주변 체계가 클라이언트에게 자연 치유력을 불어넣는 방향으로 작동할 수 있도록 하기 위해 클라이언트와 협력적 작업을 하게 된다.

⑦ 대화와 협력

사람은 주변 사람과의 관계를 통해서만 존재할 수 있다. 관계 상대방과 대화(dialogue)를 통한 교류가 없다면 개인의 권력, 지식, 내적 자원 등이 인식 · 확인될 수도, 발전될 수도 없다. 관계 상대방과 대화를 통해 우리는 자신의 중요성은 물론 타인의 중요성을 확인하게 되며, 자신과 타인, 그리고 사회 조직들 사이에 부족한 점들을 메워 나갈 수 있다. 대화가 원만하게 이루어지기 위해서는 상대방을 있는 그대로 받아들이며 상대방의 상황을 공감하고 이해해야 한다. 상대방의 존재를 인정하고 받아들이는 겸손한 대화, 상대방을 배려하고 아끼는 대화는 평등관계를 가능하게 한다. 또한 이러한 평등관계가 유지되는 사회 속에서는 관계 당사자들의 상처가 치유되고 각자가 권한 부여되는 현상이 나타날 수 있다. 강점관점에 입각한 사회복지사는 클라이언트와 상대를 수용 · 인정하는 순기능적 대화를 통해 상호 평등관계를 수립하게 된다.

협력(collaboration)은 사회복지사가 클라이언트의 대행자, 의논 상대자 또는 중립적 제3자의 위치에서 클라이언트와 함께 일하는 것을 의미한다. 협력은 앞서 말한 평등관계 속에서 이루어질 수 있다. 협력자는 클라이언트 상황이 진정으로 좋아질 수 있다는 믿음을 가지면서 클라이언트의 어떤 주장에 대해서도 상호 타협 또는 협상할 수 있다는 자세를 지녀야 한다.

⑧ 불신의 정지

원조 전문직이 클라이언트의 말을 있는 그대로 믿지 않는 관습은 현대 사회에 과학적 사고방식이 팽배하면서, 그리고 그에 따라 원조 전문직이 전문화 · 과

학화되어 감에 따라 나타난 현상으로 보인다. 감정이 개입되지 않은 객관적이고 과학적인 탐구에 집착한 나머지 전문가 나름대로의 판단과 분석을 하기 위해 클라이언트와 적절한 거리를 두면서 원조 전문직이 클라이언트의 설명을 신뢰하지 못하는 현상이 나타났다고 볼 수 있다. 이때 전문가는 클라이언트의 설명보다는 자신의 이론으로 현상을 설명하려는 경향을 보인다. 때로는 클라이언트에 대한 의심을 정당화하는 데 필요한 정보를 얻어 내기 위한 질문들만을 할 수 있다. 때로 교묘한 조작 또는 조정을 통해 전문가를 당황스러운 상황에 빠뜨리는 클라이언트로부터 자신을 방어하기 위해 클라이언트의 말을 있는 그대로 믿지 못할 수도 있다. 경우에 따라 클라이언트는 자신의 자존감 보호, 비규범적인 생활방식의 은폐, 자신의 이익 등을 위해 진실을 숨길 수도 있을 것이다.

반면, 원조 전문직 또한 자신들의 전문지식이나 정보에 함몰되어 클라이언트의 진실을 왜곡할 수도 있음을 인정해야 한다. 사회복지사는 자신에게 도움을 청하는 클라이언트에 대해 선입견, 편견 또는 특정 관점을 갖고 일할 가능성이 있다. 유사한 문제를 가진 클라이언트를 유형화하여 특정 범주에 넣은 후 그 사람의 독특성은 무시하는 경우도 있다. 증상을 객관적으로 나타낼 수 있는 여러 가지 분류 및 진단체계들(예: DSM IV-TR)에 의해 클라이언트 문제를 유형별로 분류한 다음 그 사람의 독특성은 묻어 두고 유형화된 분류나 기호체계를 갖고 다른 전문직과 의사소통을 하는 경우가 대표적인 예다. 이러한 예는 특정 장애, 질환, 이상 증세에 국한된 것이 아니라 어떤 사람들을 범죄자, 알코올 중독자, 가정폭력 가해자 등 특정 유형의 집단에 소속된 사람으로 치부하는 경우에도 해당된다.

한 인간의 독특한 경험을 객관적으로 정확하게 대표할 수 있는 경우는 매우 드물다. 우리 삶의 현상은 여러 가지 모습으로 표현될 수 있기 때문이다. 클라이언트가 경험하고 있는 현상은 전문가가 생각해 낸 특정 용어나 틀에 의해서보다 자신의 상황을 있는 그대로 묘사하는 클라이언트에 의해 더 잘 표현될 수 있다. 클라이언트 자신의 관점에서, 그리고 자신이 처한 상황과의 관계나 맥락 속에서 표현된 현상이 객관적 진실이나 분류체계보다 더 사실에 가까울 수 있기 때문이다.

(2) 강점의 요소들

샐리베이(2009a: 10)는 강점의 개인적 요소들을 영문자 C, P, R자로 시작되는 단어들로 제시하면서 그것을 C-P-R로 표기하였다. 먼저 영문자 C로 시작되는 요소들은 경쟁력(Competence), 역량(Capacities), 용기(Courage) 등이다. 영문자 P로 시작되는 요소들은 희망(Promise), 가능성(Possibility), 긍정적 기대(Positive expectation), 잠재력(Potential) 등이다. 그리고 R로 시작되는 요소들은 복원력(Resilience), 비축된 힘(Reserves), 자원(Resources), 정보력(Resourcefulness) 등이다.

셀리그먼과 피터슨(Seligman & Peterson, 2003: 313)은 강점을 형성하는 개인의 특성으로 용기, 대인관계 기술, 합리성, 통찰력, 낙관주의, 진실성, 인내심 또는 끈기, 현실주의, 즐거움을 추구할 수 있는 역량, 미래지향적 사고, 개인적 책임감과 목적 지향성 등을 들었다. 사회관계적 측면에서 볼 때 강력한 사회적 연대를 형성하는 능력도 강점 중 하나다(Blundo, 2009: 37). 앞서 살펴보았듯이, 클라이언트와 클라이언트의 지지체계 또는 환경이 강점관점 사회복지실천과정 속에서 중심적 역할을 하기 때문이다. 영속적인 빈곤 상태에서 살아가지만 양질의 사회적 연대를 형성하고 살아가는 사람은 신체적 · 심리적 · 사회적 측면에서 큰 문제없이 살아간다고 할 수 있다.

4) 강점관점에 대한 인식

강점관점에 대해서는 두 갈래의 인식이 존재할 수 있다. 하나는 어떤 상황에 처해 있든 모든 사람에게서는 실제로 강점이 발견될 수 있다는 실체적 · 실증주의적 · 객관적 인식이고, 다른 하나는 동일한 현상이라 할지라도 보는 사람이 어떻게 구성하느냐 그리고 어떤 시각에서 보느냐에 따라서 그렇지 않은 것이 강점으로 구성될 수 있다는 구성론적 · 상대주의적 · 주관주의적 인식이다.

(1) 객관적 인식

개인, 가족, 집단, 지역사회 등이 갖고 있는 강점은 실체적인 것이고, 따라서 조사되고 측정될 수 있다는 입장이다. 이러한 입장은 실체적·실용적 객관성에 근거를 두고 있다. 강점은 억지로 만들어 낸 가공물이나 마음속에서 추상적으로 구성해 낸 것이 아니라 우리가 발을 내딛고 있는 이 세상에서 실제로 마주치고, 경험하는 실체라는 것이다. 이러한 실체는 찾지 않으면 묻혀 버릴 수도 있는 것이기 때문에 사회복지사와 클라이언트 간 상호 교류를 통한 공동 작업을 통해 찾으려 노력할 경우 얼마든지 실제로 발견될 수 있다는 것이다.

(2) 구성론적 인식

강점관점은 그야말로 하나의 관점으로서 강점이란 사회복지사와 클라이언트, 그리고 그 밖의 사람들이 활동하는 특정 사회 맥락 속에서 함께 경험하고 소통하는 과정에서 만들어진 사회 구성물이라는 것이다. 즉, 강점이 실체로서 존재한다기보다는 사회적 맥락 속에서 클라이언트를 포함하여 그를 둘러싼 사람들이 생각과 관점을 공유하는 과정에서 구성되는(만들어지는) 것이라는 것이다. 고통이나 시련, 문제 가운데 있는 사람들이라 할지라도 그들의 상황을 어떻게 구성하느냐에 따라서는 상황과 맥락 속에서 클라이언트의 강점이 구성될 수 있고 이렇게 강점에 주목해서 상황을 보는 것이 문제해결에 유익하다는 것이다. 이것은 절망 가운데 빠져 있는 사람에게서 희망의 싹을 틔워 내는 작업이라 할 수 있다. 불가능보다는 가능성에 절망보다는 희망에 초점을 두고 상황을 인식하려는 과정에서 구성되는 것이 바로 강점인 것이다.

우리가 객관적 인식을 수용하든, 구성론적 인식을 수용하든 강점관점은 문제, 병리, 부족한 점, 실망스러운 점 등은 일단 접어 두는 것이다. 그 대신 평소 잘 지내던 상황, 건강한 측면, 잘할 수 있는 것, 희망적인 것 등에 초점을 두고 이것들을 실제로 찾아내거나 상호작용을 통해 구성해 내어 클라이언트가 사회복지사를 찾아온 목적달성을 위해 이것들을 강조하고 활용하는 것이다.

5) 강점관점 실천의 원리들

강점관점 실천의 원리는 사회복지사가 강점관점에 입각한 실천을 하려고 할 경우 받아들여야 할 전제, 가정 또는 믿음체계라고 할 수 있다. 진정한 강점관점의 실천을 위해서는 실천의 원리들에 대한 진솔한 믿음이 전제된 의식적인 노력이 필요하다. 샐리베이(2009a)는 지금까지 발전되어 온 강점관점의 실천 원리들을 정리하여 제시했는데, 이들을 요약, 부연 설명하여 제시하면 다음과 같다.

① 모든 개인 · 집단 · 가족 · 지역사회는 강점을 갖고 있음

사회복지사는 클라이언트와 대화할 때 클라이언트가 본인 삶에 대해 무엇인가를 알고 있고, 삶의 경험을 통해 무엇인가를 배웠을 것이며, 역경 극복에 대한 희망을 갖고 있고, 무엇인가에 흥미를 갖고 있으며, 어떤 특정한 일은 잘 해 낼 수 있을 것이라는 진정한 생각 또는 믿음을 지속적으로 유지해야 한다. 이러한 클라이언트의 속성들은 클라이언트가 헤쳐 온 삶의 역경, 고통, 위기, 억압 또는 질병 등에 의해 일시적으로 가려져 있을 수 있다. 그럼에도 불구하고 이들은 클라이언트 속에 존재하고 있는 속성들이다.

② 외상, 학대, 질병 또는 그 밖의 힘겨운 삶들은 클라이언트 인생에 상처가 될 수 있지만 이들은 동시에 도전과 기회의 원천이 될 수 있음

우리는 우리 주변에서 역경을 딛고 일어나 우뚝 선 사람들을 많이 발견할 수 있다. 삶의 역경을 통해 삶의 지혜가 터득되고 지속적으로 삶을 지탱하고 헤쳐 나가는 데 필요한 기질과 수용력이 획득될 수 있기 때문이다. “쇠는 두드릴수록 강해진다.”는 우리의 속담이 말해 주듯이, 역경과 시련이 사람을 더욱 강하게 만들 수 있다. 생활의 고통을 참아내며 지금까지 생존해 온 사람들은 역경에 굴복하지 않았다는 일종의 자부심을 갖고 있을 수 있다. 이러한 자부심은 현재의 역경 속에서 경험하는 당혹감, 정신적 혼란, 자기불신 등의 감정 속에 잠시 감춰져 있을 수 있다. 하지만 빛이 비춰지고 자극될 때 이들은 변화를 향한 힘의 원

천이 될 수 있다. 고난을 뚫고 승리한 사람들의 이미지가 클라이언트에게 주입될 때 클라이언트는 고통 속에서도 강해질 수 있고 앞으로도 잘할 수 있다는 자신감과 자부심을 느낄 수 있다.

③ 성장과 변화의 상한선은 없다는 전제하에 개인 · 집단 · 지역사회가 원하는 바를 진지하게 받아들임

불가능이나 절망의 상태에 초점을 둘 때보다 클라이언트의 희망과 가능성에 무게를 두고 일을 시작할 때 클라이언트에게서 보다 긍정적인 결과가 발생한다는 많은 보고가 있다(Kaplan & Girard, 1994: 53). 최근 긍정심리학의 확산도 이러한 결과들을 뒷받침하고 있다. 긍정적 감정, 정서, 생각 등은 우리의 정신 · 신체적 건강에 긍정적인 방향으로 큰 영향을 미친다는 주장이 학계나 임상 현장에서 서서히 받아들여지고 있는 추세다. 긍정적 정서나 생각은 엔도르핀, 도파민, 세라토닌 등의 유익한 호르몬의 분비를 촉진하게 되고, 이 호르몬은 우리 몸의 저항력을 높여 몸과 마음의 자연 치유를 가능하게 한다는 것이다.

"클라이언트는 회복될 수 있다.", "클라이언트에게는 밝은 장래가 있다.", "클라이언트가 갖고 있는 희망은 성취 가능한 것이다." 등의 믿음을 사회복지사가 갖고 이것을 클라이언트에게 전달할 때 클라이언트의 몸과 마음은 최상의 상태로 반응하고 움직일 수 있다(Weick et al., 1989: 354).

④ 사회복지사와 클라이언트의 협동 작업이 이루어질 때 클라이언트에게 최선의 도움이 주어질 수 있음

사회복지사와 클라이언트의 협동 작업이라 함은 클라이언트가 경험하고 있는 문제의 해결 과정에 클라이언트를 적극적으로 참여시키는 것을 말한다. 종래의 의료모델에서는 사회복지사가 전문가로서의 역할을 수행하는 과정에서 전문가의 지식과 판단이 주를 이루면서 클라이언트는 문제해결 과정에서 수동적 역할만을 담당했다. 사회복지사가 의료모델에서처럼 전문가로서 활동하고자 할 때 클라이언트의 장점이나 자산이 제대로 평가 · 인정되기 어렵다. 사실상 클라이언트는 자신이 처한 상황에 대해, 그리고 자신이 살아온 인생에 대한 나름대로의 정보, 지식, 관점, 이해 등을 갖고 있다. 사회복지사가 자신의 전문적 견해만을 내세워 클라이언트의 지혜, 지식, 관점 등을 무시하거나 묵살할 경우 문제해결을 위해 귀중하게 사용될 수도 있는 중요한 요소들을 흘려보내는 것이다. 사회복지사는 클라이언트 자신이 자신의 문제에 대해 어떤 생각을 갖고 있으며 그 문제를 어떻게 해결하고자 하는가에 주의를 집중하여 그것들을 존중하면서 클라이언트가 자신의 문제를 해결해 가는 과정에서 클라이언트의 의논상대자 또는 협동자로서의 역할을 취하는 것이다. 이때 클라이언트의 문제에 대한 전문가는 사회복지사가 아니라 클라이언트가 되는 것이다.

⑤ 모든 환경은 자원으로 가득 차 있음

우리 생활 주변에는 다른 사람이 절실히 필요로 하는 지식, 기술, 재능, 시간, 공간, 정보 등을 제공할 수 있는 개인, 집단, 조직 등이 존재한다. 이러한 환경자원들은 보통 사회복지기관 연결망 밖에 흩어져 존재한다. 이러한 자원들은 대부분의 경우 활용 의사 또는 기회가 타진되지 않은 상태로 존재한다. 따라서 적절한 기회만 주어진다면 이 자원들이 그것을 필요로 하는 누군가를 위해 동원되고 활용될 수 있을 것이다. 정책이나 제도에 의한 공식적 자원들이 갖춰지기를 기다리는 동안 우리가 활용할 수 있는 이런 종류의 귀중한 비공식적 자원들(예: 물질, 생각, 재능, 도구, 인력 등)이 우리 주변에 산재해 있다고 믿을 때 우리는 그것들을 충분히 활용할 수 있을 것이다. 반대로 클라이언트의 주변 환경과 우리의 일반 환경이 위험하고 해롭고 적대적이라고 단정할 때 우리는 우리가 활용할 수 있는 귀중한 자원들을 미리 포기하게 되는 잘못을 저지르는 것이다.

⑥ 보살핌과 그 맥락의 조화

클라이언트에 대한 보살핌, 특히 사회적 보살핌은 사회복지 전문직의 임무다. 이러한 보살핌은 클라이언트를 둘러싸고 형성되어 있는 사회적 연결망에 의해 영향을 받을 수밖에 없다. 강점관점은 가족, 이웃, 지역사회, 국가 및 문화를 아우르는 사회적 관계를 잇는 맥락힘줄의 강화를 통해 사회적 보살핌을 구현하고자 한다. 맥락힘줄은 클라이언트 개인의 강점, 그리고 클라이언트와 관계된 모든 사람들이 공유하는 강점을 밖으로 드러냄을 통해 강화될 수 있다. 맥락힘줄의 강도는 또한 일반 시민의 삶의 질에 영향을 미치는 지방 또는 국가 사회정책에 따라 영향을 받는다. 지방 또는 국가의 사회정책이 클라이언트 주변의 맥락힘줄 강화에 때로는 기회로, 때로는 장애물로 작용할 수 있다는 것을 알아야 한다.

6) 강점 확인을 위해 사용될 수 있는 질문들

샐리베이(2009b: 102-103)는 관련된 여러 가지 문헌을 취합하여 생존(survival) · 지지(support) · 예외(exception) · 가능성(possibility) · 존중(esteem) · 장래(prospective) · 변화(change) · 의미(meaning) 등 여덟 가지의 질문의 유형을 소개했다(〈표 6-1〉 참조). 강점관점을 실천하는 과정에서 클라이언트에게 주어지는 질문은 클라이언트가 역경을 헤쳐 나오는 과정에서 어떤 장점과 자원을 활용했는지를 알아보기 위한 것과 문제가 덜 심각하거나 문제가 없는 바람직한 미래 상황에 대한 클라이언트의 비전을 알아보기 위한 것으로 나누어 볼 수 있다. 하지만 질문의 주 초점은 클라이언트가 어떤 종류의 삶을 살아왔는지를 알아보는 데 맞춰지는 것이 아니라 어떤 종류의 삶을 살아가길 원하는지를 알아보기 위한 것에 주어진다(Weick et al., 1989: 353). 그리고 질문을 통해 확인된 모든 종류의 개인적 · 사회적 자원은 클라이언트가 설정한 목적달성을 위해 사용된다.

표 6-1 ● 강점관점 실천을 위한 질문 예시

질문 유형	질문의 실제
생존질문	• 역경 속을 헤쳐 나오면서 당신 자신에 대해서, 그리고 당신 주변의 세계에 대해서 배운 것은 무엇인가? • 어떤 어려움을 통해서 당신은 역경을 헤쳐 나오는 데 필요한 특별한 힘, 통찰력, 기술 등을 갖게 되었는가? • 당신이 믿고 의지할 수 있는 당신의 특별한 자질은 무엇인가?

지지질문	• 누가 당신에게 세상에 대해 알려 주고, 도움을 주었으며, 인도해 주었는가? • 당신이 특별히 의지할 수 있는 사람은 누구인가? 그러한 사람들을 어떻게 알게 되었는가? • 어떤 집단, 조직, 기관이 특별히 당신에게 도움이 되었는가?
예외질문	• 일이 잘 풀려 갈 때는 언제였는가? • 그때는 무엇이 좀 달랐는가? • 과거를 돌아보아 당신의 삶이 괜찮다고 생각될 때, 살 만하다고 느껴질 때, 비교적 안정되었다고 느껴질 때, 당신이 돌아보는 세상, 당신의 대인관계, 당신의 생각들이 전에 비해 어떻게 달랐으며 특별했었는가? • 당신을 둘러싼 세상일들 중에서 어떤 부분을 되살려 내고 싶은가?
가능성 질문	• 현재 당신의 삶으로부터 무엇을 원하는가? • 당신의 희망, 비전, 열망은 무엇인가? 이러한 것들을 성취하는 과정에서 어디쯤 와 있는가? • 이러한 것들을 달성하는 데 도움이 되는 당신의 자질은 무엇이며, 이것들을 달성하는 데 도움이 되는 사람들은 누구인가? • 앞으로 하고 싶은 일은 무엇인가? 당신의 특별한 재능이나 능력은 무엇인가?
존중질문	• 다른 사람들은 당신에 대해 어떤 좋은 말을 하는가? • 당신이 진정으로 자긍심을 느낄 때 당신의 삶은 어떤 상황에 있을 때이며, 당신 자신은 어떤 모습 또는 행동을 하고 있을 때이고, 당신이 무엇을 성취했을 때인가? • 당신의 삶이 잘 진행되어 가고 있을 때 당신은 무엇을 하고 있고, 누구와 함께 있으며, 어떤 느낌 · 생각 · 행동을 하고 있는가? • 당신의 삶에 있어 진정한 기쁨은 무엇인가?
장래질문	• 당신의 현재 상황을 당신은 어떻게 설명하겠는가? • 당신의 최근 경험과 힘든 일들이 어떻게 해서 발생했으며 앞으로 어떻게 잘 진행될 것이라고 생각하는가? • 향후 진행 상황들을 당신 자신에게, 사회복지사인 나에게, 그리고 다른 사람에게 어떻게 설명하겠는가?
변화질문	• 당신의 생각 · 감정 · 행동 · 사회관계 등의 일들이 앞으로 어떻게 변화될 것이라 생각하는가? • 당신의 현 상태를 향상시키거나 당면 과제를 해결하기 위해 당신이 무엇을 해야 한다고 생각하는가? 또는 무엇을 할 수 있다고 생각하는가? • 그 과정에서 사회복지사인 내가 어떻게 도울 수 있는가?

의미질문	• 당신의 주된 생각의 틀 또는 가치체계는 무엇인가? • 당신이 전적으로 믿고 있고, 다른 어떤 것보다도 귀중하게 여기는 것은 무엇인가? • 당신에게 보통 경험의 범위를 벗어나는 목적의식을 가져다주는 초월적 믿음은 무엇인가? • 이것들은 어디에서 온 것인가? 당신의 경험, 문화 또는 우주의 어떤 것인가? • 당신의 일상생활 속에서 이것들이 어떤 역할을 하는가?

7) 강점관점의 활용 및 적용

강점관점과 비슷한 관점을 갖고 활용되고 있는 것이 해결중심단기치료(Solution-Focused Brief Therapy: SFBT)다. 두 관점을 연결하여 활용하려는 시도가 국내외에서 진행되어 왔다(송성자, 최중진, 2003; Weick & Kreider, & Chamberlain, 2009). 희망과 긍정심리학(Snyder & Lopez, 2007) 역시 희망과 자신감을 갖게 될 때 사람은 해결을 향한 새로운 행동을 취한다고 주장한다는 점에서 강점관점과 기본적 원리를 공유하고 있다.

강점관점을 실천현장에 실제로 적용한 사례로서 국내에서 노혜련과 유성은(2007)은 빈곤여성 가구주를 대상으로, 이경욱(2009)은 노인주간보호센터 현장에, 노혜련 등(2008)은 아동과 가족을 대상으로, 한혜경(2009)은 복합적인 문제를 갖고 있는 재가노인들을 대상으로 각각 강점관점 사례관리를 실시한 후 이들의 변화 상태를 양적 · 질적 측면에서 살펴보았다. 외국에서도 강점관점 사례관리가 다양한 분야에서 시도되고 있다. 클라크(Clark, 2009)는 교정시설 재소자들을 대상으로, 랩과 레인(Rapp & Lane, 2009)은 약물중독의 치료와 인간 면역 결핍 바이러스(HIV) 보호시설에, 넬슨-베커, 채핀 및 패스트(Nelson-Becker, Chapin, & Fast, 2009)는 노인들을 대상으로, 브리커-젠킨스, 바베라 및 영(Bricker-Jenkins, Barbera, & Young, 2009)은 빈곤여성을 대상으로 강점관점 사례관리를 어떻게 적용할 것인가에 대한 논의와 함께 그 효과성을 소개했다.

2. 사회구성주의

우리가 매일 마주 대하는 현상들의 속성은 객관적 실체로서 발견되는 것이 아니라 우리가 창조 또는 구성해 내는 것이라는 것이 사회구성주의의 핵심 주장이다. 겉보기에 동일하게 보이는 현상이라 할지라도 사람들이 공유하는 믿음, 전통, 관습 등에 따라서 그것이 각기 다르게 인식되고 해석될 수 있다는 것이다. 여기서 '사회구성'이라는 용어에서 '사회'라는 단어가 갖는 의미를 주의 깊게 살펴볼 필요가 있다. 사람들은 자신들 주변에서 일어나는 많은 사건, 현상, 사고, 문제들에 대해 나름대로 개별적인 구성이나 창조를 하고 있는 듯이 보이나 이러한 개별적 구성(창조)의 속성은 개인적인 것이라기보다는 사회적 교류에 영향을 받은 사회적인 것이라는 것이다. 즉, 개인이 누구와 주로 대화를 나누는가, 어떤 가족이나 집단에 소속되어 있는가, 어떤 조직에서 활동하고 있는가에 따라 세상의 사건과 현상을 경험하고 구성(창조)해 내는 의미의 속성이 달라질 수 있다는 것이다. 이러한 주장은 사회복지사가 클라이언트와 어떤 언어를 사용하여 어떤 대화를 어떻게 진행해 가는가에 따라 클라이언트가 자기 주변의 문제 상황, 삶의 장애물, 미래 상황 등에 대해 갖는 생각과 행동이 얼마든지 달라질 수 있음을 암시하고 있는 것이다. 사회구성주의의 원리를 사회복지실천에 적용하고자 하는 것이 사회구성주의 사회복지실천이다. 사회구성주의 사회복지실천을 이해하기 위해서는 사회구성주의가 출현하게 된 배경과 함께 사회구성주의가 사회복지실천에서 어떻게 활용될 수 있는지를 살펴볼 필요가 있다.

1) 사회구성주의의 출현 배경

사회복지실천이 태동하던 시점에서 사회복지실천은 당시 종교의 영향을 받아 어려움에 처한 이웃에 대한 관심과 사랑을 실천하면서 개인의 독특성과 가치를 인정하고 지켜 주고자 하였다(Weick, 1987: 218). 즉, 개인별 경험의 고유성과 그것에 부여된 의미를 인정하고 존중하는 것이었다. 그러던 중 1915년에 전문교육의 권위자인 에이브러햄 플렉스너(Abraham Flexner)가 사회복지실천 영역은 실천을 안내하는 고유 지식체계를 갖추지 못했기 때문에 전문직으로 인정받을 수 없다고 선언하는 사건이 있었다. 그의 지적에 자극을 받은 당시 사회복지실천 관계자들과 학자들은 사회복지실천에 필요한 이론적 모델을 찾고자 많은 노력을 기울였다. 이것은 사회복지실천이 전문적 영역임을 일반 대중에게 알림과 동시에 사회복지실천 활동에 대한 시민의 신뢰를 이끌어 내기 위한 노력이었다. 이러한 노력의 일환으로 사회복지실천 영역은 사회복지실천 행위를 안내하는 이론으로서 프로이트의 심리역동이론(psychodynamic theory)을 받아들였다. 이로써 일반적 설명력을 갖춘 이론에 바탕을 둔 실천이 시작되었다. 이 이론의 영향력은 1960년대 말까지 지속되었다. 심리역동이론의 도입 및 활용이 지속되는 가운데 사회복지실천 영역에서는 실천활동에 전문적 · 과학적 속성을 더하기 위해 지식 철학적 기반으로 논리적 실증주의를 수용하였다. 논리적 실증주의란 지식을 축적하는 과정에서 관찰 · 측정 · 검증을 중시함으로써 누구에게나 일반적으로 적용될 수 있는 객관적 지식을 강조하는 것이다. 즉, 지식은 객관적 실체로서 어딘가에 존재하는 것으로서 우리와 관계된 현상을 객관적인 눈으로 관찰하고, 정확한 도구를 동원하여 측정하려 하면 그 실체가 드러나면서 누구에게나 동일한 모습으로 정확히 발견될 수 있다는 것이다. 이렇게 발견된 객관적 지식은 이론으로 체계화되며 체계화된 이론은 다시 과학적이고 체계적인 검증 절차를 거쳐 그 설명력에 대한 검증을 받게 된다. 이러한 지식철학은 앞서 간략히 소개한 사회구성주의의 주장, 즉 지식은 누구에게나 동일한 모습으로 발견되는 것이 아니라 우리에 의해 창조 또는 구성되는 것, 따라서 그 내용과 속성이 다양할 수 있다는 지식철학과 배치되는 것이다. 논리적 실증주의는 사회복지 전문직의 교육과 실천에서 1950년대에 이르러 확실한 지위를 차지하게 되었고, 1970년대 중반까지 흔들림 없이 유지되었다(Rodwell, 1998).

1970년대와 1980년대 초반에 사회복지의 인접 학문인 사회학, 교육학, 심리학 등의 전문영역에서 논리적 실증주의에 대한 비판이 일기 시작했다. 사회복지 전문직 안에서도 여러 학자들(예: Austin, 1978; Beckerman, 1978; Fischer, 1981; Heineman, 1981; Hudson, 1983; Imre, 1984) 사이에 사회복지실천에 있어 논리적 실증주의의 유용성을 둘러싼 논쟁이 벌어졌다. 일부 학자들(예: Heineman, 1981; Imre, 1984)은 복잡한 사회현상과 다양한 개인 문제들을 다루는 사회복지실천 활동의 효과를 객관적으로 측정하기가 쉽지 않다는 점, 개인이 갖고 있는 동기나 의지와 가치 그리고 개인이 처한 복잡하고 다양한 환경과 조건에 따라 개입의 효과는 얼마든지 달라질 수 있다는 점, 개인에 따라 자신의 문제와 환경을 각자 다르게 인식할 수 있다는 점 등을 들어 논리적 실증주의 관점이 과연 사회복지실천의 길잡이로서 적합하고 유용한 것인가에 대해 의문을 제기하기 시작하였다. 임레(Imre, 1982)는 애초의 사회복지 실천철학으로 돌아가자고 주장하였고, 다른 학자들(예: Berlin, 1990; Fraser, Taylor, Jackson, & O'Jack, 1991)은 지식을 획득하고 확장해 가는 방법에 있어 유연성을 발휘할 것을 요구하였다. 즉, 측정을 통해 수량화된 자료도 중요하지만, 그것만이 사회복지실천의 유일한 지식이자 길잡이가 되어서는 곤란하다는 것이었다.

사회복지 전문직과 관련 인접 학문영역에서 벌어진 이러한 논쟁은 관심 대상 현상의 본질에 대한 가정과 관련되어 있다. 즉, 현상의 실체는 어딘가에 객관적으로 존재하는 것인가? 아니면 개인 인식의 산물인가? 지식은 실재적이고 변함이 없으며 명백하고 확실한 형태로 전수 가능한 것인가? 아니면 개인적으로 경험되고 습득되는 유연하고 주관적이며 영적인 요소를 내포한 고유성을 지니고 있는 것인가? 또한 인간은 주변 환경에 대해 기계적으로 정해진 방법으로 대응하는가? 아니면 자유 의지를 갖고 창의적인 방법으로 환경과 관계하면서 나름대로의 환경을 구성해 가는가? 이러한 질문들에 어떻게 응답하는지에 따라 사회복지실천의 방법이 달라질 수 있을 것이다. 사회적 현상이 객관적 실체로서 존재하며, 누구에게나 일반적으로 적용될 수 있는 지식의 형태로 발견될 수 있고, 그러한 지식에 기초하여 인간은 주변 환경에 대해 일반화된 반응을 보일 것이라는 것을 예측할 수 있을 것이라고 생각한다면 실증주의적 패러다임의 소지자에 가깝다고 할 수 있다. 반면, 현상의 실체는 개인 인식의 산물이며 지식은 개인적 · 주관적 · 영적 요소를 내포하고 있고, 인간은 나름대로의 창의적인 방법으로 그들의 주변 환경과 교류한다고 믿고 있다면 해석주의 패러다임의 소지자에 가깝다. 사회구성주의는 해석주의 관점에 바탕을 둔 것이라 할 수 있다.

한편 사회구성주의는 제2차 세계 대전 이후 본격적으로 대두되기 시작한 포스트모더니즘 운동의 한 부분이라 할 수 있다(Witkin, 2012). 포스트모더니즘의 속성이 복잡해서 여기서 그 내용을 상세히 설명하는 데는 한계가 있다. 간략히 설명하자면, 포스트모더니즘 운동은 역사적으로 계몽주의 또는 모더니즘의 지향점이나 믿음체계와 대조되는 문화적 · 지적 운동으로서 모더니즘의 한계를 극복하기 위해 출현하였다. 18세기 초 시작된 모더니즘 운동은 종교적 권위가 지식을 대신하던 중세 종교적 교의에 대한 대안으로 출발한 것이었는데, 보편적 지식과 사회적 진보에 이르기 위한 방법으로 냉철한 이성과 논리 그리고 과학적 탐구를 중시하였다. 모더니즘이 종교적 교의를 배격하였듯이, 포스트모더니즘은 정형화되고 보편적인 진리나 지식체계를 배격하고 역사적 · 문화적 · 사회적 상황에 따라 변화하는 믿음체계 또는 지식체계를 선호한다.

2) 사회구성주의와 사회복지실천

(1) 사회구성주의의 기본 시각

앞서 간략히 설명했듯이, 사회구성주의자는 관찰자와 독립적으로 존재하며 발견되기를 기다리고 있는 세계 또는 상황의 존재를 전제하지 않는다. 우리가 세계의 실체라고 알고 있는 것은 실재로서 엄연히 존재하는 객관적 실체가 아니라 사회적 상호작용을 통해 우리가 만들어 낸 것이라는 것이다. 우리는 주로 언어라는 수단을 통해 우리 주변의 세계를 묘사하거나 만들어 낸다. 그런데 언이는 바로 실체가 아니라 실체를 표현하는 하나의 도구에 불과하다는 사실을 분명히 해야 한다. 이러한 전제에 따를 때 어떤 언어적 표현도 다른 언어적 표현에 비해 현실에 더 가까운 것이라고 주장할 수 없다. 모든 언어는 어떤 현상을 나름대로 표현해 내고 있기 때문이다. 따라서 실체를 나타내는 유일한 언어 표현은 존재하지 않으며 다양한 언어 표현이 나름의 효용성을 갖는 것이다. 이와 같은 논리의 연속선상에서 사회구성주의자는 우리가 경험하는 세계나 상황과 관련된 유일한 '진리'보다는 묘사나 기술(description)의 효용성에 더 많은 관심을 갖고 있다.

사회구성주의 입장에서는 사회현상이나 상황과 관련된 절대적인 진리나 객관적 실체가 존재하지 않는다(Gergen, 1999: 35-57). 우리 모두는 나름의 독특한 방식으로 우리 주변에서 발생하는 현상들에 대해 의미를 부여하며, 또 그렇게 부여된 의미에 기초하여 주변 현상에 반응한다는 것이다. 따라서 사회현상이나 상황 자체가 중요한 것이 아니라 그것에 대한 묘사나 구성의 내용이 중요하며 그렇게 구성되고 경험된 속성이 진정한 의미에서 실체이자 진리라는 것이다. 하지만 이 진리는 유일한 진리가 아니라 특정 상황과 관련된 다양한 진리들 중 하나일 뿐이다. 사람들에 따라서 동일한 현상과 상황이라도 서로 다르게 묘사하거나 구성할 수 있기 때문이다. 많은 다양한 묘사나 구성 중에서 어떤 것이 진리에 더 가까운 것인가는 사회구성주의자의 관심 대상이 아니다. 동일하게 주어진 현상이나 상황에 대해 다양한 형태의 구성과 반응이 가능하며 그것들 모두는 나름대로의 진리 속성을 갖고 있고, 그렇기 때문에 다양한 형태의 진리가 동일하게 존중받아야 한다는 점을 인정하는 것이 중요할 뿐이다. 살아가며 마주치게 되는 어떤 현상이나 상황을 인식 · 이해 · 묘사하면서 그것에 의미를 부여하는 행위가 구성(construction)이라고 불리는 것이다.

이러한 구성이 개인 혼자에 의해 이루어지는 경우는 거의 없다. 우리 모두는 사회 속에서 관계를 맺고 살아가기 때문이다. 휘틀리(Wheatley, 1999)는 "다른 사람들과의 관계를 떠나 홀로 존재할 수 있는 사람은 아무도 없다. 우리와 관계된 상황과 사람들이 달라짐에 따라 우리가 가진 속성 중 이들에게 우리가 드러내는 부분이 달라지며 이때 나머지 부분은 잠복된 채로 존재한다. 관계 상황에 따라 우리는 달라지며 어떤 의미에서는 새로워진다고 할 수 있다."(p. 35)고 하였다. 우리는 다른 사람과의 관계와 상호작용을 통해서 형성된 우리 자신의 신념, 전제, 전통, 규범 등의 렌즈를 통해 현실을 구성한다. 주변 사람과 함께 공동으로 구축한 인식의 여과 장치를 갖고 어떤 현상을 마주 대하게 된다는 것이다. 따라서 삶의 경험은 우리에게 있는 그대로 주어지는 것이 아니라 우리의 관계 속에서 공동으로 구성된다는 것이다. 이것이 바로 사회구성(social construction)의 개념이다.

거겐과 거겐(Gergen & Gergen, 2004: 8)은 사회구성을 "우리가 세계(상황)를 구성한다."라는 짤막한 문장으로 설명하였다. '내가'가 아닌 '우리'라는 점을 주목할 필요가 있다. 이런 의미에서 우리는 사물을 객관적으로 보는 것이 아니라 우리가 보고 싶은 대로 본다고도 할 수 있다. 따라서 우리는 우리가 공동으로 구성한 세상 속에 살고 있다고 할 수 있다. 우리에게 현실이란 어떤 주어진 순간에 주변에서 일어나고 있는 일들에 대한 우리의 고유 경험이다. 그런데 우리 자신에 대한 우리의 이미지와 우리 주변에서 일어나고 있는 일들에 대해 우리가 갖게 되는 생각은 고정된 것이 아니라 다른 사람과의 교류를 통해 끊임없이 재창조된다.

현실을 만들어 가는 협동 작업 행위인 사회적 구성은 주로 대화를 통해 이루어진다. 이야기치료자인 화이트와 엡스턴(White & Epston, 1990)은 우리가 창조하는 현실, 그리고 자기 자신에 대한 이해는 언어를 통해 중재된다고 하였다. 우리가 다른 사람과 소통하기 위해 사용하는 언어는 소통 당사자들 사이에 생성되는 의미에 지대한 영향을 끼친다. 같은 맥락에서 휘트니와 트로스텐-블룸(Whitney & Trosten-Bloom, 2003)은 의미는 대화를 통해 형성되고, 현실은 의사소통을 통해 창조되며, 지식은 사회적 상호작용을 통해 생성된다고 하였다. 이때 상호작용은 주로 구두 언어나 몸짓 언어를 통해 발생하는데 이러한 언어를 통해 세상에 대한 이해를 구축해 간다는 것이다(Whitney & Trosten-Bloom, 2003). 결국 우리 모두는 언어에 기반을 두고 창조된 관계적 자아인 것이다(Anderson, 1997: xvii).

사회구성주의는 크게 봐서 두 차원의 언어적 대화와 관계된다(Gergen, 1999). 하나는 지식, 이성, 미덕 등 사회에서 당연시되는 것들이 애초에 어떻게 해서 형성된 것인지를 파헤치는 대화이고, 다른 하나는 사회적으로 당연시되는 것들(지식, 이성, 미덕 등)에 바탕을 두고 만들어지고 유지되는 각종 실천 및 서비스들의 내용이 과연 괜찮은 것인지 살펴보는 대화다. 전자의 대화는 기존의 당연시 여겨지는 것들(예: 정신장애, 문제아동, 해체가정 등에 대한 정의)에 대한 비판적 분석을 부추기는 것이고, 후자의 대화는 기존의 실천이나 서비스와는 다른 대안적 실천이나 서비스를 생각해 내는 것이다(Witkin, 2012).

위트킨(Witkin, 2012: 19)은 사회구성주의 분야에서 대표적인 저술가인 거겐(1999)과 버(Burr, 2003)의 글들을 바탕으로 사회구성주의 관점을 소개하였는데, 이를 요약하여 제시하면 다음과 같다.

- 지식을 역사적 · 문화적 · 사회적 조건에 따라 변하는 것으로 간주한다. 무엇이 진실이고 거짓인지를 분간할 수 있는 절대적이며, 모든 것을 초월하는 기초(기반)는 없다고 본다.
- 의미를 창출해 내고 그 창출된 의미를 유지하는 것은 주로 언어 사용을 통한 사회적 교류작용의 힘이다. 언어는 현실의 실체를 반영하는 투명하고 명확한 도구가 아니라 의미 또는 현실을 구성해 내는 힘을 가진 존재다.
- 현재 시점에서 당연시 여겨지는 지식(예: 현실에 대한 이해에 영향을 미치는 이분법적 분류로서 '다문화가족-단일문화가족', '남성성-여성성' 등)을 비판적으로 바라볼 것을 요구한다. 클라이언트에 대해서 또는 빈곤이나 범죄와 같은 사회문제의 원인들에 대해서, 그리고 인간의 변화능력 등에 대해서, 인간과 환경 간 관계에 대해서 세상에서 일반적으로 받아들여지고 있는 명시적 또는 묵시적 믿음체계를 비판적인 시각에서 바라볼 것을 요구한다.
- 지식을 사회 행동(social action)의 한 형태로 본다. 지식을 다르게 구성하면 다른 종류의 사회 행동이 가능하며 정당화될 수 있다.
- 지식은 특히 언어를 통한 사회적 합의과정을 통해 유지된다. 사회가 조직화되고 제도화되는 방식에 따라 우리가 아는 것이 다르게 구체화된다.

이 요약 내용 안에 지금까지 살펴본 사회구성주의의 관점이 잘 드러나고 있다.

(2) 사회복지실천과의 연관성

앞서 살펴본 사회구성주의의 전제와 관점은 사회복지실천에 매우 중요한 함의를 제공한다. 우리와 타인이 경험하는 현실, '세계 만들기' 과정에 우리 사회복지사들이 참여할 수 있기 때문이다. 버(2003)가 제시한 사회구성주의 실천의 특성과 위트킨(2012)이 소개한 사회구성주의 내용을 중심으로 사회구성주의와 사회복지실천 간 연관성을 제시하면 다음과 같다.

① 대안적 의미 생성에 참여

사회복지사는 사회가 클라이언트 개인이나 상황을 묘사하는 언어 또는 클라이언트가 자신을 묘사하는 언어가 진실된 것인지 또는 실체를 정확히 나타내고 있는지를 알아내는 데 초첨을 두기보다는 사용된 언어가 클라이언트에게 어떤 영향을 미치는지에 더 초점을 두고 경우에 따라서는 대안적 언어를 사용한 대화를 이어 갈 수 있을 것이다. 사회구성주의적 관점에서 볼 때 클라이언트가 자기 자신에 대해서 또는 자기 가족이나 주변에 대해서 기술하는 내용은 클라이언트 밖에 객관적으로 존재하는 실체에 대한 (객관적) 기술이 아니라 많은 다양한 현실 버전(version) 가운데 하나의 현실 버전을 보고하는 것이다. 예를 들어, 한 아동의 어머니가 "우리 아이는 정말 문제아입니다."라고 말했다고 하자. 이것은 아들이 실제로 문제아라는 객관적 사실을 말하는 것이 아니라 아들에 대한 여러 가지 다양한 관점 중 한 종류의 관점을 말하고 있는 것으로 간주한다는 것이다. 사회구성주의 실천가는 어머니에게 "그것이 사실입니까?"라고 묻기보다는 어머니가 자녀를 이렇게 생각하고 있는 것이 어머니의 삶에 어떤 영향을 미치고 있는지를 탐색해 본 후 (아들에 대한) 대안적 의미를 생성해 내는 것이 가능한지를 살펴보는 것이다. 물론 사회복지사와 어머니가 공동으로 생성해 낸 대인적 의미가 진실 또는 실체에 더 가깝다고 주장하는 것은 아니다. 사회구성주의 실천가에게 있어 진실의 버전은 다양하고 여러 가지이며 각자 나름대로의 진리를 동일하게 포함하고 있기 때문에 어떤 것이 더 진실에 가까운지를 가려내는 것은 의미가 없다. 대안적 의미는 그저 대안적 의미일 뿐이다. 다만, 어떤 버전의 의미가 특정 목적(예: 가족의 행복)을 위해 더 유용한 것인지를 살펴보는 것이 중요하다.

이것은 사회가 클라이언트를 규정하는 언어에 대해서도 동일하게 적용된다. 사회의 지배적 담론에 의해 정당화된 '이름 붙이기(labeling)'와 그에 기초한 배제나 억압으로 인해 불이익을 당하는 사람들에 대해 대안적 담론과 실천 비전을 제시할 수 있다. 사회구성주의 사회복지실천가는 사회 내 지배적 담론의 권위를 당연시하기보다는 그것을 비판적으로 바라보면서 대안을 제시하려고 노력한다. 또한 그 대안적 담론이 사회에서 영향력을 획득하고 정당성을 인정받을 수 있도록 노력한다. 이를 위해서 우리 사회복지사는 사회에 어떤 담론이 지배적인지를 확인해 보고, 그 담론과 그 담론에 참여하는 우리가 클라이언트를 어떻게 정의하며 클라이언트와 우리의 관계는 어떻게 설정되어 있는지를 살펴볼 필요가 있다. 예를 들어, 사회복지실천의 발달과정을 살펴볼 때 클라이언트 문제의 주 원인으로 한 때는 사회적 책임 담론이 다른 한 때는 개인심리적 책임 담론이 우세했던 적이 있었다. 문제의 원인으로서 개인의 심리 · 정서적 상태에 초점을 둔 심리 · 정서 담론은 우리로 하여금 사람들 내부에 존재하는 다양한 심리 · 정서적 상태나 증후군을 확인하도록 유도한다. 이러한 담론은 다양한 심리검사와 같은 것들의 확산에 의해 더욱 깊숙이 사회 속에 자리 잡게 되고 유지된다. 심리 · 정서 검사 결과 '경계선 성격장애'와 같은 현상들이 드러나게 되고 이것은 심리 · 정서 담론 영역 내에서 서로 이해되고 통용되게 된다. 이러한 상황에서 사회복지사는 대안적 담론으로서 사회구조적 원인론의 적용 가능성을 탐색할 수 있을 것이다.

② 맥락 안에서 클라이언트의 믿음체계 이해

사회구성주의 실천은 사회복지사가 클라이언트의 역사 · 문화 · 사회적 맥락 안에서 클라이언트의 믿음체계를 이해할 것을 요구한다. 맥락에 대한 이해와 인식 역시 구성의 산물로 간주되기 때문에 객관적 맥락 현실을 드러내려 하기보다는 클라이언트가 제시한 맥락 현실 인식이 문제해결을 위해 얼마나 유용한 것인지에 초점을 둔다. 개입 대상의 문제를 둘러싼 맥락은 그 맥락 안에서 사회구성과정에 직접 참여한 클라이언트의 관점에서 주로 설명되도록 한다. 맥락 안에서 갖게 된 클라이언트 자신의 경험, 클라이언트가 이해하고 있는 맥락의 내용이 중시되며 사회복지사의 전문적 판단은 중시되지 않는다. 어떤 문제의 맥락이 다르게 구성되면 문제와 관련된 판단, 문제해결을 위해 필요한 행동의 종류, 클라이언트가 발휘할 수 있는 강점, 문제해결을 위해 필요하거나 동원 가능한 자원 등이 달라질 수 있다.

③ 평등한 관계 안에서 대화를 통한 사회구성

사회구성주의 사회복지실천가는 클라이언트보다 우월한 입장에서 클라이언트를 이끌어 가는 전문가가 아니라 클라이언트가 새로운 통찰력을 갖도록 도와주는 역할을 한다. 여기서 사회복지사와 클라이언트 간 평등관계가 중시된다. 사회복지사는 클라이언트가 자신 주변의 현실을 어떻게 구성하는지를 배우려는 노력을 하는 동시에, 알게 된 구성 내용을 클라이언트와 관계된 다른 사람들에게 전함으로써 주변의 다른 사람도 새로운 통찰력을 얻도록 도와주는 역할을 한다.

다양한 관점을 가진 사람들 사이의 초기 이해 단계에서 대화는 상호 관점의 차이를 알아내는 역할을 한다. 대화 참여자 각자가 가진 다양한 관점이나 인식을 드러내는 것이 목적이기 때문에 이 과정에서는 다양하고 상호 충돌하는 관점이 나타날 수 있다. 사회복지사의 역할은 대화 참여자 개개인이 상대방의 관점을 존중하면서 서로 대화를 통해 영향을 주고받는 과정 속에서 그들의 잠재력을 극대화할 수 있는 사회적 구성에 합의하도록 이끄는 것이다. 이 과정에서 핵심은 참여자들 모두의 관점을 평등하게 존중해 주면서 그들 간 합의를 위한 조정을 하는 것이다. 합의적 공동 구성이 불가능할 경우에도 적어도 각자 상대방이 갖고 있는 관점을 최대한 이해할 수 있도록 하는 것이다.

④ 사회복지사와 클라이언트의 대화 과정을 통한 개입 방안의 도출

협동 작업을 통해 상호 타협 또는 융합되어 구성된 현실이 노출되면 이것에 바탕을 둔 실용적이고 적절하며 합당한 실천 개입 방안을 이끌어 내게 된다. 이때 개입 방안은 사회복지사의 전문적 지식으로부터 나오는 것이 아니라 협동작업을 통해 구성된 현실 내용으로부터 사회복지사와 클라이언트 간 상호 합의로부터 나오는 것을 분명히 할 필요가 있다. 문제 상황의 정의 또는 문제를 확인하는 모든 과정에서 다양한 가치와 관점을 갖고 있는 모든 이해 당사자가 관여해야 한다. 다양한 가치와 관점 또는 현실구성 내용들이 합의와 융합을 통해 재구성될 현실 속에 잘 반영될 수 있도록 해야 한다. 사회복지사는 모든 이해 당사자가 이 현실 재구성 과정에 그리고 재구성 결과물에 동일한 비중으로 참여할 수 있도록 해야 한다. 그렇게 해야 도출된 개입 방안이 제대로 시행될 수 있으며 그 개입을 통해 예상되는 변화가 나타나고 유지될 수 있다. 이 과정에서 사회복지사는 통제자나 조정자로서의 역할이 아닌 협력자로서의 자세를 취해야 한다.

⑤ 다양한 의견과 가치체계를 의식하고 소중히 여김

사회구성주의 시각에서는 가치가 배제된 이론이나 실천은 없다고 본다. 따라서 각 구성원들이 갖고 있는 가치체계를 잘 드러내는 일은 그 가치가 어떤 함의를 지니며 개인의 삶에 어떤 영향을 미칠 것인지를 알아내는 데 요긴하다. 사회구성주의 실천에서는 가치를 명확히 드러내고 그것이 어떻게 실제의 삶 속에 영향을 미치는지 탐색하는 것을 선호한다. 이 과정에서 다양한 의견과 관점들이 소중히 다루어지며 배움의 원천으로 활용된다. 사회구성주의 사회복지실천가는 귀담아들을 만한 귀중하고 다양한 관점들을 사회 취약계층이 소유하고 있다고 믿고 이것을 배우고자 하는 자세를 취한다.

동일하게 보이는 환경과 맥락 속에서도 우리 각자가 서로 다른 현실을 경험한다는 사실을 진정으로 이해하게 된다면 다른 사람에게 우리와 동일한 방식으로 현실을 바라보라고 강요하지 않게 된다. 사물을 바라보는 타인의 독특한 방식을 이해하려 하다 보면 우리도 모르게 우리의 생각과 이해의 지평을 새롭게 개척하게 된다.

3. 다문화관점

오늘날 사회복지사가 직면한 도전 중 하나는 클라이언트의 문화적 프로필의 다양성이다. 상대적으로 자유로워진 국가 간 인구 이동으로, 이주노동자 · 결혼이주자 · 난민 등 다양한 문화적 배경을 지닌 이주자에 대한 사회복지욕구가 증가하고 있다. 주변화되었거나 압박받는 사람들을 우선적으로 돕는 것은 사회복지의 가치와 부합되는 것이기도 한데, 이주자의 경우 이들의 문화에 대한 이해가 필수적이어서 다문화관점이 부각되고 있다.

1) 다문화관점의 정의

다문화관점이란 사회를 다문화주의(multi-culturalism)에 입각해서 이해하는 것이다. 다문화주의는 한 사회 내에 존재하는 다양한 인종이나 민족집단의 문화를 지배적인 하나의 문화에 동화시키지 않고 서로 인정하고 존중하면서 공존하게 하려는 이념체계를 말한다. 즉, 모든 문화의 가치는 동등하다는 문화상대주의로서, 문화적 차이에 대한 관용을 중시하는 입장이다.

다문화관점을 이해하기 위해서는 우선 문화의 개념을 이해해야 한다. 유네스코(2002)에 따르면 문화(culture)란 "한 사회 또는 사회적 집단에서 나타나는 예술, 문학, 생활양식, 가치관, 전통, 신념 등의 독특한 정신적 · 물질적 · 지적 특징"이다. 문화는 공유성, 학습성, 축적성, 변동성, 총체성이라는 속성을 지닌다. 즉, 문화는 한 사회의 구성원에게서 공통적으로 나타나는 것으로, 타고나는 것이 아니라 후천적으로 습득되어 사회화과정을 통해 한 세대에서 다음 세대로 전수된다. 또한 문화는 고정된 것이 아니라 시간의 흐름에 따라 변화하며, 문화의 각 영역은 다른 영역과 밀접하게 연관되어 총체적으로 형성된다. 문화는 개인의 행동과 경험의 거의 모든 측면에 영향을 미치기 때문에, 사람들이 삶의 문제를 인식하고 경험하고 해결하는 방식도 그 사람이 속한 특정한 문화적 맥락의 영향을 받게 된다. 따라서 다양한 문화적 배경을 지닌 구성원을 효과적으로 돕기 위해서는 이들의 배경문화에 대한 이해를 전제하는 다문화관점이 유용하다.

2) 다문화관점의 용어

(1) 문화적 다원주의와 다문화주의

다문화주의와 혼동하기 쉬운 개념이 문화적 다원주의다. 문화적 다원주의(cultural pluralism)는 다른 문화들에 비해 우세한 지배적 주류문화를 인정하면서 다양한 집단이 고유의 문화를 유지하는 것을 말한다. 문화적 다원주의에서는 주류문화와 비주류문화에 대한 차별을 인정하고 비주류문화에 속하는 소수집단이 주류문화에 동화(assimilation)할 것을 기대하게 된다. 그러나 다문화관점은 문화적 다원주의와 달리, 문화적 주류의 기득권을 인정하지 않는다. 오히려 다양한 문화적 주체들의 정치적 · 사회적 · 경제적 · 문화적 · 언어적 불평등을 시정하는 일종의 사회통합의 이념이라고 할 수 있다. 다문화관점은 다양한 문화적 주체들의 특수한 삶의 권리에 대한 제도적 보장을 위한 구체적인 정책을 유도해 내는 원칙이라고 할 수 있다. 개인의 일상 생활방식과 가치에 영향을 미치는 문화에 우월하고 열등한 차이가 있다고 보는 것이 아니라, 서로 다를 뿐이라고 인식하여 다양성을 존중하고 수용하는 것이다.

(2) 다문화사회

다문화사회(multicultural society)란 다문화주의를 주요 가치로 받아들여 한 사회 내에 여러 인종 또는 민족이 함께 어울려 살면서 사회 · 경제 · 정치 · 문화적 권리에 있어 인종과 민족을 이유로 차별받지 않는 사회를 말한다. 한 사회가 다문화주의를 표방하기 위해서는 세 가지 조건이 필요하다. 첫째, 인종적 · 민족적 · 문화적으로 다원화된 인구학적 현상이 있어야 하고, 둘째, 사회문화적 다양성을 긍정적으로 인식하여 가치 있게 여기고 존중하려는 사회적 이념이 존재해야 하며, 셋째, 사회문화적 다양성을 보호하고 인종이나 민족, 또는 국적에 따른 차별과 배제 없이 모든 개인이 기회에 동등하게 접근할 수 있도록 보장하는 정부의 정책과 프로그램이 존재해야 한다. 이념으로서의 다문화사회는 "시민/국민으로 누릴 수 있는 사회적 · 경제적 · 정치적 · 문화적 권리를 취득하고 향유하는 데 인종과 민족이 차별의 근거가 되지 않는 사회"(김혜순, 2007)를 뜻하기 때문이다.

(3) 문화적 역량, 문화적 민감성, 다문화 감수성

문화적 역량은 때로 문화적 민감성, 다문화 감수성으로 혼용되기도 하는데 이들 용어의 의미는 조금씩 다르다. '문화적 민감성'은 집단 간에 존재하는 문화적 차이들에 대한 이해를 의미하지만 다양성에 대한 선호나 옳고 그름의 가치를 부여하지 않는 개념이다(Diller, 2004). '다문화 감수성'이란 타 문화 집단에 대한 이해와 다양성에 대한 인식을 갖게 될 뿐 아니라 그 결과로 개인의 태도나 가치와 같은 내적 변화를 경험하고 타 문화집단에 대한 개방적 태도를 가지게 되는 것을 의미한다. '문화적 역량'은 한 단계 더 나아가 각 문화에 내재하는 강점과 자원들을 인정하면서 소수 문화 집단에 대해 갖고 있었을지도 모르는 개인의 부정적 개념이나 결핍 모델로부터 근본적으로 인식과 태도를 전환하는 것을 의미한다(Lum, 2011). Dwayne(2007)은 다문화 역량을 "일련의 문화적 행동과 태도를 여러 문화 상황에서 효과적으로 작용하도록 만드는 시스템, 기관, 또는 그 전문직업의 실행방법으로 통합하는 것"이라 하였다. 문화적 역량은 다문화배경을 지닌 클라이언트와 일하는 사회복지사가 갖추어야 할 핵심적 역량이라 할 수 있다.

3) 다문화관점의 역사적 전개

현대적 의미의 다문화주의가 등장한 것은 이민국가인 캐나다와 호주에서 국가의 민족적 다양성을 관리하기 위해, 정부정책의 주요 항목으로 다문화주의를 표방하면서부터였다. 캐나다는 1971년에 서구 국가들 중에서 처음으로 다문화주의를 국가정책으로 채택하여(이용승, 2004; 최무현, 2008) 소수인종 집단의 문화 보호와 기회평등을 확장하였다. 캐나다의 다문화주의는 곧 유럽 국가에 전파되어 유럽과 북미 지역의 이민자 및 소수집단의 권리를 인정하고 보호하는 사회적 원칙으로 자리 잡게 된다. 같은 이민국가인 미국에서도 1970년대에 인종적 소수집단에 대한 접근으로서의 다문화주의가 등장하였으나, 미국은 '용광로(melting pot)' 개념을 오랫동안 유지하면서 다문화주의가 중심 가치로 떠오르지는 못했던 것으로 보인다. 1991년 이후가 되어서야 미국의 사회복지현장에서 다문화주의라는 용어가 많이 사용되었음을 알 수 있다. 미국사회복지사협회(NASW, 2017)는 다문화관점은 가치와 윤리, 실천 지식과 기술 및 사회복지교육과 사회변화의 추구와 같은 사회복지실천의 모든 차원에서 중요한 기반이 된다고 지적하고 있다.

한편, 한국에서는 2000년대에 들어서면서 다문화주의가 논의되기 시작했다. 세계화에 따른 자유로운 인구이동이 우리나라에도 영향을 미쳐 외국인 노동자와 그 가족 및 결혼이주여성이 크게 증가하였기 때문이다. 부부 중 한쪽이 외국 출신인 경우를 '다문화가족'으로 명명하면서 '다문화가정', '다문화아동' 등의 새로운 용어가 등장하였다. 이러한 명칭은 이들을 선주민 한국인과 구별함으로써 오히려 사회적 배제를 가져온다는 비판적 시각도 있으나, 2011년 「다문화가족지원법」 제정 등 법령과 규칙 및 지원 프로그램의 용어로 자리 잡게 되었다. 2019년 현재 319개의 다문화가족지원센터, 또는 건강가정지원센터가 한국어 교육과 함께 다문화가족의 가족문제, 다문화가족 내 아동의 발달과 적응 욕구, 취업 및 교육 욕구에 대응하고 있다. 정부는 우리 사회의 새로운 가치로 다문화주의를 주창하고 있으나, 다문화주의에 대한 인식이 체계적으로 홍보되지 못했고, 이주자 개인을 대할 때 한국문화로의 동화(assimilation)와 이중문화(bi-culture)의 구분이 제대로 이루어지지 않아, 지역사회는 물론 사회복지현장에서조차 다문화주의 가치가 제대로 실현되고 있다고 보기에는 미진한 점이 많다.

4) 다문화관점 사회복지실천

(1) 다문화관점과 사회복지실천

1960년대 이전까지의 사회복지실천 현장에서는 인간의 욕구는 공통적이라는 생각이 지배적이어서 다양성과 관련된 이슈들이 주의를 끌지 못했다. 오히려 소수집단이 가지고 있는 차이점을 인정하지 않거나 소수문화를 문화적 병리와 열등성으로 보기도 하였다. 그러나 지금은 소수집단의 삶을 피폐하게 하는 가장 큰 요인으로 인종주의, 불평등과 억압이 지적되면서(Tsang & George, 1998; Paldasani & Goldkind, 2013 재인용), 사회복지정책과 실천현장에서 클라이언트의 문화적 다양성의 반영 여부에 대한 관심이 증가하고 있다. 한국 사회에서도 단일문화(mono-culture)이념이 다문화적 접근(multi-cultural approach)의 도입으로 변화해 가고 있다. 돌이켜 보면, 이주민, 난민, 소수집단은 언제나 사회복지의 전통적 클라이언트 집단이기도 했다. 사회복지의 전통은 사회정의 실현이라는 가치에 입각하여, 주변화되어 압박받는 사람을 돕고 사회에 봉사하며 모든 인간의 존엄성과 가치를 인정하고 지키려는 데 뿌리를 두고 있기 때문이다(Lum, 2011; NASW, 2017).

럼(Lum, 2004: 11)은 다문화주의에 기반한 사회복지실천을 “사람들 사이에 존재하는 다양성과 차이점을 존중하고 원조관계에서 작용하는 문화적 요소를 인식하는 사회복지실천”이라고 하였다. 즉, 개인의 삶은 인종, 민족, 언어, 문화, 성(性)적 지향, 신체적 · 정신적 능력, 종교와 사회경제적 지위 등과 불가분의 관계를 가지고 그 사람의 역할, 배경 그리고 인생 경험들로 수렴되는 것임을 인식하고 사회복지실천 활동을 전개해야 한다는 것이다. 다양한 문화적 주체들에게 삶의 권리를 보장하고 불평등을 시정하는 사회통합 이념으로서의 다문화주의 원칙은 사회정의와 사회연대, 자기결정과 같은 사회복지의 기본 가치와 맥을 같이 한다. 다문화사회복지실천은 하나의 기법이라기보다는 다양성에 대한 개방적인 시각, 사회적 소수자에 대한 인권의식, 문화적 다양성에 대한 강점 중심의 시각 등을 대입하여 기존의 사회복지실천의 원리를 강화한 것으로 볼 수 있다.

(2) 사회복지사의 다문화역량

다른 문화에서 온 누군가를 돕고자 하는 사회복지사라면 클라이언트의 언어와 문화적 전통을 이해하는 것뿐만 아니라 그의 세계관과 정체성 경험, 그리고 도움을 주고받은 경험을 이해하려는 노력이 필요하다. 사회복지사는 다문화 클라이언트와 일하는 데 있어 "모든 문화, 언어, 계층, 인종, 민족적 배경, 종교, 그 외 다양성 요인들을 존중하여 효과적으로 반응하면서 개인과 가족, 지역사회의 가치를 인정하고 확신하며 각자의 존엄성을 보호, 보전하는 노력"(NASW, 2001: 11)을 요구받는다. 이는 다른 말로 '다문화역량'을 갖추어야 한다는 것이다.

다문화역량은 다문화 감수성(Bennett et al., 2004)에 기초를 두고 있다. 다문화 감수성이란 타 문화적 상황에 처하게 된 개인들의 문화 간 장벽에 대처하고 소통하는 역량의 차이에 주목한다. 다문화 감수성 발달은 문화를 바라보는 위계적 관점에 따라 자민족중심주의적 단계에서 민족상대주의적 단계로 진행되는 것으로, 이 두 단계는 다시 각기 세 가지 단계의 하위 영역으로 구분할 수 있다.

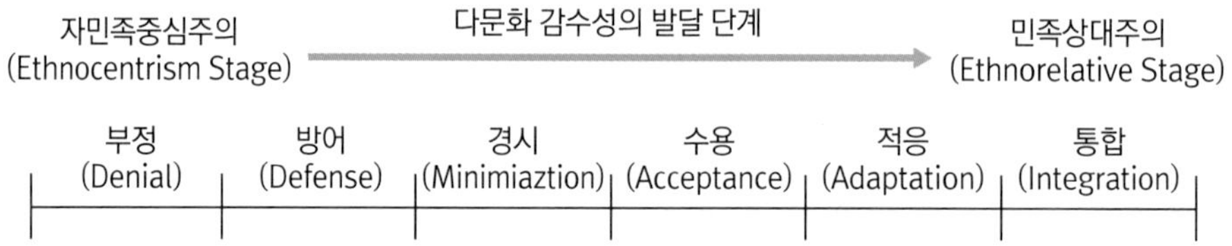

그림 6-1 ● **다문화 감수성 발달의 여섯 단계**

출처: Bennett, M. J. (2004). *Becoming Interculeurakky competent, in Toward multiculturalism: reader in multicultural education* (2nd ed.), edited by J. Wurzel. Newton, MA: Intercultural Resource Corporation.

이처럼 다문화 감수성을 기반으로 한 문화적 역량의 구성 요소에 대해 이현정(2014)은 학자들의 다양한 견해를 종합하여 다음의 세 가지 공통 요소를 추려내었다. 첫째는 문화적 인식인데, 이는 실천가 자신의 문화적 배경에 대한 자기인식은 물론, 클라이언트의 문화적 다양성에 대한 인식과 존중을 말한다. 둘째, 다양한 문화와 집단에 대한 지식으로 클라이언트 출신국가의 사회 · 종교 · 세계관 · 의사소통 양식 등 문화에 대해 충분한 지식을 갖추는 것을 말한다. 셋째, 문화적으로 적절한 개입 기술인데, 기존의 이론과 개입 전략들이 클라이언트의 문화적 맥락에서 적절한지를 파악하고 필요에 따라 유연하게 조정할 수 있는 능력이다. 다시 말하면, 문화적 역량은 인지적, 정의적 측면의 요소들뿐 아니라 이러한 요소들을 실제 다문화적 실천 상황에서 구현할 수 있는 행동적 측면도 포함되는 개념이라고 할 수 있다.

그러면 다문화사회복지실천에서 사회복지사의 문화적 역량은 어떻게 발현되는 것일까? Lum(2011)은 문화적 역량이 발휘되어야 하는 세 가지 수준으로 개인 · 개별적 수준, 조직 · 기관수준과 지역사회 수준이 있다고 하였다. 첫째, 개인수준에서의 문화적 역량이란 실천가 개인이 본인의 가치관, 문화적 다양성에 대한 태도 등과 같은 자기 인식을 증진시키고 클라이언트의 문화적 유산, 역사적 배경, 생애경험, 가치관, 가족구조, 도움을 구하는 데 대한 태도와 적응전략 등에 대한 지식을 바탕으로 문화적으로 적절한 개입기술을 개발하는 것이다. 둘째, 조직(기관)수준에서의 문화적 역량은 조직 차원에서 조직의 정책과 실천원칙이 다문화집단과 소수집단의 특수성을 반영하고 이들의 서비스 접근성과 평등한 수혜를 보장하는 것을 의미한다. 셋째, 지역사회 차원에서의 문화적 역량은 지역사회 안에서의 차별, 배제 등을 지양하는 노력을 말한다. 크로스 등(Cross et al., 1989)도 다문화역량이 실천가 개인의 개입과정에서만 필요한 것이 아니라 전문직 분야 전체와 기관조직 및 서비스 전달체계 전체 차원에 반영되어야 한다고 하였다(김연희, 2007 재인용).

(3) 다문화관점 사회복지실천의 과정

다문화관점의 사회복지실천에도 전통적인 사회복지실천과정이 그대로 적용된다. 즉, 접수-자료수집과 사정-계획과 개입-평가 및 종결 단계가 적용되는 것이다. 단, 다른 문화나 인종적 배경을 지닌 사람과 관계를 형성하고 실천과정을 진행하는 것이 쉬운 일은 아니다. 각 단계마다 클라이언트가 가지고 있는 문화적 요소를 고려한 의사소통이 필요한데, 이때 사회복지사의 문화적 역량이 매우 중요한 역할을 하게 된다.

① 접수 단계에서는 라포(rapport)를 형성하고 문제를 확인하고 문제해결에 대한 희망을 제시하게 되는데, 이 과정에서 클라이언트의 문화적 배경이 중요하게 고려될 것임을 알게 해 주는 것이 좋다.

② 자료수집과 사정 · 계획 단계에서는 기존의 가계도, 생태도 등의 자료수집 내용에 덧붙여 다문화 특성을 이해하기 위한 작업이 추가적으로 필요하다. 이때 콩그레스(Congress, 1994)가 가족의 문화적 다양성과 민족 이슈를 고려한 실천을 위해서 가족사정 도구로 개발한 문화도(culturagram; [그림 6-2] 참조) 작성이 도움이 될 수 있다. 문화도란 클라이언트의 이주 이유,

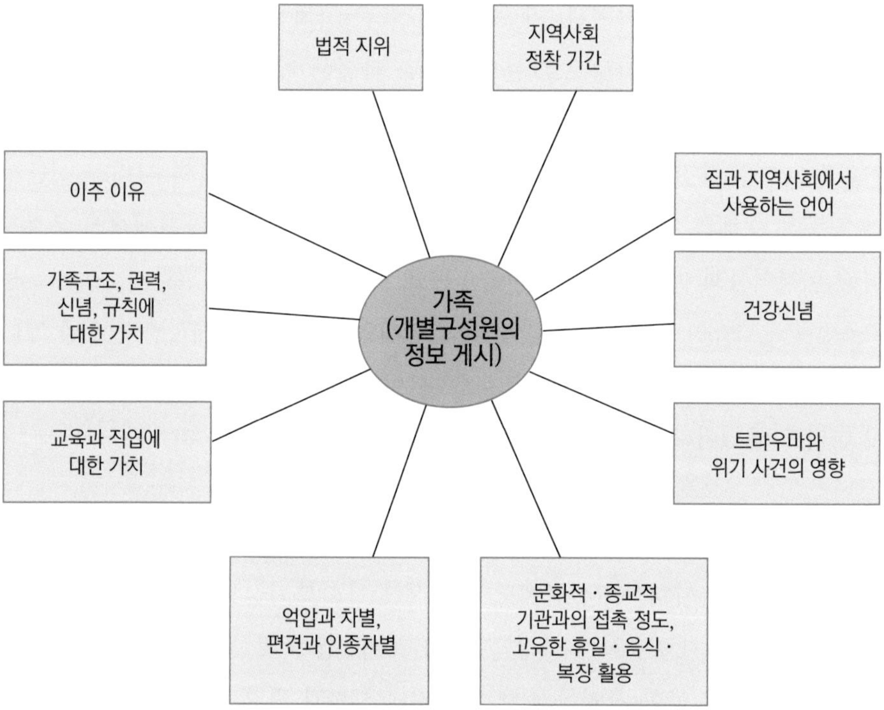

그림 6-2 ● **문화도**

출처: Congress(1994).

정착 기간, 법적 지위, 이주 시 연령, 사용하는 주요 언어, 서비스기관 접촉 정도, 트라우마(trauma)나 위기 경험, 그리고 가족 · 교육 · 일에 관련된 문화집단의 가치를 확인하도록 한 것이다(윤혜미, 2009). 이 외에도 클라이언트와 가족의 심리적 상태, 원조에 대한 클라이언트와 가족의 태도, 클라이언트의 문화적응 수준, 가족의 문화적응에 대한 태도 등의 정보를 수집해야 하며, 이 과정에서 클라이언트의 문화적응 스트레스가 문제가 되는지도 점검할 필요가 있다.

수집된 자료를 검토하여 사정할 때에는 사회복지사는 클라이언트가 문제 상황을 어떻게 바라보고 있는지를 검토할 필요가 있다. 문화적 차이 때문에 문제와 관련 상황의 의미에 대해 서로 다른 시각을 가지고 있을 수 있기 때문이다. 또한 클라이언트의 문제를 개인이나 가족 등 미시적 측면과, 조직이나 지역사회와 같은 중범위 및 정치적 · 인구지리학적인 거시적 측면의 관련성을 검토하여 상호 영향이 어떤지 파악해야 한다. 예를 들어, 부계 중심적 가족문화와 양계 중심적 가족문화, 자본주의와 공산주의 이념의 차이와 역사적 배경에 따라 가족 내 여성의 지위와 역할이 달리 규정될 수 있어, 국제결혼가정의 가족관계 문제의 원인이 될 수 있다.

③ 개입에서 유용한 모델은 임파워먼트모델이나 강점모델이다. 이민국가인 미국, 캐나다, 호주 등의 경험을 보면 권리 중심, 강점관점 등의 접근이 부각되고 있다. 이러한 접근법에서 공통적으로 나타나는 것은 이주자의 자기결정, 권리, 주체성, 비판적 사고, 유능성의 획득과 같은 개념들로, 임파워먼트에 의미를 두고 있다(Gutierrez, 1990; Evans, 1992; Ife, 2001; 윤혜미, 2009 재인용). 임파워먼트 접근은 대상자의 개별적인 강점과 약점의 이해는 물론, 대상자의 삶을 둘러싼 미시 · 중도 · 거시의 세 가지 차원을 포함한 전체 사회체계 내에서의 지위에 대한 비판적 사고와 리더십 배양을 목적으로 하고 있어 사회복지사의 문화적 역량과 조화를 이루면 매우 적합한 실천적 접근으로 이해되고 있다.

특히, 결혼이민이나 이주노동자 등 다문화가정의 클라이언트와 일할 때에는 외부 도움을 받는 데 대한 본국의 가치부여를 점검하여 저항을 해결하고 면접과정에서 가족이나 통역 등의 신뢰관계자 동석 등을 고려해야 한다. 간접적 개입의 경우에는 공식적인 지원은 물론, 최근 비영리단체에서 제공하는 다문화가정 지원 프로그램이 증가하고 있어 이러한 자원을 연결해 주는 일도 매우 중요하다. 이 과정에서 이주자 공동체나 지역사회에 존재하는 고유의 지지망이나 치유적 접근을 존중하고 이용할 수 있는 역량도 갖추어야 한다.

④ 평가 및 종결 단계에서는 종결의 정서적 이슈와 과정, 결과에 대한 평가가 이루어진다. 종결은 목적을 성취한 결과로서의 종결이든 원치 않는 종결이든 간에 클라이언트의 이후의 삶에 영향을 준다(최명민 외, 2009). 다문화 클라이언트는 모국을 떠났다는 중대한 분리 경험으로 인해 사회복지실천의 종결이 또 다른 상실의 의미로 다가올 수 있기 때문에 사회복지사의 종결에 임하는 자세가 더 민감해야 한다. 또한 문화적 소수자 클라이언트 집단은 초기 정착 단계에 잦은 이사나 직장 이동 등으로 인해 높은 중도탈락률을 나타내는 경향이 있는데(Lum, 2004), 이런 경우 종결이 사회복지사의 클라이언트에 대한 관심의 철회가 아님을 분명히 할 필요가 있다. 다문화 클라이언트를 포함한 사회적 소수자와의 개입이 주로 임파워먼트 접근이나 강점모델에 기반하는 경우가 많으므로 이들 사용된 모델의 지침에 따라 평가하는 것이 바람직하다. 특히, 다문화 클라이언트에게는 개인적·집단적 차원의 역량강화의 정도를 점검하게 하고, 자조집단 조직과 같이 정서적 지원을 받고 사회적으로 힘을 기를 수 있는 실질적 경험을 제공하는 것이 중요하다.

종합해 보면 다문화사회복지실천 과정에서는 사회복지사가 자신의 인종과 문화적 유산이 실천활동에 미치는 영향을 인식하고, 다른 인종적·민족적 배경을 지닌 클라이언트 집단에 대한 지식을 갖추어 사회복지실천의 사정-개입-평가 과정에 내재되어 있을지도 모르는 문화적 편견과 차별적 요소들을 인식하고,

경험에 기반하여 실천해야 한다(McPhatter, 1997). 즉, 클라이언트의 특성을 이해하여 보편적이면서 동시에 클라이언트의 문화적 특수성을 고려한 전략을 개입과정에 도입하고, 개인주의와 집단주의의 균형을 이루어야 하는 것이다(Sue, 2006).

5) 한국에서의 다문화관점의 적용과 함의

한국의 사회복지현장에서 마주하게 되는 다문화관점이 요구되는 주요 대상은 결혼이주여성, 이주노동자, 북한이탈주민과 그 가족들과 난민이라고 할 수 있다. 이들의 한국 사회로의 이주 이유는 각기 다를 수 있으나, 한국에서의 삶을 이어가는 데 문화적 적응 이슈를 가지고 있다는 점은 공통적이다. 지금까지 한국 사회복지현장에서 다문화관점이 강조되었던 집단은 결혼이주여성을 중심으로 한 다문화가정이다. 다문화가족지원센터 또는 (통합)건강가정지원센터를 중심으로 이 결혼이주여성과 그 가족에 대한 서비스를 제공하고 있는데, 사회복지사들은 이들과 일하면서 문화적 다양성에 대한 상호 이해가 효과적 실천의 관건임을 경험하게 된다. 부부나 가족, 자녀문제로 인한 갈등과 심리사회적 문제에 대해 효과적으로 개입하기 위해서는 이주여성의 문화적 배경과 생애사에 대한 이해가 필요하고, 이러한 특성이 한국인 남편을 비롯한 가족, 지역사회와의 상호작용에서 제대로 상호 교환되고 존중받을 수 있도록 하는 것이 매우 중요하다.

현재 한국에서는 결혼이주여성 가정을 제외한 외국인 주민은 사회복지실천에서 소외된 편이며, 북한이탈주민은 여러 가지 이유로 사회복지실천 현장에서 가시성이 낮은 편이다. 이들과 함께 최근 유입되기 시작한 난민은 오랜 기간 단일문화(mono-culture)로 인식되었던 우리 사회에 다문화적 접근(multi-cultural approach)의 필요성을 강조해 준 또 다른 중요한 클라이언트 프로필이다. 이런 점에서 다문화관점은 매우 유용한 실천 관점이다. 펠린(Felin, 2000)의 주장대로 사회복지교육이 다문화주의를 적극 수용하여 사회복지사에게 문화적으로 역량 있는 서비스를 제공하도록 가르치고, 개인, 조직, 지역사회 수준의 사회복지 개입에서 다문화관점을 활용할 수 있도록 역량강화 전략을 통합하여 다문화주의적인 인간봉사 조직과 서비스 제공 모델을 개발할 것을 고민해야 한다. 클라이언트의 행동과 사고, 욕구를 사회문화적 · 종교적 · 민족적 · 경제적 맥락을 고려 · 이해 · 수용하면서 공감과 존중을 기반으로 접근하는 것은 사회복지실천의 일반적 가치이며 원칙이기도 하기 때문이다.

4. 성인지관점

성인지관점(gender-sensitive perspective)은 가부장주의 사회에서 당연시되던 남녀의 고정관념화된 역할분담이나 양성 불평등 문제에 의문을 제기하면서 나타났다. 사회복지실천 현장에서 발생하는 적지 않은 문제가 양성 불평등 문제인데 이것이 무시되거나 간과됨으로써 근본적인 문제해결에 한계가 있었다. 특히, 여성이 주 고객이자 제공자인 사회복지실천 현장의 탈여성주의 접근에 대한 비판이 일기 시작하였다.

최근 들어 여성주의(feminism)로부터 폭을 넓힌 성인지관점은 여성을 넘어 남녀의 사회적 성인 젠더(gender)로 기인한 다양한 문제를 개선하기 위하여 각종 제도나 정책 및 실천이 남녀에게 미치는 영향과 문제점에 주목하고 그 개선안을 모색하고자 하는 관점으로 각광받고 있다.

1) 성인지관점의 정의

성인지관점은 여성의 불이익 문제에 관심을 두는 여성주의 관점과 공유 부분이 많으면서도 남성의 성역할에까지 지평을 넓힌 접근이다. 여성주의 관점은 여성의 차별과 불평등의 문제에 관심을 갖지만, 성인지관점은 여성뿐만 아니라 남성 역시 남성이라는 이유로 겪게 되는 차별과 불평등의 문제도 같이 다룬다.

따라서 성인지관점은 남녀 공히 생물학적 · 사회문화적 경험의 차이로 의해 서로 다른 이해나 요구를 가지고 있다고 보고, 특정 개념이나 정책 및 실천 등이 특정 '성'에게 유리하거나 불리하지 않은지, 성역할 고정관념이 개입되어 있는 것은 아닌지를 검토하는 관점이다(위키백과, 2019). 예를 들어, 아이 기저귀를 가는 교환대가 설치되어 있는 곳은 대부분 여성 화장실뿐이었다. 하지만 아버지가 아이를 데리고 외출하는 경우도 있기에 최근 일부 공공시설 남성 화장실에도 기저귀 교환대가 설치되고 있다. 이러한 정책의 변화는 성인지관점이 정부 예산에 적용된 성인지 정책의 결과다(박노욱 외, 2008). 이와 같이 성인지관점의 목표는 '여성'을 넘어선 '성 평등'에 초점을 맞추고 있다. 사회복지실천에서 성인지관점은 클라이언트의 삶과 사회복지실천의 현장 및 개입에서 성이 어떠한 역할을 하고 있는지에 대한 영향을 인식하고 그 영향을 고려할 수 있는 관점을 제공해 준다.

2) 성인지관점의 역사

20세기 초에 태동한 전문사회복지실천은 주로 빈곤과 가족문제에 관심이 있었다. 그러나 가부장주의로 인한 남녀의 불평등 문제에 대해 무관심하였다. 사회복지실천의 주요 대상인 여성은 빈곤, 가정생활의 부담으로 항상 가장 억압받는 사람들이었고, 또한 대부분의 사회복지사들이 여성임에도 불구하고 사회복지실천의 이론과 실천은 현장의 여성화와 여성 억압이라는 중요한 문제에 대해 거의 주목하지 않았다. 성차별 문제가 사회복지에서도 사회문제로 인식되어 본격적으로 거론되기 시작한 것은 1960년대 여성해방운동의 영향에서 찾을 수 있다. 여성주의 관점이 사회의 각 부야에 영향을 미치면서 1970년대 이후에 사회복지실천에도 영향을 주게 되었다. 여성해방운동은 여성의 불평등 문제를 해결하고자 하는 여성주의/여권주의의 이념과 방법으로 발전하였고, 여성주의는 여성의 상황은 물론 사회문제를 분석하는 새로운 인식론적 개념적 틀이면서 동시에 분석양식으로 인식되면서 사회문제, 특히 여성문제에 대한 재개념화와 재해석을 가능하게 하였다(김인숙, 2000: 95). 1970년대 여성주의 운동은 자유주의, 마르크스주의, 사회주의, 급신주의로 대표되었고 이후에 포스트모던 여성주의로 발전하였다(김기덕 외 역, 2012). 이러한 전개를 통하여 사회복지실천에서 여성주의와 성인지주의적 관점의 영향력은 그 실체가 너무 크고 강력하여 더 이상 도외시할 수 없는 관점이 되었다(연세사회복지실천연구회 역, 2004: 324).

이와 같은 여성운동의 영향으로 사회복지실천에서도 '여성주의 사회복지실천'이 탄생되었다. 이 과정에서 여성주의 사회복지실천은 '성인지 실천(gender-sensitive practice)'과 '여성주의 실천(feminist practice)'으로 재개념화되었다. 성인지 실천은 남성과 여성의 발달과 생활경험이 서로 다르며, 그 결과 남녀가 처한 특정 상황에 대한 의미가 남녀에 따라 다르다는 사실에 근거한다. 여성주의 실천은 여성의 관점에서 접근하는 성인지적 실천의 한 유형이다(김기덕 외 역, 2012).

3) 성인지관점의 요소

성인지관점에는 다음과 같은 공통적 요소가 있다(김인숙, 정재훈, 윤홍식, 2004).

① 성인지관점에서 봤을 때, 성 중립적 현실은 존재하지 않는다.
② 성 중립적 현실은 존재하지 않고 개입 대상이 되는 여성과 남성의 삶의 형편과 이해관계가 상이하기 때문에 성인지적 관점은 젠더에 따른 개입 역시 여성과 남성에게 다르게 나타난다.
③ 성인지관점은 흑백논리를 배제한다. 남성에게 긍정적인 개입이 여성에게는 불리하게 혹은 여성에게 긍정적인 개입이 남성에게는 불리하다는 식의 해석은 피한다.
④ 가족 내 성역할 분업의 역할을 강조하는 것은 성인지적 관점이라고 볼 수 없다. 여성이 겪는 성차별 현실의 중요한 원인 중에 하나가 어머니와 아내로서 갖는 역할 수행으로 인하여 사회 모든 분야에서 남성과 동등한 기회

를 갖지 못했다는 점을 들 수 있다.

⑤ 성인지관점은 개입을 통해 여성이 갖는 보호노동의 부담을 덜어 주고 전통적으로 여성이 담당했던 보호 · 양육 · 가사노동 분담을 남녀가 공평하게 분담할 수 있는 방안을 제시하려고 시도한다. 더 나아가, 성인지적 관점은 여성이 취업활동과 정치참여를 통해 지금까지 남성이 독점해 왔던 정치경제적 권력을 분배하려는 시도를 한다.

⑥ 성인지관점은 정책이나 개입이 여성과 남성에게 미치는 효과를 평가하고 그것을 반영하도록 노력해야 한다. 예를 들어, 국가 재정이 성 평등을 증진하는 방향에서 운용되도록 정부 예산의 편성-심의-결산 과정에서 예산이 미치는 성별 영향을 고려하는 성인지 예산제를 들 수 있다. 성인지 예산제의 목표는 '여성'을 넘어 '성 평등'에 있다.

4) 사회복지실천과 성인지관점

(1) 성인지관점의 사회복지실천에 대한 비판

성인지관점의 중요한 기여는 인간과 사회문제에 대한 접근에서 가부장주의와 남녀 불평등 같은 사회구조적 요소들을 고려하지 않는 개념과 시각을 비판하는 것이다(연세사회복지실천연구회 역, 2004: 330). 사회복지실천에서 활용되는 대부분의 관점이나 이론 및 접근모델 등이 성(gender)을 고려하지 않기 때문에 성인지적 관점의 비판의 대상이 되고 있다.

첫째, 사회복지실천에서 많이 활용되고 있는 프로이트(Freud)와 에릭슨(Erikson)의 경우, 인간의 전 생애 과정을 발달적 관점에서 체계화하였으나 이들의 이론은 기본적으로 남성적 관점만을 투영하였고, 여성과 남성의 경험 차이를 고려하지 않았다(Gilligan, 1982). 스키너(Skinner)와 피아제(Piaget)로 대변되는 행동주의 이론과 인지이론 또한 그 어디에서도 남녀 간의 차이에 대해 언급하지 않고 있다.

둘째, 통합적 사회복지실천에서 가장 많이 활용되는 체계이론에 대한 비판이다. 체계이론은 통합적 사회복지실천의 개념적 틀을 제공한 이론으로 인간문제와 사회현상을 분석하고 개입함에 있어서 환경 속의 인간의 관점에서 모든 주변의 변수들이 상호 관련된 전체라는 시각을 갖추고 개인, 가족, 조직 등 어떠한 개입 단위에도 적용될 수 있는 유용한 틀을 제공하였다. 그러나 성인지적 관점에서 볼 때 체계이론은 전통적인 성역할 분업에 기반하고 있어서 성문제를 무시하고 비인과적이고 몰역사적이라는 비판을 받고 있다. 또한 상호작용하는 체계 간의 책임을 강조하고 추상적이고 비정치적인 특징을 지니고 있으며, 체계들 간의 힘의 불균형을 인정하지 않는다는 점도 많은 비판을 받고 있다. 즉, 사회 내에 엄연히 존재하는 성차의 영향을 전혀 고려하지 않으며 어느 체계든지 동등한 힘을 가지고 있으면서 상호 영향을 주고받는다는 순환적 인과론(circular causality)을 지지함으로써 힘의 불균형한 현실을 도외시한다고 비판받는다. 또한 체계가 처한 역사적 · 사회적 · 정치적 · 경제적 · 문화적 맥락을 고려하지 않고 체계들이 서로 보완적으로 도움을 준다는 상보성(complementarity)의 개념을 도입함으로써 남녀 간의 불평등을 합리화시킬 뿐만 아니라 사회에서 열등한 위치에 있는 여성의 문제를 다루는 데 한계를 지니고 있다는 비판을 받고 있다(김성천, 1992: 42-44).

이러한 체계이론의 연장선에 있는 생태체계모델의 대표격인 생활모델에 대해서도 여성주의는 '적응적 적합성'이 인간과 환경 간의 적응을 지나치게 낙관하고 있고, 특히 여성과 관련해서는 권력의 역할을 평가절하하고 있으며, 사회적 환경의 범위를 좁게 설정함으로써 정치사회적 맥락을 간과하고 있다고 비판하였다. 이 외에도 여성 클라이언트의 문제를 지나치게 개인화하고 개별화하는 경향 때문에 문제를 왜곡하는 경우가 많다고 비판하였다(김인숙, 2000).

(2) 성인지 실천의 원리

성인지관점은 성주류화를 통해 궁극적으로는 남녀 평등을 지향하는 접근으로 다음과 같은 실천원리에 입각해 있다.

첫째, 성인지 실천은 성으로 인하여 인위적으로 구분되는 거짓된 이분법을 제거하고 여성과 남성에게 규정된 지위를 재평가하며 남성과 여성의 경험의 차이를 인정하고 성과 관련된 권력을 재개념화하여 남성과 여성이라는 성 정체성으로 당연히 부과되는 역할 규정에 대해 의문과 비판의식을 갖는다. 이를 위해 성에 대해 인위적으로 구분하는 성역할과 권력의 분석에 비판적 관심을 갖는다(Worell & Remer, 1992).

둘째, 개인적인 것은 정치적인 것이라고 믿는다. 이는 개인의 문제와 환경은 역사적이고 유물론적이며 정치적이고 문화적인 차원을 갖고 있다고 보는 것이다(Bricker-Jenkins & Hooyman, 1986: 10). 이러한 원리를 수용하는 경우, 개인의 문제해결을 위한 선택이 개인적이고 개별적인 차원보다는 구조적인 차원의 변화를 더 강조하고 선호하게 된다. 개인적인 것이 정치적인 것이기 때문에 정치적인 운동에 집단과 지지망 연합에 적극적으로 협력하는 것을 강조한다.

셋째, 클라이언트의 임파워먼트를 장려하기 위하여 의식 함양과 교육기법을 통합하는 것을 강조한다(Bricker-Jenkins & Hooyman, 1986). 이의 일환으로 재명명(reframing)을 중시하며, 이를 통해 현실을 재창조하고자 한다.

넷째, 과정을 결과만큼 동등하게 중시한다(Van Den Bergh & Cooper, 1986). 과정을 중시하는 것은 현실에 대한 이해를 단선적이 아니라 복합적이고 역동적으로 이해하게 함으로써 현태를 결정론적으로 이해하지 않고 심판적인 태도를 지양하고 정상성과 일탈의 개념을 재평가한다.

다섯째, 직접적 · 간접적 서비스와 같은 잘못된 이분법을 비판한다. 사회복지실천의 체계적 접근이 임상과 사회행동을 분리하여 고려하는 이분법에 반대하는 것과 같이 성인지 접근에서도 통합적인 접근을 선호한다.

5) 성인지관점의 활용 및 적용

우리나라는 세계에서 드물게 여성가족부가 존재하는 국가다. 이는 그만큼 우리 사회가 성 불평등이 심각함을 보여 주는 반증이라고 볼 수 있다. 세계경제포럼(2019)에서 발표한 성 격차 지수(GGI)에서 우리나라는 108위를 기록하고 있고,

세계경제포럼(WEF)이 발표한 2015 성별 불평등 국가 순위에서 0.651로 115위를 차지하는 등 아직도 양성 불평등이 심각한 나라다. 이렇게 성차별이 심각한 사회에서 파생되는 사회문제는 사회복지실천에서 쉽게 만날 수 있다. 아내학대 문제, 남녀 고용 차별의 문제, 남성에 비해 심각한 여성 가구주 가족의 빈곤문제, 성폭행, 취업모가 겪게 되는 2중, 3중의 역할 과부담 문제 등이 대표적이다. 또한 사회복지실천의 주 클라이언트와 사회복지사들의 다수가 여성이라는 점도 간과할 수 없는 현상이다. 그러나 기존 사회복지실천 모델들은 젠더의 문제에 관심을 갖지 않음으로써 문제의 사정과 개입 및 서비스 전달체계에서 타당성과 효과성을 결여하고 있다고 볼 수 있다. 이러한 이유로 현장에서 사례분석을 할 때 남편이 집에서 빈둥빈둥 놀고 있을 경우에도 개입의 방향이 취업으로만 제시될 뿐 남편의 가사 참여와 양육 참여와 같은 대책은 잘 제시되지 않고 있는 현상을 볼 수 있다.

이러한 문제를 해결하기 위해 사회복지실천에서 젠더 문제에 관심을 갖는 성인지적 관점은 기존 사회복지실천 이론이 간과하고 있는 성차별로 인한 문제를 유용하게 분석하고 성차별의 사회구조적 요소들을 분석하고 해결하는 데 유용하게 활용될 수 있다. 성인지적 관점은 젠더와 계층 및 인종이 어떻게 여성과 남성을 억압하는지를 알게 하고, 이러한 억압이 얼마나 상호 관련되어 있는지를 잘 알려 주고 있다. 이를 통하여 성인지적 관점은 그동안 사회복지실천이 간과하였던 성차별적 구조나 성으로 인하여 구속받는 클라이언트의 문제를 사회정치 및 문화적 틀과 남녀 불평등의 사회구조적 맥락에서 해석함으로써 사회복지실천의 외연을 확대해 주고, 궁극적으로 사회복지실천의 적합성과 효과성을 증진시킬 것으로 기대할 수 있다.

5. 비판적 관점

1) 비판이란

사회복지와 사회복지실천은 인간을 돕는 제도와 방법으로 인식되기도 하지만, 다른 한편으로는 권력의 편에서 오히려 힘없는 국민을 통제하고 관리하는 역할을 수행하고 있다는 비판을 끊임없이 받아 왔다(Reish & Andrews, 2001). 비판이란 사물의 옳고 그름을 가리어 판단하거나 밝혀서 인식의 단계를 높이는 방법 및 수단으로 정의된다(다음 백과사전, 2019). 사물의 옳고 그름을 판단하기 위하여 인식의 단계를 높이는 방법으로 푸코(Foucault, 1978)는 통치화(governmentalism)[1]와 결부하여 인간이 "어떻게 통치 받지 않을 것인가", 즉 규율과 관리라는 통치 권력에 대한 분석(김기덕, 2018)과 물음이 비판이라고 보았다. 이는 인간이 태어나면서부터 기존 사회구조의 틀 속에서 살 수밖에 없기 때문에, 사회의 규율과 관리라는 통치에 대하여 문제의식을 갖는 것이 바로 비판이라는 것이다. 따라서 인간은 비판을 통해 기존 사회에서 작동하는 권력 효과와 그 권력이 생산하는 사회질서와 규제를 문제 삼을 수 있는 권리가 있고 이러한 활동이 비판적 활동이라고 보았다(Foucault, 1978).

이러한 철학적 입장과 이론을 계승하여 현대 사회에서 비판적 사상가들의 중요한 역할은 인간과 사회와의 관계에서 사회가 통치의 수단으로 억압 기제와 권력을 활용하여 인간을 통제하는 위계질서를 분석하고 인간을 해방하는 데 힘쓰고 있다. 따라서 비판적 사상가에게 있어 권력 분석은 중요한 핵심이다. 사회분야에서 비판적 지식인은 정의로운 사회를 구성하고자 현존하는 가족, 교육,

1 통치화는 "어떻게 어린이들을 다스릴 것인가, 어떻게 가난한 사람들과 거지들을 다스릴 것인가, 어떻게 가정, 집안을 다스릴 것인가, 어떻게 군대와 각기 다른 집단들과 도시들과 국가들을 통치할 것인가, 어떻게 사람들의 몸과 마음을 다스릴 것인가"에 관련된 것으로 사회현실 속에서 진실을 주장하는 권력 메커니즘을 통해 개인을 예속화하는 문제와 관련된다(Foucault, 1978).

정부 등의 제도들에 문제를 제기하며 사회제도, 이데올로기가 사람들의 삶에 영향을 미치는 부분들을 비판하는 데 주력한다(Allan, Pease, & Briskman, 2003).

사회복지실천을 비판적 관점에서 조망하기 위하여 '비판이론'을 먼저 살펴보기로 한다. 비판이론은 특정한 이론적 관점을 정의하는 개념은 아니며, 프랑크푸르트학파로 알려진 마르쿠제, 하버마스, 아도르노, 에리히 프롬, 호르크하이머의 마르크스주의에 주관성에 대한 이해를 연결한 저작에서부터 시작하여 인간의 삶의 사회적 · 정치적 맥락에 중점을 둔 구조와 주관성을 연결하려는 포스트모더니즘 연구까지 확장되었다(Thompson, 2001). 이러한 비판이론은 사회문제가 세계화, 자본주의 사회와 신자유주의 관리 체제하에서 발생하는 억압과 부정의에서 사회적 문제를 설명하는 이론이기도 하며, 억압받는 사람들이 그 억압하는 체제를 변혁할 수 있는 행동을 취할 수 있도록 사회 안에서 억압의 요소들을 설명할 수 있는 기제로서(Allan et al., 2003) 비판적 사회복지실천의 형성에 중요한 역할을 해 왔다. 효율성과 예측 가능성을 강조하는 신자유주의의 영향으로 사회복지실천 현장에서는 표준화된 매뉴얼 개발, 기관평가 실시, 정책이나 실천의 지침에 대한 사회적 감시체계 강화로 대변되는 관리주의(managerialism)가 강화되어 온 한국 사회복지실천에 이러한 비판적 관점을 적용한다면, 인간의 "행복을 추구한다는 사회복지가 오히려 인간을 통치이념에 맞게 규율하고 통제하는 것은 아닌가?"와 같은 질문을 하게 된다. 그리고 실제로 사회복지에 대한 이러한 비판은 꾸준히 제기되어 왔다(Fook, 1993; Specht, 1994).

나아가 비판은 더 나은 세상을 꿈꾸는 사람이라면 당연히 수행해야 하는 자기의 본질과 존재 기반에 대한 철저한 자기반성이며 자기비판을 요구한다. 결국, 비판행위를 통해 자신의 정체성과 본질을 확인하고 자신의 자율성을 강화하고 확대하게 된다. 비판은 주어진 상태에 머물지 않고 더 낫다고 생각하는 무언가를 할 수 있는 것에 대해 상상하는 것과 관련된다. 따라서 비판 작업은 현재를 중시하기보다 가능한 대안적이고 발전적인 미래를 상상하는 것이다(김기덕 외, 2012). 이러한 비판적 기능은 사회복지실천에서 성찰성과 우수실천(best practice) 그리고 비판적 사회복지실천의 태동에 영향을 주었다(Jones, 2007).

2) 비판적 사회복지실천의 발전

1990년대 이후에 등장한 비판적 사회복지실천은 단일한 모델이 아니라 역사적으로 다양한 비판모델들을 통합하여 지칭하여 쓰는 개념이다. 전통적 사회복지실천을 비판하며 대안으로 등장한 비판적 사회복지실천은 다양한 모습으로 출현하면서 발전해 왔다.

비판적 사회복지실천(Critical Social Work Practice)의 효시는 자선조직협회(1869)와 다른 입장을 취한 인보관 운동(1889)에서 찾을 수 있다. 초기 주류 사회복지실천은 자선조직협회를 기반으로 개인 변화와 기존 사회의 적응을 강조한 미시적 실천이 주류를 이루었다. 자선조직협회는 빈곤의 책임이 개인에게 있다고 보았고, 빈민은 중산층의 가치에 의해 통제되어야 하는 대상으로 보았다(Specht, 1994). 이러한 자선조직협회의 개인 중심적이고 통제적인 기능에 대해 비판적 입장을 갖고 태동한 것이 제인 애덤스(Jane Adams)와 같은 사회복지 운동가들이 주축이 되어 만든 인보관 운동(Settlement House)이다.

이후 노동운동 등으로 맥을 이어 오던 비판적 사회복지실천은 1970년대 이후, 구체적인 모습을 갖추고 발전해 왔다. 자본주의의 구조적 모순과 경제적 계급구조를 비판하는 '마르크시스트 급진사회복지실천'(Baily & Brake, 1975; Corrigan & Leonard, 1978; Galper, 1980), 전통적 개별사회사업을 인정하면서 억압과 차별에 대한 비판으로 영역을 확대한 급진적 개별사회사업(Fook 1993), 구조적 문제와 함께 개별화된 개인의 주관적 내러티브를 중시하는 비판적 포스트모더니즘 사회복지실천(Pease & Fook 1999; Fook, 2002), 가부장주의의 문제점을 비판하는 페미니즘 사회복지실천(Dominelli & McLeod, 1994; Dominelli, 2002b), 문제의 원인을 구조에서 찾는 구조적 사회복지실천(Mullay, 1997), 인종차별을 비판하는 반인종차별주의 사회복지실천(Dominelli 2002a), 사회경제적 문제와 함께 억압과 차별 및 통제의 문제까지 포괄하는 급진적 사회복지실천(Ferguson & Woodward 2009; Turbett, 2014), 다양한 억압을 문제의 원인으로 보는 반억압 사회복지실천(Dominelli, 2002a), 개별적인 문제가 아니라 보편적인 인권 보장을 목표로 하는 인권 기반 사회복지실천(Ife, 2001), 다양한 차별을 비판하고 있는 반차별사회복지실천(Thompson, 2001) 등으로 발전하여 왔다.

비판적 사회복지실천의 주요 모델을 비교한 결과는 〈표 6-2〉와 같다.

표 6-2 ● **비판적 사회복지실천의 주요 모델 비교**

	개요	실천 원리	한계
급진주의 모델	• 자본주의에 대한 환멸과 전문 사회복지실천에 대한 불신에서 태동 • 계급의 유물론적 역사관에 입각하여 인간문제의 원인을 개인에서 찾기보다 경제사회 구조에서 찾음 • 인간 해방과 사회변화 추구	• 문제 원인이 되는 사회 경제적 불평등과 억압에 초점을 둠 • 현존하는 사회적 · 정치적 · 경제적 제도들에 대한 비판 • 사회복지 전문직과 사회복지제도의 사회통제 기능들에 대한 분석 • 구조적이고 내면화된 억압에 초점	• 이론이라기보다 이데올로기라는 평가 • 긴급한 개인적 욕구를 무시하는 경향이 있음 • 물질적이고 사회적인 것에만 관심을 두므로 인간 본성과 정서적이고 개인적인 문제가 무시될 수 있음
구조주의 모델	• 개인을 둘러싼 구조적 불의, 불평등과 억압 등의 문제를 사회구조적인 억압으로 인식하도록 지원 • 구조적인 불의에 대하여 집합적인 대응을 통하여 사회구조와 삶의 조건들을 변혁시키는 실천	• 불평등의 문제를 다루므로, 클라이언트 분석 시 '구조적 관점'을 인식함 • 불평등과 같은 구조적 문제들이 조직의 제도와 클라이언트의 인생경험에서 어떻게 표출되는지 이해하기 • 구조적 불의에 대항하기 위해 진보적인 사회변혁을 위한 노력에 동참 • 개인, 가족, 사회문제에 영향을 받는 문화보다 억압받는 환경을 조성하는 정치, 경제, 사회적 제도의 변혁을 시도함	• 개인들이 자주 접하게 되는 인간관계, 소통에 관심을 갖지 않음 • 사람들의 복잡 다양한 실생활에서 효과적으로 개입하는 방법을 개발시키지 못함 • 다른 문화권, 다문화권, 사회 내의 많은 집단들의 경험에 대해 적절히 접근 못함

반차별주의 모델	• 차별은 개인적인 편견에서 발생하는 것이 아니라 권력 집단의 지배적인 지위를 지속시키기 위하여 차별을 만듦 • 계층, 인종, 민족, 성, 연령, 장애 등의 사회적 구분으로 인한 억압과 차별을 축소시키거나 제거하는 것을 목표로 함	• 사회적 이슈의 분석에 PCS 수준을 연결시킴 -(P) 대인 간 관계, 개인적 · 심리적 감정, 사람들 간의 태도와 행동 -(C) 개인, 사회에 영향을 주는 사람들 간의 합의와 규범 -(S) 사회구조, 사회적 대립과 권력 관계의 망, 사회 압력, 사회 · 정치적 특성	• 차별의 근본적인 원인에 도전하는 것에는 한계가 있음 • 반차별적인 법적인 요구를 추구하는 것은 기본이지만, 입법을 통해서만 사람들의 태도를 바꿀 수 없음
반억압주의 모델	• 사회복지실천의 모든 차원에서 발생하는 억압적 권력에 주목 • 사회정의의 가치를 중시함 • 사회복지사와 클라이언트가 연대와 평등의 가치를 기반으로 그들 간의 권력 차이를 최소화하는 실천	• 다차원 수준에서 발생하는 억압적 사회체제의 변화를 위한 기술, 지식 • 사회적 불의에 도전과 저항, 인권 존중/포괄적 다양성 인정 • 개인과 집합적 수준에서 변화를 위한 비판 의식, 연대와 평등의 역량제고, 역량상실 경계	• 클라이언트의 심리적 · 개인적 요인과 위기 시 개입방법의 빈곤 • 고위험군 클라이언트의 상황에 최소개입 원리를 적용하는 것은 한계가 있음
페미니즘 모델	• 가부장주의로 인한 양성 불평등의 문제 • 여성들의 의식을 고양하고 주체성을 확립하고 자신의 삶을 이해하도록 지원함 • 개인적인 것이 정치적인 것임	• 의식고양, 역량강화, 강점 확인하는 개입방법을 활용함 • 개인의 문제해결을 위한 선택이 개인적 · 개별적인 차원보다는 가부장주의라는 구조 차원의 변화를 통해 가능	• 사회복지사와 클라이언트 간의 평등한 관계를 주장하지만, 지시적이고 도전적인 기법이 많이 사용됨 • 여성의 도전, 주장을 강조하므로 남성들과의 관계에서 더 큰 갈등의 촉발 가능성

앞에서 제시된 다양한 모델이 21세기에 들어와서는 비판적 사회복지실천(critical social work practice)의 범주로 명명되면서(Healy, 2005; Adams, Dominelli, & Payne, 2009), 영국, 미국, 캐나다, 호주 등의 국가에서 대안적 사회복지실천 모델로 자리 잡고 있다. 힐리(Healy, 2005)는 이들을 통칭하여 비판적 사회복지실천이라고 거론하면서, 다음과 같은 공통적인 특성을 보고하였다. 첫째, 사회적 삶의 모든 차원에서 존재하는 사회관계는 정치경제와 같은 거시적인 사회구조에 의해 형성된다. 비판적 사회복지실천가들은 억압의 원인을 거시적인 사회

구조에서 찾으려 하며, 이를 변혁시키고자 한다. 둘째, 비판적 사회복지실천가들은 자신이 전문적 지위를 누리며 제도적 권력에 접근할 수 있다는 점에서 특권 집단에 속해 있고, 힘 있는 자로서 권력 행사가 가능하다는 것을 비판적 · 반성적으로 받아들여야 한다. 그리고 상대적으로 권력이 없는 클라이언트들과 권력을 나눌 수 있는 전략을 발전시켜야 한다. 셋째, 억압받는 자들은 현존 질서를 정당한 것으로 선전하는 지배 이데올로기에 의해 통제되므로 이를 수용하는 억압받는 자들 또한 억압의 공모자라고 볼 수 있다. 따라서 비판적 사회복지실천가들은 클라이언트들의 의식을 고양하여 그들이 가진 문제의 원인이 그들 자신에게 있는 것이 아니라 부당한 사회구조에 있다는 사실을 인식하도록 지원해야 한다. 넷째, 비판적 사회복지실천은 억압받는 사람들에게 사회변화를 위한 집합적 행동을 취할 수 있도록 그들의 역량을 강화할 것을 강조한다. 클라이언트의 관심사에 개인적 대응보다는 집합적 대응을 하도록 하는 것도 비판적 사회복지실천의 공통된 특징이다.

3) 한국 사회복지실천에서 비판적 사회복지실천의 함의

사회복지실천의 역사는 개인의 변화와 사회복지사의 전문성을 추구하는 전통적 실천과 사회구조의 변화와 사회복지실천의 억압과 통제성을 비판하는 비판적 실천이 변증법적 역동을 거치며 발전해 온 역사로 볼 수 있다(Reish & Andrews, 2001). 물론 그 관계에서 주류의 위치를 차지했던 측은 개인의 변화와 적응에 초점을 둔 전통적 실천이었으나, 비판적 실천은 비록 소수자의 위치에 있더라도 어떤 식으로든 전통적 사회복지실천에 영향을 주면서 발전해 왔다. 호주 학자 힐리(2005)는 사회복지실천 모델이 '문제해결 → 체계이론 → 강점관점 → 비판주의 → 포스트모더니즘'으로 시계열적으로 변화되었다고 보았다. 그런데 여기서 쟁점이 되는 부분은 한국의 사회복지실천에서는 힐리(2005)가 분류한 다른 모델들은 소개되고 적용되었지만, 유독 비판적 사회복지실천 모델은 소개가 거의 안 되고 있다는 점이다. 이러한 현상에 대해 일부 연구자들은 우리나라

주류 사회복지실천이 탈역사적, 탈맥락적, 탈사회적인 특성을 보이며 발전해 왔다고 비판하면서(김미원, 1997; 김인숙, 2004; 정순둘, 2005; 최성재 외, 2013; 최명민 외, 2015; 김성천, 김은재 외, 2015), 한국 사회복지실천에도 비판주의 관점의 도입과 비판적 사회복지실천 모델 소개와 적용의 필요성을 제시하고 있다(김성천, 2019; 양만재, 2016).

전통적 실천이 주류를 이루고 있는 사회복지실천의 환경에서 비판적 사회복지실천이 접목되고 뿌리를 내리는 것은 결코 쉬운 일이 아니다. 특히, 외국의 것을 수입하여 그대로 활용하여 온 한국 사회복지실천의 무비판적 수용의 폐해가 심각하게 지적되는 상황에서, 비판적 사회복지실천은 또 하나의 외국 모델이기에 이에 대한 소개와 적용은 더욱 조심스럽게 접근할 필요가 있다. 김성천(2019)의 연구에 의하면, 한국의 사회복지실천 현장에서는 이론적 기반이 없는 상태에서도 이미 비판적 사회복지실천이 행해지고 있었고, 이러한 실천이 암묵지 형태로 축적되고 나름대로 전수되고 있음을 확인하였다. 이는 사회복지실천을 행함에 있어서, 비판적 접근을 하지 않고서는 해결할 수 없는 현실 문제에 사회복지사가 노출되어 있음을 의미하고, 비록 비판적 사회복지실천을 접한 적은 없으나 자생적인 비판적 실천을 통해 문제를 해결하고 있으며, 그 노하우를 축적하고 있음을 보여 주는 것이다. 이렇게 형성된 암묵지적 실천지식들은 그동안 거의 서구에서 만들어진 이론들을 수입하여 활용해 왔던 한국의 실천현장에서 탈피하여, 이미 자생하고 있는 실천가 중심의 비판적 접근을 잘 살려내어 한국적인 비판실천의 원형을 발견하고 발전시킬 수 있는 가능성과 중요성을 제시해 준다. 물론 외국에서 발달한 비판적 사회복지실천 모델을 소개하고 그 공과에 대해서도 이론적인 연구와 소개가 이루어져야 하지만 한국의 역사적 · 사회적 맥락을 고려하여 자생한 비판적 실천에 관한 연구를 통하여 클라이언트의 삶을 어렵고 만들고 있는 사회구조와 문화에도 영향을 미칠 수 있는 사회복지실천의 발전을 도모해야 할 것이다.

요 약

이 장에서는 먼저 사회복지실천의 새로운 관점으로 널리 활용되고 있는 강점관점의 역사적 출현 과정과 함께, 그 관점을 구성하고 있는 다양한 용어의 개념과 실천 원리들을 살펴보았다. 이와 함께 사회구성주의 관점의 기본 전제와 원리들에 대해 살펴보고 이것을 사회복지실천에 적용할 수 있는 방법들에 대해 설명하였다. 이 장에서 소개된 새로운 관점은 포스트모더니즘에 입각한 관점이라는 점을 밝히면서 포스트모더니즘의 기본 전제와 속성에 대해서도 설명하였다. 포스트모더니즘은 합리적 이성과 객관적 진리보다는 독특한 경험과 진리의 상대성을 받아들이며 세상을 바라보고 이해하는 방식이라 할 수 있다. 다양한 문화적 특성과 가치를 갖고 다양한 문제를 경험하고 있는 클라이언트에 대한 맞춤형 사회복지실천이 거론되고 있는 최근의 사회복지실천 동향을 감안할 때 이 두 가지 관점에 대한 이해와 적용 방법을 잘 알아 둘 필요가 있다.

다문화관점은 한 사회의 서로 다른 인종이나 민족집단의 문화를 지배문화에 동화시키지 않고 서로 인정하고 존중하자는, 문화적 차이에 대한 관용을 중시하는 관점이다. 사회복지실천은 다양성에 대한 개방적인 시각, 소수자 인권 존중, 임파워먼트 시각과 같은 가치와 전략을 다문화관점과 공유하고 있다. 다문화관점을 반영한 사회복지실천에는 인식과 지식, 기술의 측면에서 다문화역량을 갖춘 사회복지사가 필요하다.

성인지관점은 가부장주의 사회에서 당연시되었던 남녀 불평등 구조에 반기를 들면서 양성 평등을 주장하는 시각으로, 이러한 문제의식이 없었던 사회복지실천의 영역에서도 매우 필요한 관점이다. 여성의 문제에 초점을 두었던 여성주의로부터 폭을 넓힌 성인지관점은 여성문제를 넘어 남성의 젠더문제까지 관심을 가져서 각종 제도나 실천이 남녀에게 미치는 영향과 문제점을 개선하고자 하는 관점으로 활용되고 있다.

비판적 관점은 주어진 상태에 머물지 않고 더 낫다고 생각하는 무언가를 추구하는 것으로, 현재를 중시하기보다 가능한 대안적이고 발전적인 미래를 상상하는 것이다. 비판적 사회복지실천의 궁극적 목적은 사회정의가 실현되고 인간 해방이 이루어지기 위해 사회적 변화에 초점을 두는 것으로, 사회복지사와 서비스 이용자가 볼 때 부당하며 착취적이라고 생각하는 다양한 사회의 억압적 측면에 대한 구조분석에만 초점을 맞추어 설명하고 이를 변화시키고자 하는 실천이다. 반억압, 반차별모델 등이 대안적 모델로 소개되고 사용되고 있다.

토의사항

1. 사회복지실천에 있어 사회복지사가 취하는 관점이 클라이언트의 문제해결에 어떤 면에서 어떤 영향을 줄 것인지 이야기해 보자.
2. 강점관점을 사회복지실천 현장에 적용할 때 만날 수 있는 어려움과 좋은 점들에 대해 논해 보자.
3. 사회구성주의 관점에 대해 어떻게 생각하는지, 왜 그렇게 생각하는지를 구체적인 예를 들어가며 서로 이야기해 보자.
4. 사회구성주의 관점을 사회복지실천에 적용할 때 만날 수 있는 어려움과 좋은 점들에 대해 논해 보자.
5. 무슬림인 외국인 근로자 가족의 자녀가 학교에서 히잡(무슬림 여성이 쓰는 머릿수건) 착용문제로 갈등을 겪고 있다. 학교사회복지사라고 가정하고 다문화관점에서의 개입방법을 토의해 보자.
6. 결혼이주여성 가정에 한국어 구사가 서툰 13세 중도입국 청소년이 있다. 거주 지역 학교에서 한국어 구사능력 부족을 이유로 전입학을 지연시키고 있다. 어떻게 해야 할지, 다문화관점에서 토의해 보자.
7. 성인지적 관점에서 만들어진 사회복지정책이나 제도를 찾아보고 그 의의에 대해 토의해 보자.
8. 생태체계적 관점을 성인지적 관점에서 비판해 보자.
9. 제7장의 통합적 접근에서 비판적 관점에 어떻게, 어떤 수준으로 적용되고 있는지를 파악해 보자.

참고문헌

김기덕(2018). 신자유주의, 관리주의 그리고 사회복지전문직. 한국정신보건사회복지학회 학술발표 논문집, 11-27.

김기덕, 최명민, 이현정, 조성우 역(2012). 사회복지학의 새로운 접근. 서울: 시그마프레스.

김미원(1997). 사회사업실천의 정체성 확립을 위한 제언: 사회사업실천의 임상중심경향과 전문화 지향에 대한 비판적 고찰. 한국사회복지학, 31.
김성천(1992). 한국에서 성차별적 가족문제에 대한 페미니스트 가족치료의 수용 가능성에 관한 연구. 중앙대학교 대학원 박사학위논문.
김성천(2019). 비판적 사회복지실천의 불모지에서 움 틔우기. 한국사회복지실천 연구학회 추계학술대회 자료집.
김성천, 김은재 외(2015). 옆으로 간 사회복지 비판. 서울: 학지사.
김성천, 김은재(2016). 급진사회운동가들의 사회복지실천현장 경험에 대한 현상학적 연구. 한국사회복지학, 68(2), 53-77.
김연희(2007). 한국사회의 다문화화와 사회복지 분야의 문화적 역량. 사회복지연구, 35, 117-144.
김인숙(2000). 여성주의 사회복지실천의 정립을 위한 고찰. 한국사회복지학회지, 41호.
김인숙(2004). 한국사회복지실천의 정체성. 한국사회복지학회 학술자료집, 1.
김인숙, 정재훈, 윤홍식(2004). 가족정책의 성인지적 관점 강화 방안 연구. 서울: 보건복지부.
김혜순(2007). 한국적 다문화주의의 이론화. 동북아위원회 최종 보고서.
노혜련, 유서구, 유성은, 이용우(2008). 강점관점 사례관리를 통한 서비스 이용자의 변화. 한국사회복지학회 2008년도 추계공동학술대회 자료집, 227-228.
노혜련, 유성은(2007). 강점관점 사례관리의 특성에 대한 연구: 빈곤여성가구주의 참여경험을 중심으로. 한국가족치료학회지, 15(1), 75-103.
다음 백과사전(2019).
박노욱 외(2008). 우리나라 성인지 예산 및 조세제도 구축에 관한 연구. 서울: 한국조세연구원.
송성자, 최중진(2003). 강점관점의 사회복지 실천을 위한 해결지향적 질문기법. 한국가족복지학, 12, 100-124.
신은주(2010). 다문화주의와 한국의 다문화정책-외국인 정책, 다문화교육정책을 중심으로. 한국아동복지학회 춘계학술대회 자료집, 11-44.
신인령 역(1983). 여성해방의 이론체계. 서울: 풀빛.
양만재(2016). 반-억압 실천론(Anti-oppressive practice)은 한국사회복지(학)에 적용가능성이 있는가?: Lena Dominelli 이론 중심으로. 사회정책연합 공동학술대회, 781-826.
연세사회복지실천연구회 역(2004). 사회복지실천이론의 이해와 적용(프란시스 터너 편). 서울: 나남.
위키미디어재단, 위키백과(2019).
윤혜미(2009). 결혼이민자 가족을 위한 임파워먼트 기반의 사회복지실천 연구. 한국사회복지학, 61(4), 85-108.

이경욱(2009). 강점관점 노인주간보호센터 운영 경험 연구. 노인복지연구, 44, 131-160.
이용승(2004). 호주의 다문화주의. 동아시아 연구, 8, 177-205.
이현정(2014). 결혼이주여성 대상 다문화 상담자들의 문화적 역량 관련 경험에 관한 탐색 적 연구. *Journal of Digital Convergence*, *12*(2), 519-530.
장임숙, 김도희(2015). 젠더관점과 다문화관점에서 본 다문화가족지원조례. 한국행정학회.
전기택 외(2010). 국가 경쟁력 강화를 위한 성평등 지수 관리방안. 서울: 한국여성정책연구원.
정순둘(2005). 한국사회복지실천의 현실진단과 과제. 2005년도 춘계학술대회 자료집. 한국 사회복지학회, 73-94.
최명민, 김성천, 김정진(2014). 한국 사회복지 실천 교육의 대안 구축에 관한 연구. 한국사 회복지학회 춘계학술대회 자료집.
최명민, 이기영, 최현미, 김정진(2009). 문화적 다양성과 사회복지. 서울: 학지사.
최무현(2008). 다문화시대의 소수자정책 수단에 관한 연구: 참여정부의 '다문화정책'을 중 심으로. 한국행정학보, 42(3), 51-77.
최성재, 조흥식, 한인영, 김경미, 이영분, 윤현숙, 유수현, 김성천, 최혜지, 염태산(2013). 한 국 사회복지실천의 고유성. 서울: 집문당.
한혜경(2009). 재가노인 대상 강점관점 사례관리의 효과성 연구. 한국사회복지학, 61(4), 243-263.

舟木紳介(2007). Australia 社會事業 傳文教育: 批判的 理論 構築. 濱田惠子. 解放社會事業. 世界思想史. 日本.

Adams, R., Dominelli, L., & Payne, M. (2009). *Critical practice in social work*. NY: Palgrave Macmillan.
Allan, J., Pease, B., & Briskman, L. (eds.) (2003). *Critical Social Work: An introduction to theories and practice*. Sydney: Allen & Unwin.
Anderson, H. (1997). *Conversation, language, and possibilities*. New York: Basic Books.
Austin, D. (1978). Research and social work: Educational paradoxes and possibilities. *Journal of Social Service Research*, *2*(2), 159-176.
Avis, J. M. (1986). Feminist issues in family therapy. In P. Fred, P. Sprenkle, H. Douglas, & Associates. *Family Therapy Sourcebook*. New York: The Guilford Press.
Bailey, R., & Brake, M. (eds.) (1975). *Radical Social Work*. London: Edward Arnold.
Beckerman, A. (1978). Differentiating between social research: Implications for teaching.

Journal of Education for Social Work, 14, 9–15.

Bennett, M. J. (2004). Becoming Inter-culturally competent, in *Toward multiculturalism: reader in multicultural education* (2nd ed.). edited by J. Wurzel. Newton, MA: Intercultural Resource Corporation.

Berlin, S. (1990). Dichotomous and complex thinking. *Social Service Review, 64*, 46–59.

Berzoff, J., Flanagan, L. M., & Hertz, P. (2007). *Inside out and outside in: Psychodynamic clinical theory and practice in contemporary multicultural contexts* (2nd ed.). Northvale, NJ & London: Jason Aronson.

Blundo, R. (2009). The philosophy, principles, and language of the strengths perspective. In D. Saleebey (Ed.), *The strengths perspective in social work practice* (5th ed.). Boston: Pearson Education.

Brake, M., & Bailey, R. (1980). *Radical Social Work and Practice*. London: Sage Publications.

Bricker-Jenkins, M., & Hooyman, N. R. (1986). *Not for woman only: Social worker practice for a feminist future*. Silver Spring, MD: National Association of Social Workers.

Bricker-Jenkins, M., Barbera, R. A., & Young, C. (2009). Poverty through the lens of economic human rights. In D. Saleebey (Ed.), *The strengths perspective in social work practice* (5th ed., pp. 262–280). Boston: Pearson Education.

Bricker-Jenkins, M., Hooyman, N. R., & Gottlieb, N. (Eds.). (1991). *Feminist Social work perspective in clinical settings*. Newbury Park, CA: Sage.

Burr, V. (2003). *Social constructionism* (2nd ed.). London: Routledge.

Chaney, C. E. (1987). *A Feminist Family Tharaist Behavior Checklist*. Purdue University.

Clark, M. D. (2009). The strengths perspective in criminal justice. In D. Saleebey (Ed.), *The strengths perspective in social work practice* (5th ed., pp. 122–145). Boston: Pearson Education.

Collins, B. G. (1986). Defining feminist social work. *Social Work, 31*(3), 214–219.

Congress, E. P. (1994). The use of culturagrmas to assess and empower culturally diverse families. *Families in Society: The Journal of Contemporary Human Services, 46*, 531–540.

Corrigan, P., & Leonard, P. (1978). *Social Work Practice Under Capitalism: A Marxist*

Approach. London: MacMillan.

Cross, T., Barzon, B., Dennis, K., & Isaacs, M. (1989). *Toward a culturally competent system of care*. Washington, DC: Child and Adolescent Service system Program Technical Assistance Center.

Dean, R. G. (2001). The myth of cross-cultural competence. *Families in society*, *82*(6), 623-630.

De Jong, P., & Miller, S. (1995). How to interview for client strengths. *Social Work*, *40*(6), 729-736.

Diller, J. (2004). *Cultural Diversity: a prime for the human services* (2nd ed.). Boston: Allyn and Bacon.

Dominelli, L. (2002a). *Anti-Oppressive Social Work Theory and Practice*. Palgrave Macmillan.

Dominelli, L. (2002b). *Feminist Social Work theory and Practice*. New York: Palgrave.

Dominelli, L. (2004). 세계화와 사회복지실천(한인영, 김성천 역, 2007). 서울: 학지사.

Dominelli, L., & McLeod, E. (1989). *Feminist Social Work*. Basingstoke: Macmillan.

Dominelli, L., & McLeod, E. (1994). *Feminist Social Work*. Macmillan Education LTD, 1989.

Dorfman, R. A. (Ed.) (1998). *Paradigms of clinical social work* (Vol. 2.). New York: Brunner/Mazel.

Drucker, P. F. (2008). *The Essential Drucker: The Best of Sixty Years of Peter Drucker's Essential Writings on Management*. New York: Harper Collins Publishers.

Dwayne, A. E. (2007). 문화적 수용능력. 미래사회의 다문화가족. 국제심포지엄.

Evans, E. N. (1992). Liberation theology, empowerment theory and social work practice with the oppressed. *International Social Work*, *35*, 135-147.

Felin, P. (2000). Revisiting multiculturalism in social work. *Journal of Social Work Education*, *36*(2), 261-278.

Ferguson, I., & Woodward, R. (2009). *Radical social work in practice*. The Policy Press. Bristol, UK.

Fischer, J. (1981). The social work revolution. *Social Work*, *26*, 199-207.

Fook, J. (1993). 급진사회복지실천(김성천, 박순우, 장혜림, 이현주, 이해령 공역, 2007). 서울: 학지사.

Fook, J. (2002). *Social work: Critical theory and practice*. Sage.

Foucault, M. (1978). 비판이란 무엇인가(오트르망, 심세광, 전혜리 역, 2016). 경기: 동녘.

Fraser, M., Taylor, M., Jackson, R., & O'Jack, J. (1991). Social Work and science: Many ways of knowing? *Social Work Research and Abstracts*, *27*(4), 5-15.

Galper, J. (1980). *Social Work Practice*. Englewood Cliffs, NJ: Prentice Hall.

Gergen, K. J. (1999). *An invitation to social construction*. Thousand Oaks, CA: Sage Publication.

Gergen, K. J., & Gergen, M. (2004). *Social construction: Entering the dialogue*. Chagrin Falls, OH: Taos Institute Publishing.

Gilligan, C. (1982). *In a different voice*. Cambridge: Harvard University Press.

Gray, M., & Webb, S. A. (2009). 사회복지학의 새로운 접근(김기덕, 최명민, 이현정, 조성우 역, 2012). 서울: 시그마프레스.

Gutierrez, L. (1990). Working with women of color: An empowerment perspective. *Social Work*, *35*(2), 149-153.

Hamilton, G. (1958). A theory of personality: Freud's contribution to social work. In H. Parad (Ed.), *Ego psychology and the dynamic casework*. New York: Family Service Association of America.

Healy, K. (2005). 사회복지사를 위한 실천이론. 남찬섭 역(2012). 경기: 나눔의 집.

Heineman, M. (1981). The obsolete imperative in social work research. *Social Service Review*, *55*, 371-397.

Hollis, F. (1964). *Casework: A psychosocial therapy*. New York: Random House.

Huang, L. M. (1997). Asian-American Adolescents. In E. Lee (Ed.), *Working with Asian-Americans: A Guide for Clinicians* (pp. 175-195). New York: Guilford.

Hudson, W. (1983). Scientific imperatives in social work research and practice. *Social Service Review*, *56*, 246-258.

Ife, J. (2001). *Human Rights and Social Work: Towards Right Based Practice*. Cambridge: Cambridge University Press.

Imre, R. (1984). The nature of knowledge in social work. *Social Work*, *29*, 41-45.

Jagger, A. M., & Rothenberg, P. S. (Eds.). (1993). *Feminist framework*. New York: McGraw-Hill.

Jones, K. (2007). *Best Practice in Social Work*(김경호, 김현욱, 장남서, 류방, 박일현 역, 2012). 사회복지와 비판적 우수실천. 경기: 공동체.

Kaplan, L., & Girard, J. (1994). *Strengthening high-risk families*. New York: Lexington Books.

Keenan, E. K. (2004). From sociocultural categories to socially located relations: Using critical theory in social work practice. *Families in Society, 85*(4), 539-548.

Korean National Commission for UNESCO. (2005). *Convention on the Protection and Promotion of the Diversity of Cultural Expression.*

Kymlicka, W. (1996). *Multicultural citizenship: A Liberal Theory of Minority Rights.* Oxford New York: Clarendon Press.

Kymlicka, W., & He, B. (2005). *Multiculturalism in Asia.* London: Oxford University Press.

LeDoux, J. E. (2000). Emotion circuits in the brain. *Annual Review of Neuroscience, 23*, 155-184.

Lee, E. (2010). Revisioning cultural competencies in clinical social work practice. *Families in Society, 91*(3), 272-279.

Lee, M. Y. (2003). A solution-focused approach to cross-cultural clinical social work practice: Utilizing Cultural Strengths. *Families in Society, 84*(3), 385-395.

Longres, J. F. (2000). *Human behavior in the social environment* (3rd ed.). Itasca, IL: F. E. Peacock.

Lum, D. (2004). *Social Work Practice and People of Color: a process-stage approach.* Belmont, CA: Brooks/Cole.

Lum, D. (2011). *Culturally competent practice: A framework for understanding diverse groups and justice issues* (4th ed.). Belmont, CA: Brooks/Cole.

Margolin, L. (1997). *Under the cover of kindness: The invention of social work.* Charlottesville: University Press of Virginia.

Marsh, J. C. (2004). Social work in a multicultural society. *Social Work, 49*(1), 5-6.

McPhatter, A. (1997). Cultural competence in child welfare: what is it? How do we achieve it? What happens without it? *Child Welfare, 76*(1), 255-278.

Mill, J. S. (1954). *The Subjection of Women.* Oxford University, pp. 448-449.

Mullaly, B. (1997). *Structural social work* (3rd ed.). Don Mills, ON: Oxford University Press.

National Association of Social Workers. (2017). *Code of ethics of the National Association of Social Workers.* Washington, DC: Authors.

Nelson-Becker, H., Chapin, R., & Fast, B. (2009). The strengths model with older adults: Critical practice components. In D. Saleebey (Ed.), *The strengths perspective in social work practice* (5th ed., pp. 161-180). Boston: Pearson Education.

Paldasani, M., & Goldkind, L., in Cogress, E., & Gonzalez, M. (2013). *Multicultural*

Perspectives in Social Work Practice with Families (3rd ed.). Springer Publishing Company. LLC.: New York.

Pease, B., & Fook, J. (Eds.) (1999). *Transforming social work practice: Postmodern critical perspectives*. Psychology Press.

Perlman, H. H. (1957). *Social casework: A problem-solving process*. Chicago, IL: The University of Chicago.

Rapp, R. C., & Lane, D. T. (2009). Implementation of brief strengths-based case management: An evidence-based intervention for improving linkage with care. In D. Saleebey (Ed.), *The strengths perspective in social work practice* (5th ed., pp. 146-160). Boston: Pearson Education.

Reisch, M., & Andrews, J. (2001). "The Road Not Taken". Sheridan Books.

Reynolds, B. (1975). *Social work and social living: Explorations in philosophy and practice*. Silver Spring, MD: NASW Press.

Rodwell, M. K. (1998). *Social work constructivist research*. New York: Garland Publishing.

Saleebey, D. (1996). The strengths perspective in social work practice: Extension and cautions. *Social Work, 41*(3), 296-305.

Saleebey, D. (2009a). Power in the people. In D. Saleebey (Ed.), *The strengths perspective in social work practice* (5th ed.). Boston: Pearson Education.

Saleebey, D. (2009b). The strengths approach to practice: Beginnings. In D. Saleebey (Ed.), *The strengths perspective in social work practice* (5th ed., pp. 93-107). Boston: Pearson Education.

Seligman, M. E. P., & Peterson, C. (2003). Positive clinical psychology. In L. G. Aspinwal & U. M. Staudinger (Eds.), *A psychology of human strengths*. Washington, DC: American Psychological Association.

Snyder, C. R., & Lopez, S. J. (2007). *Positive psychology: The scientific and practical explorations of human strengths*. Thousand Oaks, CA: Sage Publication.

Specht, H. (1994). *Unfaithful Angels*. N.Y.: The Free Press.

Sue, D. W. (2006). *Multicultural social work practice*. New York: John Wiley & Sons, Inc.

Sue, D. W., & Sue, D. (2003). *Counseling the Culturally Diverse*. New York: Wiley.

Sue, D. W., & Sue, D. (2008). *Counselling the culturally diverse: Theory and practice* (5th ed.). Hoboken, NY: John Wiley & Sons.

Sue, S. (1998). In search of cultural competence in psychotherapy and counseling. *American Psychologist, 53*(4), 440-448.

Taft, J. (1944). Introduction. In J. Taft (Ed.), *A functional approach to family case work.* Philadelphia: University of Pennsylvania Press.

Taylor, C. (1994). *Examination the Politics of Recognition.* Princeton, NJ: Princeton University Press.

Thompson, N. (2001). *Anti-Discriminatory Practice.* Palgrave Macmillan.

Tsang, A. K. T., Bogo, M., & George, U. (2003). Critical issues in cross-cultural counseling research. *Journal of Multicultural Counseling and Development, 31*, 63-78.

Turbett, C. (2014). *Doing Radical Social Work.* Palgrave Macmillan.

UNESCO (2002). Universal Declaration on Cultural Diversity: a vision, a conceptual platform, a pool of ideas for implementation, a new paradigm. https://unesdoc.unesco.org/ark:/48223/pf0000127162

Van Den Bergh, N., & Cooper, L. B. (Eds.) (1986). *Feminist visions for social work.* Silver Spring, MD. National Association of Social Workers.

Walker, R., & Staton, M. (2000). Multi-culturalism in social work ethics. *Journal of Social Work Education, 36*(3), 449-462.

Weick, A. (1987). Reconceptualizing the philosophical perspective of social work. *Social Service Review, 61*, 218-230.

Weick, A., Kreider, J., & Chamberlain, R. (2009). Key dimensions of the strengths perspective in case management, clinical practice, and community practice. In D. Saleebey (Ed.), *The strengths perspective in social work practice* (5th ed., pp. 108-121). Boston: Pearson Education.

Weick, A., Rapp, C., Sullivan, W. P., & Kisthardt, W. (1989). A strengths perspective for social work practice. *Social Work, 34*(4), 350-354.

Wheatley, M. J. (1999). *Leadership and the new science.* San Francisco, CA: Berrett-Koehler.

White, M., & Epston, D. (1990). *Narrative means to therapeutic ends.* Adelaide, South Australia: Dulwich Centre.

Whitney, D., & Trosten-Bloom, A. (2003). *The power of appreciative inquiry.* San Francisco, CA: Berrett-Koehler.

Williams, C. C. (2006). The epistemology of cultural competence. *Families in Society,*

87(2), 209-220.

Williams, F. (1989). *Social Policy: A Critical Introduction*. NY: Polity Process.

Witkin, S. (2012). An introduction to social construction. In S. L. Witkin (Ed.), *Social construction and social work practice: Interpretations and innovations* (pp. 13-37). New York: Columbia University.

Worell, J., & Remer, P. (1992). *Feminist Perspectives in Family Therapy: An empower model for women*. New York: John Wiley & Sons.

Zastrow, C. (2004). *Introduction to Social Work and Social Welfare: Empowering People*. New York: Thomson Learning EMEA.

제7장

사회복지실천의 통합적 접근과 사례관리

1. 사회복지실천의 통합적 접근
2. 사례관리

사회복지실천의 대상자는 대개의 경우 복합적인 문제와 욕구를 갖고 있다. 또한 이들은 개인으로서 존재하기도 하지만 가족, 집단, 지역사회의 일원으로 존재하는 경우가 대부분이다. 따라서 사회복지실천의 시각, 또는 접근방법은 개인, 가족, 집단, 지역사회를 포괄할 수 있는 것이어야 한다. 이러한 필요에 의해 일찍이 사회복지실천 전문직에서는 통합적 접근방법이 출현하기 시작하였다. 이 장에서는 통합적 접근방법이란 무엇이며, 이것이 형성되어 온 맥락과 함께 그 속성을 살펴본다. 아울러 통합적 접근의 구체적 실현이라 할 수 있는 사례관리의 개념과 모델을 살펴본다. 특히, 사회복지실천 분야에 국가의 개입이 증대되고 있는 현시점에서 우리나라의 공공부문 사례관리의 발달과정과 실태를 조망해 본다.

1. 사회복지실천의 통합적 접근

1) 통합적 접근의 개념과 등장 과정

사회복지실천 방법은 전통적으로 대상, 방법, 범위에 따라 개별사회사업, 집단사회사업, 지역사회조직 등 세 가지 방법으로 각각 발달하고 교육되어 왔다. 그러나 복합적인 문제와 욕구를 가진 클라이언트가 등장함에 따라 이들의 문제를 세 가지 전통적 개입방법을 통해 해결하는 데 한계가 있음을 알게 되었다. 이러한 한계를 극복하고자 전통적인 세 가지 실천방법을 하나의 통일된 실천가치, 실천지식, 실천목적 및 실천기술 체계로 묶는 통합 작업이 진행되면서 통합적 접근방법이 대두되기 시작하였다.

이러한 움직임의 시작은 1929년 미국에서 열린 밀퍼드(Milford) 회의까지 거슬러 올라간다고 할 수 있다. 이 회의에서는 사회복지실천 전문가들이 모여 사회복지실천이 추구하는 공통 목적이 무엇인지를 확인하고자 노력하였다. 이후

고든(Gordon, 1965) 등은 다양하고 복잡한 문제에 효과적으로 대처하기 위해서는 전통적인 방법론으로는 한계가 있음을 지적하였고, 바틀렛(Bartlett, 1970)은 다양한 실천방법의 공통적인 지식과 가치를 제안하였다. 이어 핀쿠스와 미나한(Pincus & Minahan, 1973)은 사회사회복지실천을 개인/환경, 임상실천/사회행동, 미시체계/거시체계 등의 이분법적으로 개념화하는 것을 피해야 할 것을 강조하면서 사회복지 전문직의 강점은 이러한 요소들이 상호 연결되어 있음을 인식하고 그 연결점에서 활동하는 것이라고 하였다. 아울러 클라이언트의 변화노력을 위해 문제의 성격에 따라서는 클라이언트뿐만 아니라 크기나 형태가 다른 다양한 사람이나 집단들(개인, 가족, 지역사회 등)과 관계를 맺고 협동적 작업을 해야 한다고 하여 통합적 접근의 개념을 구체화하였다. 하지만 이들은 개별실천, 집단실천, 지역사회실천을 통합할 수 있는 구체적인 방법을 제시하지는 못했다. 다만 사회복지실천의 속성, 사회복지사의 역할, 그 역할수행을 위해 사회복지사가 사용하는 기술들을 통합적으로 제시하였다.

1960년대 말에 체계적 관점(Bertalanffy, 1967)과 생태적 관점(Auerswald, 1968)이 본격적으로 제시되었다. 이러한 관점을 반영하여 콤프턴과 갤러웨이(Compton & Galaway, 1975)는 개인, 집단, 지역사회를 아우르는 통합적 실천과정을 제시하였다. 이후 브론펜브레너(Bronfenbrenner, 1979)는 인간발달 과정을 분석하는 가운데 체계론적 관점을 확대하여 '생태적 체계(ecological systems)'라는 용어를 사용하였고, 저메인과 지터맨(Germain & Gitterman, 1980)이 '생활모델(life model)'이라는 그들의 사회복지실천 모델을 제시하는 가운데 생태체계모델(eco-systemic model)을 도입하였다. 생활모델은 개인의 욕구와 환경자원 간 적응수준을 향상시키는 데 실천의 목표를 두고 개인, 집단, 지역사회 등 개인과 그를 둘러싼 환경체계들에 두루 개입할 수 있는 실천원칙과 기술을 통합하여 제시하였다. 이로써 사회복지실천의 통합적 접근의 틀이 자리를 잡았다고 할 수 있다. 콤프턴과 갤러웨이(Compton & Galaway, 1999)는 1998년에 그들의 개정 저서에 옹호, 사례관리, 건강유지 · 관리조직, 지역사회실천 등의 주제를 포함시키면서 통합적 실천기술을 제시함으로써 통합적 실천의 확장을 도모하였다.

2) 통합적 실천의 공간

통합적 사회복지실천의 공간은 미시적 수준(micro level), 중간적 수준(mezzo level), 거시적 수준(macro level)의 세 가지 실천수준으로 구분된다. 이러한 구분 방식은 개입 대상인 클라이언트체계의 크기 또는 규모에 따라 구분되는 방식이다. 미시적 수준의 실천은 개인의 가장 친밀한 상호작용 과정에 개입하는 사회복지사의 활동이다. 개인의 심리적·사회적 상태, 부모-자녀관계, 부부관계, 동료와의 관계, 기타 가족구성원 간의 관계 등에 문제가 있을 경우, 클라이언트의 문제해결 과정에 사회복지사가 개입하여 클라이언트와 일대일로 만나 클라이언트의 문제해결을 지원하는 활동이 여기에 해당된다.

거시적 수준의 실천은 클라이언트의 삶에 영향을 미치는 전체 사회나 국가의 복지체계를 대상으로 한 사회복지사의 실천활동이다. 거시적 수준에서 활동하는 사회복지사는 국가나 사회의 복지정책개발, 정책분석, 정책대안의 발굴 및 제시, 제안된 법안에 대한 분석 및 증언 등의 활동을 주로 하며, 기관이나 조직의 행정체계 및 프로그램과 관련된 대안의 제시, 지역사회자원의 개발, 취약 계층의 권익옹호 등에도 관여한다.

중간수준의 실천은 미시와 거시적 수준의 중간수준에서의 활동을 의미한다. 이것은 두 가지 이상의 미시체계들 간의 관계, 혹은 특정한 미시체계들 간의 상호 관계 양상에 관여하는 활동이다. 즉, 가족, 집단, 소집단 등 개인을 둘러싼 두 가지 이상의 직접환경에서 일어나는 과정과 연결 상황에 개입하는 활동이다. 학생의 경우 학교와 가정 간의 관계, 가정과 또래 친구들과의 관계, 자조집단 및 치료집단의 조직 및 운영, 지역사회자원의 발굴 및 연계활동 등이 여기에 해당된다.

3) 통합적 실천의 대상

(1) 개인

개인과의 실천은 사회복지사가 개인적 또는 사회적 문제에 직면해 있는 개인을 일대일로 만나 문제해결을 원조하는 활동으로서 클라이언트로 하여금 주변환경에 적응하도록 도움을 제공하거나 개인에 영향을 미치는 사회·경제적 결핍 상태를 완화시켜 주기 위한 활동이다. 우리나라에서는 읍·면·동사무소의 사회복지전담공무원, 각종 사회복지관의 사회복지사, 종합병원의 의료사회복지사, 정신병원이나 정신건강복지센터의 정신건강사회복지사, 학교의 학교사회복지사, 아동 또는 노인복지시설 등 각종 사회복지단체 및 시설에서 근무하는 사회복지사가 클라이언트에게 직접 서비스를 제공하고 있다. 개인과의 실천은 다양한 활동을 포함하는데, 그 예로 국민기초생활보장수급자의 욕구 파악을 위한 상담, 저소득층 자활보호 대상의 자활과 관계된 상담, 재가복지 대상자의 욕구 파악 및 지원을 위한 상담, 독거노인과의 상담, 실직자를 위한 구직활동 또는 직업훈련을 원조하는 활동, 미혼모의 자녀 양육이나 입양 그리고 그 후의 자활 관련 상담, 아동을 위한 위탁가정사업과 관련한 조사 및 상담, 학대피해 아동을 보호하고 가정에 개입하는 활동, 환자의 의료비 문제 및 퇴원 후 생활에 대한 상담, 학교의 부적응 학생에 대한 상담, 지역사회 정신건강복지센터에서 정신장애인의 사회환경 조사 및 재활을 위한 상담 등을 들 수 있다.

개인과의 실천은 처음 접촉의 대상이 개인임을 의미할 뿐, 개인의 문제해결을 위해 개인만을 상대해서 돕는 것을 의미하지 않는다. 클라이언트의 문제해결을 위해 필요하다고 판단될 경우 사회복지사는 클라이언트 개인의 생각, 감정, 행동, 동기, 자세 등을 수정하려 할 뿐만 아니라 클라이언트의 문제에 직간접적으로 영향을 미치고 있는 주변 체계들에 개입하여 그것들의 변화를 시도한다.

(2) 가족

가족구성원 간의 관계나 가족 단위의 문제를 해결 또는 경감시키기 위한 노력이 가족과의 실천이다. 개인을 단위로 개입하기보다 가족을 단위로 개입하는 것이 더 효과적이라고 판단될 때, 또는 클라이언트의 문제해결을 위해서는 가족 모두의 협조와 노력이 필요하다고 판단될 때 가족과의 실천을 택한다. 대개의 가족실천모델들은 체계이론의 영향을 받아 가족을 하나의 역동적인 체계로 간주한다. 따라서 가족구성원 개인이 나타내는 문제의 원인을 개인적 요인에서 찾는 것이 아니라 가족구성원 간의 상호작용 패턴, 즉 관계 양상에서 찾고자 한다. 문제의 해결도 개인적 변화에 초점을 두기보다는 가족구성원끼리 상호작용하는 방식의 변화에 초점을 둔다. 예를 들어, 가족구성원 한 명의 행동이 가족 전체에 영향을 미치기도 하고 반대로 가족 전체의 균형을 위해 가족구성원 일부가 희생양이 될 수도 있다. 따라서 가족구성원 한 명의 변화가 가족 전체의 문제를 해결할 수 있고, 갑이라는 가족구성원의 행동 변화를 위해 을이라는 가족구성원의 행동을 먼저 변화시킬 수도 있다. 가족과의 실천은 주로 부부갈등, 부모-자녀 간 문제, 아동의 행동 · 정서문제, 다세대 간 갈등 등을 중재 · 해결하기 위해 활용된다.

(3) 집단

집단실천은 유사한 목표를 갖고 있는 개별 구성원들을 하나의 집단으로 묶어 그 집단을 대상으로 집단이라는 환경과 집단 내의 역동성을 활용해 집단구성원의 개별목표와 집단 공동의 목표를 성취하기 위해 노력하는 실천방법이다. 집단실천 모델은 집단의 목표 및 성격에 따라 크게 두 가지로 나누어진다. 사회적 목표 모델은 집단활동을 통해 사회구성원으로서의 참여 의식, 역할 인식, 책임 의식 등을 고취함으로써 개인의 성숙과 민주시민의 역량개발에 초점을 두고 있다. 대개 토론, 합의, 집단과제의 개발 및 실행 등의 활동을 통해 집단의 목적을 달성하고자 한다. 여기에는 청소년 캠프와 같은 대규모 집단활동이 포함될 수 있다. 또한, 공예교실, 음악교실, 자조집단 등과 같은 소규모 집단활동도 사회적 목표 모델에 해당될 수 있다. 소규모 집단은 개인의 사회화 촉진, 문제대처 방법의 교환, 비행예방, 잘못된 행동 · 가치 등의 인식 및 교정을 위해 실시된다. 소집단의 내용 및 초점은 집단의 목적에 따라 다양하지만 일반적으로 미술공예, 사교나 운동으로서의 춤, 게임, 음악, 목공예, 자연학습, 간단한 운동, 정보교환, 다양한 주제에 대한 토론 등으로 구성된다. 큰 범위에서 이들 집단은 치료적 요소를 갖고 있기는 하지만 집단치료(group therapy)나 개별실천에 비해 치료에 주요 목적이 있는 것은 아니다(Zastrow, 1995).

치료 모델은 흔히 집단치료라고 불리는 것이다. 집단치료는 집단구성원 간의 상호작용 과정이나 집단 내의 역동성을 활용해 집단구성원이 가진 문제들이 해결 또는 경감될 수 있도록 하는 활동을 말한다. 집단치료의 참가자들은 대개 정서적인 문제, 행동상의 문제 또는 대인관계상 어려움을 호소하는 사람들이다. 이들은 대개 비슷한 문제들을 갖고 집단에 참여하며, 집단 내에서 집단구성원 간 상호작용을 통해 상대방에게 도움을 제공하기도 하고 상대방으로부터 도움을 받기도 하면서 문제를 해결하게 된다. 즉, 문제를 갖고 참여한 자신이 비슷한 문제를 가진 다른 참여자의 문제해결을 도왔다는 자긍심의 고조가 자신의 문제해결에 도움을 준다. 이런 면에서 집단치료는 개인의 부적응 행동을 변화시키는 데 개별치료보다 효과적일 수 있다. 집단치료는 동일한 또는 비슷한 문제를 갖고 있는 여러 명의 클라이언트를 한꺼번에 치료한다는 면에서 경제적일 수 있다. 집단치료는 주로 심한 우울증 환자, 음주문제를 가진 사람, 약물 중독자, 성폭력 피해자, 이혼 후의 충격 상태에 있는 사람 등을 대상으로 실시될 수 있다. 사회복지사는 집단역동에 대한 전문적 지식을 활용해 집단 내 상호작용을 촉진하고 그 과정에 개입함으로써 집단구성원의 변화를 유도하게 된다.

(4) 지역사회

지역사회실천은 지역사회를 실천의 단위로 한다는 점에서 다른 실천영역과 구분된다. 실천 단위인 지역사회는 학자들에 따라서 다양하게 정의되고 있다. 그 정의들을 크게 둘로 나누어 볼 때, 하나는 지리적 조건에 의해 형성된 지역사회를 의미하고, 다른 하나는 공통된 이해와 관심으로 형성된 교회, 조합, 시민단체 등의 이익집단을 의미한다. 지역사회실천은 지역에 속한 주민이 자신들의 사회적 기능 향상을 위해 필요한 의식개혁, 환경개선, 지역사회 조직화 등을 자발적 · 주체적 · 협력적으로 해 나갈 수 있도록 사회복지사가 안내자, 조력자, 조정자, 운동가, 전문가 등의 역할을 수행하는 것을 말한다. 이러한 활동들을 수행하기 위해 사회복지사는 지역 주민의 성향과 문화에 대한 파악, 지역사회 문제 및 욕구의 파악, 지역 주민의 욕구 충족에 필요한 자원들의 확인 및 발굴, 지역주민의 조직화, 지역사회자원의 조직화 및 조정, 그리고 필요한 경우 지역사회자원 개발 등의 활동을 한다. 지역사회실천에서 사회복지사에게 요구되는 중요한 역할은 지역 주민 스스로가 상호 협동 노력에 의해 지역사회의 문제를 해결할 수 있도록 돕는 것이다. 현재 우리나라에서 지역사회에 위치한 종합사회복지관을 중심으로 실제로 이루어지고 있는 지역사회실천 개념에는 지역사회보호 활동과 지역사회조직 활동이 혼합되어 있다고 볼 수 있다.

지역사회보호는 지역사회 내에 존재하는 후원자원을 발굴 · 동원하여 지역사회 요보호 대상자를 보호하는 활동이다. 후원자원으로는 결연 후원금이나 후원물품 등이 해당되며, 지역 내 요보호 대상자에는 소년 · 소녀 가장, 독거노인, 빈곤한 한부모 가정, 장애인 가정 등이 포함된다. 지역사회보호의 목적은 지역사회자원과 빈곤 가정을 정기적으로 연결하여 줌으로써 요보호 지역 주민의 경제적 어려움을 경감시키고, 심리적 안정을 도모하는 데 있다. 후원 유형으로는 기업이나 동호회 등에 결연 대상자를 추천하여 실시하는 기관 연계 후원과 개인결연 후원자를 발굴하여 실시하는 일대일 결연 후원 활동 등이 있다. 후원 대상자별로 개별 통장을 지급하기도 하고 생필품, 식품, 기타 물품을 지급하기도 한다.

지역사회 복지자원에 대한 정보 부족과 서비스 요청에 서투른 장애인 · 독거노인 · 빈곤 가정 등을 대상으로 지역사회 복지자원의 정보망을 형성하고 연계하는 활동, 지역사회 내 변호사 사무실과 연계하여 취약계층에 대한 법률상담서비스를 하는 경우, 지역사회자원과 연계하여 실시되는 재가복지사업 등도 지역사회보호에 해당한다고 볼 수 있다. 재가복지사업에서는 국민기초생활보장수급자나 저소득가정(장애인, 노인, 한부모세대 등)에 무료급식, 밑반찬서비스, 영양식서비스, 김장 · 김치서비스, 도시락배달서비스, 한방진료, 수지침, 물리치료, 가사지원, 차량지원, 이 · 미용서비스, 주거환경개선서비스 등이 실시된다.

지역사회조직 활동은 잠재된 지역사회의 자원을 찾아내고 서로 연결함으로써 지역복지 발전을 위한 토대를 마련하고 지역 주민 자신들의 조직화를 통하여 궁극적으로 지역사회의 복지향상을 도모하는 사회복지사의 활동이다. 이를 위해 사회복지사는 지역사회와 공동사업을 추진하기도 하고 지역 주민이 서로 모여 조직화될 수 있는 장소 및 기회를 제공하기도 한다. 지역사회 안에서 바자회를 열어 지역사회에 존재하는 다양한 자원을 동원 · 배분하는 과정에서 지역 주민의 유대감을 조성하고 공동체 의식을 강화시키는 활동이 여기에 해당된다. 바자회를 통해 지역 주민이 마련한 생활용품, 의류, 도서, 문구류 등의 판매수익금으로 소외된 어려운 이웃을 지원한다. 그 밖에 살기 좋은 동네 만들기 운동, 지역 주민 어울림 축제 개최, 주민편의 시설(강당, 회의실, 프로그램실, 식당 등) 제공, 지역 주민 도서관 제공, 노숙자를 위한 쉼터 운영, 노인을 위한 일자리 마련 사업 추진, 지역 자원봉사자의 발굴 및 관리, 주민 동아리의 조직 및 관리, 복지사업을 위한 지역사회자원 점검 및 구축사업, 복지연계 활성화사업 등이 지역사회조직활동에 포함된다.

4) 통합적 접근에 의한 실천

(1) 통합적 접근의 기본 틀

통합적 접근에 의한 실천에 바탕이 되는 관점은 앞서 제5장에서 상세히 소개한 '환경 속의 인간' 관점, 체계적 관점, 생태체계적 관점이다. 이러한 관점들은 인간행동과 사회구조를 관찰하고 그 가운데 발생하는 다양한 문제를 해결하고자 할 때 어떤 시각(관점)에서 볼 것인가를 설명하고 있다. 어떤 관점을 갖고 있느냐에 따라 동일한 현상이 다르게 파악될 수도 있고, 어떤 특정 현상만이 다른 현상에 비해 상대적으로 크게 또는 세밀하게 보일 수도 있다. 어떤 현상을 특정한 시각(관점)에서 바라본다는 것은 그 현상을 변화시키기 위한 노력의 초점도 특정 분야에 집중될 수 있음을 의미한다. 예를 들어, 의료적 관점 또는 병리적 관점은 어떤 개인이 표출하는 문제의 원인을 개인에게서 찾고자 하고, 원인 치료를 위해 개인을 변화시키고자 한다. 앞서 제시한 세 관점('환경 속의 인간', 체계적 관점, 생태체계적 관점)은 공통적으로 사회구성원들이 표출하고 경험하는 문제들의 해결을 위해 개인과 환경 사이의 관계를 파악한 후, 개입의 방향을 제시하는 포괄적인 관점이다. 이 세 가지의 관점에 더하여 통합적 접근에 의한 실천에 도움을 줄 수 있는 관점들이 앞서 제6장에서 제시한 강점관점, 다문화관점, 성인지관점이다.

이러한 관점은 문제를 파악하는 관점과 개입의 방향 및 과정에 대한 개략적인 지침을 제공하고 있지만 구체적인 개입방법과 기술을 제공하지는 않는다. 따라서 통합적 관점에 따른 실천을 위해서는 문제의 성격이나 상황에 따라 다양한 개입방법을 선택적으로 활용해야 한다. 즉, 통합적 관점에 입각한 사회복지실천은 특정 이론에 얽매이지 않고, 전통적 접근에서 활용되었던 미시이론부터 환경과 체계의 원리를 설명하는 거시이론 등 다양한 이론과 개념을 사용하여 이루어진다. 이러한 실천을 위해서는 다양한 지식 기반과 광범위한 기술을 숙달하고 그것들을 자유자재로 사용할 수 있어야 한다. 그래야만 앞서 살펴본 개인, 가족, 집단, 지역사회 등에서 만나는 아동, 부모, 노인, 장애인, 환자 등에 대한 개입을 효과적으로 수행할 수 있을 것이다. 통합적 실천을 채울 수 있는 지식기반으로는 다양한 실천모델이 존재한다.

(2) 통합적 접근 실천모델

실천모델은 사회복지적 개입의 실천과 관련된 일련의 개념과 원리 그리고 개입절차 등을 체계적으로 조직해 놓은 것이다. 실천모델은 특정 실천이론에 바탕을 두고 조직화되는 것이 일반적인 원칙이지만 사회복지실천 현장에 소개되어 사용되고 있는 많은 실천모델들은 어느 특정 이론에 매여 있기보다는 상황에 따라 다양한 관점들을 포함하고 있는 경우가 많다. 이러한 현상은 흔히 절충방식(eclecticism)이라고 불린다(Koglevzon & Maykrznz, 1982). 절충방식에는 두 가지가 있다. 하나는 실천가의 이론적 선호, 실천현장의 특성, 실천의 경험, 실천가의 가치 기준, 실천에 대한 인식, 실천가의 지식 등에 영향을 받아 이루어지는 방식이다. 다른 하나는 많은 이론들 중에서 각기 다른 실천 상황에서 그 효과성이 나름대로 인정된 이론적 요소들을 모아서 절충하는 방식이다. 이것은 실천가의 선호에 영향을 받기보다는 나타난 연구 결과에 바탕을 둔 절충으로서 피셔(Fisher, 1978)가 주장한 방식이다. 최근 실천에서 강조되고 있는 증거 기반 실천(Evidence Based Practice)이 여기에 가깝다. 실천모델의 예로는 정신역동모델, 인지행동모델, 과업중심모델, 위기개입모델, 동기강화모델, 해결중심모델 등을 들 수 있다. 이러한 모델의 상세한 내용에 대해서는 사회복지실천기술론을 통해 학습할 수 있을 것이다.

사회복지사가 어느 한 기본 이론, 또는 실천이론에만 기초해서 활동한다는 것은 아주 드문 일이다. 대부분의 사회복지사들은 다양한 기본 이론에 기초해서 활동할 뿐만 아니라, 상호 보완적이며 상호 대체 가능한 실천의 관점, 실천이론, 실천모델들을 최대한 활용한다(Sheafor et al., 1997). 사회복지실천 현장에서 사회복지사가 만나는 클라이언트들과 문제 상황은 너무 다양하고 복잡해서 어느 한 가지의 기본 이론, 실천이론 또는 실천모델만 갖고 문제를 해결한다는 것은 거의 불가능하기 때문이다. 실천의 현장, 클라이언트가 표출하는 문제, 클라이언트의 유형, 클라이언트를 둘러싼 상황과 환경들이 너무나 다양하고 복잡하기 때문에 어떤 특정 실천 관점이 다른 것에 비해 우수하다고 판단하는 것은 매우 어려운 일이다. 하지만 통합적 관점에 입각한 바람직한 실천에서 강조하는 특성을 시포 등(1997)이 제한한 것에 몇 가지를 더하여 제시하면 다음과 같다.

- 클라이언트의 문제 상황에 영향을 미친 개인적 요소와 환경적 요소를 모두 고려하면서 이 두 요소들 모두에 그리고 두 요소들 간 상호작용에 개입한다. 즉, 어떤 문제에 대한 원인 규명보다는 개인-환경의 상호작용 및 관계에서 어떤 문제가 있는지를 규명하여 변화시키는 데 초점을 둔다. 이를 위해 개인, 가족, 집단, 지역사회 등 규모가 다른 다양한 수준의 체계에 개입한다.

- 클라이언트를 진정으로 보호하고 아끼는 마음이 실천과정 내내 드러나도록 한다.
- 클라이언트의 단점, 부족한 것, 병리 현상 등에 초점을 두는 것이 아니라 클라이언트가 갖고 있는 잠재능력과 장점들을 인정하고 그것들에 기초해서 실천활동을 한다.
- 원조과정에서 어떤 실천방법이 활용될 것인지를 결정하는 과정에 클라이언트를 참여시켜 클라이언트 스스로 최종 결정을 하도록 한다.
- 클라이언트의 관심, 가치, 문화, 종교와 일치하는, 개별성과 독특성을 존중하는 서비스를 제공하며 서비스의 제공방법도 이러한 요소들을 고려하여 결정한다.
- 개입의 효과가 가급적 즉시 나타날 수 있는 방법을 활용한다.
- 클라이언트가 의존 상태로부터 벗어나는 데 도움이 되는 지식, 기술, 능력 등을 클라이언트 스스로 습득하도록 도움을 제공하는 데 초점을 둔다.
- 클라이언트가 살고 있는 지역사회 내에 자조집단 또는 상호 지지집단이 형성되도록 촉진한다.

요약하면, 바람직한 통합적 접근의 실천이란 클라이언트의 현재 상황을 환경과 개인 간의 상호작용의 결과로 인정하고, 클라이언트의 복지에 진정한 관심을 갖고, 클라이언트의 영구 의존성을 극복해 주며, 클라이언트의 장점과 독특성을 살려, 클라이언트의 독특한 상황에 맞는 방식으로 서비스가 설계되며, 이러한 서비스들이 가급적이면 경제적으로 제공되도록 하는 실천이라 할 수 있다. 이러한 통합적 실천을 위해 사회복지사는 다양한 사회적 · 물리적 · 문화적 환경 가운데 생활하는 클라이언트를 위해 치료자, 조력사, 교사, 촉진자, 중재자, 옹호자, 역량강화자, 자문가 등의 역할을 수행한다.

2. 사례관리

1) 사례관리모델

(1) 사례관리의 등장 배경

사례관리의 모습이 다양한 만큼 사례관리의 기원에 대해서는 다양한 견해가 존재한다. 그러나 보편적으로 사회복지에서 사례관리의 기원은 1963년 미국의 「지역정신보건법」 제정으로 탈시설화 정책이 시도됨으로써 시설보호에서 각 지역으로 흩어진 만성정신질환자의 지역사회보호와 적응을 돕기 위한 것에서 찾고 있다(Woodside & McClam, 2006). 탈시설화 이후 스스로 생활이 불가능한 중증의 만성 정신장애인은 지역사회에서 복잡하게 흩어져 있는 여러 종류의 자원과 서비스들에 접근하는 것이 불가능하여 그들을 지역사회 내에서 제대로 보호하고 관리하는 데 실패하였다. 따라서 이들이 지역사회에 거주하게 되면서 분산되어 있는 서비스를 통합적으로 제공할 수 있도록 서비스를 체계적으로 관리할 필요성이 대두되었고, 그 결과로 기관 단위의 서비스를 넘어서는 사례관리 서비스라는 포괄적 대책이 요구되었다.

또 하나의 요인으로, 1980년대 이후 복지국가의 시기가 지나가고 신자유주의와 복지다원주의의 이념이 확장하는 가운데 국가가 복지비용을 절감하는 데 관심이 커지면서 서비스 간의 중복을 피하고 효율성을 높이는 방안으로 사례관리가 각광을 받게 되었다. 특히, 공공재원이 투자되는 대상에 대한 체계적인 관리를 통하여 저비용과 고효율을 지향함으로써 복지 체감도와 삶의 질 향상을 도모할 필요성이 증대되었다.

한국의 사회복지제도는 보편적 보장보다는 선별적 보장을 우선시하여 기본적으로 서비스의 사각지대가 존재하는 반면, 부족하나마 제공되는 서비스 가운데 중복되고 단절되는 문제가 쟁점이 되어 왔다. 또한 프로그램 중심으로 운영되는 많은 사회복지서비스가 고객 중심이 아닌, 공급자 중심의 서비스로 운영됨에 따라 복지 체감도가 낮고 효과성을 담보할 수 없는 구조적 문제를 지니고 있다는 비판을 받아 왔다(권진숙, 2012). 따라서 이러한 문제를 해결하기 위한 해법으로 통합성과 고객 중심의 접근을 중시하는 사례관리가 사회복지서비스 전 영역에서 강조되기 시작하였다.

한국에서는 1993년 「노인복지법」 개정을 통해 재가복지가 사회복지사업의 공식적인 프로그램으로 인정되었고, 1995년 「정신보건법」에서는 지역사회정신보건사업의 필수 사업 가운데 하나로 사례관리가 지정되면서 사례관리에 대한 인식이 점차 확대되어 왔다. 2005년에는 「사회복지사업법」의 개정으로 시 · 군 · 구청장의 책임하에 보호대상자별 보호계획을 수립하도록 하면서 사례관리의 현실화 기반이 마련되었다. 2010년에는 경기도의 무한돌봄센터에서 사례관리가 도차원에서 실시되기 시작하였고, 2012년에는 공공사례관리가 전국의 시 · 군 · 구에 전면 도입되고, 2016년부터는 읍 · 면 · 동 단위에서도 사례관리가 시행되고 있는 등 한국에서 사례관리의 방법은 가장 보편적인 사회복지서비스 전달방법으로 자리매김하고 있다.

(2) 사례관리의 개념

한국사례관리학회(2016)에서 제정한 '한국사례관리 표준'에서는 사례관리[1]를 다음과 같이 정의하였다.

> "사례관리란 복합적이고 다양한 욕구가 있는 클라이언트와 그 가족의 사회적 기능 회복을 돕는 통합적 실천방법이다. 이를 위해 운영체계를 확립하고, 클라이언트와 함께 강점관점의 체계적인 사정을 해야 하며, 클라이언트의 내적 자원 및 지역사회 자원을 개발하고 활용하여 삶의 질 항상을 위해 노력해아 한다."

1 사회복지 사례관리는 기본적으로 개별사회복지실천(Social Casework)에 기반하여 새로운 옷을 입힌 것으로 양자 간에는 유사점이 많으나 주요 차이점은 다음과 같다(김성경, 2017). ① 실천의 초점이 클라이언트의 욕구와 강점에 있음. ② 실천과정에서 개별서비스계획과 점검 단계가 강조됨. ③ 다차원적 특성을 지님. ④ 미시적 실천방법이면서 운영체계와 서비스 전달체계가 강조됨.

이 정의를 상세히 살펴보면 첫째, 사례관리의 대상은 단순한 욕구가 아니라 복합적이고 다양한 욕구를 지닌 클라이언트다. 사례관리를 의료서비스에 비유하자면 3차 진료 기관에서 이루어지는 진료행위라고 볼 수 있다. 3차 진료기관은 간단한 질병을 가진 환자가 아니라 주로 복합적이고 쉽게 낫지 않는 중환자가 치료를 받으러 오는 것이다. 사례관리 서비스의 대상자는 간단한 정보제공이나 단순한 한두 가지의 서비스로 그 문제가 해결되는 대상이 아니다.

둘째, 사례관리는 낙인의 소지가 있고 어려운 문제를 해결하는 데 초점을 두는 것이 아니라 욕구에 초점을 둔다. 욕구의 개념은 클라이언트에게 꼭 필요하면서, 클라이언트가 원하는 것이고, 해결 가능한 것으로 구성되어야 한다.

셋째, 사례관리의 궁극적인 목적은 '클라이언트와 그 가족의 사회적 기능의 회복'을 통한 '삶의 질 향상'이다. 사례관리의 기원은 자립하기 어려운 클라이언트의 생활에 대한 사례관리의 지속적인 지원과 유지였으나 이를 위한 인프라가 부족한 한국의 상황에서는 지속적인 서비스 제공과 점검이 어려워 가능한 빠른 기간에 클라이언트의 역량강화와 사회적 기능강화(네트워크)를 상대적으로 강조하고 있다.

넷째, 통합적인 서비스가 제공되어야 하는 사례관리의 전제 조건은 운영체계의 확립이다. 그 이유는 최근 사례관리가 접근의 체계성과 구조를 강조하는 과업중심모델에 기초를 둠으로써(Holosko, 2018: 제4장) 사례관리 팀과 사례회의, 슈퍼비전체계 등의 운영체계 확립이 강조되고 있다.

다섯째, 사례관리는 당연히 선 사정 후 개입의 방법이다. 그리고 사정을 함에 있어서 강점관점을 강조하고 있는데, 이는 사례관리가 욕구에 기반한 실천으로써 클라이언트가 할 수 있는 역량을 찾는 것이 중요하고, 더 나아가 클라이언트의 적극적인 참여를 중시하기 때문이다. 여섯째, 자원을 활용함에 있어서 클라이언트의 내적 자원을 강조하고 있다. 이는 내부 자원만 활용하라는 이야기가 아니고, 내적 자원과 외적 자원의 조화가 중요하다는 점을 강조하고 있는 것이다. 또한 한국의 사례관리가 주로 외부의 자원을 동원하는 데 초점을 맞추고 있어서 내적 자원의 발굴과 활용의 중요성이 강조되는 것이다. 한편, '사례관리'라는 용어는 클라이언트를 관리 대상으로 규정하고 있다는 비판으로 인해 보호 관리(care management), 보호 조정(care coordination), 서비스 조정(service coordination) 등과 같은 대안적인 용어로도 사용되고 있다(Woodside & McClam, 2006).

(3) 사회복지실천과 사례관리의 차이점

얼핏 보면, 사례관리는 전통적인 개별사회사업과 최근의 통합적 사회복지실천방법과 매우 유사하게 보인다. 그러나 사회복지실천의 전통적인 접근들이 시간 소모적이고 비효율적이라고 비판을 받으면서(Gursansky, Harvey, & Kennedy, 2003: 3) 이의 대안으로 부각된 사례관리는 사회복지실천과 유사한 점이 많으나 다른 특성을 지닌 방법이다. 〈표 7-1〉은 사례관리와 전통적 사회복지실천 방법을 비교하여 보여 준다.

표 7-1 ● **사회복지 주 실천모델 간 비교**

구분	개별사회사업	통합방법론 (Pincus & Minahan, 1973)	사례관리
기반이론	정신분석/심리사회론	체계이론	생태체계관점과 강점관점
개입의 초점/지향성	개인의 인성발달과 적응능력 향상	체계분석과 체계변화	클라이언트와 가족의 역량 강화와 내·외적 자원을 통한 사회적 기능수준의 유지 혹은 향상
목표	개인의 문제해결	체계의 변화	지역사회를 기반으로 한 클라이언트와 가족의 역량과 사회적 기능의 강화
개입 단위	개인	개인과 주요 체계	개인, 가족, 지역사회
주 개입 대상	사회적 적응문제를 가진 개인	개인과 관련 체계	만성적·복합적 문제를 가진 개인, 가족
구성 요소	개인, 문제, 진단, 치료	클라이언트체계, 변화매개체계, 표적체계, 행동체계	클라이언트, 사례관리자, 사회자원, 운영체, 네트워크

주 기능	사회적 진단과 치료	체계분석과 개입	임상적 기능과 행정적 기능 및 중개와 조정 기능
주 역할	상담가, 치료자 등	교육자, 촉진자 등	상담가/교육자, 중개자, 조정자, 옹호자
과정	접수-조사-사정-치료-종결	접수-사정-개입-평가-종결	접수-사정(욕구, 자원, 강점, 장애물)-계획 수립(ISP)-실행(조정, 점검)-종결
수행 장소	사회복지기관	사회복지기관	사회복지기관을 포함한 지역사회 관련 공공·민간 기관
교육/훈련 수준	학사/석사 이상	학사/석사 이상	학사/석사 이상

출처: 권진숙(2012)의 표를 수정·보완함.

(4) 사례관리의 목적

목슬레이(Moxley, 1989), 인탈리아타(Intagliata, 1982)와 우드사이드와 맥클램(Woodside & McClam, 2006) 등이 제시한 사례관리의 주요 목적을 정리하면 다음과 같다.

① 보호의 연속성

사례관리의 대상은 쉽게 해결될 수 없는 만성적이고 복합적인 욕구를 지니고 있기 때문에 중증장애인 등과 같은 경우는 평생 동안 보호를 받아야 할 필요가 있고 장기적인 지원이 필요한 경우가 많다. 따라서 어떤 일정한 장소나 기간 내에서 계속적으로 서비스를 제공하는 것이 필요하다. 보호의 연속성은 횡단적 차원과 종단적 차원으로 나눌 수 있다. 횡단적 차원에서의 연속성은 주어진 시점에서 이용자의 다양한 욕구를 충족시키기 위해 포괄적인 서비스를 제공하는 것이다. 종단적 차원에서의 연속성은 시간의 경과에 따라 변화하는 개인의 욕구에 반응하는 서비스를 지속적으로 제공해 주는 것을 의미한다.

② 클라이언트의 역량강화

사례관리에서는 일차적으로 대상자의 보호가 중시되지만 가능한 한 클라이언트가 스스로 살아갈 수 있도록, 즉 클라이언트가 사례관리자의 도움 없이도 자원과의 연결을 유지하며 살아갈 수 있는 역량을 강화하는 것을 목적으로 한다. 클라이언트 역량강화를 위한 또 하나의 방법은 그를 고객으로 대우하는 것이며, 클라이언트의 강점에 입각한 서비스를 제공하는 것을 의미한다.

③ 서비스의 통합성

복합적이고 변화하는 이용자의 욕구를 해결하기 위해 기관과 지역사회의 자원과 서비스를 통합적으로 확보하는 것이 필요하다. 서비스 통합은 서비스의 파편화와 중복을 감소시키고 제공된 서비스의 상호작용을 촉진한다.

④ 서비스 접근성 향상

클라이언트는 자신이 활용할 수 있는 자원에 대한 정보가 부족하거나 이용 가능한 자원을 알아도 다양한 장애물로 인해 서비스 접근이 제한되는 경우가 있다. 이를 위해 찾아가는 서비스, 정보제공과 의뢰, 자원개발과 연계, 자원 활용 역량의 강화 등과 같은 적극적인 방법을 통해 자원과 서비스에 대한 클라이언트의 접근성을 높인다.

⑤ 사회적 책임의 제고

사례관리는 제공되는 서비스의 책임성을 중시한다. 따라서 사례관리 과정에서 주요 결정은 사례관리자 혼자 하는 것이 아니라 팀에서 결정하며, 외부 전문가와 슈퍼바이저를 포함한 통합회의 개최도 중요하다.

⑥ 평가의 중요성

사례관리에 대한 책무성(accountability)과 함께 성과(outcome)와 효율성을 확인하기 위한 평가활동이 강조된다. 평가는 과정평가와 성과평가로 구분할 수 있다. 성과평가에서는 이용자 수준의 서비스 만족도, 목표달성 정도, 욕구수준의 변화와 개입영역의 변화 등이 필수적이고, 사례관리자의 업무수행 성과와 지역자원의 양과 질에 대한 평가도 중요하다. 과정평가에서는 실천과정에 대한 평가, 자원과 서비스에 대한 평가, 운영체계와 실천 환경에 대한 평가 등이 이루어져야 한다. 그러나 사례관리의 궁극적인 목적이 '삶의 질 향상'인 만큼 평가는 서비스의 실적(output)보다 삶의 질이 증진되는 변화를 보여 주는 성과(outcome)를 중시한다.

(5) 사례관리의 구성 요소

사례관리의 구성 요소는 클라이언트, 사례관리자, 사회 자원, 과정, 운영체계 등이다.

① 클라이언트

모든 사회복지서비스 대상자가 사례관리 대상자는 아니다. 정보제공이나 단순 서비스로는 해결되기 어려운 다양하고 복합적인 욕구를 갖고, 문제해결의 동기가 있는 클라이언트가 대상이 된다. 〈표 7-2〉는 사례관리 대상자와 구별되는 일반 사회복지서비스 대상을 나타낸다.

표 7-2 ● **사회복지서비스 대상 구분**

구분	정의	주요 개입방법 및 목표
정보 이용자	• 사회복지 관련 정보 부족으로 당면한 문제해결이나 욕구 충족에 어려움을 겪고 있는 클라이언트	• 일회성 상담을 통해 직접적이고 구체적인 정보제공 • 획득한 정보를 활용하여 필요한 자원을 스스로 획득할 수 있도록 함
서비스 이용자	• 개인과 가족의 특정 영역의 기능 향상이나 복지수준 향상을 위해 기관의 단위 서비스를 필요로 하는 클라이언트	• 서비스별 이용자 기준에 따라 작성한 대상자에 대한 서비스 제공 • 각 서비스 목표에 따른 개인과 가족의 기능향상 도모

잠재적 사례관리 대상자	• 포괄적이고 만성적인 욕구 미충족 상태를 경험하고 있어서 지속적인 사회적 지원을 통해 개인과 가족의 삶의 회복, 복지수준 향상이 요구되는 클라이언트	• 지속적인 모니터링을 통해 적절한 수준의 개입을 할 수 있는 구조 마련
사례관리 대상자	• 잠재적 사례관리 대상자 중 기관의 사례관리 운영 지침에 의한 선정 기준에 부합되는 클라이언트 • 이 중 개인과 가족의 복지수준 향상을 위해 사례관리의 주요 절차와 업무수행 방식에 동의하고 필요한 서비스 계약을 수립한 클라이언트	• 사례관리 유형 구분에 따른 서비스 제공방식 결정 또는 사례관리자의 업무 관리
위기지원 대상자	• 긴급한 사회적 지원이 없다면 개인과 가족의 물리적 안전이나 심리정서적 안전을 확보하기 어려운 클라이언트	• 모든 서비스 이용 기준을 적용하지 않고 최단기간 내에 개인과 가족의 최소한의 안전 확보를 위해 필요한 직간접 서비스 제공 • 물질적 · 물리적 보호 및 심리적 · 정서적 지원 통해 개인과 가족의 위기 안정화 및 일시적 안전 확보 • 총 개입 기간을 3개월 이내로 제한함으로써 위기안정화에 초점을 맞추며, 위기안정화 이후 필요시 사례관리 대상자로 등록 가능

출처: 권진숙 외(2012), p. 99.

② 사례관리자

만성적이고 복합적인 욕구를 지닌 클라이언트를 지원하는 사례관리자의 전문성과 숙련성은 3차 의료기관의 전문의가 일하듯이 매우 중요하다. 그러나 한국의 사례관리 환경은 아직 미흡하여 숙련되지 않은 인력들이 사례관리를 하고 있는 경우가 적지 않다. 한국사례관리학회(2016)에서 제정한 '한국사례관리 표준'에서는 사례관리자의 자격을 다음과 같이 규정하였다.

"사례관리자는 사회복지사 1급 자격증 취득 후 사회복지실천 경력 2년 이상인 자이거나 사회복지사 2급 자격증 취득 후 사회복지실천 경력 4년 이상 되어야 하며, 사례관리와 관련된 교육과 훈련을 받은 자이어야 한다."

③ 사회 자원

대상자를 변화시키는 데 역점을 두는 임상사회복지실천과 달리 사례관리는 대상자의 역량강화와 함께 다양한 사회 자원을 효율적으로 연계하고 조정하는 기능을 중시하는 방법이다. 자원에는 공식적, 비공식적 자원 그리고 공공·민간 자원 등이 있다. 사례관리에서는 미리 개발되어 준비된 공식적 자원도 중요하지만, 클라이언트의 비공식적인 자원(가족, 친척, 동료, 이웃, 자원봉사자 등)의 개발과 연계가 중시된다. 따라서 사례관리 기관은 자신의 기관이 보유하고 있는 자원에 대한 조직화는 물론 지역사회, 나아가서는 국가 단위에서 활용할 수 있는 공적·사적인 자원망을 개발하고 조직화해야 한다. 지역사회 자원을 조직화할 때는 업무의 효율성을 위하여 기존에 조직화되어 있는 자원망을 최대한 활용하도록 한다. 예를 들면, 지역사회보장협의체에서 조직화해 놓은 자원 목록이나 주민생활지원과가 조직화해 놓은 서비스 자원 목록 그리고 정부의 각 부처 복지서비스 정보를 한눈에 볼 수 있는 복지로(https://www.bokjiro.go.kr), 보건서비스 정보를 제공하는 공공보건 포털 G-health(https://www.g-health.kr) 등을 적극적으로 활용한다.

④ 과정

사례관리는 체계적 실천으로 이행해야 하는 예비된 과정이 존재하는데, 이는 다음의 '(6) 사례관리의 실천과정'에서 다룬다.

⑤ 운영체계

사례관리는 클라이언트에게 필요한 통합적 서비스를 전달하는 작동체계이면서 책임성을 강조하는 방법으로 사례관리실천에서 팀 중심의 결정이 기본이며,

다양한 체계를 아우를 수 있는 효율적인 운영체계가 무엇보다도 중요하다. 그럼에도 불구하고 한국에서는 이를 경시하고 체계 없이 사례관리를 하는 경우가 있는데 이는 제대로 된 사례관리라고 볼 수 없다. 이는 마치 3차 진료기관에서 치료 받아야 하는 환자가 보건소나 의원에서 치료를 받는 격이라고 할 수 있다. 사례관리를 실천하는 기관은 사례관리를 효과적으로 실천하기 위하여 ① 사례관리 전담인력과 전담조직, ② 사례발굴 및 의뢰체계, ③ 사례회의체계, ④ 슈퍼비전체계, ⑤ 자원체계, ⑥ 내부 및 외부 협력체계 등의 운영체계를 갖추어야 한다. [그림 7-1]은 사례관리 운영체계의 한 예다.

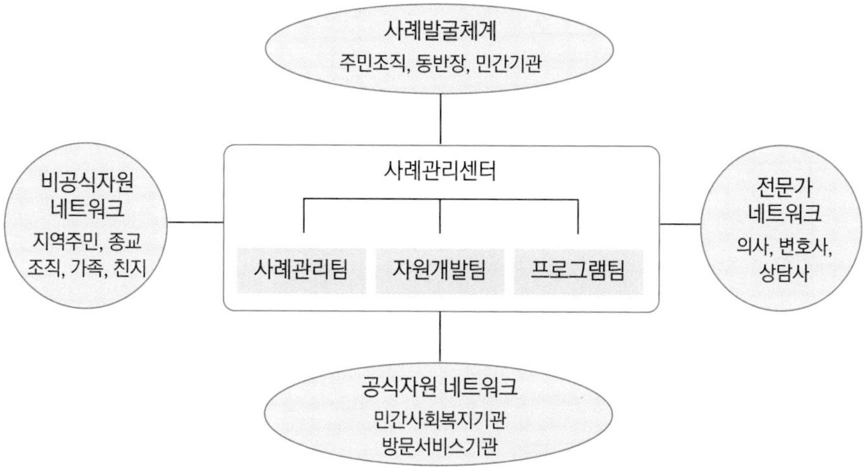

그림 7-1 ● **사례관리 운영체계의 예**

(6) 사례관리의 실천과정

사례관리 과정은 앞 장들에서 제시한 시회복지실천과정과 중복되는 것이 많으므로 중복되지 않는 부분을 중심으로 제시하고자 한다. 사례관리의 실천과정은 [그림 7-2]에 제시된 바(권진숙 외, 2009)와 같다.

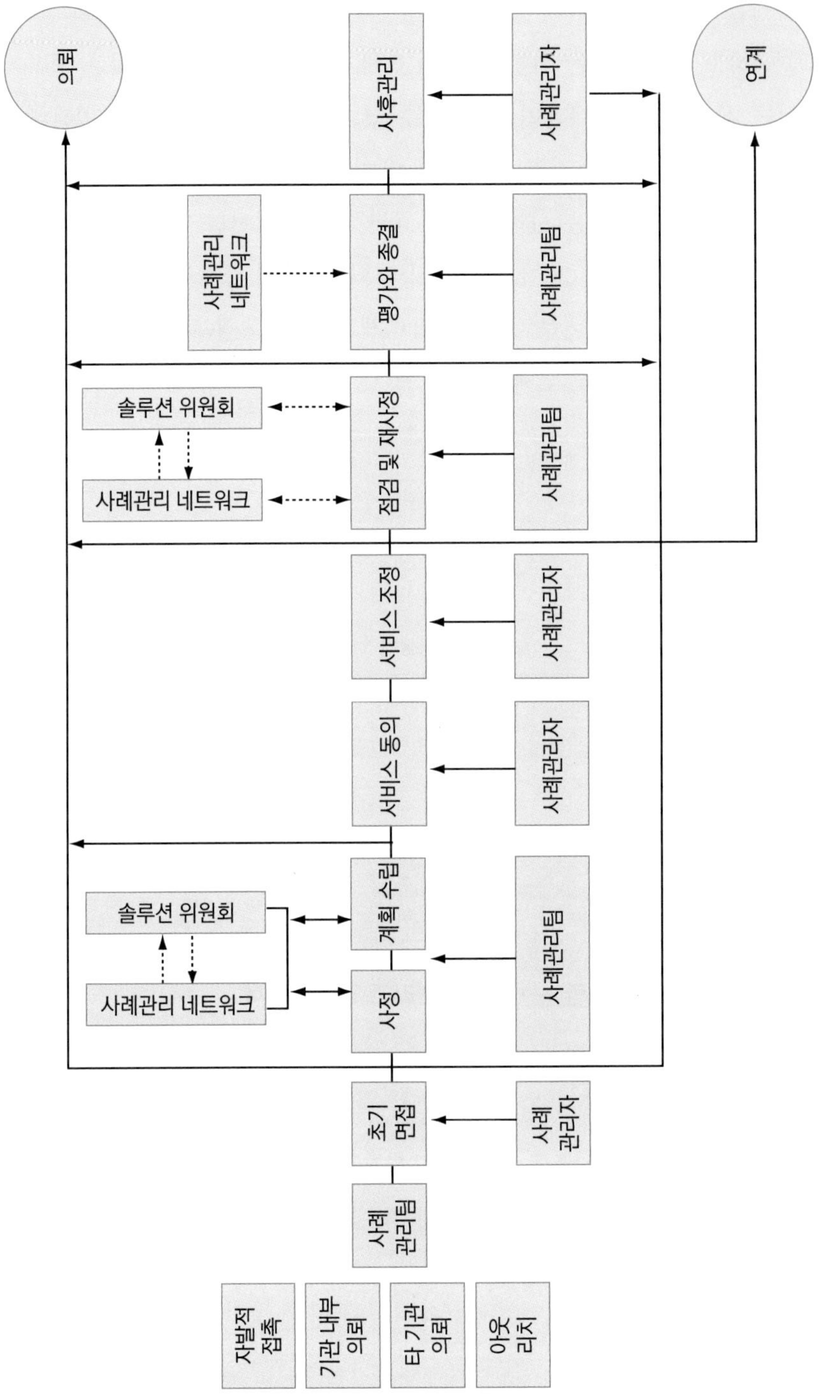

그림 7-2 ● **사례관리 과정의 개요**

① 사례관리 대상자 선정

사례관리의 대상자는 스스로 찾아오기도 하고 타인에 의해서 의뢰되기도 하지만, 사각지대에 놓여 있는 대상자를 찾는 일(reach out)이 점점 강조되고 있다. 서비스가 가장 필요하나 스스로는 기관과 접촉하지 못하는 클라이언트, 서비스를 몰라서 어려움을 겪고 있는 분들, 서비스를 알아도 역량 부족이나 자존심으로 인해 서비스에 접근하지 않는 분들을 찾아 나서는 경우가 이에 해당된다. 사례관리의 대상자는 정보나 단순 서비스를 필요로 하는 분들이 아니라 복합적인 욕구를 갖고 있으면서 당사자가 희망과 동기가 있어 사례관리 과정에 적극적으로 참여할 수 있는 분들이 대상이 되어야 성과를 기대할 수 있다.

② 초기 면접

초기 면접은 대상자 가구 여건과 주요 문제, 요구와 욕구 등을 종합적으로 판단하고 사회복지 대상자 유형을 분류하여 클라이언트가 어떤 서비스(사례관리, 단순 서비스, 정보 제공 등)를 받을 자격이 있는지를 판단하는 과정이다. 초기 면접 후 사례관리자는 클라이언트의 초기 면접 정보를 분석하여 사례관리 대상자로서의 적격성을 파악한 후 사례관리팀이 주관하는 사례회의에 상정하여 사례관리 대상자로서의 적격성을 판정하게 된다. 만약 사례회의 결과 상정된 클라이언트가 사례관리 대상으로 부적합하다고 판단될 경우 다른 서비스 대상자로 선정하거나 정보를 제공하며 타 기관으로 의뢰하게 된다. [그림 7-3]은 초기 면접지의 예다.

초기 면접지

<table>
<tr><th>접수번호</th><td colspan="4">○○○○-○○○</td><th colspan="2">일시</th><td colspan="2">2016년 ○○월 ○○일</td></tr>
<tr><th>면접자</th><td colspan="4">최○○ 사례관리자</td><th colspan="2" rowspan="2">장소</th><td colspan="2" rowspan="2">■ 가정 □ 내방 □ 전화
□ 지역사회 기관( )</td></tr>
<tr><th>면접 참여자</th><td colspan="4">정○○ 대상자</td></tr>
<tr><th>면접 경로</th><td colspan="8">□ 본인 요청( ) □ 사례관리자의 발굴
□ 기관 내부 의뢰( ) ■ 타 기관 의뢰(○○어린이집)
□ 주민 의뢰( ) □ 기타( )</td></tr>
<tr><th>대상자</th><td colspan="4">정○○</td><th colspan="2">주민번호</th><td colspan="2">○○○○○○-○○○○○○○</td></tr>
<tr><th>주소</th><td colspan="4">○○시 ○○구 ○○동</td><th colspan="2">전화번호</th><td colspan="2">○○○-○○○-○○○</td></tr>
<tr><th>후견인</th><td colspan="4">성명: (관계)</td><th colspan="2">전화번호</th><td colspan="2"></td></tr>
<tr><th>장애 유형/급</th><td colspan="4">지적장애 3급</td><th colspan="2">건강상태</th><td colspan="2">□ 양호 ■ 질환(턱관절 이상, 우울증)</td></tr>
<tr><th>보호구문</th><td colspan="8">■ 수급 □ 조건부수급 □ 저소득/차상위
□ 기타(의료보험/영유아보육료 지원, 보훈 등)</td></tr>
<tr><th>주거상태</th><td colspan="8">□ 자택 □ 전세 ■ 월세(무보증금, 월 15만 원) □ 영구임대 □ 기타( )</td></tr>
<tr><th rowspan="3">가족사항</th><th>관계</th><th>성명</th><th>나이/성별</th><th>직업</th><th>결혼상태</th><th>동거 여부</th><th>연락처</th><th>기타</th></tr>
<tr><td>아들</td><td>김○○</td><td>3</td><td>미취학</td><td>-</td><td>동거</td><td>상동</td><td>간질,
발달장애 의심</td></tr>
<tr><td>아들</td><td>김○○</td><td>10개월</td><td>미취학</td><td>-</td><td>동거</td><td>상동</td><td>천식, 역류성
식도염, 모세기
관지염</td></tr>
<tr><th>대상자의 진술
(도움 요청 내용)</th><td colspan="8">-분윳값과 기저귀를 지원해 주었으면 좋겠어요.
-둘째 아이가 천식, 역류성 식도염 등 여러 질병을 갖고 있어 입원을 자주 하는데, 의사 선생님이 천식 기계를 사면 입원을 자주 안 한대요. 기계를 어디서 파는지, 얼마나 하는지 알아봐 주실 수 있나요?
-휴대전화가 고장 나서 새로 개통하려고 대리점에 갔더니 나도 모르게 내 이름으로 휴대전화가 여러 회사에서 개통되어 미납금이 300~500만 원이나 된대요. 지갑을 잃어버린 적이 있어서 그런 것 같은데, 어떻게 해결해야 할지를 모르겠어요.
-턱관절에 이상이 있어서 날씨가 추우면 소리가 나고 아파요. 수술비가 8,000만 원 정도 든다는데, 혹시나 가능하다면 수술을 하고 싶어요.
-지금은 ○○대학병원 신경정신과를 이용하고 있는데, 다른 병원으로 옮기고 싶어요.</td></tr>
<tr><th rowspan="2">면접자 평가</th><td colspan="8">-위 대상자 가구는 경제적인 어려움과 법률적인 어려움, 의료적 어려움을 호소하고 있으며, 보호자인 정○○ 대상자의 지적장애로 인하여 일상생활의 판단능력이 비장애인보다 낮은 상황이며, 문제를 해결하는 것에 있어서 방법을 모르는 부분이 많으므로 사례관리 대상자로 선정하여 대상자 스스로 문제를 해결할 수 있도록 교육하고 지지해 주어야 한다고 판단함.</td></tr>
<tr><th colspan="2">대상 판정</th><td colspan="6">■ 대상(긴급/ 일반) □ 비대상(정보 제공/연계:)</td></tr>
</table>

그림 7-3 ● **초기 면접지 예시**

출처: 권진숙 외(2012), p. 194.

③ 동의 및 계약절차

초기 면접을 통하여 잠재적 사례관리 대상자로 판명되면 사례관리 과정에 동참할 것을 권유하며 필요한 동의 및 계약절차를 수행하게 된다. 사례관리 과정에서 동의 및 계약의 절차를 중요하게 여기는 이유는 이것이 정보 획득을 위한 당연한 절차이기도 하지만, 사례관리 방법이 클라이언트의 자발적 참여 없이는 성과를 기대하기 어려운 방법이기 때문이다. 따라서 사례관리 대상자가 선정되면 사례관리의 의미, 사례관리의 주요 진행 방식 등에 대한 구체적인 설명과 함께 이러한 과정에 협력적인 노력을 기울이는 것이 중요하다는 설명이 제공되어야 한다.

④ 사정

사정(assessment)은 사례관리자와 클라이언트가 함께 클라이언트의 욕구(need)와 자원(강점) 및 장애물 등에 관한 정보를 수집하고 분석하여 우선순위를 정하고 종합화하는 과정이다. 사례관리 사정에서는 문제보다 욕구와 강점 중심으로 사정하는 것이 중시된다. 사정은 단지 수집된 자료에 근거하는 것이 아니라 이를 해석하고 개입 방향을 잡는 데 있어서 사례관리자가 가진 전문적 지식과 이론, 그리고 가치 등이 중요하게 작용한다. 따라서 사례관리자는 인간에 대한 이해와 지역사회 및 관련 정책과 제도에 대한 전문적 지식을 갖추어야 하고, 다양한 전문가들이 참석하는 통합사례회의를 통해 사정 결과와 방향을 논의하는 것이 매우 중요하다. [그림 7-4]는 사례관리 사정표의 예다.

사례관리 사정표

관리번호	○○○○-○○○	대상자	정○○	사례관리자	최○○ 주임
시정일시	2016년 ○○월 ○○일	유형	■ 신규 □ 재사정	정보제공자	정○○

유형	우선순위	제시된 욕구	이용 가능한 지원(강점)	내/외적 장애물
개인수준의 욕구	2	○○대학병원 신경정신과를 이용하고 있는데, 다른 병원으로 옮기고 싶어요.	- 병원을 옮길 때까지 치료를 유지하겠다는 대상자의 의지가 있음.	- 대중교통 이용에 어려움 있음. - 남자 의사 선생님을 꺼림.
	5	턱관절에 이상이 있어서 날씨가 추우면 소리가 나고 아파요. 수술비가 8,000만 원 정도 든다는데, 가능하다면 수술을 하고 싶어요.	- ○○병원 자선진료팀에서 300만 원 지원 예정임.	- 수술비용이 비싸 많은 지원을 개발하여야 함.
가족수준의 욕구	3	둘째 아이가 천식, 역류성 식도염 등 여러 질병을 갖고 있어 입원을 자주 하는데 의사 선생님이 천식 기계를 사면 입원을 자주 안 한대요. 기계를 어디서 파는지, 얼마나 하는지 알아봐 주실 수 있나요?	- 신촌 ○○ 병원 담당의	- 경제적 여건 안 됨.
	4	분윳값과 기저귀를 지원해 주었으면 좋겠어요.	- 재가복지봉사센터 결연서비스/생필품 지원	- 후원자매칭이 되어야 지원 가능. - 유아용품 후원자가 거의 없음.
기관 및 조직 수준의 욕구	6	아이들 학교에서 자꾸 오라고 하는데 왜 그런지 모르겠어요.	- 학교 상담교사	- 수줍음과 말더듬으로 학교에 문의하기 어려움.
지역사회 및 정책수준의 욕구	7	동네 재개발을 한다고 하는데 갑자기 철거한다고 할까 봐 걱정이에요.	- 재개발주민협의회 사무실 - 철거민 대책위원이 옆집에 살고 있음.	- 재개발 사무실 사람과 싸운 적이 있어서 찾아가지 않음.
기타 의미 있는 욕구	1	나도 모르게 내 이름으로 휴대전화가 여러 회사에서 개통되어 미납금이 300~500만 원이나 된대요.	- 휴대전화 회사 명의도용 신고서비스 - 법무법인 「서해」 김○○ 변호사	- 명의도용 시 대상자가 직접 대리점 방문해야 함. - 신고 결과에 대한 불확실

척도를 이용한 사정	척도 종류	사정결과
	가계도, 생태도	친인척과는 관계가 단절된 상황이나 사회적인 지지체계는 다양하여 많은 지원을 받고 있음.
사례관리 수준 판정	□ 긴급 ■ 집중 □ 일반	

통합 comment
대상자는 현재 다양한 사회적 지지망을 갖고 있으나 직접서비스(물질) 위주로 서비스를 제공받고 있어 대상자의 문제 및 욕구에 대한 근본적인 원인 해결이 어려운 상황임으로 사례관리 집중 대상자로 선정하고자 함.

그림 7-4 ● **사례관리 사정표 예시**

출처: 권진숙 외(2012), p. 199.

⑤ 계획수립 과정

계획수립은 사정평가를 통해 밝혀진 내용에 기반을 두고 달성하고자 하는 변화 목표를 분명히 한 후 이러한 변화 목표를 달성하는 데 필요한 전략, 방법으로서의 서비스 패키지를 구성해 가는 논리적인 과정이라 할 수 있다. 의사가 정확한 진단을 한 후 효과적인 처방을 통해 환자의 증상 개선이나 병 치료에 기여할 수 있어야 하는 것과 마찬가지로, 개별화된 서비스 계획은 무조건 많은 서비스 자원을 연계하거나 해당 서비스 제공기관 간의 단순한 역할분담의 의미를 넘어서야 한다. 이때 전문적 판단에 입각한 우선순위 없이 서비스를 제공해서는 안 된다. 분명한 변화 목표를 달성하는 데 기여하는 근거를 갖고 적절한 서비스를 설계하는 것이 필요하다. [그림 7-5]는 사례관리 계획 및 평가에 필요한 표의 예시다.

⑥ 실행과정

- **서비스 연계:** 서비스 연계란 사례관리의 목표를 달성하기 위해 사례관리 대상자나 그 가족을 위해 수립된 서비스 계획에 따라 상담, 교육, 자원 제공 등의 서비스를 직접 제공하거나 대상자에게 필요한 서비스 의뢰 내용을 기술하여 지역사회 기관에 요청하는 활동을 말한다. 이러한 활동은 직접실천과 간접실천으로 분류할 수 있다. 〈표 7-3〉은 서비스 계획에 따른 점검 현황을 나타낸다.

사례관리 계획 및 평가표

관리번호	대상자	사례관리자	일시	유형	사례관리수준
○○○○-○○○	정○○	최○○ 주임	2015. ○○. ○○	■ 신규 □ 재사정	□ 긴급 ■ 집중 □ 일반

우선순위	제시된 욕구	합의된 목표	실천계획	빈도(회/주)	담당(기관(부서)/담당) 내부	담당(기관(부서)/담당) 외부	개입기간	평가
1	나도 모르게 내 이름으로 휴대전화가 여러 회사에서 개통되어 미납금이 300~500만 원이나 된대요.	명의도용에 대한 법적 문제를 해결한다.	명의도용의 구체적 상황 및 신고 절차를 파악한다.	상시	최○○ 사례관리자	정○○ 대상자	2015. 12. 24.~ 12. 30.	□ 달성(정도:) □ 연장 □ 재사정
	욕구 수준: 개입 전(8)/ 개입 후( )		명의도용 신고 및 절차를 진행한다.	상시		정○○ 대상자	2015. 12. 24.~ 01. 31.	□ 달성(정도:) □ 연장 □ 재사정
2	○○대학병원 신경정신과를 이용하고 있는데 다른 병원으로 옮기고 싶어요.	우울증 치료를 유지한다.	신경정신과 외래진료를 위한 차량을 지원한다.	월 1회		재가복지봉사센터(김○○ 복지사)	2015. 12. 24.~ 2016. 01. 31.	□ 달성(정도:) □ 연장 □ 재사정
	욕구 수준: 개입 전(7)/ 개입 후( )		여성 의사가 진료하는 인근 병원을 물색한다.	주 1회	최○○ 사례관리자			
3	둘째 아이가 천식인데 의사 선생님이 천식 기계를 사면 입원을 자주 안 한대요.	가정용 천식치료 기계를 구입한다.	필요한 천식치료 기계의 모델과 비용을 확인한다.	주 1회		(주)정○○ 대상자 성로병원(김○○ 원장)	2015. 12. 24.~ 2016. 01. 31.	□ 달성(정도:) □ 연장 □ 재사정
	욕구 수준: 개입 전(6)/ 개입 후( )		치료기 구입을 위한 후원자원을 탐색한다.	주 1회	최○○ 사례관리자		2016. 01. 02.~ 03. 31.	□ 달성(정도:) □ 연장 □ 재사정
4	분윳값과 기저귀를 지원해 주었으면 좋겠어요.	육아용품을 지원받는다.	분유와 기저귀를 지원한다.	월 1회		보건소(정○○ 주사)	2015. 12. 24.~ 2016. 03. 31. (3개월)	□ 달성(정도:) □ 연장 □ 재사정
	욕구 수준: 개입 전(4)/ 개입 후( )							

상기와 같은 서비스 제공 및 이용에 동의하며, 계획된 목표를 성취하기 위해 적극적으로 참여하고 협력할 것을 상호 약속합니다.

2016년 ○○월 ○○일

성명: 정○○ (인) 후견인: 없음 /관계: (인) 사례관리자 : 최○○ (인)

그림 7-5 ● **사례관리 계획 및 평가표 예시**

출처: 권진숙 외(2012), p. 203.

표 7-3 ● 서비스 계획과 점검 예시

성과 목표	서비스 계획			서비스 점검 현황	
	구분		상세 내역		
1. 시설 낙후로 인한 주거환경 개선 2. 영유아 영양공급 부족 해소(손녀 김○○) 3. 시각장애 및 만성질환 질병 관리(세대주) 4. 아들(김○○)의 일자리 마련으로 경제적 안정 5. 며느리의 자녀 양육 및 교육정보 지원 6. 경제적 안정을 위한 지원	공공	현금 급여	기초연금 대상자로 신청	매월 기초연금지원 (2011. 3.)	유지 중(6월)
	공공	현물	생필품 지원	후원물품(쌀, 연탄) 지원 예정	지원됨(3월)
	공공	건강관리	방문보건팀에 만성질환관리 연계	방문보건팀 가정방문 질병관리 진행	만성질환 악화로 병원치료 필요
	공공	영양관리	○○시 보건소 영양식 재료 지원 연계	○○보건소 영유아 영양식 지원 대상자로 추천	체중 증가
	준공공	교육	손녀(김○○) 놀이 지원	○○시 '장난감 도서관' 운영 중	정기적인 장난감 대여 중
	준공공	사회활동 지원	보훈청 보훈 도우미 연계	보훈 도우미 연계 완료	유지
	후원·봉사	주택 수리	시설 낙후로 인한 주택 수리 연계	○○산업 '사랑의 보금자리' 주택수리 대상자 추천	대상자로 선정되어 집수리 완료(8월)
	후원·봉사	후원금 지원	경제적 어려움으로 현금 지원	○○라이온스클럽 후원금 대상자 추천	탈락/ 신규 후원자 개발 필요함
				○○교회 출석	교회 후원 월 5만원 지원
	후원·봉사	취업 및 거처 마련	자(김○○)의 실직 후 취업을 위해 일자리 마련 시급	○○ 농아교회 담당자가 일자리 마련 중임	구직의 어려움이 지속되고 있음
	후원·봉사	교육	며느리의 한글교육 시급	수화로 대화를 하고 있으나, 한글공부 취약하여 교육 지원	한글 이해 정도가 향상되고 있음

- **점검과 조정:** 서비스가 연계되어도 다양한 장애물을 만나 효과성이 떨어질 수 있고 만족도가 낮을 수 있기 때문에 점검과 조정의 기능은 매우 중요하다. 점검이란 대상자에 대하여 서비스가 성과목표를 달성하기에 효과적으로 적절히 제공되고 있는지를 확인하고 대상자의 환경 및 욕구의 변화가 발생하였는지의 여부 및 서비스에 대한 만족도 등을 점검하는 활동이다. 조정이란 수립된 계획이 수행되는 과정에서 각각의 서비스가 클라이언트의 삶에 변화를 가져오기 위한 방향을 향해 정렬될 수 있도록 전체를 지휘하는 활동(orchestration)이다.

  점검과 조정의 성패는 정기적인 점검과 그에 대한 철저한 기록 관리가 좌우한다. 클라이언트와 그 가족에게 전화로 또는 직접 만나 서비스 전달 상태를 점검한다. 점검은 자주 할수록 좋으나, 일반적으로 처음 일주일 후 점검 후 매 1개월마다 하게 된다. 특히, 사례관리자는 욕구의 변화를 판단하기 위해서 정기적인 재사정을 수행해야 한다. 사람들이 처해 있는 상황은 정태적인 것이 아니라 늘 변화가 예상되기 때문이다(한국사례관리학회 편, 2019).

⑦ 평가

사례관리실천에서 평가의 주요 대상을 무엇으로 삼느냐에 따라 개입의 과정을 주요 평가의 대상으로 삼는 과정평가와 개입의 결과나 변화 내용을 확인하기 위한 성과평가로 구분할 수 있다. 과정평가에서는 실천과정에 대한 평가, 자원과 서비스 동원 과정에 대한 평가, 운영체계와 실천 환경에 대한 평가 등이 강조된다. 성과평가란 사례관리의 실천을 통해 다양한 수준에서 나타난 변화, 성과(outcome), 영향(impact)의 내용을 확인하는 활동이다. 성과의 수준과 영역을 어떻게 보느냐에 따라 평가의 과업도 매우 다양해질 수 있다. 성과평가에서는 이용자 수준의 서비스 만족도, 목표달성 정도, 욕구수준의 변화, 개입영역의 변화 등에 대한 평가가 이루어져야 하며, 사례관리자의 업무수행 성과와 지역자원 이용의 효과성과 효율성을 평가하는 부분에 대해서도 염두에 두어야 한다.

(7) 종결과 사후관리

사례관리의 종결 이유는 목표달성뿐만 아니라 클라이언트의 종결 요청, 클라이언트의 사망과 이사, 자원의 부족 그리고 효과성의 부족으로 더 이상 서비스를 필요로 하지 않는 등의 이유로 종료될 수 있다. 종결 전에는 반드시 평가가 이루어져야 하며, 평가 결과에 따라 의뢰, 사정 및 개입계획 단계로의 환류, 종결 등의 과정을 따르게 된다. 종결로 판정된 클라이언트의 경우 사례관리자는 개별적인 접촉을 통해서 종결면담을 실시하도록 한다. 종결면담을 통해서 정서적인 안정을 도모하고, 변화된 효과의 유지 방안을 탐색한다. 또한 사후관리에 대한 동의를 얻음으로써 사례관리자가 접촉할 수 있는 채널을 확보해 둔다(권진숙 외, 2009). 종결 후 사후관리는 보통 종결 후 6개월 이내에 2회 정도를 실시한다. [그림 7-6]은 사례관리 종결보고서의 예다.

2) 한국의 공공부문 사례관리

복합적이고 다양한 서비스 욕구를 가진 복지 대상자들이 증가함에 따라 이들에게 과학적인 사정과 체계적인 사례관리를 바탕으로 지역사회의 공식적 또는 비공식적 자원을 발굴 · 조정 · 연계하여 서비스를 제공하고자 하는 노력이 2000년대 중반부터 시작되었다. 이러한 시도는 서비스 제공과 함께 서비스를 종합적으로 점검 · 관리하여 서비스의 누락이나 중복을 방지하고 복지 대상자의 보호의 지속성 유지와 지역사회 통합을 실현하고자 하는 목적에서 진행되었다. 특히, 공공무분의 통합사례관리를 위한 노력은 주민생활지원 기능 강화(2006~2007), 시 · 군 · 구 중심 사례관리 도입과 시범사업(2008~2009), 위기가구 사례관리(2010~2011), 희망복지지원단(2012~현재), 동복지기능강화(2014~2015), 읍면동복지허브화(2016~현재)의 전달체계 변화를 거쳐 왔다(사회보장정보원, 경기대학교 산학협력단, 2018). 공공부문 사례관리체계는 각 문제영역별 개별사례관리체계와 통합사례관리체계로 구성되어 있다. 문제영역별 개별사례관리체계에는 독거노인 대상의 '노인돌봄기본서비스', 취약계층 아동 · 청소년 통

사례관리 종결보고서

등록번호	○○○○-○○○	대상자	강○○	사례관리자	김○○
주 소	○○시 ○○구 ○○동			연락처	○○○-○○○○
등록일	2016. ○○. ○○.		종결일	2016. ○○. ○○.	
종결 사유	사유				
	☐ 사망 ☐ 시설 입소 ■ 이주 ☐ 욕구해결 ☐ 타 기관 이용 ☐ 거절이나 포기 ☐ 기관의 업무조정 ☐ 기관의 자원·능력의 한계				

	욕구 유형	구분	제공된 서비스 총량
서비스 제공 요약	개인수준	D	상담(100)
		R	상담팀-미술심리치료, ○○지역자활센터-방문학습 지도
	가족수준	D	상담(600), 체류기간 연장 처리동행(150)
		R	○○출입국관리사무소-체류기간 상담
	기관/조직수준	D	
		R	
	지역사회/정책수준	D	
		R	
	기타	D	
		R	

	초기 상황	종결 상황
대상자 변화사항	○○복지관에서 심리상담서비스에 관해 의뢰함. ADHD 진단으로 약물치료 중이었으나 충동적이고 돌발적인 행동이 남아 있었음. 학습부진으로 왕따의 위험 있었음. 외조모의 체류기간이 만료되었으나 클라이언트를 돌보기 위해 기간 연장이 필요함.	클라이언트에게 미술심리치료와 자활센터를 통한 학습지도가 정기적으로 진행되었음. 외조모의 체류기간 연장이 완료되어 클라이언트를 돌보는 문제해결됨. 클라이언트의 외삼촌이 직장이동으로 ○○시로 이사하게 되어 사례종결하게 됨.
사례관리자 의견	합의된 목표 중 외조모의 체류기간 연장은 달성됨. 클라이언트에 대한 심리치료와 학습지도가 연계되어 진행 중이었으나 외삼촌의 직장 때문에 이주하게 되어 사례 종결함. 클라이언트의 심리치료가 지속적으로 필요하고 가족의 환경적응을 위한 지속적인 사례관리 서비스가 필요하다고 사료되어 이주하게 될 ○○시의 ○○사회복지관 사례관리팀에 의뢰함.	
사후관리 계획	○○월 ○○일까지 월 1회 전화방문하여 새로운 지역에서의 적응과 ○○복지관 이용에 관한 지원을 제공하기로 함.	

그림 7-6 ● **사례관리 종결보고서 예시**

출처: 권진숙 외(2012), p. 215.

합서비스인 '드림스타트', 보건의료 취약계층 대상의 '방문건강관리', 의료수급권자의 의료서비스 이용 관리를 위한, '의료급여사례관리', 자활사업 참여자의 자활촉진을 위한 '자활사례관리', 중독자의 재활 및 사회복귀 지원을 위한 '중독사례관리', 정신질환의 예방과 정신질환자의 재활을 위한 '정신건강사례관리'가 포함된다.

통합사례관리체계는 읍 · 면 · 동 주민센터의 '찾아가는 보건복지전담팀'과 시 · 군 · 구의 희망복지지원단을 중심으로 움직인다. 통합사례관리체계는 지역 주민의 다양한 욕구에 맞춤형 서비스를 연계 · 제공함으로써 지역 주민의 삶을 안정적으로 지원 · 지지하고, 복지제도의 효과성 · 효율성을 향상시키는 데 목적을 두고 있다(보건복지부, 2017). 일반 지역 주민이 대상이지만 복지욕구 및 경제적 여건을 고려하여 저소득층의 탈빈곤과 빈곤예방을 중점 목표로 하고 있다. 찾아가는 보건복지전담팀에는 기본형과 권역형이 있다. 기본형은 개별 읍 · 면 · 동에 찾아가는 보건복지전담팀을 설치하는 것이고, 권역형은 몇 개의 읍 · 면 · 동을 하나의 권역으로 묶고 권역 중심의 읍 · 면 · 동에 찾아가는 보건복지전담팀을 두는 것이다. 기본형의 경우 고난도 사례는 시 · 군 · 구의 희망복지지원단에 의뢰하고, 권역형의 경우 고난도 사례와 함께 모든 사례에 대한 통합사례관리서비스를 수행한다. 시 · 군 · 구의 희망복지지원단은 기본형 읍 · 면 · 동에서 의뢰된 고난도 사례가구에 대한 통합사례관리서비스를 직접 제공하기도 하고, 기본형과 권역형 읍 · 면 · 동의 통합사례관리가 원활히 진행될 수 있도록 코디네이터 등 다양한 지원활동을 수행한다(보건복지부, 2017). 이 외에 읍 · 면 · 동의 사례관리 실적 평가 및 질 관리, 읍 · 면 · 동 복지사각지대 발굴 및 민간협력 지원, 지역 자원 총괄 관리, 사례관리 컨설팅, 교육, 슈퍼비전 등의 역할을 수행한다. 사회보장정보원 사례관리 정책 지원센터(2019)의 공공부문 사례관리 연계 · 협력 업무 안내를 참고하여 공공사례관리체계별 목표, 대상, 제공서비스, 사업수행체계를 간략히 정리하여 〈표 7-4〉에 제시하였다.

표 7-4 ● **공공사례관리체계와 그 활동**

체계 이름	목표	대상	제공서비스 (사업내용)	사업수행(의뢰)
노인돌봄 기본서비스	독거노인에 대한 종합적 사회안전망 구축	65세 이상 독거노인	• 안전확인 • 생활교육 • 서비스 연계 • 무연고 독거노인 장례지원	• 현황조사 • 조사결과 등록 • 서비스 대상자 선정 및 서비스 신청 • 서비스 자격 결정 • 서비스 제공
드림스타트	취약계층아동에게 맞춤형 통합서비스 제공	• 0~만 12세(초등생 이하) 아동 • 취약계층 아동 우선지원 원칙	• 신체/건강 서비스 • 인지/언어 서비스 • 정서/행동 서비스 • 가족 및 통합지원서비스	• 전국 시 · 군 · 구 내 드림스타트 전담부서가 수행 • 분야별 전담공무원 및 아동통합사례관리사 • 해당 아동 거주지 드림스타트에 협의 후 공문 의뢰
방문건강 관리	지역 주민 건강관리 능력 향상	• 건강관리서비스 이용이 어려운 건강위험군 및 질환군 • 65세 이상 독거노인 가구 • 75세 이상 노인부부 가구	• 건강문제 스크리닝(임산부, 신생아 등) • 건강관리서비스(고혈압, 당뇨, 암 등 만성질환) • 보건소 내 · 외 자원 연결	• 대상자 발굴 • 대상자 등록 • 건강관리계획에 따른 서비스 제공 • 대상자 평가 • 시 · 군 · 구청 및 읍 · 면 · 동 주민센터에서 사회보장정보시스템(행복e음) 통해 보건서비스 의뢰
의료급여 사례관리	의료수급권자의 건강 질 향상과 의료급여 재정 안정화	• 의료수급권 신규 취득자 전체 • 질병대비 과대 의료 이용자	• 의료급여 제도 및 적정 의료 이용 안내 • 부적정 의료 이용 행태 의심자에게 적정 의료 이용 유도	- 보건복지부 기초의료보장과, 시 · 도 의료급여 담당부서, 시 · 군 · 구 의료급여 담당부서가 실시 - 의료 쇼핑, 중복 처방, 입 · 퇴원 반복, 사회적 입원 등 과다 의료 이용자를 의뢰 전에 업무담당자와 상의 후 공문으로 요청

자활사례 관리	참여자와 환경체계의 역량을 강화하고 자활서비스의 효과성, 효율성 증진	조건부 수급자, 자활사례관리 참여를 희망하는 자활급여 특례자, 일반수급자, 급여특례가구원, 차상위자, 시설수급자	• 참여주민에게 근로 기회 제공 • 개인별 자립경로 및 자립지원계획 수립 · 실행 • 지역사회자원 연계	• 지자체를 통한 의뢰
중독사례 관리	중독자 조기발견, 상담 · 치료 · 재활 및 사회복귀 지원	• 지역사회 내 알코올 및 기타 중독에 문제가 있는 사람 • 중독자와 그 가족 • 중독 관련 상담 치재활서비스가 필요한 사람	• 중독 조기발견 및 단기개입 • 중독질환 관리 및 가족지원 • 중독폐해 예방 및 교육 • 지역사회 안전망 조성	• 응급 사례: 경찰 및 119구급대 호출 후 필요시 응급입원 • 의뢰 사례: 중독 이력 및 자 · 타해 위험에 대한 정보 제공, 정신건강서비스 이용 동의, 필요시 방문 동행
정신건강 사례관리	정신질환의 예방치료, 정신질환자의 재활, 정신건강 친화적 환경 조성	「정신건강복지법」을 근거로 전체 국민	• 자살예방 사업 • 중증정신질환관리사업 • 아동 · 청소년 정신건강증진사업 • 중독관리사업	**수행절차** 고위험군 발굴 → 심층사정평가 → 정신건강서비스 제공 **의뢰절차** - 응급 사례(자살시도): 경찰 및 119구급대 호출 후 필요시 응급입원 - 위기 사례(자살시도 경험, 자살계획): 의뢰기관 사례관리자와 방문 - 집중 사례(자살위험 의심): 자살위험성에 대한 정보 제공, 정신건강서비스 이용 동의, 필요시 방문 동행
통합사례 관리	민관협력을 통한 지역단위 통합적 서비스 제공	• 국민기초생활수급 탈락자 등 탈빈곤 · 자활지원이 필요한 가구	• 대상자 발굴: 지역 주민, 주민센터, 시 · 군 · 구 각 부서에서 발굴된 대상자에 대해 읍 · 면 · 동 주민센터 복지담당 부서에서 초기 상담 실시	**수행** 시 · 군 · 구 희망복지지원단, 읍면동 찾아가는 보건복지전담팀이 활동(통합사례관리담당공무원, 통합사례관리사)

		• 차상위층 빈곤 가구 • 긴급지원만으로 해결이 어려운 복합적 문제가 있는 가구	• 통합사례관리 실시: 복지 · 보건 · 고용 · 주거 · 법률 · 신용 등의 서비스를 통합적으로 연계 · 제공, 점검, 사후관리 • 자원관리: 희망복지지원단이 중심이 되어 읍 · 면 · 동 주민센터, 지역사회보장협의체, 지역 내 관련 기관과 연계 및 협력 추친	의뢰 대상자 소재지 읍면동 찾아가는 복지전담팀으로 사전 협의 후 공문 의뢰

이와 같은 구조 속에서 각 사례관리체계 간 연계 · 협력할 수 있는 다섯 종류의 공공부문 사례관리 모형이 제시되었다(사회보장정보원 사례관리 정책 지원센터, 2019).

첫째, '읍 · 면 · 동 게이트웨이 및 희망복지지원단 코디네이터 강화모형'은 다양한 공공부문 사례관리 사업으로부터 의뢰된 대상자에 대하여 접수 및 초기상담 등의 게이트키퍼 역할을 읍 · 면 · 동에서 수행하고, 희망복지지원단은 공공부분 사례관리 간 연계를 위해 사례회의 정례화 및 사업수행 체계의 구조화와 관련된 일을 주로 수행하도록 설계되어 있다. 희망복지지원단은 고난도 사례의 통합적 욕구 조사를 통해 타 공공부문 사례관리 사업에 적합한 경우 이를 의뢰하는 일도 수행한다.

둘째, '아동통합보호' 모형은 읍 · 면 · 동, 희망복지지원단, 드림스타트 간 수평적 파트너십을 기본으로 하는데, 읍면동 찾아가는 보건복지전담팀에서 대상자의 욕구에 따라 희망복지지원단과 드림스타트로 대상자를 의뢰하고, 희망복지지원단과 드림스타트 역시 필요에 따라 읍면동 찾아가는 보건복지전담팀이나 다른 상대방에 대상자를 의뢰하는 체계다. 서비스 조정이 필요한 경우 해당 가구의 주사례관리를 담당하는 기관에서 통합사례회의를 개최하여 상호 협조하도록 되어 있다.

셋째, '보건복지연계'형은 시 · 군 · 구와 읍 · 면 · 동 단위의 의료급여-방문건강-정신건강-복지를 연계하는 모형이다. 읍면동 찾아가는 보건복지전담팀에서는 보건 및 복지 대상자를 발굴한 후 희망복지지원단, 의료급여사례관리, 방문건강관리 수행기관, 정신건강복지센터, 중독관리통합지원센터로 대상자를 의뢰하는 역할을 주로 한다. 희망복지지원단은 대상자의 입·퇴원 결정을 위한 통합사례관리를 개최하여 각 사업 간 역할 조정을 한다. 의료급여사례관리단에서는 퇴원 대상자 의뢰가 필요한 경우 읍면동 찾아가는 보건복지전담팀과 방문건강관리 수행기관으로 대상자를 의뢰한다. 중독사례관리와 정신건강사례관리에서는 의료급여사례관리 대상자가 의뢰되어 오면 이들에게 서비스를 제공한다.

넷째, '방문형 서비스 연계'는 읍면동 찾아가는 보건복지전담팀, 방문건강관리, 노인돌봄기본서비스 사업 간 대상자 명단 공유를 통해 방문계획 및 사후관리계획을 조정하면서 협력하는 모형이다. 읍면동 찾아가는 보건복지전담팀이 방문건강관리서비스와 노인돌봄기본서비스 수행 인력과 협의하여 초기 방문 및 사후관리 계획을 수립하고, 서비스를 연결하는 게이트웨이 역할을 수행한다. 방문건강관리서비스와 노인돌봄기본서비스는 각각 대상자 명단을 관리하면서 다양한 복지서비스 욕구를 가진 대상자가 발견되면 이들을 읍·면·동 찾아가는 보건복지전담팀으로 의뢰한다.

마지막으로, '자활-정신건강 연계' 모형은 자활사례관리와 중독 및 정신건강사례관리 간 기능을 연계하는 모형이다. 자활사례관리 측에서는 시·군·구의 자활팀을 통해 읍·면·동 찾아가는 보건복지전담팀에, 정신건강복지센터나 중독관리통합지원센터에 중독이나 정신건강 문제로 인해 자활사업에 참여가 어려운 대상자를 의뢰하여 필요한 사례관리 서비스를 받도록 한다. 정신건강복지센터나 중독관리통합지원센터 소속 정신건강전문요원은 사례회의에 참석하여 대책을 논의한다.

3) 한국 사례관리방법에 대한 성찰

최근 한국사회에서 사례관리는 날로 증가하는 사회복지 사각지대와 자살률의 증가와 정신질환의 증가 등으로 인한 복합적인 클라이언트의 문제를 담당하면서 마치 전통시장에서 팔던 만병통치약이나 전가의 보도처럼 사용되고 있는 경향이 있다. 한국의 사례관리는 현재 공공기관의 경우 읍 · 면 · 동의 단위에서 주 업무로 시행되고 있고, 종합사회복지관의 3대 기능 중 하나로 규정되는 등 사회복지 전달체계에서는 사례관리가 필수적인 업무로 인식되어 시행되고 있다. 이러한 상황을 반영하듯 사회복지교육에서도 '사례관리'를 사회복지사 자격 취득을 위한 별도의 법정 교과목으로 규정하기도 하였다.

그러나 미국과 영국 등에서 이식된 사례관리가 한국의 사회복지실천 현장에도 효과적인 실천방법인가에 대해서, 그리고 사회복지의 주된 방법이 사례관리여야 하는가에 대해서는 다양한 비판이 있다. 현재 한국에서 대유행하고 있는 사례관리방법은 준비되지 않은 실행으로 인한 혼란, 토착화 노력의 부족, 효율성을 강조하는 정책의 수단화 등의 다양한 문제점을 지니고 있다(최명민, 정병오, 2015; 김용득, 2015). 따라서 앞으로 사례관리가 한국의 사회복지실천의 주요한 방법으로 잘 안착하기 위해 비판적 성찰과 한국 실정에 맞는 대안의 모색에 관심을 경주해야 할 것이다.

요 약

사회복지실천은 그 출발 시점부터 통합적 접근의 싹이 트이고 있었다고 할 수 있다. 사회복지실천의 대상자인 클라이언트는 많은 경우 다양하고 복합적인 문제를 갖고 있는 동시에 개인이면서, 동시에 가족, 집단, 지역사회의 일원으로 존재하기 때문이다. 통합적 접근이란 개인, 가족, 집단, 지역사회를 통합한 사정과 개입의 틀이라는 것을 알아보았다. 이러한 통합적 접근의 바탕을 이루고 있는 환경 속의 인간 관점, 체계적 관점, 생태체계적 관점의 속성이 실천의 통합적 접근 속에서 어떤 역할을 하는지도 살펴보았다.

탈시설화, 서비스 비용의 절감, 통합적 서비스의 필요성 등으로 출현하게 된 사례관리는 만성적 · 복합적 욕구를 가진 클라이언트와 가족의 사회적 기능 회복과 보호를 위해 지역사회의 다양한 자원을 활용하여 지속적이고 효과적인 사회복지를 제공하는 통합적 실천방법이다. 이것의 실행을 위해서는 클라이언트의 적극적인 참여와 효율적인 운영체계의 수립이 필요함을 살펴보았다. 아울러 사례관리에 필요한 다양한 구성 요소와 사례관리 실천과정을 살펴보았고, 그에 필요한 실용적인 양식들을 소개하였다. 앞으로 한국 사회에는 다양한 욕구와 복잡한 문제를 가진 클라이언트가 더욱 증가할 것으로 예측된다. 이들의 다양한 욕구에 대응하고 지속적인 관리를 위해서는 사례관리의 확대와 활성화가 요구된다. 이러한 맥락에서 공공 노력의 일환인 공공부문 사례관리의 발전과정과 실태도 살펴보았다. 사례관리가 민간과 공공부분에서 활성화됨에 따라 우리 실정에 맞는 사례관리 모델에 대한 성찰도 제시하였다.

토의사항

1. 개별적 접근(개인, 가족, 집단, 지역사회별)과 통합적 접근이 어떻게 다른지를 구체적인 문제 사례를 예를 들어 설명해 보자.
2. 통합적 접근에 입각한 실천을 위해 사회복지사가 갖추고 있어야 할 지식에 대해 논의해 본 후, 이러한 지식들을 갖고 어떠한 구체적 활동을 전개해야 할지에 대해 토의해

보자.

3. 통합적 관점에 입각한 바람직한 실천방법으로 제시된 여덟 가지의 내용을 실천하기 위해서는 어떤 준비와 노력이 필요할지에 대해 토의해 보자.
4. 통합적 관점에 입각한 바람직한 실천방법으로 제시된 여덟 가지의 내용을 실천함에 있어 예상되는 어려움과 문제점은 무엇인지 서로 나누어 보자.
5. 다음 사례를 통해 사례관리의 필요성을 정리해 본 후, 만약 사례관리자(기관)가 있었다면 이 가정은 어떻게 되었을지 생각해 보자.

사례

영세민 가정 5세 아동 장롱에서 굶어 죽은 채 발견

계속되는 불황으로 일자리를 구하지 못한 30대 영세민 부부의 다섯 살 난 아들이 굶주려 영양실조 등으로 숨지고, 두 살 난 딸은 아사 직전에 구조되는 사건이 발생했다. 하지만 이 아들이 숨지기 며칠 전 아버지가 동사무소를 찾아가 기초생활수급권자 신청을 했으나 서류가 미비하다는 이유로 반려된 것으로 밝혀져 동사무소 담당자가 현장조사만 나갔어도 막을 수 있었던 사건이었다는 점에서 안타까움을 더해 주고 있다.

18일 오전 11시 40분쯤 대구광역시 동구 불로동 김 모 씨(39) 집 안방 장롱에서 김 씨의 둘째 아들 김 모 군(5)이 숨져 있는 것을 주변의 B성당 관계자 구 모 씨(53)가 발견, 경찰에 신고했다.

발견 당시, 김 씨의 아들은 외상 등 타살 흔적이 없었지만 피골이 상접할 정도로 매우 마른 상태였다. 또 김 씨의 집에서는 김 씨의 딸 순옥 양(2)도 영양실조로 아사 직전에 발견돼 병원으로 옮겨져 치료를 받고 있다.

숨진 김 군을 처음 발견한 구 씨는 "17일 오후 김 씨의 아내가 성당으로 찾아와 먹을 것이 떨어졌다고 말해 다음날 집을 찾아가 김치와 쌀을 전해 준 뒤 평소 건강이 좋지 않던 김 군의 안부를 물었더니 김 씨가 장롱 문을 열어 김 군의 사체를 보여 줘 경찰에 신고했다."고 말했다.

김 군의 아버지는 "아들이 지난 16일 오후부터 음식을 제대로 먹지 못하고 시름시름 앓아 다음날 오전 장롱 속에 넣었다."고 경찰 조사에서 진술했다. 김 씨는 막노동을 하며 가족의 생계를 꾸려 왔으나 2년 전부터 실직상태로 거의 일을 하지 못했고, 최근 들어서는 하루 한 끼 정도로 연명해 온 것으로 알려졌다.

김 씨가 소속한 B성당에서 2002년부터 정기적으로 쌀과 부식을 조금씩 지원했다. 그러나 경찰이 현장 확인을 하러 김 씨 집에 갔을 때 냉장고는 텅 비어 있었던 것으로 알려졌다.

김 씨는 8년 전쯤 정신이 온전하지 못한 동갑내기 아내와 결혼해 3남매를 두었다.

한편 김 씨는 아들이 숨지기 며칠 전인 지난 13일쯤 주소지 동사무소를 찾아가 기초생활수급권자 신청을 했으나 서류 미비로 반려된 것으로 밝혀졌다.

경찰은 조만간 부검을 통해 김 군의 정확한 사인을 밝히고, 김 군 부모에 대해서는 병원에 정신감정을 의뢰하기로 했다.

---

6. 사회복지실천의 개별적인 접근방식과 사례관리에 의한 접근방식 간에 어떠한 차이가 있는지 생각해 보자.
7. 다음의 사례에 대해 사례관리 대상자들의 문제사정, 사례관리 계획, 사례관리에 의한 접근방법, 사례관리자의 역할 등에 관해 논의해 보자.

사례

한○○ 군(18세)은 전격성수막구균 패혈증을 앓고 있다. 축구선수로 활동하고 있던 한 군은 고등학교 1학년 때 병이 발병했다. 전격성수막구균 패혈증은 수막구균이라는 세균이 혈액 속에 들어가 번식하면서 생산한 독소에 의해 전신에 감염을 일으키는 병이다. 한 군은 말초혈관이 막히는 합병증으로 사지절단 수술을 받게 되었다. 얼굴 역시 피부 이식으로 인해 예전의 모습을 찾아볼 수 없게 되었다. 수술 후 약 1년 6개월이 지났지만 한 군은 여전히 현재 자신의 모습을 받아들이지 못하고 있었으며, 가정의 경제사정의 악화로 원하는 치료를 받지 못하고 있고, 그로 인한 가족과의 불화, 미래에 대한 막막함, 자신감과 의욕상실로 인해 하루하루 힘들게 살아가고 있었다. 또한 한 군은 수술 후 사람들의 눈이 무서워 바깥 출입도 거의 하지 않은 상태고, 한 군의 부모는 한 군의 장애에 대한 서로 다른 심리 반응을 보이며 충돌이 잦아졌다.

참고문헌

권진숙 역(2004). 사례관리 개념과 기술(*Case Management*). 서울: 학지사.

권진숙(2012). 복지서비스 환경변화와 사례관리. 한국사례관리학회 춘계자료집.

권진숙, 김상곤, 김성천, 박지영, 유명이, 유서구, 이기연, 조현순(2009). 인천광역시 사회복지관 사례관리 실천을 위한 매뉴얼 연구보고서. 인천광역시사회복지관협회 사례관리연구회.

권진숙, 김상곤, 김성천, 유명이, 이기연, 조현순(2012). 사례관리 전문가교육. 서울: 학지사.

권진숙, 박지영(2015). 사례관리의 이론과 실제. 서울: 학지사.

김만두 편역(1993). 효과적인 복지서비스를 위한 사례관리실천론(*The Practice of Case Management*). 서울: 홍익재.

김상곤(2013). 민관협력을 위한 통합사례관리 운영체계 구축방안. 사례관리연구, 4(1), 51-87.

김성경(2017). 사회복지 사례관리론. 경기: 공동체.

김영숙, 임효연, 신소라(2009). 사례관리자들의 실천경험 연구: 질적 사례연구 방법 접근. 사회복지연구, 40(2), 89-122.

김용득(2015). 지역사회 사례관리체계에서 공공과 민간의 역할, 이대로 괜찮은가?: 경직된 실천과 파편적 제도. 한국사회복지행정학, 17(1), 241-266.

보건복지부(2017). 2017 읍면동 맞춤형복지업무 매뉴얼. 서울: 보건복지부.

사회보장정보원 사례관리 정책 지원센터(2019). 공공부문 사례관리 연계·협력 업무 안내. 사회보장정보원.

사회보장정보원, 경기대학교 산학협력단(2018). 공공부문 사례관리 연계·협력 모형 개발연구.

이발래(2013). 개인정보보호에 대한 인권적 판단과 적용. 한국사례관리학회 춘계학술대회 자료집, 12-19.

최명민, 정병오(2015). 근대사회 사례관리의 계보학적 분석: 누구를 위한 사회복지실천인가? 한국사회복지학, 67.

한국사례관리학회 편(2012). 사례관리론. 서울: 학지사.

한국사례관리학회 편(2019). 사례관리 전문가교육. 서울: 학지사.

한국사례관리학회(2016). 사회복지 사례관리 표준실천 지침.

황성철(1995). 사례관리 실천을 위한 모형개발과 한국적 적용에 관한 연구. 한국사회복지학, 27, 275-304.

白澤政和(2000). 사례관리의 이론과 실제(조추영, 권현주 역). 서울: 유풍출판사.

Auerswald, E. H. (1968). Interdisciplinary versus ecological approach. *Family Process*, *7*, 202-215.

Bartlett, H. M. (1970). *The common base of social work practice*. NY: National Association of Social Workers.

Bellow, J. R., & Mink, G. (1996). *Case Management in Social Work*. The Charles C. Thomas Publisher, Ltd.

Bronfenbrenner, U. (1979). *The ecology of human development*. Cambridge, MA: Harvard University Press.

Compton, B. R., & Galaway, B. (1999). *Social work process* (6th ed.). Pacific Grove, CA: Brooks/Cole.

Dustin, D. (2007). *The McDonaldization of Social Work*. Hampshire: Ashgate.

Fisher, J. (1978). *Effective casework practice: An eclectic approach*. NY: McGraw-Hill.

Germain, C. B., & Gitterman, A. (1980). *The life model of social work practice*. NY: Columbia University Press.

Gordon, W. (1965). Toward a social work frame of reference. *Journal of Education for Social Work*, *1*, 17-26.

Gursansky, D., Harvey, J., & Kennedy, R. (2003). *Case Management*. New York: Columbia University Press.

Holosko, M. J. (2018). *Social work case management: Case studies from the frontlines*. Thousand Oaks, CA: SAGE.

Intagliata, J. (1992). *Improving the Quality of Community Care for the Chronically Mentally Disabled in Case Management Social Work Practice*. by Stephen M. Rose, Longman, 28-29.

Koglevzon, M., & Maykrznz, J. (1982). Theoretical orientation and clinical practice: Uniformity versus eclecticism. *Social Service Review*, *56*(1), 120-129.

Kumar, S. (2000). *Multidisciplinary Approach to Rehabilitaion*. Butterworth Heinemann.

Moore, S. (1990). A Social Work Practice Model for Case Management: The Case Management Model Grid. *Social Work*, *35*.

Moxley, D. P. (1989). **효과적인 복지서비스를 위한 케이스매니지먼트 실천론**(김만두 역, 1983). 서울: 홍익재.

NASW(1996). NASW Standards for Social Work Case Management. *National Standards of Practice for Case Management*.

Pincus, A., & Minahan, A. (1973). *Social work practice: Model and method.* Itasca, IL: Peacock.

Sheafor, B. W., Horejsi, C. R., & Horejsi, G. A. (1997). *Techniques and Guidelines for Social Work Practice* (4th ed.). Needham Heights, MA: Allyn & Bacon.

von Bertalanffy, L. (1967). General systems theory. In N. Demerath & R. A. Peterson (Eds.), *Systems change and conflict* (pp. 119-129). NY: Free Press.

Woodside, M., & McClam, T. (2006). *Generalist Case Management: A Method of Human Service Dlivery* (3rd ed.). Thomson Brooks/Cole.

Zastrow, C. (1995). *The practice of social work* (5th ed.). Pacific Grove, CA: Brooks/Cole Publishing.

제8장

사회복지실천 관계와 면접

1. 사회복지실천 관계
2. 사회복지면접과 의사소통

사회복지실천은 클라이언트와의 관계형성이 필수적인데 면접을 통해 진행된다. 사회복지실천에서의 관계란 전문적 관계로서 사회복지실천의 심장과 같다고 할 수 있다. 클라이언트와 사회복지사 간의 좋은 관계는 때로 그 자체가 개입의 효과를 가져오기도 한다. 한편, 사회복지면접은 클라이언트의 욕구, 문제, 자원, 그리고 해결책에 초점을 둔 사회복지사와 클라이언트 간의 의도적 대화다. 사회복지실천은 면접을 포함한 다양한 활동으로 구성되는데 면접은 사회복지실천에서 가장 중요하고 자주 사용되는 기술로서 사회복지실천 관계가 맺어지고 유지되는 경로라 할 수 있다. 일대일의 직접적 서비스에서는 물론, 집단이나 지역사회와 일하는 경우에도 면접은 필수적이다.

1. 사회복지실천 관계

1) 관계의 개념

'관계'란 사람들이 상호작용하면서 서로에게 영향을 미쳐 변화가 일어나는 양방향적 과정을 말한다. 사회복지실천에서 말하는 관계도 사회복지사와 그가 관계하는 다른 체계들 사이에 일어나는 태도와 정서의 역동적 상호작용을 일컫는 것이다(Pincus & Minahan, 1973). 관계가 좋으면 클라이언트가 마음을 열고, 방어를 내리면서 두 사람 간의 정서적 연대가 성립되어 잘 협동할 수 있는 환경이 조성된다. 사회복지실천을 비롯한 휴먼서비스 영역에서는 좋은 관계를 맺는 것을 '라포(rapport)'가 잘 형성되었다고도 한다. 라포는 전문적이고 의도적인 독특한 관계 맺음으로, 잘 형성된 라포는 사회복지실천 개입의 핵심적 요소다.

펄먼(Perlman, 1957)은 문제해결활동이 일어나는 지속적인 맥락에서 관계의 중요성을 지적하면서 한 사람이 다른 사람에게 영향을 줄 때, 가장 역동적이고 강력한 힘은 바로 관계에서 나온다고 하였다. 즉, 좋은 관계는 문제해결 또는 욕구충족을 위한 촉매가 되고, 클라이언트와 사회자원 간의 보다 적극적인 교류를 가능하게 하는 연결 통로가 되는 것이다(Biestek, 1957; Perlman, 1957). 1980년대 이후 신자유주의 이념은 사회복지실천 영역에도 효과성과 효율성이라는 경제 원칙을 확장시켜 기술적이고 합리적인 측면을 강조하면서 관계에 집중하게 되면 문제의 정치적이고 사회적인 요소를 해결하기 어렵다고 비판하였다. 그러나 관계가 여전히 사회복지실천의 가장 중심적 요소라는 점에는 변함이 없다. 다른 사람을 돕는 역할을 수행할 때, 관계를 맺는 일 자체가 때로는 가장 효과적인 개입방법이 되기도 한다.

2) 사회복지실천에서 원조관계의 기본 요소

사회복지직은 원조전문직(helping profession)이다. 따라서 사회복지실천 관계를 '원조관계' 또는 '전문적 관계'라고 한다. 전문적 관계에는 일반적 인간관계와 구별되는 몇 가지 특성이 있다. 의도적인 목적성, 시간제한성, 지지, 통제된 관계 및 객관성이다. 먼저, 사회복지실천을 위한 전문적 관계에는 욕구(needs)와 문제(problem)를 가지고 있는 클라이언트를 지원하고 돕는다는 목적이 있다. 둘째, 클라이언트의 권리를 우선시하여 지지하게 되는데 이때, 사회복지사는 특화된 지식과 기술, 직업윤리에서 오는 권위를 가지고 있다. 셋째, 사회복지사는 관계에서 객관성을 유지하고 자신의 감정, 반응 또는 충동을 통제해야 한다. 끝으로 전문적 관계에는 서로 합의한 구체적인 시간의 틀이 있다. 정리해 보면 사회복지실천 관계는 전문가로서의 지식과 기술을 갖춘 사회복지사가 일정한 시간적 틀 내에서 클라이언트의 권리 실현을 우선하고, 객관성과 중립성을 유지하면서 클라이언트의 욕구나 문제해결을 지원하는 관계라 하겠다. 콤튼과 갤러웨이, 그리고 쿠르노이어(Compton, Galaway, & Cournoyer, 2005)는 사회복지사와 클라이언트의 관계는 '파트너십(partnership)'의 개념으로, 누가 누구에게 일방적으로 도움을 주는(doing to) 관계가 아니라 함께하는(doing with) 관계라고 하였다.

3) 원조관계에 요구되는 사회복지사의 자질

(1) 자기를 관찰하는 능력

자기를 관찰하는 능력이란 자신의 목표에 관하여 깊이 숙고하고, 자기 자신을 믿고 존중하며, 그러면서도 한 발 물러서서 자신을 복잡한 개입활동의 한 부분으로 관찰할 수 있는 능력을 말한다. 이러한 자기관찰 능력에는 인정하고 싶지 않은 자신의 모습이 발견되더라도 이를 두려워하거나 왜곡하지 않는 용기가 필요하다. 자아인식을 얻기 위해서는 자아 성장(self growth)의 투철한 동기를 가지고 목적적인 인간관계의 경험들을 통해서 자기 자신과 자신의 욕구에 대한 인식, 자기 자신 내의 여러 성격 유형들을 처리할 수 있는 능력, 그리고 사실을 정확히 인식하고 솔직한 관계를 형성하기 위하여 자신의 능력의 한계성으로부터 탈피하는 능력 등을 길러야 할 것이다.

(2) 타인에 대한 관심

타인에 대한 관심은 클라이언트에게 일어난 일에 대해 진심 어린 관심을 가지며, 이들의 감정에 대해 교류할 수 있어야 함을 의미한다. 관심이란 책임감, 배려, 존중, 타인에 대한 이해 및 클라이언트의 더 나은 삶에 대한 바람을 포함하고 있으며, 클라이언트의 삶과 욕구에 대한 조건 없는 긍정적 인정을 의미하는 것이기도 하다. 그러나 사회적인 법률 위반이나 부도덕한 행위 등의 문제를 가지고 있는 클라이언트를 의뢰받게 된 사회복지사의 경우 자신의 감정을 배제한 채 클라이언트를 받아들여야 할 경우가 종종 있다. 이때 사회복지사는 자신의 감정과 판단에 대해 인식하고 있어야 하며, 클라이언트 자체나 그의 행동방식을 좋아해야 할 필요는 없다는 사실을 받아들이는 것이 필요하다. 즉, 사회복지사가 스스로 감정을 인식하고 있음으로써 무의식적으로 분노와 거부의 의사를 표현하지 않도록 주의해야 한다.

(3) 공감력

공감이란 다른 사람의 정서적 상태나 조건의 이해로부터 촉발되어 그와 부합하는 정서적 상태로서, 자기 자신보다 타인이 처한 상황에 대해 더 적절한 정서적 반응을 보이는 것이고, 다른 사람의 입장에서 감정과 경험을 느낄 수 있는 능력이다. 공감 혹은 공감하기는 사회복지사와 클라이언트 간에 감정을 공유하는 것이다. 사회복지사가 클라이언트의 이야기를 들으면서 말 속에 담겨 있는 기본이나 감정을 그의 입장에서 이해하고 받아들이는 것은 관계형성 및 치료나 문제해결을 위한 개입과정에서 중요하다. 공감하기는 소위 감정이입적인 이해를 말하는 것이고, 감정을 이해하고 있다는 것을 표현해 주는 것이 또한 반영(reflecting)이다. 따라서 공감하기는 클라이언트의 감정과 정서, 기분을 이해하고, 또한 이해하고 있다는 것을 반영하는 것을 포함한다. 공감하기를 위해서는 클라이언트가 당면하고 있는 문제에 대해 스스로 어떻게 느끼는지에 대해 주의깊게 듣고 표정이나 태도 등을 유심히 살펴야 한다.

(4) 진정성

사회복지사가 자신의 감정과 사고, 지각한 내용을 정직하게 클라이언트에게 전달하고 진정으로 돕고자 하는 태도를 말한다. 클라이언트로 하여금 자신의 삶을 스스로 선택하고 통제하는 능력을 향상시키도록 도우려는 깊은 열망으로서, 사회복지사의 헌신적인 자세를 의미한다. 클라이언트는 사회복지사의 태도에서 진심이 느껴질 때, 사회복지사를 신뢰하고 사회복지사의 제안이나 활동을 이해하고 편하게 받아들이게 된다. 진정성을 표현하기 위해서 사회복지사는 적절하고 유연한 태도로 진심 어린 관심을 보여 주어야 한다.

(5) 민감성과 온정성

사회복지사는 특정한 단서가 없이도 클라이언트의 내면세계를 느끼고 감지할 수 있는 능력이 필요하다. 이러한 자질은 사회복지사가 새로운 것에 대한 개방성 및 변화에 대한 준비 자세를 갖추고 있는지와 밀접한 관련이 있다. 선입견과 고

정관념의 틀에서 벗어나 클라이언트의 감정과 사고에 사회복지사 자신을 투입시키는 능력이 요구된다. 한편 온정성(warmth)이란 원조전문가가 반드시 지녀야 할 자질로서, 클라이언트의 어려움과 고통을 따뜻한 시선으로 바라보고 치유와 복리를 위한 노력을 클라이언트 편에서 지원해 준다고 느낄 수 있게 하는 능력이다.

(6) 명확한 의사소통능력

의사소통은 관계 맺기의 가장 필수적인 기본 기술이다. 사회복지사는 클라이언트를 이해하기 위해 클라이언트가 전달하는 메시지를 경청하여 정확히 해석할 수 있어야 하고, 메시지를 전달할 때에도 클라이언트가 쉽게 이해할 수 있도록 명료하게 하여야 한다. 의사소통의 언어적 측면은 물론 비언어적 측면에도 세심하게 주의를 기울여 파악하는 능력이 필요하다.

4) 사회복지실천 관계의 원칙

비에스텍(Biestek, 1992)은 사회복지실천에서 사회복지사와 클라이언트의 관계의 중요성을 강조하고 원조관계의 기본 원리를 소개하였다. 비에스텍은 도움을 구하는 모든 사람에게는 공통적인 기본 감정 및 태도 유형이 존재한다고 믿고, 이를 바탕으로 관계의 7대 원칙이라 불리는 관계론을 정립하였다.

표 8-1 ● **비에스텍의 사회복지실천 관계 7대 원칙과 클라이언트의 관련 욕구**

사회복지실천 관계 원칙	클라이언트의 욕구
개별화	개별적인 개인으로 대우받고자 하는 욕구
의도적인 감정표현	자신의 감정을 자유롭게 표현하고자 하는 욕구
통제된 정서적 관여	문제에 대해 공감을 얻고자 하는 욕구
수용	있는 그대로 인정받고자 하는 욕구
비심판적 태도	판단 받고 싶지 않은 욕구
클라이언트의 자기결정	자기 스스로 선택하고 결정하고자 하는 욕구
비밀보장	개인의 정보나 비밀을 보호받고자 하는 욕구

(1) 개별화

- **개념:** 개별화(individualization)는 클라이언트가 자신만의 개별적인 특징을 가지고 있는 독특한 개인으로 대우받고자 하는 욕구와 권리에 기반한 원칙이다. 클라이언트를 보편적인 인간 존재로서가 아니라 자신만의 개성을 지니고 있는 인간으로 보아야 한다는 입장이다(Biestek, 1992). 모든 인간은 각자 타고난 유전적인 요소, 개인적인 환경, 내면적인 특성과 지적 능력, 개인의 의지 등이 다르고, 각기 다른 생활의 경험과 환경의 산물이다. 개인의 감정과 기억은 개별적인 방식으로 각자의 사고, 감정, 행동에 영향을 주는 것이다. 그러므로 사회복지사는 클라이언트를 어떤 계층 혹은 유형의 한 사람으로서 이해하기보다는 독특한 개체로 인식하고 반응해야 한다. 개별화의 원칙은 각 클라이언트의 특성이 인정되고 이해되며 클라이언트를 원조하는 내용과 방법에 있어서도 상이한 원리나 방법을 통해 개별적으로 다루어져야 함을 말한다. 개별화는 개인의 권리이며 욕구이기 때문이다.
- **사회복지사의 역할:** 클라이언트를 개별화하기 위해서 사회복지사가 수행해야 할 역할은 다음과 같다(김만두 역, Biestek, 1992). 첫째, 편견이나 선입견으로부터 자유로워야 한다. 사회복지사가 고정관념을 가지고 클라이언트가 속한 집단의 일반적 태도, 감정 및 행동을 특정 클라이언트에게도 해당된다고 치부하게 되면 클라이언트의 욕구나 상황을 객관적으로 보지 못하여 올바른 대처를 할 수 없게 된다. 둘째, 인간행동과 사회환경에 대한 지식을 갖추어야 한다. 특정한 상황에 처한 한 개인을 이해하고 원조하기 위해서 사회복지사는 인간행동과 사회환경에 관한 전문지식과 경험을 활용하고, 이 외에도 의학, 심리학, 정신의학, 사회학 및 철학 등의 과학적인 지식과 통찰에 기반한 분석틀을 만들어야 한다. 셋째, 클라이언트의 의사소통 내용을 경청해야 한다. 클라이언트의 언어적 의사소통은 물론 태도나 표정, 몸짓, 침묵 등 비언어적 의사소통 내용을 주의 깊게 경청하고 관찰함으로써 클라이언트를 진정으로 이해하려고 할 때 개별화가 용이해진다. 넷째, 클라이언트와 보조를 맞추어야 한다. 개별 클라이언트가 처한 상황에

자신을 대입하여 이해하고, 클라이언트의 입장에서 바라볼 수 있어야 위화감과 거리감을 줄이고 원조과정에 클라이언트의 참여를 이끌어 낼 수 있다. 다섯째, 클라이언트의 감정에 대해 민감하게 파악하고 반응하여야 한다. 클라이언트의 감정은 태도와 행동을 이해할 수 있는 열쇠라고도 할 수 있다. 클라이언트가 어떻게 느끼는지, 미묘한 감정의 변화도 파악할 수 있다면 개별화가 훨씬 용이해진다.

클라이언트가 자신이 다른 사람과 구별되는 독특한 개인으로 대우받고 있음을 느끼게 하려면 다음과 같은 방법을 기억할 필요가 있다. ① 세심하게 배려한다. 클라이언트의 입장을 이해하고 이를 배려해 주는 것이다. 예를 들면, 요즘 직장인을 위해 야간 진료일을 두는 지역사회 의료기관처럼, 직장을 마치고 면담을 할 수 있도록 시간을 배려해 주면, 클라이언트는 자신의 사정을 이해하고 존중받는 느낌을 받게 될 것이다. ② 약속시간을 존중하고 면담에 집중해 준다. 면담 약속시간을 엄수하고 면담하는 동안 다른 사무나 전화통화 등을 하지 않고 자신에게만 집중해 준다면 클라이언트는 사회복지사가 자신을 중요하게 생각해 준다고 느낄 것이다. ③ 면담 준비를 철저히 한다. 사회복지사가 면담 전에 클라이언트의 접수기록지를 비롯한 사례진행과정을 숙지하고 필요한 사회적 자원을 사전에 파악해서 면담에 임하면, 클라이언트는 자신에 대해 세부적인 사항을 기억하고 있는 사회복지사에게 자신이 존중받고 있다고 생각하게 될 것이다. ④ 융통성을 발휘한다. 사회복지실천 활동에는 대개 기관의 규율과 자원이용에 대한 규칙이 적용된다. 그러나 모든 사례에서 이러한 규칙과 원칙이 동일하게 적용되는 것은 아니므로 일정한 범위 내에서는 융통성을 발휘하면 클라이언트는 자신의 특수한 사정이 존중받는다는 것을 알게 되어 만족할 것이다. ⑤ 비밀을 보장한다. 클라이언트와 사회복지사 사이에 오가는 대화는 비밀이 유지되어야 한다. 이를 위해서는 면담을 위한 별도의 상담실을 이용하면 클라이언트는 안도감과 신뢰감을 느끼면서 개인으로 존중받고 있다고 생각하게 된다.

(2) 의도적인 감정표현

- **개념:** 의도적인 감정표현(purposeful expression of feelings)이란 클라이언트가 자신의 감정을 자유롭게 표현하도록 하는 것, 특히 자신이 비판받게 될지도 모르는 감정들을 자유롭게 표현하게 하는 것이다. 일상생활에서 사람들은 자신의 부정적인 감정을 자유롭게 표현하는 데 부담을 느껴 이를 억압하는 경향이 있는데 사회복지사는 이를 표현하도록 촉진한다. 사회복지실천에서 클라이언트의 감정표현을 의도하는 것은 억압된, 또는 부정적인 감정을 표현하면서 클라이언트가 스트레스나 긴장으로부터 해방되고, 자기의 문제를 보다 명확하고 객관적으로 인식하게 된다고 보기 때문이다.
  클라이언트의 자유로운 감정표현을 통하여 사회복지사는 첫째 클라이언트가 진술한 문제가 클라이언트에게 무엇을 의미하고 있으며, 어떻게 문제를 보고 있는지, 클라이언트가 문제에 대해서 어느 정도 집착하고 있는지 등을 파악할 수 있다. 이를 통해 클라이언트의 약점(weakness)에 대한 이해뿐만 아니라 강점(strength)까지도 파악하여 적절한 사정과 개입을 계획하는 데 도움을 받을 수 있다. 둘째, 클라이언트로서는 자신의 감정표현을 누군가가 경청해 준다는 것 자체가 심리적인 지지로 느껴진다. 감정의 공유를 통해 클라이언트 내부의 압력이나 긴장이 완화되며, 정서적 안정을 찾게 된다. 셋째, 때로는 해결되지 않고 억눌린 부정적 감정 자체가 문제일 경우도 있어, 감정표현을 통한 환기의 경험은 치유적 효과가 있다.
- **사회복지사의 역할:** 클라이언트가 감정을 자유롭게 표현할 수 있도록 하기 위한 사회복지사의 역할은 다음과 같다. 첫째, 클라이언트가 긴장을 풀고 자신의 감정을 자유롭게 표현할 수 있도록 안정된 환경을 조성하고, 허용적인 태도와 편안한 분위기를 마련해 주어야 한다. 둘째, 누구나 부정적 감정을 가질 수 있으며, 사회복지실천 관계는 이러한 감정의 표현이 허용되는 안전한 관계임을 알려 준다. 셋째, 감정표현을 격려하고 정서적 지지를 제공한다. 지지를 통해 타인에게 자신의 부정적인 면의 노출이나 타인으로부터 거부당하는 데 대한 두려움에서 오는 초기 저항을 감소시킬 수 있다. 넷

째, 클라이언트와의 면접을 위해 사회복지사가 시간적 · 정신적 여유를 가지고 미리 준비한다. 이를 통해 클라이언트도 마음의 여유와 안정을 갖게 된다. 다섯째, 클라이언트의 속도에 민감하게 반응해야 한다. 여섯째, 사회복지사가 관계를 안정시키려는 마음이 급해서 비현실적인 보장이나 과한 해석을 하지 않도록 주의한다.

(3) 통제된 정서적 관여

- **개념:** 통제된 정서적 관여(controlled emotional involvement)란 사회복지사가 클라이언트의 감정에 민감성과 이해로서 반응하는 것이다. 사회복지실천에 있어서 사회복지사와 클라이언트 간의 의사교환은 대체로 면접을 통해 이루어진다. 두 사람 사이의 의사교환은 언어적인 부분과 비언어적인 부분 모두를 통해 전달되며, 의사교환의 내용에는 생각과 사실도 있지만 감정이 차지하는 비중도 매우 크다. 사람들은 자신의 감정이 표현되었을 때 상대방의 반응을 기대한다. 사회복지사에게 클라이언트의 감정에 적절하게 반응하는 기술이 필요한 이유다. 클라이언트의 감정에 대한 민감성과 감정이입적 이해, 그리고 클라이언트의 감정에 대한 의도적이고 적절한 반응을 할 수 있어야 하며(김만두 역, 1992) 사회복지사의 반응은 사회복지실천의 목적에 맞게 적절하게 통제되어야 한다.
- **사회복지사의 역할:** 사회복지사가 통제된 정서관여를 잘하기 위해서는 다음 세 가지를 잘 이해해야 한다. 첫째, 민감성이다. 민감성은 인간의 존엄성을 인정하는 데 기반을 두고 있으며, 이는 클라이언트의 감정을 이해하는 초석과도 같다. 사회복지사의 민감성은 클라이언트의 감정을 잘 관찰하고 경청하는 데서 비롯된다. 클라이언트가 자신의 감정을 정확한 언어로 표현하지 못하더라도 클라이언트가 무엇을 생각하고 어떤 행동을 하려는지를 직감적으로 파악하고 이에 적절히 대처하는 것이 민감성의 표현이다.

  둘째, 감정이입적 이해(empathetic understanding)이다. 이는 사회복지사가 클라이언트의 주관적 경험과 감정을 같이 경험함으로써 의미를 찾아내는 일이다. 사회복지사는 클라이언트 경험의 성격을 파악하여 그 경험이 클라이언트에게 어떠한 영향을 미치고 있는지를 민감하고 정확하게 이해하고, 클라이언트의 입장에서 이해하여야 한다. 그리고 이러한 감정이입적 이해는 계속적인 과정이다.

셋째, 사회복지실천의 정서적인 관여에 있어서의 반응이다. 반응은 클라이언트에 대한 민감성이나 이해만으로는 충분하지 못한 것을 채워 주는 역할을 한다. 본질적으로 반응은 사회복지사의 지식체계와 실천목적에 의해서 나타나게 되는 태도다. 내면적인 반응은 사회복지사가 의도적으로 클라이언트의 감정과 동일화하는 것으로서 사회복지사가 클라이언트의 감정을 분담하는 것, 즉 감정이입적 이해를 의미하는 것이다.

클라이언트의 감정표현에 대해 통제된 정서적 관여를 잘하려면 심리학, 정신의학 그리고 사회과학 등 여러 종류의 과학적 지식을 필요로 한다. 특히, 인간행동과 발달과정에 대한 지식은 감정의 의미를 이해하기 위해서 필요불가결한 것이다. 또한, 클라이언트의 감정을 민감하게 이해하고 적절히 반응하는 기술은 자기 자신의 생활경험과 전문적인 실천의 결과로부터 얻어질 수 있다. 그리고 감정이입적 이해는 주로 사회복지사의 태도에서 읽혀야 하므로 언어, 얼굴표정, 행동 등을 통해 전달해야 한다.

(4) 수용

- **개념:** 수용(acceptance)은 인간의 존엄성과 가치 그리고 휴머니즘에 기초하여 사회복지사가 클라이언트를 있는 그대로 받아들이고 존중하는 것이다. 즉, 여러 약점을 가진 개인을 존재하는 그대로 편견 없이 받아들이는 것으로서 클라이언트의 장점과 단점, 잠재력과 제한점, 바람직한 행동이나 그렇지 않은 행동을 모두 받아들이는 것이다. 수용적 태도는 정중함, 인내심 그리고 경청하려는 의지를 통해서 전달된다. 사회복지실천에 있어서 수용적인 태도는 클라이언트와 사회복지사 간에 긍정적인 관계를 수립하고 유지하는 데 가장 기본적인 원칙이다.

- **사회복지사의 역할:** 사회복지실천 관계에 있어 효과적인 수용을 위한 사회복지사의 역할은 다음과 같다. 첫째, 수용을 위해서 사회복지사는 클라이언트를 존재하는 그대로 받아들여야 한다. 클라이언트의 잠재적인 힘과 새로운 성장의 가능성을 신뢰하는 데서 출발하여 클라이언트 존재 전부를 수용해야 한다. 둘째, 사회복지사는 클라이언트와 가치관 차이를 인정해야 한다. 클라이언트를 수용하는 일에 사회복지사의 가치관이 작용해서는 안 되기 때문이다. 클라이언트가 사회복지사와 다른 가치관을 갖고 있을 수 있음을 인정하고 이를 극복해야 한다. 셋째, 수용(acceptance)과 동의(agreement)의 차이를 인식하고 있어야 한다. 수용은 그 사람과 동의한다는 것이 아니라 그 사람이 자신과 다를 수 있다는 점을 인정하는 것이다. 그렇다고 해서 클라이언트를 수용한다는 것이 부도덕하거나 반사회적 행동도 인정해야 한다는 뜻은 아니다. 넷째, 수용과 비심판적인 태도는 유사하나, 동일한 것은 아니다. 사회복지사는 클라이언트와 함께 이루고자 하는 어떤 변화에 대해 평가·판단을 해야 하므로 클라이언트의 생각과 행동에 대한 평가는 필요하지만 '비난'이 섞이지 않은 것이어야 한다.

수용의 장애 요인을 잘 이해한다면 클라이언트를 수용하는 데 도움이 된다.

- **인간행동과 성장발달에 관한 지식이 충분하지 못한 경우:** 스트레스 상태 속에 있는 인간의 행동 패턴, 사회경제적 문제에 대해 나타나는 공통적인 정서적 반응이나 일반적인 방어기제 등을 충분히 인식하지 못할 때 클라이언트를 제대로 수용할 수 없다.
- **사회복지사 자신의 개인적인 가치관이 개입되는 경우:** 클라이언트의 특수한 조건이나 상황을 사회복지사의 가치관 때문에 이해하기 어려워진다.
- **사회복지사가 자신의 감정을 클라이언트에게 전이하는 경우:** 사회복지사는 자신의 감정을 클라이언트에게 전이시켜 말하고 행동하는 것은 아닌지에 대해 자각해야 한다.
- **사회복지사가 클라이언트에게 말로만 하는 재보증**(reassurance): 클라이언트가

현재의 곤란한 현실을 충분히 견디어 낼 수 있는 힘이 없는 것이 명백할 때는 그 현실과의 대결을 일시적으로 연기할 수 있도록 돕는 심리적인 지원의 한 형태가 재보증이다. 그러나 구체적인 대안 마련과 같은 후속적인 조치가 없이 말로만 하는 재보증은 클라이언트가 처한 현실을 있는 그대로 수용하는 것이 아니다.

- **수용할 수 있는 일과 수용할 수 없는 일의 구분이 모호할 경우:** 사회복지사는 인간행동에 있어서 윤리적으로나 도덕적으로 정의로운 일 또는 불의한 일에 대한 신념을 가지고 있어야 한다. 이러한 가치철학은 사회적으로 바람직한 일과 바람직하지 못한 일, 수용할 수 있는 일과 수용할 수 없는 일을 판단하는 기준이 된다.
- **인간에 대한 존엄성과 가치의 존중:** 클라이언트가 어떠한 현실적인 문제에 처해 있더라도 사회복지사는 인간에 대한 존엄성과 가치를 존중해야 하며, 클라이언트를 수용하는 문제에 있어서도 다른 원칙이 적용될 수는 없다. 그럼에도 불구하고 비윤리적이고 비도덕적인 문제인 경우에는 사회복지사가 클라이언트를 더 이상 존중할 수 없게 되고, 클라이언트를 수용하기 어려워진다.
- **사회복지사의 편견이나 선입관:** 클라이언트와 사회복지사의 문화, 인종, 가치관, 경제사회적 지위 등의 차이로 인한 편견이나 선입관이 발생하면 수용이 어려워진다.

(5) 비심판적 태도

- **개념:** 클라이언트는 타인으로부터 심판받을 것이라는 두려움 때문에 자신의 감정이나 문제를 은폐하려는 경향이 있다. 심판적 태도란 비난을 의미하는 것으로 현재나 미래보다는 문제의 과거에 초점을 두고 있으며, 같은 상황이 발생하면 같은 행동을 할 것을 가정하기 때문이다. 문제나 욕구가 개인과 환경 간의 상호작용의 결과라고 보는 생태체계적 관점에서는 클라이언트 개인에게 책임을 돌리지 않는다. 비심판적 태도(non-judgemental attitude)란 클라이언트의 문제나 욕구의 원인이 클라이언트의 인격과 같은 개인 내적인 요소에 의한 것이든 클라이언트의 외부 환경에 의한 것이든 간에 그 문제의 책임이 클라이언트에게 있다고 판단하고 비판하지 않는 것이다.

- **사회복지사의 역할:** 비심판적 태도와 관련한 사회복지사의 역할은 다음과 같다. 첫째, 사회복지사의 클라이언트에 대한 비심판적 태도가 클라이언트에게 전달되어야 한다. 사회복지사는 클라이언트로 하여금 사회복지사가 클라이언트의 잘못을 비판하지 않을 것이며, 심판하지도 않을 것에 대한 태도가 전달되고 느껴질 수 있도록 한다. 둘째, 클라이언트의 행동이나 태도, 가치기준 등에 대해 편견과 선입관을 버리고 객관적으로 평가하고 이해하여야 한다. 다른 사람과 비교하거나 일정한 유형으로 분류하려는 것은 비심판적 태도를 전달하는 데 장애가 된다. 셋째, 사회복지사는 자기 인식을 통한 개방적 태도를 유지하여 클라이언트도 스스로 행복을 추구할 권리가 있는 존재임을 인식해야 한다.

(6) 클라이언트의 자기결정

- **개념:** 인간은 자기의지(self-will)가 있으며, 자기 스스로 결정하고자 하는 욕구가 있고, 동시에 누구나 '자기결정 능력'을 가지고 있다. 클라이언트의 자기결정원칙이란, 클라이언트가 사회복지실천의 모든 의사결정 과정에 참여하여 스스로 선택하고 결정할 역량이 있다는 것을 뜻한다. 이는 클라이언트 자신이 아닌 어느 누구도 이러한 권리를 대신 행사할 수 없다는 것을 말하며 사회복지사는 클라이언트의 이러한 권리를 존중하고 인정해야 한다. 물론, 클라이언트의 상황에 따라 자기결정권이 제한되는 경우도 있다. 클라이언트의 인지능력에 한계가 있다거나, 사회제도와 법에 따른 제한은 인정되지만 이때에도 사회복지사는 클라이언트에게 도움이 될 수 있는 다양한 정보를 제공하여 클라이언트가 최선의 결정을 내릴 수 있도록 지원하여야 한다.

- **사회복지사의 역할:** 클라이언트가 자기결정을 할 수 있도록 돕는 사회복지사의 역할은 다음과 같다. 첫째, 클라이언트로 하여금 자신의 문제와 욕구를 명확하게 인식하도록 돕는다. 둘째, 클라이언트가 지역사회 내 인적 자원을 포함한 활용 가능한 자원에 대한 정보를 제공하고 각기 다른 선택 가능한 대안들의 특성과 중요성, 각각의 대안들의 장단점 등의 필요한 정보를 구체적이고 상세하게 제안하여 준다. 셋째, 클라이언트 자신의 잠재적인 자원을 적극적으로 개발하고 활용할 수 있도록 자극을 주어야 한다. 넷째, 사회복지사는 클라이언트가 사회복지실천 전 과정에 적극적으로 참여할 수 있도록 돕고, 더불어 경청하고 수용적인 태도로 클라이언트가 자기 자신이나 자신의 문제에 대해서 보다 깊이 이해할 수 있도록 원조해야 한다.
  반면, 클라이언트의 자기결정을 위해 사회복지사가 피해야 할 사항은 다음과 같다. 첫째, 사회복지사가 결정하고, 그 결정한 내용을 클라이언트가 그대로 따르도록 유도하는 일은 피해야 한다. 다시 말해, 사회복지실천과정에서 사회복지사가 모든 결정을 주도적으로 수행하고 클라이언트에게는 단지 종속적인 역할을 수행토록 하는 것은 절대 피해야 한다. 둘째, 사회복지사 중심의 서비스 계획을 수립하고 지원 내용과 방법 등을 결정하는 일은 반드시 피해야 한다. 사회복지사 자신이 클라이언트에 관한 모든 것을 관여하고 모든 것을 해결하려는 것은 바람직하지 않다. 셋째, 사회복지실천과정에서 사회복지사의 판단에 따라서 행동의 양식을 선택하거나 결정하도록 직간접적으로 조정하는 일은 피해야 한다. 넷째, 통제(control)와 같은 방법으로 클라이언트를 설득하는 일 또한 피해야 한다. 클라이언트를 통제하고 설득하는 일은 클라이언트 자신의 선택과 결정 권한을 제한하는 일이기 때문이다.

(7) 비밀보장의 원칙

- **개념:** 비밀보장(confidentiality)은 전문적 관계로 이루어진 사회복지실천 과정에서 알게 된 클라이언트에 관한 정보를 누설하지 않는 것이다. 클라이

언트의 비밀을 보장하는 일은 사회복지사의 윤리적인 의무고, 성공적인 사회복지실천 관계 유지를 위해 반드시 지켜야 하는 원칙이다. 사회복지실천 과정에서 클라이언트는 자신이 원하는 도움이나 원조의 필요성 때문에 자신의 사적인 정보까지도 사회복지사에게 털어놓게 되는데, 자신의 정보가 자신의 담당 사회복지사 이외에 다른 사람에게까지 알려질 것이라 생각하지 않는다. 이와 같은 이유로 인하여 사회복지실천에서는 적어도 개별 클라이언트의 정보는 비밀로 보장될 것이라는 약속이 반드시 지켜져야 한다. 특히 클라이언트의 정보가 담당 사회복지사뿐만 아니라 관련 기관의 모든 직원에게도 적용되는 집단비밀로서 보장되어야 한다.

- **사회복지사의 역할:** 사회복지사는, 첫째, 클라이언트의 사생활을 존중하고, 전문적 서비스 과정에서 알게 된 모든 정보에 대해 비밀을 보장한다는 사실을 알려 주어야 한다. 둘째, 클라이언트의 정보를 수집하는 목적과 활용 내용을 충분히 설명한다. 셋째, 사회복지사는 클라이언트가 자신에 대한 공식적 기록을 잘 이해하도록 해야 한다. 넷째, 클라이언트가 알게 되는 다른 사람의 비밀을 보장해야 함을 설명한다. 다섯째, 사회복지사는 클라이언트에게 비밀보장에도 한계가 있음을 명확히 설명해야 한다. 비밀보장에 대한 클라이언트의 권리가 절대적인 것은 아니기 때문이다.
  비밀보장 원칙의 예외를 보면, 우선 법원의 정보공개명령이 있는 경우나, 비밀보장이 클라이언트나 타인의 생명에 위협이 되는 경우에는 비밀보장의 원칙이 우선하지 않는다. 이외에도 클라이언트를 위한 전문가 회의나 슈퍼바이저에게 보고할 때, 교육적 목적으로 사례를 발표할 때 등에도 예외가 인정된다.

5) 사회복지실천 관계에서 고려해야 할 쟁점

(1) 사회복지실천 관계 장애 요인과 대처방법

사회복지실천 관계는 클라이언트를 역량을 가지고 있는 존재로 보고 사회복지사가 변화의 동반자인 동시에 매개자로서, 어느 한쪽이 관계의 주인이나 중심이 아니라 서로 순환하는 상생의 상관석 관계를 수행해 나갈 때 가장 효과적이다. 그러나 관계형성이 쉽지 않은 경우도 있는데, 클라이언트의 불신, 저항과 비자발성은 관계형성에 방해가 된다.

먼저, 클라이언트가 사회복지사를 불신하고 저항하는 경우다. 살아오면서 타인으로부터 인정이나 격려를 받아보지 못한 사람은 타인과의 관계에서 받을지도 모르는 비난, 거부, 상처에 대한 두려움 때문에 사회복지사를 쉽게 신뢰하지 못한다. 이처럼 클라이언트가 방어적이면 변화를 시도하기 어렵다. 또, 어떤 클라이언트는 변화에 대해 심하게 저항하기도 한다. 저항은 침묵이나 무력함으로 일관하거나 문제를 축소하기도 하고 핵심에서 벗어난 이야기를 하는 등으로 표현된다. 일반적으로 클라이언트는 사회복지실천 관계를 통해 기대되는 변화에 대한 양가감정을 갖는데 이것이 초기 저항으로 나타나기도 한다. 이 경우 저항은 보편적 현상이라 볼 수 있어, 굳이 이를 다루기보다는 저항의 저변에 있는 현재 감정에 초점을 두는 것이 좋다. 그러므로 사회복지사는 변화에 대한 클라이언트의 양가감정이 존재한다는 것을 인식하고 클라이언트가 자기 감정을 탐색하여 변화의 장단점을 재평가할 수 있도록 도와야 한다. 또, 저항을 통해 클라이언트는 부정적 감정을 발산하여 사회복지실천 관계라는 안전한 환경을 이용하여 대인관계에서의 부정적 감정을 효과적으로 다룰 수 있는 경험을 하기도 한다.

다음으로 클라이언트가 비자발적인 경우에도 관계형성이 어렵다. 비자발적인 클라이언트는 대개 법원, 학교 등 타 기관에서 의뢰된 경우가 많은데, 변화동기가 부족하고 사회복지사에게 불만과 적대감을 표현하기도 한다. 사회복지사는 관계형성을 통해 클라이언트에게 동기를 부여하여 자발성을 끌어내야 한다. 비자발적인 클라이언트와 관계를 형성하기 위해서는 일단 클라이언트를 비난하지 않으면서 면담이 필요한 이유를 설명하고, 희망과 용기를 주어야 한다. 또, 클라이언트의 요구에 한계를 설정하고, 이용 가능한 선택에 대해 말해 준다. 그러면서 지금까지 클라이언트가 견뎌온 것을 격려하고 부정적인 감정을 표출하도록 유도하는 것이 좋다.

사회복지실천 관계형성 과정에서 나타나는 다른 현상은 전이와 역전이이다. 전이는 클라이언트가 과거 다른 관계에서 겪은 경험에 기초하여 현재 상황을 일반화해서 왜곡된 인식으로 사회복지사에게 과거 경험을 투사하는 것이다. 전이는 관계 맺음의 장애가 되기도 하지만 성장을 위한 기회가 되기도 하므로 잘 다루어야 한다. 사회복지사는 전이를 보이는 클라이언트에게 온정과 공감을 통해 이러한 방어기제를 내려놓도록 돕는다. 클라이언트에게 전이를 일으키는 기저 감정이 비현실적이라는 점을 알게 하고, 사회복지사에게 갖는 감정을 과거 다른 사람에게도 느낀 적이 있는지 알아보아, 클라이언트가 이를 성찰할 수 있도록 도와야 한다. 한편, 역전이는 사회복지사가 무의식적으로 클라이언트를 자신의 과거에 있었던 인물이나 관계로 느끼고 반응하는 것을 말한다. 역전이를 잘 다루기 위해서는 자기성찰이 중요하고, 슈퍼바이저 등으로부터 지속적 점검을 받아야 한다. 역전이가 잘 해결되지 않으면, 클라이언트에게 양해를 구하고 다른 사회복지사에게 의뢰하는 것이 옳다.

(2) 사회복지실천의 다른 관계

사회복지사가 실천과정에서 만나게 되는 관계는 클라이언트에 국한되지 않는다. 사회복지사는 클라이언트 외에도 표적체계, 행동체계로 분류되는 사람들과도 직접 관계하게 된다. 예를 들어, 학교 위센터에서 의뢰된 초등학생의 문제행동에 대한 사회복지실천은 클라이언트인 아동은 물론 표적체계인 부모 및 행동체계인 담임 선생님의 역할이 매우 중요하다. 담당 사회복지사가 아동의 문제행동 원인이나 결과와 관련이 있을 수 있는 이 두 체계의 행동변화가 필요하다고 판단했다면 이들과의 관계 수립에도 힘써야 한다. 표적체계인 부모와의 관계는 클라이언트와의 관계에서 적용되는 원칙들이 표적체계의 특성과 역할에 따라 선별적으로 적용되어야 한다. 행동체계인 선생님과 사회복지사의 관계는 협력체계로, 클라이언트에 대한 정보의 출처이기도 하고 사회복지실천과정 중에 클라이언트의 학교적응 등에 관한 지원을 부탁할 수도 있어 신뢰가 바탕이 된 협력관계 수립에 힘써야 한다. 부모와 선생님에게는 아동의 자기결정권과 아동과 클라이언트 사이의 비밀보장의 원칙이 존중받을 수 있도록 이해를 구해야 한다.

사회복지실천에서는 사회복지사의 동료와의 관계 역시 매우 중요하다. 동료 사회복지사는 사회복지 전문직의 가치를 공유하면서 경험과 지식을 나누어 전문가로서의 정체성을 수립하는 데 없어서는 안 될 존재다. 동시에 동료는 실천 과정에서 협조와 조언 및 정보적 지원을 제공하는 자원이며, 어려운 상황에서 실천 사례에 대해 논의하면서 서로의 발전에 기여하기도 한다. 이처럼 정서적 지원과 행정 및 전문적 지원의 근원으로서의 동료관계를 잘 유지해야 하는 긍정적 측면도 있지만 때로는 동료 사회복지사의 클라이언트나 자원 배분과 관련된 일 처리에서 갈등을 겪을 수도 있고 전문직 윤리가 잘 지켜지고 있는지에 대한 모니터링의 역할을 수행하게 되기도 한다. 반드시 기억해야 할 것은 사회복지사와 동료의 관계는 중요하지만 클라이언트의 권리 옹호가 가장 우선적인 의무라는 점이다.

2. 사회복지면접과 의사소통

1) 사회복지면접의 이해

(1) 사회복지면접의 개념과 특성

사회복지실천의 구체적 방법은 면접이다. 면접은 사회복지사가 클라이언트를 직접 만나 대화를 통해 클라이언트와 가족의 심리적 · 사회적 · 경제적 어려움을 이해하고 욕구를 파악하여 자신의 지식과 기술 및 경험을 이용하여 도움을 전달하는 기본 수단이다. 대화는 참여자가 별다른 규칙 없이 이야기를 나누는 비구조화된 비공식적 의사소통인 데 비해, 면접은 참여자의 역할이 규정된 공식적이고 어느 정도 구조화된 의사소통이다. 면접은 사회복지사의 업무수행에서 가장 중요한 기본 기술이다.

면접에는 정서와 인지라는 두 가지 차원이 있다. 사회복지사와 클라이언트의 라포(rapport) 성립을 통해 클라이언트가 당면한 어려움과 정서적 격랑을 공감해 주려는 정서적 차원이 면접관계를 결속시킨다. 한편, 사회복지사가 클라이언트가 처한 상황과 문제를 인지하고 정교한 기술과 지식 및 자원 동원을 통해 문제를 해결하는 인지적 차원도 면접을 성공적으로 이끄는 데 매우 중요한 요소다. 즉, 사회복지면접은 특별한 목적을 가지고 사회복지사에 의해 전문적 · 의도적으로 이루어진다.

칸과 커넬(Khan & Cannell, 1957; 장인협, 1991 재인용)은 사회복지면접의 특징으로, 다음 다섯 가지를 지적하였다.

- 전후관계(context)와 장(setting)이 있다.
- 목적지향적이다.
- 계약적이고 한정적이다.
- 특정한 역할관계가 있다.
- 공식적이고 의도적이다.

전후관계나 장이란 면접이 이루어지는 특정한 상황을 말하는 것이며, 목적지향적이라는 점은 개입 목적에 관련된 내용들로 의사소통 범위가 제한된다는 말이다. 다음으로, 면접이 한정적이며 계약적이라는 것은 사회복지사와 클라이언트가 정해진 기간 내에 목적을 달성하기 위해 함께 노력한다는 특성이며, 특수한 역할관계란 사회복지사와 클라이언트가 면접자와 피면접자로서, 서로 다른 역할을 수행한다는 점을 나타내는 것이다. 마지막으로, 공식적이고 의도적이라는 점은 사회복지면접은 공공 또는 민간 사회복지기관을 중심으로 이루어지는 공식적인 관계이며 목적달성이라는 의도를 갖고 있다는 뜻이다.

(2) 사회복지면접의 목적과 유형

헵워스 등(Hepworth et al., 2010)은 면접의 궁극적 목적을 삶의 질적인 향상과 성장을 목적으로 문제를 해결하고, 이에 필요한 전략이나 행동을 모색하기 위해 정보를 주고받는 것이라고 하였다. 정리해 보면, 면접은 다음과 같은 구체적 목적을 가지고 있다.

- 자료수집
- 실천(치료)관계의 확립과 유지하기
- 클라이언트에게 정보 제공하기
- 원조과정의 장애물을 파악하고 제거하기
- 목표달성에 필요한 활동을 계획하여 이행하기
- 원조과정을 촉진하기

카두신(Kadushin & Kadushin, 2013)은 사회복지면접을 첫째, 정보수집, 둘째, 욕구사정(assessment), 셋째, 변화를 위한 치료의 세 가지 차원이 혼합된 것이라고 하였다. 이를 각 유형별로 살펴보면 다음과 같다.

- **정보수집면접**(사회조사면접): 먼저, 클라이언트와의 원조과정을 시작할 때 적절한 서비스를 제공하기 위해 클라이언트와 그의 욕구에 대한 정보수집이 주목적인 면접을 하게 된다. 이를 사회조사면접이라고도 부른다. 가족관계와 혼인관계, 교육 정도와 직업 경력 등의 인구사회학적 정보가 기본이 되고, 아동기부터의 생육력, 가족배경의 특수성, 현재 문제와 그 문제가 언제부터 얼마나 자주 어떻게 진행되어 왔는지의 이력 등을 포함한다. 주로 사실에 기반한 객관적 정보지만, 정보수집면접에서는 클라이언트의 주관적 감정과 태도도 역시 중요하다. 이러한 정보의 출처로는 클라이언트 자신이 가장 큰 비중을 차지하고, 그 외 친구, 가족, 이웃, 학교나 직장, 이전에 도움을 받았던 관련 기관 등이 포함된다.

- **사정을 위한 면접:** 사정(assessment)을 위한 면접은 클라이언트가 호소한 어려움을 해결하기 위해서 어떤 서비스를 제공할 것인지를 결정하기 위한 면접이다. 이를 위해 수집한 자료를 해석하고 의미를 부여하며 가능한 서비스와 지원을 매칭(matching)하는 등의 실천방향을 결정하게 된다. 예를 들어, 학대피해아동과 일하는 사회복지사는 아동을 안전하게 보호하고 미래의 학대피해 가능성을 최소화하기 위한 최선의 서비스를 결정하기 위해 면접을 하게 되는데, 이것이 사정면접이다. 사회복지사는 사정을 위한 면접을 통해 아동을 원가정에서 보호하고 부모교육과 상담을 제공할 것인지, 아니면 위탁가정이나 쉼터에 분리 보호할 것인지를 결정하게 될 것이다.
- **치료를 위한 면접:** 치료를 위한 면접의 목적은 어려움을 겪는 클라이언트의 변화를 이끌어 내기 위해 직접적인 개입을 통해 도와주거나 클라이언트의 보다 나은 사회적 기능 수행을 위해 간접적으로 환경변화를 시도하는 것이다. 치료적 면접은 원조관계의 종결에 이르기까지 상대적으로 여러 회기 동안 진행된다. 흔히 치료 면접의 본질을 클라이언트의 사회적 기능을 회복 또는 향상시키는 과정이라고 하는데, 클라이언트의 인지, 정서, 행동과 태도의 변화를 일으켜서 자신이 처해 있는 환경과의 보다 나은 상호작용 역량을 배양하는 것이다. 또, '환경 속의 개인(PIE)'이라는 사회복지실천의 관점에서, 클라이언트가 보여 주는 어려움의 근원이 주위 사람들이나 지역사회일 때, 관련된 사람들을 면접하거나 지역사회에 클라이언트의 입장을 대변하는 등의 방법으로 이루어진다.

치료면접의 예를 사례로 살펴본다. 타국 출신의 결혼이주여성이 가부장적인 한국인 남편과 권위적인 시이미니로 인해 갈등과 우울을 겪으며, 이웃으로부터도 소외되어 고립되었다고 하자. 사회복지사는 면접을 통해 우선 클라이언트가 자신을 '희생자'로 보는 시각에서 더 나은 삶을 위해 모험적이고 발전적인 선택을 한 '개척자'로 내적 인식을 전환하도록 한다. 또한, 가족가치와 규범에서 오는 문제는 어느 한쪽이 다른 쪽보다 우월한 것이 아니라 문화적으로 서로 다른 것뿐이므로 의사소통을 통해 상호 이해가 가능한 것이며, 의사소통은 기술의 문제라는 것을 깨닫게 한다. 이와 같은 개인의 인지나 행동 변화와 함께, 이주여성의 일방적 동화를 기대하기보다 한국인 남편과 가족이 그녀의 문화적 배경과 강점을 이해하고 인정해 주도록 하고, 클라이언트를 위해 본국 출신 이주여성 자조모임이나 다문화가족지원센터 등의 적응지원 프로그램을 연결하는, 간접적이지만 필수적인 지원을 통한 지역사회로의 융합(inclusion)을 꾀하는 것이다.

2) 효과적 면접과 의사소통

(1) 효과적인 면접의 조건

면접을 잘하려면 시간과 공간이라는 구조적 조건과 함께 사회복지사의 사전 준비와 비밀보장과 같은 조건이 필요하다.

① 면접장소

면접은 어디서 진행되는가에 큰 영향을 받게 되므로, 조용하면서 프라이버시가 보장되고, 사회복지사가 온전히 클라이언트에게 집중할 수 있는 환경이 필요하다. 사회복지기관은 대개 면접을 위해 상담실이라는 독립된 공간을 마련해 두고 있지만 때로는 전화를 통해서 또는 클라이언트의 가정을 방문해서 면접을 진행해야 할 때도 있다. 전화면접은 대면에서 오는 긴장감이 적기 때문에 클라이언트가 편안하게 느낄 수 있다는 장점이 있는 반면, 언어적인 정보 외에 상대방의 신체적 특징, 안색과 표정, 옷차림 등에서 습득할 수 있는 비언어적인 누설적 정보를 얻기는 어렵다는 한계가 있다. 클라이언트가 교통편이나 영유아기 자녀 돌봄 등의 특수한 사정이 있는 경우, 혹은 가족의 생활환경을 파악하는 것이 중요한 경우에는 가정방문을 통해 면접을 진행하기도 한다. 가정방문은 특수한 경우를 제외하고는 클라이언트의 동의가 있어야 한다. 가정방문 면접은 클라이언트의 생활 상황과 가족 간의 상호작용을 있는 그대로 관찰할 수 있는 장점이 있는 반면 클라이언트가 사생활 공개를 불편하게 생각하거나, 다른 사람들의 들락거림, 소음 등 일상생활의 다양한 방해 요인이 존재한다.

② 면접시간

면접은 시간 약속에 따라 예정대로 진행되어야 한다. 면접 중인 사회복지사는 전화나 다른 사람과의 접촉을 차단하여 온전히 클라이언트에게 몰두해 주는 것이 좋다. 면접시간은 어느 정도가 좋은가? 상황과 목적에 따라 다르기 때문에 최적의 시간을 제시하기는 어려우나 대개 일반적으로 1회 면접에 40~50분 정도다. 이런 원칙도 클라이언트의 주의집중 능력 및 의사소통 능력에 따라 조정되어야 한다. 면접시간을 제한하는 것은 클라이언트로 하여금 자기가 하고 싶은 이야기를 정해진 시간 내에 효율적으로 전달하려는 동기를 부여할 수 있다.

③ 클라이언트에 대한 예비 지식

사회복지사는 클라이언트에 대해 사전정보를 점검하고 효과적인 면접을 위한 지식과 기술을 갖추어야 한다.

④ 비밀보장

면접에서 오간 내용은 클라이언트의 동의 없이는 제삼자에게 누설되지 않을 것이라는 점을 분명히 해 두어야 한다. 사회복지실천에서 비밀보장의 책임은 담당 사회복지사에게 한정되는 것이 아니라 기관에 속한 모든 사회복지사에게 확대 적용된다. 비밀보장은 대부분의 전문직에서 강조하는 직업윤리이기도 한다.

(2) 의사소통과 면접의 기술

커스트 애시맨과 헐 2세(Kirst-Ashman & Hull, 1993)는 면접을 사회적 상호작용인 의사소통과정이며 인지, 정서, 행동상의 변화를 목적으로 한 언어적 행동으로서, 문제해결을 위한 개입이라고 정의하였다. 면접을 잘하려면 클라이언트를 이해하고 도우려는 진정한 마음과 함께 다양한 기술도 요구된다. 면접을 통해 사실에 도달하고 의미를 찾기 위해서는 언어적인 의사소통은 물론 비언어적인 의사소통을 포함한 면접 기술에 숙달할 필요가 있다. 미국의 심리학자 메라비언(Mehrabian)은 '어떻게 말하는가(말하는 태도)'가 '무엇을 말하는가(말의 내용)' 못지않게 중요하다고 하였다. 사람들은 언어로 전달되는 내용보다 표정이나 목소리, 태도와 같은 비언어적 의사소통을 훨씬 더 많이 인식한다는 것이다. 더욱이 비언어적 의사소통은 때로는 언어로 전달되는 내용과 일치하지 않는 누설적 기능을 갖고 있다는 점을 기억해야 한다.

주요 면접 기술로는 관찰, 경청, 질문하기와 답하기, 요약과 해석 등이 있다

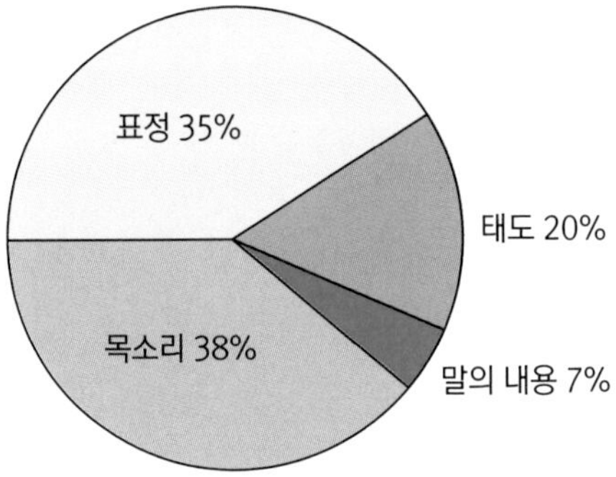

그림 8-1 ● **메라비언의 법칙**

출처: en//wikipedia.org/wiki/Albert_Mehrabian

(Johnson, 1989).

① 관찰

관찰은 비언어적 의사소통의 가장 기본적인 면접기술이다. 비언어적 행동은 언어를 사용하는 의사소통의 내용과 상반된 내용을 전달하기도 하고, 진실을 누설하기도 한다. 비언어적 메시지를 잘 관찰함으로써 클라이언트의 감정과 표현의 차이를 파악할 수 있다. 커스트-애시맨과 헐(1993) 그리고 시포 등(Sheafor et al., 1997)은 관찰해야 할 비언어적 의사소통 기법들을 다음과 같이 소개하고 있다.

- **눈맞춤:** '눈은 마음의 창'이라는 말이 있듯이 눈은 말로 하지 않는 많은 정보를 전달한다. 문화에 따라 차이는 있지만, 대개 관심이 있거나 열의가 있으면 사람들은 서로 대화하는 상대에게 눈을 맞추고 지루하거나 관심이 없으면 눈을 잘 맞추지 않는다. 특히, 두려워하거나 불안할 경우 또는 솔직하지 못한 의사소통을 할 때에는 눈이 마주치는 것을 극구 피하는 것을 볼 수 있다.
- **옷차림과 외양:** 우리는 옷차림을 통해 그 사람의 직업이나 연령, 성격, 처한 환경, 현재의 기분 등을 대개 짐작할 수 있다. 클라이언트의 외양이나 옷차림을 관찰함으로써 중요한 정보를 얻을 수 있다.
- **표정:** 표정은 말로 전달하고자 하는 내용을 더욱 분명하게 해 준다. 눈썹을 치켜 올리거나 눈을 크게 뜨는 것은 뜻밖이거나 놀랐다는 의미이고, 찡그리거나 미소를 짓는 것은 그 나름대로의 의미를 가감 없이 전달하게 된다.
- **자세와 몸동작:** 몸가짐이나 손이나 팔, 다리 등의 동작도 많은 의미를 전달한다. 상대가 팔짱을 끼고 있으면 방어적이라는 인상을 받게 되고, 다리를 떨고 있으면 불안을 짐작할 수 있다. 사회복지사는 클라이언트의 이러한 비언어적 표현이 언어적 표현과 일치하는지를 점검해야 한다.

② 경청

경청이란 단순한 듣기(hearing)가 아니라 상대방의 사고와 감정을 이해하기 위한 적극적인 청취활동(active listening)이며 공감하면서 듣는 것이다. 클라이언트는 사회복지사가 자기 말을 얼마나 성의 있게 열심히 경청하는가를 평가하면서 그 정도에 따라 마음을 열게 된다. 사회복지사는 경청을 통해 클라이언트가 가지고 있는 사고의 준거틀을 이해할 수 있고, 클라이언트에 내해 성급한 판단이나 평가를 예방하고 심도 있게 접근할 수 있다. 또한 사람들은 일단 하고 싶은 말을 잘 들어주는 사람에게 다 말하고 나면 감정적 정화를 통해 치유를 경험하기도 한다. 사회복지사는 클라이언트의 말을 경청하고 있음을 언어적 또는 비언어적 방법으로 전할 수 있다.

- **클라이언트에 대한 지지적 언어 반응:** 클라이언트가 말을 하는 사이사이에 긍정적인 언어 반응(예: "아, 그랬군요.", "알겠어요." 등)을 해 줌으로써 클라이언트로 하여금 사회복지사가 관심 있게 경청하고 있음을 알려 준다.
- **클라이언트 언어의 재구성:** 클라이언트의 말을 다른 단어로 재구성하는 방법으로, 예컨대 "다른 말로 하면, 그때 ○○ 씨의 기분은 무시당한 것 같았다는 말씀인가요?"와 같이 반응하는 것이다. 이런 방법은 사회복지사가 클라이언트의 말의 의미를 확인하거나 클라이언트에게 자기 말의 의미를 다시 한번 생각해 볼 여유를 주기 위해서 사용하게 된다.
- **클라이언트의 감정에 대한 반응:** 감정의 자유로운 표현은 상당히 어려운 일이다. 그러나 개입과정에서는 감정 표현이 관건이다. 이럴 때 사회복지사는 감정이입적 의사소통을 위해 "실직하여 가족을 볼 낯이 없다고 생각했군요."와 같이 공감을 표현해 준다.
- **경청의 비언어적 표현:** 말을 하지 않지만 클라이언트가 하는 말을 경청하고 있다는 사실을 시각적으로 전달해 준다. 예를 들면, 눈맞춤, 주의를 기울이는 자세, 고개를 끄덕이는 행동 등을 말한다.

③ 질문하기와 답하기

질문은 클라이언트의 의사소통을 돕기 위해, 필요한 정보를 얻기 위해, 그리고 어긋나고 있는 대화의 초점을 바로 잡기 위해 사용하는 주요 면접기술이다. 질문을 너무 많이 하면 혼란을 느끼게 되고, 너무 적게 하면 클라이언트에게 면접의 부담을 지나치게 많이 지우게 된다. 질문은 클라이언트의 속도에 맞추어야 하고, 적절한 시점에 이루어져야 한다. 질문에는 다음과 같은 다섯 가지 유형이 있다.

- **개방형 질문 vs. 폐쇄형 질문:** 실직으로 인해 가계가 어렵다고 호소하는 클라이언트가 있다. 개방형 질문은 '어떻게 도와드리면 될까요?'와 같이 클라이언트가 자유롭고 폭넓게 대답할 수 있게 질문하는 것이다. 한편 폐쇄형 질

문은 "그러니까, 생활비 보조가 필요하신 거지요?"라고 물어 응답이 "예", "아니요"로 한정되는 질문이다. 개방형 질문이 더 좋은 방법이라는 것은 이런 형식의 질문이 클라이언트를 '알고 싶어 하는' 사회복지사의 자세에 부합하기 때문이기도 하다.

- **유도형 질문:** 유도형 질문은 사회복지사가 클라이언트의 응답의 방향을 미리 정해 놓고 이끌어 나가는 질문이다. 예를 들면, "요양원에 할아버지를 보내시려는 건 집에서 모시기 너무 힘들어서죠, 그렇죠?"와 같은 질문이다. 사회복지사의 개인적 견해나 감정을 해결책으로 제시하는 경향이 묻어나기 때문에 가급적 유도형 질문은 사용하지 않도록 한다.
- **중첩형 질문:** 한 질문에 두 가지 이상의 내용이 중첩적으로 포함된 질문으로, 클라이언트는 이러한 질문의 요점을 파악하기가 어렵고, 질문의 내용을 빠뜨리기도 쉽다. "아기가 너무 심하게 울어서 때렸어요? 기저귀는 확인했어요? 우유는요? 아기가 어디 아프다는 생각은 못했어요?"처럼 한꺼번에 여러 가지 내용을 묻는 질문을 말한다.
- **'왜' 질문:** "왜 그러셨어요?", "왜요?" 등의 질문은 클라이언트에게 잘못을 추궁당하는 것 같은 느낌을 주기 때문에 위협적이다. 잘못을 추궁당하게 되면 사람들은 자기 행동이나 정서를 합리화하게 되고 방어적 태도를 취하게 된다. 사회복지면접에서 클라이언트가 마음을 닫고 방어적 태도를 취하게 되면 관계를 발전시키거나 문제해결을 위한 협조를 얻기가 어려워지므로 '왜' 질문은 되도록 피하는 것이 좋다.

④ 요약과 해석

요약은 클라이언트의 생각·행동·감정을 사회복지사의 언어로 정리해 줌으로써 사회복지사가 클라이언트의 말을 주의 깊게 경청하고 있었음을 보여 주는 동시에 정확히 이해했는지를 확인하는 수단이 된다. 요약은 본질적으로 반영적인 성격을 가지고 있으므로(Anderson & Goolishian, 1992) 클라이언트는 사회복지사가 잘못 이해한 부분을 바로잡아 주면서 자기의 욕구나 문제를 한 번 더 심사숙고하게 된다.

해석은 요약과 달리 클라이언트가 미처 알지 못하고 있는 클라이언트의 문제까지 이해할 수 있게 되는 방법이다. 해석은 클라이언트의 표현이나 행동의 실마리를 연결하여 이야기의 내면으로 들어가 생각이나 행동, 감정의 새로운 의미와 원인을 다른 관점에서 보게 해 준다. 예를 들면, 새로 동생을 본 아이가 갑자기 컵으로 마시던 우유를 젖병에 넣어 달라고 보챈다면 이는 정말로 젖병을 원하는 것이 아니라 동생이 태어나 불안을 느꼈기 때문에 젖병 사용이라는 퇴행적 행동을 통해 부모의 관심과 애정을 갈구하는 것이라고 해석할 수 있다.

해석은 사회복지사의 통찰력을 통해 이루어지고 클라이언트의 통찰력도 길러 준다. 그런데 때로는 사회복지사가 해석의 내용을 클라이언트와 너무 일찍 공유하지 않는 것이 더 좋을 때도 있다. 성급한 해석을 클라이언트에게 노출하는 것은 클라이언트를 방어적으로 만들기 쉽다. 클라이언트의 말과 행동의 숨은 의미에 대한 해석이 끝났더라도 클라이언트가 자기 힘으로 사회복지사가 해석한 내용과 같은 결론에 도달할 수 있게 되기까지 기다려 주는 것이 필요하기 때문이다.

⑤ 자기노출

사회복지사가 자신의 생각이나 감정, 경험을 공유하는 것을 말하는데 클라이언트와의 라포 형성을 위해 적절한 정도의 자기노출이 필요하다. 자기 자신을 드러냄으로써 인간적인 친밀감을 느끼게 한다는 점에서 도움이 되는데, 클라이언트에게 도움이 된다는 확신이 없다면 자신의 정보를 노출하지 않는 것이 좋다. 자기노출은 긍정적인 면과 함께 부정적인 면도 있기 때문에 잘 판단해야 하며, 노출할 때에도 적절한 수위를 유지해야 한다. 클라이언트가 질문을 하는 이유는 정말 궁금해서일 수도 있지만, 자기가 의논하고 싶은 문제를 꺼내는 방법일 수도 있기 때문이다.

⑥ 침묵 다루기

경청에서 주의해야 할 것은 침묵을 다루는 방법이다. 면접이 서툰 사람일수록 면접 중의 침묵을 부담스러워한다. 클라이언트가 말을 멈추고 침묵하면 자기의 면접기술이 서투르기 때문에 클라이언트가 말을 하지 않는 것으로 오해하여 말을 재촉하거나 자기편에서 말을 서두르는 실수를 할 수도 있다. 그러나 면접에서 침묵은 몇 가지 의미가 있다. 한 가지는 클라이언트가 자기 생각을 정리하여 표현하기 위하여 침묵하는 것이고, 다른 한 가지는 말을 하는 도중 감정이 격해져서 이를 다스리기 위해 잠시 침묵하는 것이며, 경우에 따라서는 정말 할 말이 없어서 침묵할 수도 있다. 각각의 경우에 따라 사회복지사의 반응이 달라야 한다는 것은 말할 필요도 없다. 이를 분별하기 위해서는 침착하고 개방적인 마음으로 클라이언트의 말을 주의 깊게 경청해야 한다.

지금까지 논의한 의사소통의 기법과 관련하여 기억해야 할 것은 이것이 사회복지사와 클라이언트 양자에게 상호적이라는 것이다. 사회복지사가 클라이언트에게서 특정한 인상을 받듯이 클라이언트도 사회복지사와의 면접에서 특정한 인상을 받는다. 또 의사소통 양상에서도 동일하거나 유사한 기법들을 사용하게 된다. 따라서 사회복지사는 의사소통의 상호적 특성에 관해 유의하여야 한다.

3) 면접과정

사회복지실천은 일정 기간을 설정하고 그 기간 동안 정기적인 면접을 통해 변화를 모색한다. 정해진 계약 기간 동안 이루어지는 여러 번의 면접을 분석해 보면 일정한 단계적 특성을 찾아볼 수 있다. 전체 면접은 대개 시작-중간-종결 단계로 나뉘는데, 장기간에 걸친 면접뿐 아니라 단 한 번의 면접을 진행할 때에도 그 면접에는 시작-중간-종결의 단계가 포함되어 있다.

(1) 시작 단계

시작 단계는 사회복지사와 클라이언트가 만나서 면접을 개시하는 단계다. 두 사람 간의 라포 형성이 시작되고, 면접의 목적에 대해 합의해 가는 단계로서, 사회복지사가 주도적으로 대화를 이끌어 가게 된다. 이 단계에서 클라이언트는 사회복지사가 신뢰할 수 있는 인물인지 가늠하면서 자신의 어려움과 문제해결의 기대를 토로하고, 어떤 도움을 받을 수 있을지 궁금해한다. 이 단계는 클라이언트의 불안감과 회의 또는 적대감이 가장 높은 때이므로, 사회복지사는 최대한 편안하고 따뜻한 분위기를 조성하여 긴장감을 해소시키고 지금부터 무엇을 기대할 수 있을지, 그리고 각자에게 요구되는 역할이 어떤 것인지를 알려 주어 맥락을 명확히 해야 한다.

면접은 목적 지향적이므로, 이 단계에서 사회복지사는 클라이언트에게 가지고 있는 욕구나 도움을 받고자 하는 문제에 대해 표현하도록 격려한다. 사회복지사의 배려와 관심과 공감은 클라이언트가 쉽지 않은 내면적 · 외면적 문제를 보다 솔직하게 표현하는 데 큰 힘이 된다. 사회복지사가 대화를 시작하는 경우가 많은데, 대화의 내용은 일반적인 내용에서 개인적인 것으로, 현재로부터 과거의 발달과 사회력으로 탐색해 들어갈 수 있다. 시작 단계에서 사회복지사는 모든 문제를 해결할 수 있다는 등의 비현실적인 약속이나 과도한 감정표현을 자제하고, 현실적으로 가능하고 자신이 일하고 있는 기관에서 제공할 수 있는 서비스에 대해 명확히 안내하여 클라이언트의 최종적인 결정을 도와야 한다.

(2) 중간 단계

중간 단계는 면접의 목적달성을 위한 활동이 가장 돋보이는 핵심 단계다. 클라이언트는 자신의 문제를 보다 구체적으로 설명하고 그동안의 대처 노력과 결과 그리고 장애 요인에 대해 털어놓게 되며, 이번 면접에 어떤 기대를 가지고 있는지를 적극적으로 설명한다. 사회복지사는 이러한 일련의 과정에서 클라이언트의 생심리사회적 정보를 보다 구체적으로 파악할 수 있게 되며, 이를 기초로 문제해결을 위한 대안적 행동계획을 수립하여 클라이언트와 이를 의논하게 된다. 전 단계에서 파악한 목적은 행동계획을 실천할 수 있도록 단위 목표로 구체화되고, 단위 목표당 행동전략이 모색되고, 이를 실천하는 과정에서의 자원 동원과 지지체계를 설계하는 것이다. 즉, 사회복지 전문직의 가치와 사회복지사의 전문지식과 기술이 총동원되는 단계다.

(3) 종결 단계

모든 면접은 시작부터 종결을 전제로 한다. 종결은 면접을 마무리하는 단계로, 그간 진행되어 온 일과 과정을 되짚어 보면서 성공적 경험을 확인하고, 어려웠던 고비를 되돌아보며 그 이유를 분석하여 앞으로에 대비한다. 둘이 함께 한 성공의 경험은 클라이언트의 문제해결 역량에 보탬이 된다. 종결 단계에서는 과업뿐 아니라 두 사람 사이의 관계의 종결에 대해서도 다루게 되는데, 수 회기에 걸쳐 인간관계가 발전했다면 이 관계에 부수되었던 감정들을 정리하도록 도와야 하고, 단 1회기의 면접이었다면 다음번 면접까지 좋은 인상을 가지고 헤어질 수 있도록 마무리해야 하는 단계다.

요 약

사회복지실천 관계의 요소를 이해한다는 것은 좋은 관계형성과 유지의 기술을 터득하는 기초다. 사회복지사가 진정성과 공감력을 갖추고 클라이언트를 개별화하고 수용하며 의도적으로 감정표현을 유도하고 통제된 정서적 관여를 통해 비심판적 태도로 클라이언트의 자기결정을 존중하고 비밀을 보장한다는 관계 기술을 터득한 후에는 이를 끊임없이 실천에 옮기는 노력이 더욱 필요하다. 이러한 전문적 관계의 원칙은 사회복지 면접을 통해 전달되는데, 면접의 궁극적인 목적은 욕구를 파악하고 문제 상황에 처한 사람과 그 상황을 이해함으로써 이를 효과적으로 해결하려는 것이다. 면접은 의사소통이라는 매개물을 통해 사회복지사와 클라이언트 간의 관계를 성립해 준다. 면접은 직접적 실천의 핵심 도구로, 면접을 통해 정보를 얻고 계획을 세우고 진행하게 되며, 때로는 면접 자체가 개입의 효과와 직결되기도 한다. 따라서 사회복지실천 면접은 공식화되고 조직화된 체계적인 지식이다. 효과적으로 면접을 이끌기 위해서는 클라이언트를 이해하고 도우려는 진정성과 함께 언어적 · 비언어적 의사소통의 다양한 기법으로서의 관찰, 경청, 질문, 그리고 해석 등의 기술이 필요하다.

토의사항

1. 사회복지실천에 있어 좋은 관계를 수립하고 유지하는 데 도움이 되는 요소와 장애가 되는 요소들은 무엇인지 토의해 보자.
2. 사회복지실천의 전문적 관계의 기본 요소는 무엇인지 토의해 보자.
3. 서구의 이념과 가치에 바탕을 둔 사회복지실천의 관계의 한계는 무엇인지, 또한 한국적 사회복지실천 관계를 모색하는 과정에서 고려할 수 있는 관계의 요소들은 무엇인지 토의해 보자.
4. 한 사람은 상담자, 한 사람은 클라이언트 그리고 나머지 한 사람은 기록자의 역할을 맡아서 친구들과 30분 정도 실제로 면접 역할극(role play)을 시행해 보고 면접의 어려운 점과 기술 적용에 대해 토의해 보자.

참고문헌

김만두 역(1992). 케이스웍 관계론. 서울: 홍익재.

김연옥, 최해경 역(1993). 사회사업 면접의 이론과 사례. 서울: 한울아카데미.

문인숙, 김만두 역(1976). 사회사업 면접의 기법. 서울: 홍익재.

박성희(1996). 공감, 공감적 이해. 서울: 원미사.

장인협(1991). 사회사업실천방법론(上). 서울: 서울대학교 출판부.

최명민, 박승희, 김성천, 김기덕, 이은정(2014). 노자 도덕경(道德經)에 근거한 사회복지실천관계론의 탐색. 한국사회복지학, 제66권(1), 139-162.

허남순, 노혜련 역(1998). 해결을 위한 면접. 서울: 학문사.

홍순혜, 한인영 역(1997). 사회사업기록: 이론과 실제. 서울: 학문사.

Anderson, H., & Goolishian, H. (1992). The Client is the expert: A not knowing approach to therapy. In S. McNamee & K. J. Gergen (Eds.), *Therapy as social construction*. London: Sage.

Biestek, F. P. (1992). *The casework relationship*. London, New Yorks: Routledge.

Brammer, L. M. (1979). *The helping relationship: process and skills* (2nd ed.). Englewood Cliffs, NJ: Prentice-Hall.

Coady, N. (1993). The Worker-client relationship revisted. *Families in Society*, *74*(5), 291-298.

Compton, B. R., Galaway, B., & Cournoyer, B. (2005). *Social Work Process*. New York: Brooks/Cole Publishing.

Hamilton, G. (1954). Self Awareness in Professional Education. *Social Case Work*, Nov, p. 371.

Hepworth, D. H., Rooney, R., Rooney, G. D., Strom-Gottefrid, K., & Larsen, J. A. (2010). *Direct social work practice* (8th ed.). Pacific Grove, CA: Brooks/Cole Publishing.

Hoffman, M. L. (1984). Interaction of affect and cognition on empathy. In C. E. Irard, & J. Kagan (Eds.), *Emotions, cognition and behavior*. Cambridge, UK: Cambridge University Press.

Johnson, L. C. (1989). *Social work practice* (3rd ed.). Boston, MA.: Allyn and Bacon.

Kadushin, A., & Kadushin, G. (1997). *The social work interview*. New York: Columbia University Press.

Kirst-Ashman, K. K., & Hull, G. (2013). *Understanding generalist practice* (5th ed.). Chicago: Nelson-Hall Publishers.

McDermott, F. E. (1975). *Self-determination in social work: A collection of essays on self-determination*. London: Routledge & Kegan Paul.

Perlman, H. H. (1957). *Social Casework: A Problem-Solving Process*. University of Chicago Press. Chicago & Kondon.

Perlman, H. H. (1979). *Relationship: The heart of helping people*. Chicago: University of Chicago Press.

Pincus, A., & Minahan, A. (1971). *Social Work Practice: Model and Method*. IL: F. E. Peacook.

Pumphrey, M. W. (1959). *The teaching of values and ethics in social work education* (Vol. 13). New York: Council on Social Work Education.

Satir, V. (1972). *People making*. Palo Alto, CA: Science and Behavior Books, Inc.

Sheafor, B. W., Horejsi, C. R., & Horejsi, G. A. (1997). *Techniques and Guidelines for Social Work Practice* (4th ed.). Boston, MA: Allyn and Bacon.

Mehrabian, A. http://www.kaaj.com/psych/

제9장

사회복지실천과정과 기록

1. 사회복지실천과정
2. 사회복지실천과 기록

사회복지실천에서 무엇을 어떻게 하는가에 해당하는 '과정'은 무엇을 성취했는가의 '성과'만큼 중요하다. 사회복지사가 하는 일은 특정한 상황에 처한 사람들의 삶에 결정적인 영향을 준다는 점을 늘 기억해야 하기 때문이다. 사회복지실천과정은 이처럼 한 사람의 사회복지사가 자신이 추구하는 직업적 윤리와 가치에 입각하여 자신이 가지고 있는 지식과 기술을 윤리적이고도 효율적으로 사용하여 과업을 성취하기 위해 어떤 선택을 하는가를 말해 준다. 사회복지실천과정은 목적성, 보편성, 순환성이라는 특성을 가지고 있다. 그리고 이와 같은 일련의 선택은 기록이라는 형식을 통해 보존되어 검토되어야 한다. 여기서는 이와 같은 사회복지실천과정이 어떤 단계로 구성되어 있는지 살펴보고, 기록의 목적과 유형에 대해 알아본다.

1. 사회복지실천과정

1) 정의

사회복지실천과정이란 사회복지사와 클라이언트가 클라이언트의 문제를 해결하거나 욕구를 충족시키기 위해 진행하는 결정과 행동의 일련의 단계다. 이는 사회과학에서 일반적으로 어떤 문제를 해결하고자 할 때 문제를 규정하고, 자료와 정보를 수집하여 맥락을 이해한 후 목적을 설정하고 구체적 계획을 세워 적절한 방법으로 이를 수행함으로써 문제를 해결하는 단계와 매우 유사하다. 사회복지실천과정은 클라이언트와 사회복지사가 동의한 문제를 해결하기 위해 클라이언트를 둘러싼 다양한 환경체계를 분석하여 계획을 세워 자원을 연결하고 상담기술을 동원하는 등의 활동과 행동의 단계인 것이다. 그리고 이러한 실천과정을 통해 목적을 성취하는 것이다.

2) 사회복지실천과정의 단계

도움을 청하는 한 사람의 내방에서 시작하여 몇 가지 정해진 과정을 거쳐 종국에는 원래의 문제를 해결하고 바람직한 변화를 가져옴으로써 사회복지실천의 한 사이클이 끝나게 된다. 학자와 실천가들은 이러한 사회복지실천과정을 분석하여 단계로 구분하는 작업을 했는데 각 이론가의 시각에 따라 3단계, 4단계, 또는 6단계 등의 모델이 제시되었다.

헵워스와 라슨(Hepworth & Larsen, 1993)은 탐색과 사정 및 계획, 변화지향, 종결의 3단계 모델을 제시했고, 존슨과 얀카(Johnson & Yanka, 2009)는 사정, 계획, 직접 · 간접적 실천, 그리고 평가 및 종결의 4단계 모델을 주창하였다. 4단계 모델을 제안한 또 다른 학자들 중에는 임파워먼트 관점에서 사회복지실천을 조망한 마일리, 오멜리아와 드부아(Miley, O'Melia, & DuBois, 2006)가 있다. 이들은 4단계를 대화(관계형성), 발견, 발전, 그리고 문제해결과 역량증진으로 명명하였다. 6단계 모델을 정립한 학자는 핀쿠스와 미나한(Pincus & Minahan, 1973)인데, 이들은 사회복지실천과정을 문제사정, 자료수집, 초기 접촉, 계약, 그리고 개입과 종결로 구분하였다. 국내 학자로는 양옥경 등(2008)이 접수, 자료수집 및 사정, 목표설정 및 계약, 개입, 평가 및 종결의 5단계 모델을 제시하였다.

표 9-1 ● 사회복지실천과정의 단계

3단계 Hepworth와 Larsen	4단계 Johnson과 Yanka	5단계 양옥경 등	6단계 Pincus와 Minahan
탐색과 사정 및 계획	사정	접수	문제사정
	계획	자료수집 및 사정	자료수집
변화지향	직접 · 간접적 실천	목표설정 및 계약	초기 접촉
		개입	계약
종결	평가 및 종결	평가 및 종결	개입
			종결

이 책에서는 접수와 자료수집이 이루어지는 초기 단계, 자료를 분석하여 문제와 목적을 규정하고 목적달성을 위한 계획을 세우는 사정 및 계획 단계, 그리고 목적한 변화를 가져오기 위한 직간접적 원조활동이 진행되는 실행 단계, 종결과 평가 등이 이루어지는 종결 단계의 네 가지 단계로 사회복지실천과정을 구분하여 설명하고자 한다.

3) 사회복지실천과정의 특성

사회복지실천과정에는 목적성, 보편성과 순환성이라는 특성이 있다(최혜지 외, 2013). 목적성이란 사회복지실천과정이 처음부터 명확한 목적의식을 가지고 계획적으로 수행되는 과정이라는 것을 말한다. 보편성이란 사회복지실천과정은 문제가 어떤 것이든, 누가 클라이언트이든, 또 실천현장이 어떤 특성을 가졌든 간에 이와 상관없이 공통적으로 적용할 수 있는 일반적 과정이라는 의미다. 또, 사회복지실천과정은 이론상으로는 순서대로 진행되지만 실제로 명료한 직

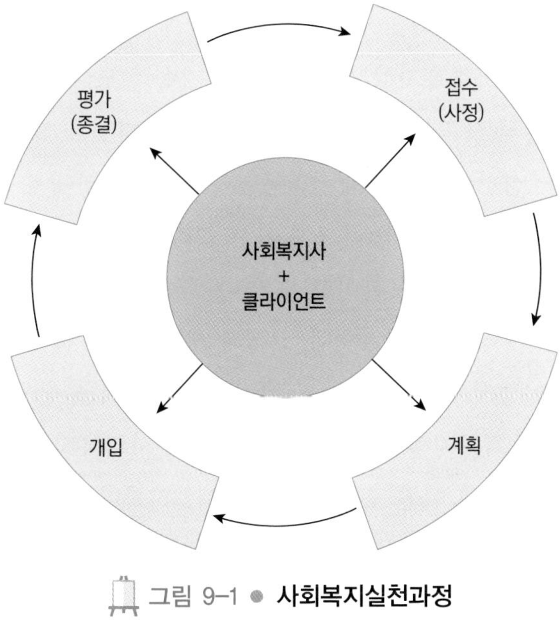

그림 9-1 ● **사회복지실천과정**

선적 경로를 따르는 경우는 별로 없고, 대부분 유동적이고 순환적이다. 사회복지사는 사정에서 실행과 평가로 진행하다가 문제가 바뀌면 다시 사정으로 회귀하기도 한다. 이처럼 접수에서 종결까지 직선적으로 이어지는 것이 아니라 하나의 끝이 또 다른 시작으로 이어져 실천과정이 다시 진행될 수 있다는 특성을 순환성이라고 하는데, 이것이 사회복지실천과정의 세 번째 특징이다.

2. 사회복지실천과 기록

1) 왜 기록인가

기록은 어떤 조직에서든 매우 중요하고 필수적인 기능이다. 조직이나 기관에 따라 기록의 형태가 다양하다. 사회복지실천에서도 기록은 매우 중요하다. 사회복지현장은 흔히 클라이언트와의 직접·간접적 접촉을 통한 행동지향적 특성을 가지고 있다고 생각되지만 사회복지현장만큼 문서화 작업, 즉 기록의 비중이 큰 곳도 많지 않을 것이다.

그 까닭은 기록이 사회복지실천과정에 대한 지속적 모니터링을 할 수 있게 해주기 때문이다. 흔히 사회복지실천에서 사회복지사 자신을 가장 중요한 실천의 도구라고들 한다. 실천 도구로서의 사회복지사가 실천과정에서 목적달성을 위해 취한 모든 결정과 제공된 서비스, 그에 따른 클라이언트 변화과정과 종결 등의 내용은 오직 기록을 통해서만 확인할 수 있다. 구체적으로, 일련의 면접으로 이루어진 사회복지실천과정은 자료수집, 사정과 개입계획은 물론 실제 개입과정에서 어떤 기술이 어떻게 사용되었고, 그 결과가 어떠한지를 생생하게 보여 줄 수 있어야 한다. 또, 사회복지실천 경험이 누적되면서 사회복지사의 전문적 성장도 촉진되는데 무엇을 통해 이를 포착할 수 있을까? 기록이 바로 이러한 역할을 한다. 기록은 이론을 구축하고 연구와 교육을 촉진시키기 위해서도 주요한 기제다.

기록은 객관성과 논리성을 유지해야 하며, 가급적 면접 이후 바로 이루어져야 한다. 사람의 기억력에는 한계가 있기 때문에 기록을 미루면 재구성 시 정확도와 신뢰도가 떨어지기 때문이다. 기록방법이 반드시 종이와 펜일 필요는 없다. 대부분의 경우 면접을 하면서 메모하지만, 클라이언트의 동의를 얻어 녹취나 비디오 녹화를 하기도 한다. 태블릿 PC, 스마트폰으로 사진과 동영상을 쉽게 찍고 인터넷, 클라우드라는 가상의 저장공간을 통해 정보저장과 전달이 용이해졌으므로 기록의 도구는 다양하게 이용될 수 있다. 그러나 녹화나 녹음은 반드시 클라이언트의 사전 동의를 얻어야 하고, 클라이언트의 개인정보가 공개되지 않을 것이라는 점을 확인시켜 주어야 한다. 그런데 기록은 왜 중요한 것일까?

2) 기록의 기능

기록은 사회복지사가 개입한 내용을 첫 단계부터 종결과 사후지도까지의 전 과정을 합당한 형식을 갖춘 틀에 따라 객관적으로 서술하는 일이다. 기록의 용도는 다양하다. 정보를 보존하고 기관 내외의 전문가들과의 사례에 대한 의사소통과 연구를 가능하게 하며, 슈퍼바이저가 적절한 교육과 지도감독을 할 수 있도록 해 주어 궁극적으로 서비스의 질을 높일 수 있게 해 준다. 기록의 기능을 살펴보면 다음과 같다.

(1) 사회복지실천과정 점검과 평가

사회복지실천이 진행되는 동안의 개입활동 전체 과정을 보여 준다. 클라이언트와 사회복지사의 관계의 질, 목표달성 정도, 기반이 된 이론이나 모델, 사용된 기술과 자원의 적절성, 지역사회 내 다른 기관들과의 연계관계 등을 보여 주어, 점검과 평가를 가능하게 해 준다.

(2) 서비스의 연속성 부여

클라이언트가 서비스를 제공받는 동안 담당 사회복지사가 변경되거나, 다양한 부서의 서로 다른 서비스 제공자와 접촉해야 하는 경우가 늘고 있다. 기록을 통해 사례를 빠른 시간에 파악할 수 있어, 개입활동이나 서비스의 중복이나 누락이 방지되고 효과적인 개입이 용이해진다.

(3) 클라이언트와 정보 공유

개입기간이 길어져서 때로는 현재의 개입내용이 어느 정도의 변화를 가지고 왔는지, 어떤 서비스를 제공받아 왔는지, 그동안의 노력과 성과에 대해 클라이언트가 의구심을 가질 수도 있다. 이 경우 기록을 클라이언트와 함께 검토하면서 정보를 공유하면 클라이언트의 우려를 불식시킬 수 있다.

(4) 슈퍼비전, 자문, 동료 검토의 활성화

사회복지사의 전문적 성장은 자신의 개입활동이 얼마나 효과적이고 효율적으로 진행되었는지, 필요한 서비스가 제때, 제대로 잘 제공되었는지, 서비스의 질은 어떠했는지 등의 반성적 성찰을 통해 이루어진다. 이때 슈퍼바이저나 동료가 제공하는 슈퍼비전은 크게 도움이 되는데, 성실한 기록이 서비스 과정과 효과를 모니터링하거나 좋은 슈퍼비전을 하는 데 기본적 자료가 된다.

(5) 서비스 과정과 효과 모니터링

기록은 사회복지사가 자신이 개입한 서비스 과정과 그 효과를 모니터링할 수 있도록 해 준다. 정해진 절차에 따라 필요한 서비스를 제공했다 하더라도 그 서비스가 예상했던 만큼의 효과를 가져왔는지, 만약 아니라면 왜 그런지, 대안은 무엇인지 등을 모니터링할 수 있게 해 준다. 기록의 이런 기능은 사회복지사가 자신의 생각을 정리하여 서비스의 질을 향상시키는 데 중요한 역할을 한다.

(6) 효과적인 사례관리

최근 사회복지실천 현장에는 사례관리 대상이 급증하고 있다. 사례관리에는 사회복지사뿐 아니라 보건의료인력, 임상심리사 등 다양한 분야의 전문가들이 관여하게 되는데 이때 기록은 사례관리가 진행되어 온 내역을 보여 줄 뿐 아니라 각 전문가들과 심리사회적 · 진단적 정보를 공유하고 제안할 수 있는 의사소통의 도구로서 기능한다.

(7) 교육과 연구

기록의 또 다른 기능은 사회복지실천의 교육과 연구에 기여하는 것이다. 기록은 대학이나 대학원에서 사용된 사회복지실천기술과 서비스를 평가하고 새로운 기술을 가르치는 도구로도 사용될 수 있다. 최근에는 실천과정에 대한 내용분석 등의 연구가 활발해지고 있어, 보다 효과적인 사회복지실천을 위한 자료로서의 의미도 크다.

(8) 평가를 위한 통계자료 제공

사회복지기관은 지역사회로부터 사회적 승인을 받은 기관으로 책임성을 요구받고 있다. 대부분의 기관들이 정부나 지방자치단체, 또는 기관이 속한 중앙기구로부터 정기적인 감사나 평가를 받고 있다. 기록은 기관이 클라이언트의 요구에 부응한 서비스와 그 결과를 보여 주어 감사나 평가 등의 자료가 되며, 사업비를 받거나 지역사회에 필요한 프로그램을 계획하는 데 기초적 통계자료로서의 기능을 하게 된다.

2) 기록 내용

(1) 무엇을 기록할 것인가

기록은 사회복지실천과정의 진행 순서와 동일하게 기술하는 것이 이해하기 쉽다. 그런데 기록에는 무엇을 포함시키야 할 것인가? 이떤 정보가 기록할 만한 가치가 있는 것일까? 케이글과 코펠스(Kagle & Kopels, 2018)는 시작 단계의 사회복지실천 기록에 포함되는 공통 요소로, 첫째, 클라이언트의 인구사회학적 특성(이름, 연령, 주소, 성별, 학력, 직업, 수입, 종교, 혼인 상태, 가족관계 등), 둘째, 서비스를 제공하게 된 사유, 셋째, 클라이언트의 사회력(개인력, 가족력, 대인관계)

이 있다고 하였다. 사회복지기관은 대개 접수면접지에 구조화된 형태로 이러한 내용을 기록하도록 한다. 사회력 등에 관한 내용은 주로 사회복지실천의 초기 단계에 수집된 자료다.

일단 사례를 접수하여 서비스가 시작되면 담당 사회복지사는 클라이언트와의 면접을 매회 기록하게 되는데, 다음과 같은 내용을 공통적으로 포함한다.

- 면담 일시와 장소
- 면담의 목표
- 목표달성 전략
- 면담 내용(참석자, 클라이언트의 과제 수행 여부의 점검과 결과 기록, 프로그램 실시 내용, 면접 종결 시의 피드백, 다음 회기의 활동 내용, 과제 부여, 준비 사항)
- 평가
- 다음번 면담계획

이와 같이 접수면접 기록부터 매회의 면담을 어떤 형태로든 기록해야 한다. 종결된 사례의 기록을 전체적으로 살펴보았을 때, 클라이언트의 욕구와 개인사를 설명하는 첫 접수면접 자료부터 사회복지사가 면담을 통해 밝혀 낸 문제해결에 도움이 될 공식적·비공식적 자원과 장애요인, 사정의 내용, 서비스 목표와 계획, 서비스 진행과정상의 모니터링 자료, 서비스 종결 사유 및 사후지도까지, 일련의 과정을 일목요연하게 파악할 수 있어야 하기 때문이다. 그러므로 기록은 객관성 확보가 중요하며, 간결하고 명확해야 한다. 또한, 기록을 통해 서비스 과정상의 결정과 활동이 법률, 기관의 정책과 규칙, 전문가 윤리에 기반하고 있음을 보여 주어야 한다.

(2) 어떤 것이 좋은 기록인가

케이글과 코펠스(Kagle & Kopels, 2008)는 좋은 기록은 간결하고, 구체적이고, 타당하며 명확하고, 논리적이며 의미 있고 사실에 근거한 것이라고 하였다. 전문가의 견해를 보여 주면서도 클라이언트의 시각도 무시하지 않아야 한다. 좋은 기록의 필요조건은 정확성, 간결성, 명확성과 책무성이라고 할 수 있다. 첫째, 정확성이란 자료의 객관성을 말하는 것으로 클라이언트나 그의 사정을 왜곡하지 않고 과장하지 않아야 한다. 둘째는 간결성이다. 정보는 간결하고 짧게, 명료한 문장으로 표현해야 한다. 너무 길어서 장황하게 느껴지지 않도록 한다. 셋째, 명확성인데, 사용하는 용어가 명확하여 의미가 잘 전달되도록 하고 일관성을 유지한다. 넷째, 책무성은 기록이 서비스의 목적, 목표, 계획, 활동, 진전, 영향, 성과와 관련된 지표를 문서화하여 서비스 전달을 잘 파악할 수 있게 하는 것을 말한다.

반면, 좋지 못한 기록은 기록내용이 중복 또는 반복되거나 과잉단순화, 과잉일반화하는 경향을 보이거나, 명확한 근거나 진단과정 없이 진단적 용어를 무분별하게 사용하는 것이다(이채원, 2008). 예를 들면, 의사의 진단 없이 '우울증', '강박증' 등의 용어를 사용하는 것인데, 기록에서 사정을 할 수 있으나 진단적 분류를 사용하는 것은 피해야 한다. 진단적 분류를 하게 되면 클라이언트의 강점이 아닌 문제에 초점을 맞추게 되는 경향이 생긴다(Sheafor, Horejsi, & Horejsi, 1997).

표 9-2 ● **좋은 기록과 좋지 못한 기록의 예**

좋지 못한 예	좋은 예
• 클라이언트 부자관계를 향상시킨다.	• 클라이언트는 아버지와 매일 아침식사 시간과 취침 전 등 두 차례 이상 인사를 나눈다.
• 소득문제를 원조한다.	• 행정복지센터에 응급지원을 신청한다. • 시간제 일자리를 연결한다.

3) 기록 유형

기록에는 다양한 유형이 있는데, 사회복지기관의 서비스 유형이나 목적, 서비스 전달방식에 따라 기록 유형이 다르다. 어떤 기관에서는 개입과정 전체를 있는 그대로 기록하기도 하고, 다른 기관에서는 중요 사항만을 기록하기도 한다.

여기서는 사회복지실천 현장에서 많이 사용되는 기록 유형인 과정기록, 문제중심기록과 요약기록에 대해 알아본다.

(1) 과정기록

과정기록(process recording)은 사회복지실천에서 가장 오랜 역사를 가지고 있는데, 가장 자세하고 구체적인 기록방법이다. 이 기록방법은 문자 그대로 면접에서 일어난 모든 언어적 · 비언어적 활동을 꼼꼼히 있는 그대로 기록하는 것이다. 이 방법은 슈퍼바이저가 실습생 또는 사회복지사와 클라이언트 사이에 실제 주고받은 상호작용을 실제 상황처럼 파악할 수 있어 교육과 훈련에 유용하다. 과정기록을 통해 슈퍼바이저의 피드백을 받으면서 학생이나 신입 직원은 자기 인식과 전문가로서의 자기 성장을 위한 기회를 얻을 수 있다.

과정기록의 방법은 면담 내용을 있는 그대로 묘사하는 것이 특징인데, 클라이언트와의 사이에서 나눈 언어적 · 비언어적 의사교환과 클라이언트의 행동을 적고, 이때 클라이언트에 대한 사회복지사의 느낌이나 논리적 사고도 기술한다. 예를 들면, '클라이언트가 이런 말을 들어서 기분이 나쁜 걸까 걱정된다.', '클라이언트가 내 나이를 물어보는 것은 젊은 내가 아이가 셋이나 되는 자신을 과연 이해할 수 있을지 회의가 들어서일 거야.'와 같이 자기 마음속에 오갔던 내용도 기록하게 된다. 기록의 말미에는 '전문가 의견'을 적어 자기 생각을 정리하고 다음번 면담의 계획도 간략히 기록한다.

이 기록을 슈퍼바이저가 검토하면서 격려와 승인, 지적과 조언 등을 제공하기 때문에 이 기록은 교육적 기능이 크다. 어당(Urdang, 1979)은 과정기록의 유용성을 다음과 같이 설명하였다.

- 치료적 대화의 발달
- 상호작용과 면담의 역동성 이해
- 면담 기술의 사용법 습득
- 의사소통의 정서적이며 잠재적인 측면 인식

● 진단적 · 치료적 분석능력 발달

과정기록 양식은 면담 내용, 사회복지사의 느낌, 논리적 해석, 슈퍼비전의 4개 항목으로 이루어져 있으며, 여기에 사회복지사와 클라이언트 사이의 상호작용을 기술하는 것이다. 과정기록은 회상, 글쓰기, 반성의 과정을 통해 사회복지사가 자기 자신을 어떻게 의식적으로 사용할 수 있을 것인가를 생각하도록 도와준다.

〈표 9-3〉은 과정기록의 예시로, 면담 내용, 사회복지사의 느낌, 논리적 해석, 슈퍼비전으로 이루어져 있음을 볼 수 있다.

표 9-3 ● **과정기록 예시**

면담 내용	사회복지사의 느낌	논리적 해석	슈퍼비전
잠재적 아동학대 사례로 개입 진행 중인 35세 어머니와의 세 번째 면담 C: (피곤하고 짜증난 얼굴로) 이번엔 왜요? 또 누가 신고했어요? W: (초조하게) 아니요, 아닙니다. 지난주 이후에 ○○이와 어떻게 지내셨는지 궁금하고, 새로 도와드릴 일이 있는지 이야기해 보지요. C: (도전적으로) 선생님, 애 있어요? W: (의외의 질문이라 약간 당황하며) 아직 없는데요. C: (한숨 쉬며) 그러니까 이해하기 힘드실 거예요. 애 키우기가 장난 아니란 걸.	지난 주 아동과 전화하던 중 아동이 동생과 싸운 일로 회초리 맞았다고 해서, 오늘 그 이야기를 해야 하는데, 시작이 좋지 않다. 클라이언트가 내가 아직 아이를 키워 보지 못한 점을 지적하면서 나를 깔보는 듯하니 당황스럽다.	클라이언트는 아동학대로 신고된 사실을 잘 수용하지 못하고 있고, 자기 행동을 합리화하려고 한다.	재신고 여부에 대한 질문에는 지지적으로 잘 응대하고 도와주려는 의도를 전달하였다. 클라이언트의 기습적 질문에 당황한 기색을 보임으로써 면접의 기선을 제압당하는 형국이 되었다. 없다는 사실 전달과 함께, 그러나 양육의 어려움을 충분히 알고 있다는 말을 덧붙여 공감하되, 바람직한 훈육에 대한 의지도 보여 줄 필요가 있었다.

(2) 문제중심기록

문제중심기록(problem-oriented record: POR)은 POR 또는 SOAP(Subjective data, Objective data, Assessment, Plan) 또는 SOAIGP(Supplementary data information, Observations, Activities, Impression abd assessment, Goals, Plan)라는 약어로도 사용된다. 이 기록 유형은 단순히 기록 차원을 넘어 문제해결 접근방법을 반영한다. 원래 의료 분야에서 개발된 기록방법으로, 서로 다른 여러 전문 분야가 함께 같은 문제에 개입할 때 유용성이 돋보인다. 예를 들어, 관절염과 심장병이 있으면서 폐지를 주워 생활비에 보태는 빈곤 비만 노인의 경우, 사회복지사는 물론, 의사, 영양사 등이 함께 사례관리에 참여하게 된다. 이때 같은 클라이언트의 각기 다른 증상에 접근하는 다학제적 팀은 문제중심기록을 통해 서로의 개입에 대한 의사소통을 하게 된다.

문제중심기록은 첫째, 문제를 파악하기 위한 자료수집, 둘째, 문제의 규정과 구체적 문제 목록 작성, 셋째, 개입계획, 넷째, 개인의 수행 및 점검으로 영역이 나누어져 개입의 초점을 잘 보여 주며, 효율성을 향상시킨다는 평가를 받고 있다. 문제중심기록 SOAP이 대표하는 내용은 다음과 같다.

- S(Subjective data): 클라이언트가 자기 문제를 보는 주관적 내용이다.
- O(Objective data): 문제에 관한 사회복지사의 관찰, 그리고 클라이언트 개인과 환경의 객관적 상황이다. 여기서 기록 내용은 사실에 한하고 어떤 분석이나 해석도 포함하지 않는다.
- A(Assessment): 사회복지사가 주관적 · 객관적 자료를 바탕으로 클라이언트의 인식을 검토하고 그 의미를 분석하여 전문가의 입장에서 문제를 사정하는 것이다.
- P(Plan): 수집된 정보와 클라이언트의 정서상태 등 모든 자료에 대한 사정에 근거를 두고 문제해결을 위한 계획을 수립하는 것을 말한다.

문제중심기록은 계획이 완성되면 개입과 점검 과정에서 추가적인 정보를 진행노트에 기록하고 각종 양적인 정보는 체크리스트나 표 또는 그래프로 구성된 진행도(flow chart)에 기록하며 기록자의 코멘트를 첨가한다. 그러나 SOAP을 이용한 구조화된 기록은 클라이언트를 총체적으로 보지 못하고 간결한 정보 중심으로 구성되어 기계적이라는 단점도 지적되었다. 〈표 9-4〉는 문제중심기록의 예시를 보여 준다.

표 9-4 ● **문제중심기록 예시**

• 일련번호: 35-00135 • 이름: 김○○ • 성별: 여 • 나이: 14세 • 접수일: 2016. ○○. ○○.
• 분류: 거식증(Anorexia Nervosa)
• 의뢰 사유: 정상적 식사를 거부하고 등교도 거부하며 인터넷의 거식증 동호회 웹 사이트에만 접속함 S: 나는 아무 문제가 없어. 아직도 5kg은 더 살을 빼야 방송사 걸그룹 오디션에 나갈 수 있어. 가족이 나의 꿈을 이해하고 도와주면 좋을 텐데 방해만 해서 화가 난다. 엄마도 저렇게 살이 쪄서, 돼지같이 먹는 것밖에 모르고 아무것도 모르지. O: 대화 중 사방을 쳐다보고, 마련된 다과를 역겹다는 듯 밀어 놓음 A: 피골이 상접한 자신의 문제를 인식하거나 인정하지 않고, 현실감이 떨어짐. 반드시 신체적 · 의료적인 문제만이 아니라, 가족역동이나 친구관계를 살펴볼 필요가 있음 P: 병원에 의뢰하여 전반적인 신체검사 및 심리검사가 선결과제임

(3) 요약기록

사회복지가 보편화되고 사례가 폭증하면서 사회복지기록에도 변화가 감지된다. 전통적인 과정기록이나 문제중심기록이 아직도 교육현장에서는 많이 사용되지만, 실천현장에서는 이 기록 방법들이 상당한 노력과 시간을 요구하게 되어 간소화하려는 움직임이 많다. 더욱이 사회복지실천의 재정에 공적 자금의 유입이 크게 늘면서 과정보다 사회복지사의 활동의 결과에 대한 관심이 높아졌다. 최근에는 사회복지기록이 정보수집, 사정, 평가 등의 개입과정에 대한 분석에서 점차 사회복지사의 구체적인 활동 결과를 기록하는 것으로 변화되고 있다(최혜지 외, 2013).

요약기록은 이와 같은 현장의 요구를 반영하여 면담에서 수집된 모든 자료를 제시하기보다 중요성에 근거하여 취사선택, 클라이언트의 상황을 정확하고 요점적으로 기록하는 것이다. 요약기록은 주로 초기 면접이나 의뢰, 사례 종결에 사용되는 것으로, 요약기록을 통해 이 클라이언트와 일하게 될 타 기관의 사회복지사는 빠른 시간 내에 정확한 정보를 파악하여 관계형성을 진행할 수 있고, 종결 시점의 요약기록 역시 사례가 재발했을 경우에 중요한 정보를 신속히 전달해 준다는 점에서 의미가 있다. 〈표 9-5〉는 초기 면접 요약기록의 예시를 보여 준다.

표 9-5 ● 초기 면접 요약기록 예시

• 일련번호: 35-00135 • 이름: 김○○	• 성별: 여 • 나이: 14세	• 접수일: 20○○. 03. 25.	
• 주소:	• 전화번호:	• 내담자:	
• 담당 사회복지사: **박솔비**	• 작성일자:		
• 제시된 문제: 거식증 및 등교거부			
20○○년 3월 25일 관내 중학교의 학교사회복지사가 서비스를 신청함. 부모와 자매(클라이언트, 10세 여동생)로 이루어진 핵가족이며, 부모 모두 지역 시장에서 포목점을 운영하고 있어 귀가시간이 매우 늦음. 클라이언트는 중 1 겨울방학캠프를 다녀온 후 성격이 변했다고 함. 아동청소년복지 팀의 박솔비 사회복지사는 학교사회복지사 A씨 및 동행한 어머니와의 면담을 통해 현재 클라이언트가 장기 무단결석 중이며, 가정방문 결과 집에서도 식사거부와 등교거부로 많은 갈등이 있었음을 알게 됨. 사회복지사는 클라이언트의 신체정보와 최근 사진으로 식이장애가 진행 중이라고 판단하여 의료기관에 정밀진단과 심리검사를 통해 건강상태를 점검하는 것이 우선적 과제라고 판단함. 식이장애는 대개 가족역기능이나 교우관계 등의 문제에서 비롯된다는 점에서 건강진단과 심리검사 후 가족치료 필요성이 짐작되며, 상태가 심각할 경우 입원조치 등 타 기관 의뢰도 고려해야 함			

한편, IT 기술과 데이터 사이언스의 발달에 따라 사회복지실천 현장도 계량화·정보화되어 사회복지 기록에도 변화가 일어나고 있다. 문서가 컴퓨터 파일로 저장되어 기록의 생성, 보관, 검색이 한결 용이해진 것은 물론, 클라이언트의 기본 정보와 면접을 통해 결정된 서비스의 유형과 기간, 이용률 등이 데이터베이스화되어 최적의 서비스를 결정하기 위한 정보환경도 구축되고 있다. 국가사회보장정보원이 추진하는 '차세대 사회보장정보시스템'은 영역별로 나뉘어

개발, 사용되어 온 사회복지 자료와 정보를 통합하여 효과성과 효율성을 개선하려는 시도이다. 아동영역의 예를 들면 국가아동학대정보시스템, 드림스타트 사례관리시스템, 입양정보통합관리시스템, 아동자립지원시스템, 가정위탁지원관리시스템, 실종아동정보시스템, 디딤씨앗관리시스템 및 사회복지시설정보시스템이 통합되어, 접근권한을 부여받은 사회복지사가 클라이언트의 정보를 입력하면 필수정보는 물론 생애 단계별 서비스 수급이력을 바로 알 수 있게 되고 가용자원에 대한 정보를 얻을 수 있다. 그러나 테크놀로지의 첨단화가 전통적인 사회복지실천 기록을 전적으로 대체할 수 있는 것은 아니다. 사회복지실천 기록은 정보 취득에 그치는 것이 아니라 클라이언트와 사회복지사의 상호작용과, 이에 근거한 사회복지사의 개입 결정과 시행에 이르는 과정과 배경 논리를 보여주기 때문이다.

요 약

사회복지실천과정이란 사회복지사와 클라이언트가 규명된 문제해결을 위해 클라이언트를 둘러싼 다양한 환경체계를 분석하고 계획을 세운 후, 자원을 연결하고 상담기술을 동원하는 등의 활동과 행동을 통해 목적을 달성하게 되는 것을 말한다. 대개 접수와 자료수집이 이루어지는 초기 단계, 자료를 분석하여 문제와 목적을 규정하고 목적달성을 위한 계획을 세우는 사정 및 계획 단계, 그리고 목적한 변화를 가져오기 위한 직간접적 원조활동이 진행되는 실행 단계, 종결과 평가 등이 이루어지는 종결 단계의 네 가지 단계로 이루어진다. 사회복지실천 과정은 목적성과 보편성 및 순환성이라는 특성을 갖는다. 사회복지실천의 전 과정은 합당한 형식을 갖춘 틀에 따라 객관적으로 서술되어야 하는데, 이와 같은 사회복지실천 기록은 정보를 보존하고 슈퍼바이저가 적절한 교육과 지도감독을 할 수 있도록 해 주어 궁극적으로 사회복지사의 전문성 향상은 물론 서비스의 질을 높일 수 있게 해 준다. 사회복지실천 기록은 그 특성에 따라 과정기록, 문제중심기록과 요약기록으로 분류할 수 있다.

토의사항

1. 사회복지실천과정의 순환성을 설명할 수 있는 예를 들어보자.
2. 과정기록의 실제 예를 선택하여 의사소통과 사회복지실천 관계의 원칙 및 개입계획이 어떻게 접근되고 있는지 분석해 보자.
3. 문제중심기록과 요약기록의 장단점을 비교해 보자.

참고문헌

김인숙, 김용석 공역(2002). Cournoyer 사회복지실천기술. 서울: 나남출판.

남세진, 조홍식(1997). 집단지도방법론. 서울: 서울대학교 출판부.

양정남, 최선령(2007). 사회복지실천론. 경기: 양서원.

이채원(2008). 심리사회적 평가. 제2차 호스피스 완화의료 사회복지사 교육 자료집, 129-152. 대한의료사회복지사협회.

최해경(2009). 사회복지실천론. 서울: 학지사.

최혜지, 김경미, 정순둘, 박선영, 장수미, 박형원, 배진형, 박화옥, 안준희(2013). 사회복지실천론. 서울: 학지사.

Compton, B. R., & Galaway, B. (1999). *Social work practice* (6th ed.). Pacific Grove, CA: Brooks/Cole.

Goldstein, E., & Noonan, M. (1999). *Short-term treatment and social work practice: An integrative perspective*. New York: Free Press.

Gottlieb, B. H. (1983). Social support as a focus for integrative research in psychology. *American Psychologist, 38*(2), 278-287.

Gouldner, A. W. (1960). The norm of reciprocity: A preliminary statement. *American Sociological Review, 25*, 161-78.

Hepworth, D. H., & Larsen, J. A. (1993). *Direct Social work practice: Theory and Skills*. Pacific Grove, CA: Brooks/Cole.

Johnson, L. C., & Yanka, S. J. (2009). *Social work practice: A generalist approach* (10th ed.). Boston, MA: Pearson.

Kagle, J., & Kopels, S. (2008). 사회복지기록(홍순혜, 한인영 역). 서울: 학문사.

Kaplan, L. (1986). *Working with multiproblem families*. Lexington, MA: Lexington Press.

Kirst-Ashman, K. K., & Hull, G. (2009). *Understanding generalist practice* (6th ed.). Chicago: Thomson Brooks/Cole.

Lippit, R., Watson, J., & Westley, B. (1958). The Dynamics of planned change. New York: Harcourt, Brace & World.

Miley, K. K., O'Melia, M., & DuBois, B. (2006). *Studyguide for social work: An Empowering Profession*. AIPI.

Perlman, H. (1979). *Relationship: The heart of helping people*. Chicago, IL: The University of Chicago Press.

Pincus, A., & Minahan, A. (1973). *Social work practice: model and method*. New York: Peacock Publishers.

Ruffolo, M. C., Perron, B. E., & Voshel, E. H. (2016). D*irect social work practice: Theories and skills for becoming an evidence-based practitioner*. Thousand Oaks, CA: Sage.

Sarason, B. R., Sarason, I. G., & Pierce, G. R. (Eds.) (1990). *Social Support: An Interactional view*. New York: John Wiley & Sons.

Satir, V. (1967). *Conjoint Family Therapy*. Palo Alto, CA: Science and Behavior Books.

Sheafor, B. W., Horejsi, C. R., & Horejsi, G. A. (1997). *Techniques and Guidelines for Social Work Practice* (4th ed.). Boston: Allyn and Bacon.

Smally, R. (1967). *Theory for social work*. New York: Columbia University Press. New York: McGrow-Hill.

Urdang, E. (1979). In defense of process recording. *Studies in Social Work*, Nov. 1-15.

제10장

사회복지실천과정 초기 단계

1. 접수
2. 관계형성
3. 자료수집

이 책에서는 사회복지실천과정을 초기 단계-사정 및 계획 단계-개입 단계-평가와 종결 단계의 4단계로 구분한다. 이 장에서 다루는 초기 단계는 접수와 관계형성 및 자료수집이 주요한 내용이다.

1. 접수

1) 정의

사회복지실천과정에서 접수는 클라이언트의 문제와 욕구를 확인하여 서비스 제공 여부를 판단하는 과정이다. 사회복지기관이 잠재적 클라이언트가 원하는 서비스를 제공할 수 있는지를 가늠하고 다른 한편으로는 클라이언트가 기관의 지원을 받을 자격을 갖추었는지를 점검하여 수용 여부를 결정하는 단계다. 접수는 사회복지실천과정의 첫 단계로, 클라이언트의 서비스 기관에 대한 첫 인상이 결정되며, 서비스 수급 적격 여부를 결정하는 중요한 과정이다.

2) 유형

사회복지실천과정에서 접수는 의뢰 주체와 클라이언트의 자발성에 따라 몇 가지로 나뉜다. 우선 자발적인 경우에는 클라이언트가 스스로 찾아와서 서비스 지원을 요청하는 적극적 자기의뢰와 공식적인 체계에 의한 자발적 의뢰가 있다. 후자는 적극적 자기의뢰 클라이언트가 해당 기관의 서비스 수급지격을 갖추지 못했거나, 기관이 적절한 서비스를 제공할 수 없을 때 다른 기관에 의뢰하는 것을 말한다.

두 번째는 비자발적 의뢰인데, 우선 비공식체계에 의한 의뢰와 공식체계에 의한 의뢰 두 가지로 나눌 수 있다. 비공식체계에 의한 의뢰란, 친구, 이웃 등이 클라이언트를 위해 기관의 사회복지사에게 서비스나 도움을 요청하는 경우다. 예를 들면, 몸져누운 독거노인을 딱하게 여긴 이웃이 지역사회노인복지관이나 행정복지센터에 노인을 도와달라고 하는 경우다. 공식체계에 의한 비자발적 의뢰는 클라이언트의 문제를 해결하기 위해 공공기관이나 정부 등이 사회복지기관에 서비스를 신청하는 경우다. 가정법원이 가정폭력 행위자에게 본인의 의사와 상관없이 '수강명령'을 내려 폭력예방교육을 받도록 요구하는 경우 등이 이에 해당한다.

또 다른 접수는 사례 발굴에 따른 접수다. 발굴은 아웃리치(out-reach)라고도 하는데 사회복지사가 직접 도움이 필요한 클라이언트를 찾아나서는 것이다. 예를 들면, 사회복지사가 거리의 노숙인(homeless)을 노숙인 쉼터로 인도하거나, 새로 정착한 이주노동자 공동체를 방문하여 지원이 필요한 사람이 없는지 알아보고 서비스를 제공받을 수 있도록 해 주는 것이다.

3) 과업

접수에서의 구체적인 과업은 다음의 네 가지다. 첫째, 문제 확인, 둘째, 관계 형성을 통한 클라이언트 참여 유도, 셋째, 서비스 동의, 넷째, 의뢰다.

(1) 문제 확인

접수 단계의 첫 번째 과업은 클라이언트의 욕구 또는 문제 확인이다. 욕구나 문제는 클라이언트의 변화하거나 해결해야 할 상태나 상황을 말한다. 접수 단계에서는 현재 클라이언트가 호소하는 문제의 성격이 어떤 것인지, 그 문제가 클라이언트에게 얼마나 중요한 것인지, 무엇 때문에 이런 문제가 발생했는지 그 원인을 탐색하게 된다. 문제나 욕구를 확인해야 어떻게 개입해야 할지, 그리고 어떤 자원이 필요할 것인지가 분명해지기 때문이다.

골드스타인과 누난(Goldstein & Noonan, 1999)은 클라이언트가 도움을 요청하는 문제영역은 대개 사회환경, 생활사건과 상황, 대인관계, 건강요인, 성격특성·관계 유형과 취약성 등 다섯 가지라고 하였다. 커스트-애시맨과 헐(Kirst-Ashman

& Hull, 2009)은 이를 다음과 같은 열 가지로 정리하였는데, 클라이언트가 가져오는 문제는 이 중 한 가지 영역일 수도 있고 두 가지 또는 그 이상의 여러 영역에 걸쳐 있을 수도 있으며, 최근에 발생한 것일 수도 있지만 만성적인 경우도 있다.

- 정서 · 행동상의 문제
- 대인관계 갈등
- 의사결정의 어려움
- 역할수행의 어려움
- 사회적 관계에서의 불만
- 자원의 부족
- 문화계층 간 갈등
- 공식적 조직과의 갈등
- 우선순위의 문제
- 삶의 전환기 역할전이의 어려움

문제 확인 시에는 클라이언트의 시각을 알아보아야 한다. 때로는 클라이언트의 문제규정이 핵심을 벗어나 있을 때도 있다. 다음 사례를 보자.

사례

김○○ 씨는 아들 정현의 문제로 학교 선생님의 권유대로 아들을 데리고 지역사회종합복지관의 청소년 상담교실을 찾아왔다. 모범생이던 정현이가 최근 학교 주차장에 세워 놓은 자동차 여러 대의 뒷 유리창을 고의로 파손하여 학교에서 정학처분과 함께 상담을 권유받았던 것이다. 정헌온 폭력적인 행동에 대해 "왜 그랬는시 모르겠다. 그냥 그렇게 해 버렸다."라고 설명을 기피하고 있고, 어머니는 '청소년기 반항행동'이라고 규정하면서, 한때 지나가는 행동인데 학교가 예민하게 반응한다고 하였다. 그러나 사회복지사와의 면담에서 정현이는 늘 사이가 좋지 않았던 부모가 현재 구체적으로 이혼을 거론하고 있으며, 이로 인한 본인의 분노와 불안 및 스트레스가 극심한 상태라고 털어놓았다.

이 사례를 보면, 자동차 유리창을 부순 행동은 '사춘기 반항행동'이 아니라 클라이언트가 경험하고 있는 극심한 혼란과 불안이 가져온 하나의 증상일 뿐이다. 이 증상을 가져온 부모의 이혼에 대한 분노와 불안이 문제의 핵심인 것이다. 따라서 청소년의 발달 단계적 위기로 보아 접근할 것이 아니라 가족의 위기를 대상으로 하는 접근이 이루어져야 한다.

마지막으로는 문제에 대한 사회복지사의 전문적 관점에 대한 토의가 필요하다. 이 사례에서와 같이 만일 클라이언트와 사회복지사가 문제를 서로 다르게 파악할 경우, 서로의 의견을 존중해 문제에 대한 합의에 이르러야 하기 때문이다. 따라서 클라이언트의 연령, 성, 성 정체성, 사회경제적 지위, 문화 등 인간의 다양성에 대한 사회복지사의 감수성이 요구된다.

(2) 참여 유도

이 단계에서 클라이언트는 기관과 사회복지사에 대한 첫인상을 갖게 되고, 이 첫인상은 앞으로 클라이언트의 참여에 영향을 주게 된다. 원조활동의 성패는 클라이언트의 동기와 직결되므로 사회복지사와 클라이언트의 첫 만남은 매우 중요하다. 따라서 사회복지사는 서로에게 호의적이고 긍정적인 경험이 될 수 있도록 긍정적인 상호 관계, 즉 라포 형성을 통해 전체 과정에서 클라이언트의 참여를 독려한다. 클라이언트의 참여를 유도하기 위해서는 저항감 해소와 양가감정의 수용과 같은 과업이 요구된다.

초기 단계에서 변화에 대한 저항의 4단계(갈등-방어-해결-통합)와 양가감정을 경험하게 된다. 리피트, 왓슨과 웨스틀리(Lippit, Watson, & Westley, 1958)는 변화와 관련된 모든 당사자에게는 변화하려는 동기와 변화에 저항하려는 힘이 동시에 존재한다고 하였다. 스몰리(Smally, 1967) 역시 인생에서 새로운 시도의 시작은 언제나 희망과 공포의 감정을 동시에 가져온다고 하였다. 저항감은 이러한 양가감정에 기인하는 자연스러운 반응으로, 저항감과 양가감정은 원조과정의 진행에 큰 영향을 준다. 특히, 비자발적인 클라이언트는 자발적인 클라이언트보다 저항감이 강하기 때문에 사회복지사에 대해 적대적이며 방어적인 태도를 취하게 된다. 만일 사회복지사가 지나치게 권위적이거나 심판적인 태도를 보인다면 변화를 원치 않는 클라이언트는 더욱 위축되고 반발하게 될 수 있다. 개인이나 집단으로 하여금 변화 노력에 저항하게 하는 힘은 도움을 수용하기를 꺼리는 마음, 지위나 자원의 상실에 대한 두려움, 변화가 불가능하리라는 생각, 시간을 투자하기를 꺼리는 마음, 참가를 막는 실질적인 장애와 불확실성 등이다(Pincus & Minahan, 1973). 반면 개인이나 집단으로 하여금 변화노력에 참여하게 하는 힘은 도움을 수용하려는 마음, 지위나 자원을 얻으려는 열망, 변화가 가능하다는 믿음, 불편으로부터의 해방, 고통에 대한 반응, 이타주의 등이 있다.

(3) 서비스 동의

접수 단계의 또 다른 과업은 서비스에의 동의 또는 의뢰다. 클라이언트가 기관의 서비스 수급의 자격요건을 만족시키면 서비스에 대한 동의가 이루어진다. 서비스에 동의함으로써 클라이언트는 해당 기관으로부터 서비스를 받을 수 있으며, 이후 필요한 절차에 따를 것에도 합의한 것이다. 서비스에 대한 동의는 클라이언트의 자발적 의사결정을 전제로 한다.

(4) 의뢰

한편, 클라이언트의 욕구와 기대가 기관의 서비스 범위를 벗어난 것이거나, 서비스를 받을 수 있는 자격요건을 갖추지 못했다면 더 적합한 기관을 연결시켜 주는 의뢰서비스가 접수의 또 다른 과업이다. 잠재적 클라이언트의 욕구가 기관의 서비스 방향이나 내용과 부합하지 않을 경우에는 이를 충족시켜 줄 수 있는 다른 기관에 신청자를 의뢰(referral)해 준다. 예를 들면, 다문화가정의 이주여성이 종합사회복지관을 찾아와, 도움을 요청하였다. 접수 담당 사회복시사가 면접한 결과, 남편의 폭력이 가장 급한 문제이고, 한국 사회로의 적응과 자립을 위한 취업욕구가 이 여성의 중요한 호소였다. 종합사회복지관도 가족관계와 취업지원 등의 업무를 하고 있으나, 이주여성이라는 내방자의 특성은 다문화가족지원센터라는 별도의 기관에서 더 전문적인 서비스를 받을 수 있을 것으로 판단되었다. 접수 담당 사회복지사는 이 같은 내용을 설명하고 인근의 다문화가족 지원센터와 연락하여 내방자를 의뢰하였다.

의뢰는 클라이언트에게 의뢰하는 기관명과 위치, 가능한 서비스 내용을 알려 주고, 담당자와 직접 연결해 주는 구체적인 것이어야 한다. 따라서 사회복지사는 인근의 다양한 사회복지기관과 관련 기관의 기능, 역할, 강점과 약점, 접촉 가능한 담당자 등에 대한 정보를 가지고 있어야 하고, 이들 기관과의 상호 연계망을 확립하고 있어야 한다. 지역사회기관과의 네트워킹(networking)은 민관 통합사례관리, 생애 단계별 맞춤형 접근이 중요시되는 사회복지실천 현장에서 매우 중요한 기술이다.

2. 관계형성

초기 단계에서는 클라이언트의 적극적인 참여를 유도해야 하는데, 이때 필요한 기술은 관계형성을 위한 의사소통 기술이다. 처음 내방하는 클라이언트는 무력하고 회의적이며 상처받기 쉬운 감정 상태다. 생면부지의 사회복지사에게 내밀한 자기 사정을 말해야 하는 자신의 처지를 수치스럽게 느끼고 있을 수도 있고, 자신이 무능해 보일까 봐 노심초사하고 있을 수도 있으며, 자신의 문제를 해결할 수 없는 것으로 보고 절망하고 있을 수도 있다. 따라서 접수 단계에서 만나는 사회복지사의 태도는 관계의 질을 결정짓게 되고, 클라이언트의 참여 동기에 큰 영향을 주게 된다.

사회복지사는 클라이언트의 마음의 상태를 염두에 두고 클라이언트가 전하는 메시지의 진정한 의미를 들어주며 고통을 나눈다는 자세를 보여야 한다. 어떤 상황에서든 인간관계에는 감정이입, 인정, 온정 그리고 진실성이라는 요소가 필요하다(Kirst-Ashman & Hull, 2009; Sheafor, Horejsi, & Horejsi, 1991). 감정이입(empathy)이란 사회복지사가 클라이언트의 내면의 감정을 들여다보고 현재 클라이언트의 경험의 의미와 중요성을 이해하고 의사소통하는 능력을 말한다. 감정이입은 클라이언트의 현재 상황의 곤경이나 그 사람의 외양과 행동에 관계없이 클라이언트를 한 인간으로서의 가치를 지닌 개인으로 존중하는 마음인 긍정적 관심(positive regard)이 기반이 되어야 하며, 동시에 자기가 수용되고 이해되고 있음을 클라이언트가 느낄 수 있도록 온정(warmth)적 자세로 전달되어야 한다.

여기에 더하여, 비자발적인 클라이언트가 갖는 두려움, 불안과 분노, 죄책감, 수치심, 의존에 대한 양가감정은 더욱 강렬한데, 이들은 원조과정에서 이를 부정하거나 투사하고, 적개심을 보이거나 거리를 두는 등의 방법으로 대응하는 경향이 있다. 펄먼(Perlman, 1979)은 비자발적인 클라이언트와 일할 때는, 첫째, 사회복지사가 클라이언트의 저항을 인정하고 수용함을 말로 전달하고, 둘째, 왜 클라이언트가 여기에 와 있다고 생각하는지를 이야기하도록 요청하여 현실을 직시하고 오해를 바로잡으면서 클라이언트로 하여금 자신의 불편한 느낌과 태도를 표현하게 할 것을 권한다.

의사소통은 크게 언어적 의사소통과 비언어적 의사소통으로 나뉜다. 클라이언트와 사회복지사 사이의 의사소통을 증진시키기 위한 언어적 의사소통 방법으로는 클라이언트에 대한 관심과 경청을 보여 주는 지지적 언어로 반응해 주기, 클라이언트의 의도를 정확히 파악하기 위해 클라이언트 언어를 재구성하기, 클라이언트의 감정표현을 위해 감정에 대해 성찰적 반응을 보여 주기, 그리고 클라이언트의 문제를 보다 확실하게 하기 위해 인식을 명료하게 해 주기, 해석, 정보 제공, 클라이언트 장점의 강조, 사회복지사 자신을 적절한 수준으로 노출함으로써 관계형성을 용이하게 하기, 그리고 클라이언트의 말을 요약해 주기 등이 있다(Kirst-Ashman & Hull, 2009).

반면, 의사소통에 장애가 되는 언어적 행동에는 클라이언트의 자기방어를 강화하는 도덕적 반응, 성급한 조언과 해결책 제시, 논리적 설득과 논쟁 및 지적 분석, 비판과 비난적 반응, 극적인 해석과 명명, 겉치레적인 확신, 동정과 위로, 지나친 풍자, 위협, 경고 및 역공격적 반응, 부적절한 질문 유형, 지배적인 태도나 소극적 반응 등이 있다(Hepworth & Larsen, 1993). 또한, 의사소통은 언어로 이루어지는 것보다 비언어적인 신체적 관여(physical attending)로 이루어지는 부분이 훨씬 더 많다. 클라이언트의 자세, 눈 맞춤, 옷차림의 특색, 손놀림(gesture) 등의 비언어적 의사소통 기법에 주의를 기울일 필요가 있다.

3. 자료수집

1) 자료수집의 의미

자료수집이란 정보를 모으는 일로서, 클라이언트 개인과 환경에 관한 자료를 확보하려는 활동이다. 이 과정에서 사회복지사는 자료수집의 범주를 문제, 개인, 환경으로 분류하여 현재 이용 가능한 자원 및 잠재적 자원과 제한점을 파악하게 된다. 대부분의 사회복지기관이 '초기 면접지' 또는 '접수 면접지'라는 구조화된 양식을 클라이언트가 작성하게 하여 기본적 정보를 수집한다.

초기 면접지를 통해 수집된 자료들은 담당 사회복지사가 본격적인 개입을 준비할 때 필요한 정보를 제공해 준다. 숙련된 사회복지사는 초기 면접지의 자료만으로도 많은 정보를 유추해 낼 수 있다. 예를 들어, 이름은 그 사람과 가족의 정체성과 관련이 있다. 여성인데 남자 이름을 갖고 있을 경우, 부모가 남아선호사상이 있어 아들을 기대한다는 의미에서 딸들에게도 남자 이름을 지어 주었을 가능성이 있고, 당사자는 부모의 남녀 차별을 경험하면서 학교나 사회에서는 자신의 이름을 설명해야 했던 불유쾌한 경험을 갖고 있을 수 있다. 주소나 직업이나 가족관계, 결혼관계 등은 그 사람에 대해 더 많은 정보를 제공해 준다. 가족은 문제의 촉발요인이 될 수도 있고 클라이언트의 긍정적 자원일 수도 있는데, 가족구조, 가족구성원의 수와 동거 여부, 연령과 직업, 종교 등은 많은 정보를 제공해 줄 수 있다. 또한, 과거 사회복지서비스나 정신보건서비스 등을 받은 경험이 있다면 클라이언트에 대한 다른 전문가 의견을 참고할 수 있음을 의미하는 것이다. 자료수집은 사회복지실천 전 과정을 통해 이루어진다. [그림 10-1]은 종합사회복지관 등에서 보편적으로 사용하는 초기 면담의 자료수집 내용을 보여 준다.

INTAKE DATE	
CASE NO.	
면담자	

결재	담당	팀장	부장	관장

접수 면접지

1. 일반적 사항

성명		주민등록번호				생년월일	년 월 일	
성별	□ 남 □ 여	종교				결혼 상태		
주소						전화번호		
학력		직업				세대 구분		
가족사항	성명	관계	생년월일	학력	직업	동거 여부	장애 여부	비고
긴급연락처		성명		관계		연락처		

2. 경제 상태

주거 유형	□ 자가 □ 전세 □ 영구임대 □ 월세 □ 시설		평수		보증금	만 원
부조 유형	□ 공적	□ 일반수급자	□ 조건부수급자	□ 차상위계층	□ 기타	
	□ 사적	□ 복지단체 후원	□ 종교단체 후원	□ 혈연관계 후원	□ 기타	

3. 건강 상태

질병	병명		병력	
	진료기관		유병기간	
	상태			
장애	종류			
	상태			
	보장구 유무			

4. 대상자의 사회복지서비스 수급 경력

5. 대상자의 욕구(도움 요청 내용)

6. 사회복지사의 평가

그림 10-1 ● **접수 면접지 양식 예**

출처: welfare24.net

2) 자료수집에 필요한 기술

자료수집에 필요한 기술은 우선 자료 출처를 다양하게 파악하여 구성하는 것이며, 사회복지사와 클라이언트 간의 신뢰관계를 성립하는 것이다. 자료의 출처는 대개 다음과 같다.

- 면접 시 클라이언트의 기분, 의견, 문제 등에 대한 대화
- 클라이언트의 비언어적 행동에 대한 사회복지사의 관찰
- 초기 면접지 또는 가정환경서 등 클라이언트가 작성한 자료
- 관련 인물과의 면접을 통한 부수적 정보
- 각종 검사 결과(심리검사, 신체검사)와 기록(학교생활기록부, 병원의 의료기록)
- 부부, 가족, 집단 내 상호작용의 관찰과 가정방문
- 클라이언트에 대한 사회복지사의 개인적 경험

자료수집에서 클라이언트는 일차적인 정보제공자로서 가장 중요한 인물이다. 클라이언트의 진술을 통해 얻을 수 있는 정보는 문제, 감정, 문제해결을 위해 가지고 있는 자원, 지금까지의 문제해결 노력, 문제의 원인과 지금까지의 전개과정 등이다. 클라이언트의 진술은 주관적인 경향이 있으므로 그의 편견이나 감정에 의한 왜곡이 있는지 주의해야 한다. 클라이언트는 진술뿐만 아니라 비언어적 행동을 통해서도 감정과 생각을 표현하므로 주목할 필요가 있다. 비언어적 행동은 분노, 고뇌, 두려움, 당혹스러움 같이 말로 표현하기 어려운 정서적 상태와 반응에 대한 정보를 제공하는 누설적 성격 덕분에 때로 진실에 더 가깝기도 하다.

초기 면접지 자료는 객관적인 자료이고, 부수적 정보 출처는 클라이언트 외의 가족이나 이웃, 친구, 친척, 교사, 직장동료나 상사 등이며, 이러한 자료 출처를 이용할 때에는 클라이언트의 동의를 얻어야 한다. 심리검사는 심리학자에게 의뢰하여 얻을 수 있는 성격과 지능 등에 관한 정보로서 사회적 성숙도, 자아존중

감, 가족관계, 우울 등에 대한 표준화된 기준을 제공해 주지만, 이 역시 클라이언트와의 면접 결과에 대한 부수적 자료의 의미를 가진다. 구조화된 자료수집 면접에서 자주 사용되는 사정도구 또는 검사도구는 지능검사, 불안장애 면접양식 등 DSM-IV에 기반을 둔 검사와 투사적 검사 등이 있다. 부부면접 또는 가족면접 시 클라이언트가 사람들과 어떻게 상호작용하는지를 관찰하는 것도 중요한 자료가 될 수 있으며, 가정방문을 통해 보다 자연스런 상호작용을 파악할 수 있다.

마지막 자료 출처는 클라이언트와 사회복지사 자신의 상호작용 패턴이다. 상호작용 패턴은 클라이언트가 대개 제3자와 상호작용하는 유형을 짐작할 수 있게 해 주며, 사회복지사 자신의 감정 자체도 문제행동을 이해하는 데 실마리를 제공해 줄 수 있다. 사회복지사는 이와 같은 출처로부터 얻은 자료를 클라이언트의 개인력, 가족력, 지적·정서적·신체적·행동적 능력, 문제해결 능력 그리고 클라이언트의 자원과 클라이언트의 강점과 약점, 한계 등으로 재구성하여 사정에 필요한 자료로 준비하게 된다. 자료수집은 한 가지 방법에 의존하기보다 다각화된 방법을 사용하는 것이 좋다. 클라이언트의 자기보고뿐만 아니라 가족이나 중요한 친지나 친구로부터 얻은 정보, 심리검사 등의 표준화 도구 측정 결과들을 모아 종합적으로 사정한다.

물론, 자료수집에서 요구되는 가장 기본적 도구는 사회복지사 자신이다. 사회복지실천의 성패는 사회복지사 자신을 이용하여 클라이언트와 맺는 관계의 질에 있다 해도 과언이 아니다. 사회복지사의 따뜻하고 인간적이며 전문적인 자세와 상대방에게 도움이 되고자 하는 진심 어린 태도가 사회복지실천의 기본이 되어야 한다. 사회복지사 자신도 끊임없는 자기 인식과 성찰을 통해 전문가로서의 자신을 연마할 필요가 있다.

요 약

사회복지실천 과정 중 초기 단계에서는 접수와 관계형성 및 자료수집의 세 가지 과업이 이루어진다. 접수 단계에서는 사회복지기관의 서비스가 클라이언트의 욕구 충족에 적합한지를 보는 적격성 심사가 이루어진다. 접수에서는 문제를 확인하고, 관계형성을 통해 클라이언트의 참여를 유도해 내어, 서비스 수급에 동의하게 한다. 클라이언트의 욕구를 충족하기에 기관의 서비스가 적절하지 않으면, 이를 해결해 줄 수 있는 다른 기관으로 의뢰해야 한다. 접수가 결정되면 클라이언트의 적극적인 참여를 유도해야 하는데, 이때 필요한 기술은 관계형성을 위한 의사소통 기술이다. 효과적인 의사소통을 위해서 사회복지사는 클라이언트의 마음의 상태를 염두에 두고 그가 전하는 메시지의 진정한 의미를 들어주며 고통을 나눈다는 자세를 보여야 한다. 또한, 의사소통은 언어로 이루어지는 것보다 비언어적으로 이루어지는 부분이 훨씬 더 많기 때문에 클라이언트의 자세, 눈 맞춤, 옷차림의 특색, 몸짓(gesture) 등의 비언어적 의사소통 기법에 주의를 기울일 필요가 있다. 초기 단계의 또 다른 과업은 클라이언트의 욕구를 명확히 하고 실천과정의 목표를 설정하기 위해 필요한 자료를 수집하는 일이다. 자료는 클라이언트 본인은 물론, 가족과 친구, 이웃, 직장동료, 공식적인 기록, 그리고 사회복지사의 클라이언트에 대한 인상 등 다양한 출처에서 수집된다.

토의사항

1. 접수 단계에서 클라이언트의 초기 저항에 대응하는 방법을 생각해 보자.
2. 종합사회복지관에 다문화가정의 이주여성이 중도입국자녀와 동행하여 자녀의 한국어 교육지원 및 학교 진학에 대한 도움을 요청하였다. 종합사회복지관의 업무영역을 벗어났다고 판단되어 더 적합한 기관에 의뢰하고자 한다. 어디에 어떻게 의뢰해야 할지 논의해 보자.
3. 학교폭력 피해를 입은 청소년이 등교를 거부하고 있다. 문제를 확인하기 위해서는 어떤 자료가 필요할지, 그리고 누구에게 동의를 얻어야 할지 논의해 보자.

참고문헌

Goldstein, E., & Noonan, M. (1999). *Short-term treatment and social work practice: An integrative perspective*. New York: Free Press.

Hepworth, D. H., & Larsen, J. A. (1993). *Direct Social work practice: Theory and Skills*. Pacific Grove, CA: Brooks/Cole.

Kirst-Ashman, K. K., & Hull, G. (2009). *Understanding generalist practice* (6th ed.). Chicago: Thomson Brooks/Cole.

Lippit, R., Watson, J., & Westley, B. (1958). *The Dynamics of planned change*. New York: Harcourt, Brace & World.

Perlman, H. (1979). *Relationship: The heart of helping people*. Chicago, IL: The University of Chicago Press.

Pincus, A., & Minahan, A. (1973). *Social work practice: model and method*. New York: Peacock Publishers.

Sheafor, B. W., Horejsi, C. R., & Horejsi, G. A. (1997). *Techniques and Guidelines for Social Work Practice* (4th ed.). Boston: Allyn and Bacon.

Smally, R. (1967). *Theory for social work*. New York: Columbia University Press. New York: McGrow-Hill.

http://welfare24.net/

제11장

사정과 계획 단계

1. 사정
2. 계획

초기 단계에 접수와 관계형성이 이루어지고 자료를 수집하고 나면, 축적된 자료를 분석하여 클라이언트의 문제와 욕구를 명확하게 하고 개입방향을 설정해야 한다. 문제사정과 이에 따른 개입계획이 필요한 것이다.

1. 사정

1) 사정의 정의

자료수집이 클라이언트와 그의 문제를 이해하는 데 도움이 될 만한 많은 자료를 모으는 것이라면, 사정(assessment)은 수집 · 정리된 자료를 분석 · 해석하여 문제를 규정해 내는 작업이다. 즉, 클라이언트와, 그가 처한 환경, 그리고 환경과 클라이언트 사이의 상호교류에 대한 객관적 자료를 파악하고 분석하며 해석하여, '무엇을 어떻게'에서 '무엇을'에 해당하는 질문에 대답하고자 하는 것이다. 사회복지사는 사정을 통해 다음과 같은 질문에 대한 해답을 찾으려 한다.

- 클라이언트는 어떤 사람인가?
- 클라이언트는 자기 문제를 무엇이라고 생각하는가?
- 문제는 얼마나 오래 지속되어 왔는가?
- 클라이언트는 그간 문제해결을 위해 어떤 노력들을 해 왔으며 효과가 있었는가?
- 어떤 사람들이 관련되어 있으며, 어떤 집단이나 사람들이 영향을 받는가?
- 클라이언트에게 영향을 줄 수 있는 주요한 타인들은 누구인가?
- 클라이언트는 문제를 해결하고자 동기화되어 있는가?
- 클라이언트의 강점(strength)과 약점은 무엇인가?

이러한 질문을 통해 사회복지사는 클라이언트가 제시한 문제의 본질을 좀 더 명확하게 규명할 수 있다.

2) 사정의 과업

사정의 과업은, 첫째, 클라이언트의 문제나 욕구 규명, 둘째, 클라이언트의 기능사정, 셋째, 가족에 대한 사정, 넷째, 클라이언트의 사회적 환경에 대한 사정이다.

(1) 개인에 대한 사정

① 클라이언트의 문제나 욕구 규명

클라이언트가 도움을 청할 때에는 자기에게 문제가 있음을 알고 있고 또한 '어떤 문제'라고 구체적으로 표현하기도 한다. 그러나 어떤 클라이언트는 자신의 문제를 명확히 이해하지 못하고 있거나 또는 이를 적절히 표현하는 데 어려움을 겪기도 한다. 다음 사례는 문제사정의 필요성을 보여 준다.

사례

37세의 이○○ 씨는 임신 5개월인데 기형아 검사 결과 태아가 다운증후군이라는 진단을 받고 의료사회복지사에게 의뢰되었다. 클라이언트는 기다렸던 임신에서 뜻밖의 결과가 나와 매우 당황하여 어찌할 바를 모르고 있다.

이 사례의 클라이언트는 무엇을 고민하고 있을까? 경제적 안정을 위해 임신을 미루었던 자신의 결정에 대한 후회와 슬픔일 수도 있고, 임신을 지속할 것인지의 고민일 수도 있다. 혹은 가족과의 갈등일 수도 있고, 다운증후군 아동의 예후와 이후 적응 및 삶의 궤적에 대한 지식이 필요한 것일 수도 있고 혹은 이 모든 것일 수도 있다. 사정 과정에서의 문제규명은 이처럼 사회복지사의 도움이 필요한 구체적인 상황이나 상태를 충분한 자료에 근거하여 명확하게 파악하는 작업이다. 클라이언트의 문제를 규명, 확인함으로써 사회복지사는 다음과 같은 사항에 대해 종합적 정보를 얻게 된다(양정남, 최선령, 2007).

- 문제(욕구) 체계에 관련된 사람들
- 문제(욕구) 발생에 관련된 사람들과 기타 요인 간의 상호작용
- 개입계획에서 고려해야 할 외적 자원과 참여자
- 적절한 목표설정에 대한 지침
- 가능한 개입방법

② 클라이언트의 기능 사정

사정의 두 번째 과업은 클라이언트의 기능을 그 사회의 평균적 기대와 관련하여 검토하는 것으로 생심리사회적 사정 항목이 널리 사용된다. 생심리사회적 사정은 클라이언트의 생리적 · 신체적 기능과 심리사회적 기능을 살펴보는 것이다. 생리적 · 신체적 기능으로는 신체기능과 체질적 요소, 신체적 건강, 알코올을 포함한 약물사용 등이 사정 요소이며, 심리사회적 기능으로는 인지기능, 정서기능, 동기, 대처능력, 대인관계 등이 주요 사정 요소가 된다.

- **인지기능**: 인지기능은 클라이언트가 다른 사람들과 유사한 관점에서 세상을 보는지, 윤리적 관점에서 옳고 그름을 이해하고 있는지, 자신과 타인의 관계의 상호성을 이해하고 있는지, 개방적 사고를 하는지, 이성적 판단을 하며 문제해결에서 대안을 고려할 수 있는지 등을 보는 것이다.
- **정서기능**: 정서기능은 클라이언트가 감정을 느끼고 표현하는 능력, 다른 사람에 대한 관심과 애정을 표현하는 능력, 자기통제 능력, 정서표현의 정도와 상황적 적절성에 대한 이해 등을 말한다.
- **동기**: 동기는 문제를 회피하거나 부정하지 않고 도움을 구하려는 의지의 정도, 상황의 변화를 원하는 마음과 개선 노력, 자립 의지 등을 말하는데, 클라이언트의 동기는 사회복지사와의 상호작용에 의해 영향을 크게 받는 역

동성을 가지고 있다.

- **대처능력:** 대처능력은 위기 극복의 의지, 분별력, 의사결정에 따른 수행 정도, 새로운 상황에 대비하고 적응하는 능력을 말한다.
- **대인관계:** 대인관계는 친구, 친구와 가족, 타인을 이해하고 이들을 위해 자신을 희생하려는 태도, 사회적 역할의 적절한 수행, 친근감, 협조성과 융통성, 타인의 애정과 관심을 수용하는 능력 등을 말한다.

(2) 가족에 대한 사정

가족은 정서적 · 심리적으로 상호 의존하는 친밀한 관계의 공동체로서 구성원 간의 강한 소속감과 결속이라는 특성을 가지고 있어 클라이언트의 문제사정에서 매우 중요하다. 가족에 대한 사정은 가족체계, 가족규범, 가족역할, 가족권력, 그리고 가족 의사소통 방식이라는 다섯 가지 차원으로 진행될 수 있다.

① 가족체계

가족체계를 사정할 때 주된 관심은 가족 내 하위체계와 경계의 건강성이다. 헵워스와 라슨(Hepworth & Larsen, 1993)은 가족이 외부체계들과 구분되는 경계가 명확한지, 외부와의 교류가 개방적으로 이루어지는지, 아니면 너무 경직되거나 느슨한 것은 아닌지를 살펴야 하며, 가족 내 하위체계(부부체계, 형제자매체계 등)가 어떻게 형성되어 있으며 다른 하위체계와의 관계는 어떠한지 등을 파악해야 한다고 하였다.

② 가족규범

가족규범은 어떤 행동이 수용될 수 있는지에 대한 가족구성원 사이의 규칙으로, 가족의 항상성을 유지하고 가족구성원 간의 관계 방식과 상호작용 방식을 조직화하여 구성원의 행동을 규정하고 규제한다. 예를 들면, "가족구성원 간에 의견이 다를 때, 각자는 자기 의견을 말할 수 있다."는 기능적인 가족규범이지만 "가족구성원 간에 의견이 다를 때, 아버지 말을 무조건 따라야 한다."는 역기능적 가족규범이라 할 수 있다. 이와 같이 가족규범의 사정을 통해 클라이언트 가족의 행동지침을 파악할 수 있고, 이 규범이 구성원에게 얼마나 기능적인지를 파악할 수 있다.

③ 가족역할

가족역할을 사정한다는 것은 가족구성원이 가족 내에서 어떤 공식적 · 비공식적 역할을 가지고 있으며, 어느 정도 성공적으로 이를 수행하는지를 보는 것이다. 예를 들어, 알코올중독자 가족에서는 대개 자녀들 중 맏이가 자녀로서의 공식적 역할 외에, 비공식적으로 알코올중독인 부모를 대신해서 가사와 동생을 돌보는 실질적 가장역할을 하기도 한다. 이러한 역할은 중독 부모가 있는 가정의 현상유지에 기여하지만, 맏이의 아동으로서의 발달 단계에 적합한 역할수행이 박탈된 결과(성인아이 증후군, adult child syndrom)를 가져온다.

④ 가족권력

가족권력은 가족 내 권력의 분배구조를 말한다. 이는 다른 구성원을 지배하거나 복종시킬 수 있는 힘을 의미한다. 사회복지사는 가족권력이 고루 배분되어 있는지, 엄격한 가부장제 가족이어서 아버지에게 집중되어 있는지, 어머니에게 집중되어 있는지, 드물게는 장기적으로 몸이 아픈 아이가 있어 아이의 요구가 무엇보다 우선시되어 실질적으로 아이에게 권력이 주어져 있는지 등을 사정해야 한다.

⑤ 가족의 의사소통 방식

가족 의사소통 방식을 사정하는 것은 가족의 기능성을 살펴보기 위해서다. 기능적 가족은 의사소통이 명확하고 언어적 · 비언어적 요소가 일치한다. 반면 역기능적 가족의 의사소통에서는 일치성과 명확성에 문제가 있다. 사티어(Satir, 1967)는 의사소통의 수준을 언어적 수준, 비언어적 수준과 상황적 수준 등의 세 가지로 나누고 가족 의사소통에서 전달되는 메시지의 일치성과 명확성 정도에 주목해야 한다고 하였다.

언어적 수준의 메시지와 비언어적 수준의 메시지가 불일치하는 경우를 이중구속(double bind)이라고 하는데, 행동문제나 적응문제가 있는 사람들의 의사소통에서 흔히 볼 수 있다. 말로는 A라는 메시지를 전달하지만 행동이나 태도에서는 B라는 메시지가 감지되기 때문에 이중적 메시지를 받는 사람은 혼란을 겪게 되고, 메시지 수신자의 이러한 반응 때문에 전달자는 자신이 상대방에게 거절되었다고 느껴 좌절과 불신을 경험하는 것이다. 의사소통의 명확성도 문제가 되는데, 가족 간 갈등과 의견 불일치가 있을 때 의사소통을 위장(mystification)하여 메시지의 명확성이 훼손될 수 있다. 상대방의 메시지에 반응을 하지 않거나, 회피적 반응이나 풍자적 언어를 사용하여 다중적 의미를 전달함으로써 의사소통을 불명확하게 하는 것이다.

(3) 클라이언트의 사회적 환경에 대한 사정

① 환경체계의 특성

생태학이 사회복지실천이론에 영향을 주면서 1970년대 이후 사회복지실천에서 환경에 대한 관심이 높아졌다. 생태학적 관점에서는 인간을 환경에 복종하는 수동적 반응자가 아니라 환경과 역동적으로 상호작용하는 존재로 규정한다. 따라서 개인과 환경 간 교류의 질을 수정 또는 향상시킴으로써 문제해결에 다가갈 수 있다고 본다. 콤튼과 갤러웨이(Compton & Galaway, 1999)의 네 가지 환경 수준인 개별 상황, 미시수준 환경, 중간수준 환경, 거시수준 환경은 상호작용한다. 클라이언트가 생활하고 있는 각각의 체계와의 상호작용이 어떠한가, 그리고 환경 자체에 문제가 있는가를 살펴보는 것이 사회적 환경에 대한 사정이다.

예컨대, IMF 외환위기 때부터 사회문제가 되고 있는 노동의 유연성에 따른 정리 해고나 심각해진 청년실업 등은 개인체계에서 원인을 찾을 수 있지만 신자유주의 경제체제와 전 지구적인 경제난과 같은 중간수준 이상의 사회환경이 더 큰 원인이다. 이러한 상황을 고려하지 않고 개인적 차원에서만 문제의 원인을 찾는다면 큰 오류를 범하게 된다.

② 사회적 지지망

또한, 클라이언트와 환경 간의 교류 측면에 대한 사정은 클라이언트의 외부적 자원체계 또는 사회적 지지망 차원에서 접근할 수 있다. 사회적 지지망은 클라이언트를 둘러싼 다양한 수준의 환경에 속한 중요한 사람들이나 환경체계를 말한다. 사라손, 사라손 및 피어스(Sarason, Sarason, & Pierce, 1990)는 공식적·비공식적 자원체계로부터 사회적 지지를 제공받을 수 있다고 하였다. 비공식적인 자원체계는 가족, 친척, 친구, 이웃, 직장동료, 학교, 종교기관, 동호회, 사이버 공간의 지인 등을 포함한다. 한편, 공식적 자원체계는 지역사회의 보건의료기관, 사회복지기관과 시설, 여가 활용 시설, 안전하고 위생적인 주거환경, 경찰과 소방 등 지역사회 안전체계, 안정적인 고용과 안전한 작업장, 공평한 교육과 취업 기회, 법률기관에의 접근성 등을 말한다. 이 모든 체계는 클라이언트의 생활환경이기 때문에 사회복지사는 사회적 환경사정에서 공식적·비공식적 환경체계를 동시에 고려해야 한다. 사회적 지지망이 긴밀하게 형성되어 있는 개인은 스트레스 상황이나 위기가 닥쳐와도 성공적으로 기능할 가능성이 높지만, 그렇지 못하다면 스트레스에 취약하고 회복도 영향을 받는다.

3) 사정 기술

다양하고 많은 자료를 정리·분석하여 사정하기 위해서 몇 가지 기본적인 사정도구를 사용하게 된다. 가계도, 생태도, 사회도, 심리검사, 생활력 도표, 역할이론, 또는 자아방어기제 개념, 그리고 사회적 관계망 지도를 살펴본다.

(1) 가계도

가족은 문제의 근원이면서 동시에 문제해결의 근원이기도 하다. 더욱이 체계관점이 사회복지실천에서 널리 받아들여지면서 가족에 대한 사정이 더 중요해지고 있다. 가계도는 클라이언트의 양육환경에서 가족 상황을 파악하는 데 도움이 되는 기술로서, 3대에 걸친 가족관계를 간단한 그림으로 표현하여 출생과 사망, 가족구조와 구성원에 대한 정보 및 구성원 간의 관계를 보여 준다.

[그림 11-1]은 가계도의 예시다.

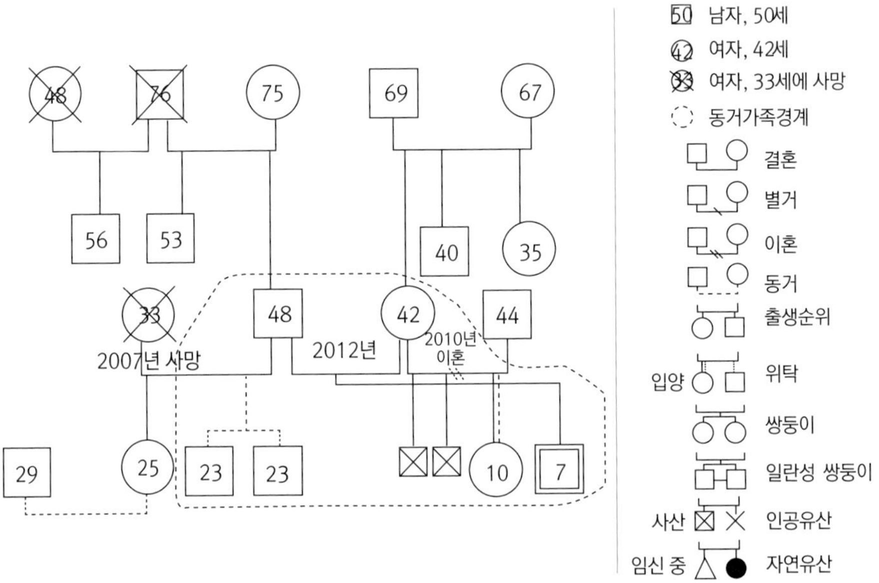

그림 11-1 ● **가계도 예시**

가계도 작성 범례는 다음과 같다.

- 남성은 네모, 여성은 원, 임신 중인 태아는 세모로 표시한다.
- 도형 안에 나이를 쓰고, 사망은 ×표로 나타낸다.
- 세대 구분이 필요한데, 1세대(조부모)가 맨 윗줄, 2세대(부모)가 두 번째, 3세대(자녀)가 세 번째 줄에 배치된다.
- 출생순서는 왼쪽에서 오른쪽으로 배치한다.
- 결혼은 가로줄로 연결하고 연결선 위에 결혼 연도를 적는다.
- 이혼은 가로줄에 두 개의 사선을 그어 표시한다.
- 동거는 가로줄을 점선으로 표시한다.

- 부모와 자녀 세대의 연결은 수직선으로 표시한다.
- 관계는 선으로 표시하는데, 친밀한 관계는 실선, 소원한 관계는 점선, 갈등적 관계는 꺾은선으로 그린다.
- 동거하는 구성원은 점선으로 묶어 표시한다.
- 클라이언트는 도형을 이중선으로 그려 표시한다.

(2) 생태도

생태도(eco-map)는 가족을 체계적이고 생태학적인 관점에서 보는 데 도움이 된다. 생태도는 클라이언트의 가족 및 외부 환경의 종류와 관계의 질, 그리고 체계 사이의 에너지의 흐름을 보여 줌으로써 가족에 대한 현재 지역사회자원이나 체계들의 영향과 상호작용을 보여 준다. 생태도는 가족이 지역사회에서 얼마나 많은 외부체계들과 관계를 맺고 있는지, 고립의 정도는 어떠한지, 관계의 질은 어떠한지를 보여 줌으로써 가족 내부에 대한 이해와 함께 외부와의 연결과 적응 정도를 파악할 수 있게 해 준다. 가계도와 생태도는 사회복지사와 클라이언트가 공동으로 작성하는 것이 좋다. 생태도 작성의 범례는 다음과 같다.

- 중심에 가족 또는 클라이언트체계를 나타내는 원을 그린다.
- 중심원 내부에 클라이언트 또는 동거가족의 가계도를 그린다.
- 중심원 외부에 관련된 외부체계를 원으로 그린다.
- 외부체계와 클라이언트 또는 가족과의 관계 속성을 선으로 표시한다. 선은 실선, 점선, 꺾은선으로 각기 친밀한 관계, 소원한 관계, 갈등적 관계를 나타낸다.

[그림 11-2]는 생태도의 예시를 보여 준다.

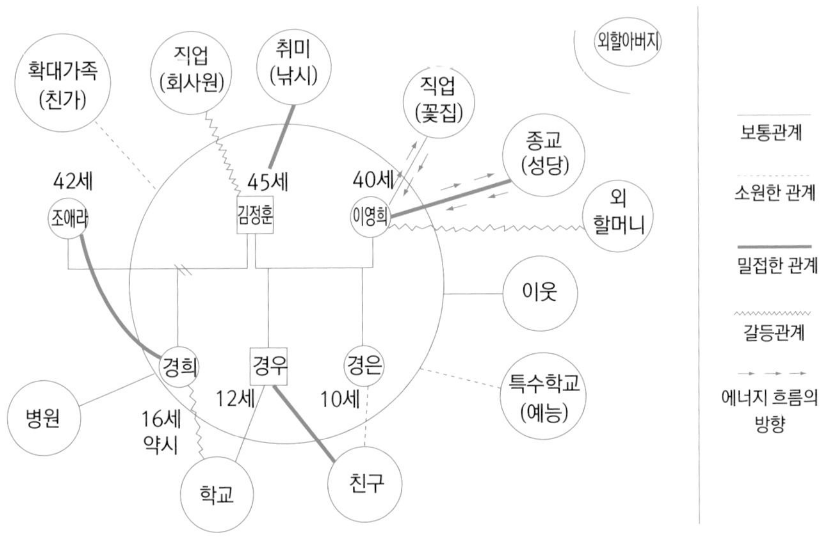

그림 11-2 ● **생태도 예시**

(3) 사회도

사회도(socio-gram)는 상징을 사용해서 집단 내 구성원들 간의 상호작용을 표현하는 그림으로, 구성원 간의 개인적 수용과 거부 및 집단 내의 대인관계를 평가하는 데 사용하며, 모레노와 제닝스(Moreno & Jennings)가 개발한 방법이다(남세진, 조홍식, 1997 재인용). 주로 집단과 일하는 사회복지사가 집단 내 소외자, 하위집단, 연합 등을 파악할 때 많이 사용한다. [그림 11-3]에서 보여 주듯이, 도표를 상단과 하단으로 구분하여 지위를 나타내고, 서로 가까운 구성원은 가까이, 서로 관계가 소원한 성원은 멀게 그림으로써 결속의 강도를 나타내게 된다.

사회도 역시 생태도처럼 개입과정에서 변화를 측정할 때 여러 번 그려서 비교해 봄으로써 집단의 특징적 상호작용과 대인관계 유형의 변화를 파악할 수 있다. 사회도는 관찰만으로는 파악하기 어려운 집단 내의 소외자, 2인군, 3인군, 결탁, 경쟁관계, 경쟁적 연합, 하위 집단 등을 파악하게 해 주므로 유용하다. 단, 사회도는 집단 내의 비공식적인 구조 내에서의 개인의 지위는 파악할 수 있지만 구성원의 실제 행동을 나타낼 수 없다. 또한 집단과정의 어느 주어진 순간만을

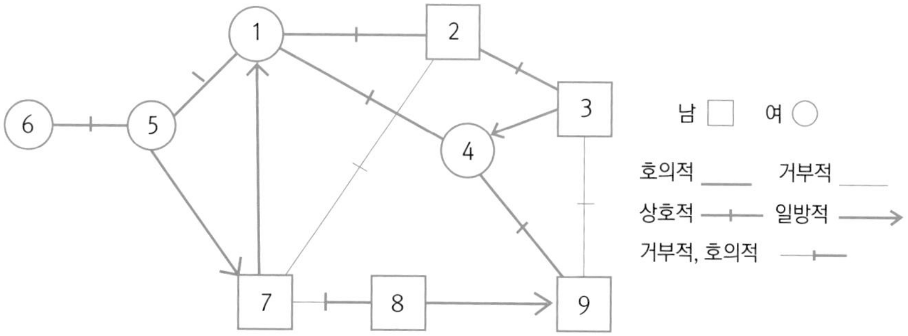

그림 11-3 ● **소시오그램 예시**

포착하고 있어 관찰 및 사정의 수단으로 사용하기에는 편리하지만, 그 현상의 이유를 설명하지 않기 때문에 치료나 개입을 결정할 때 이용하기에는 적당하지 않다(남세진, 조홍식, 1997).

(4) 심리검사

클라이언트의 심리상태를 파악하기 위해 지능, 동기화, 대처행동의 유형, 자기개념, 불안이나 우울의 정도, 일반적인 인성의 통합 등을 표준화된 심리검사를 사용한다. 예를 들어, 미네소타 다면적 인성검사(The Minnesota Multiphasic Personality Inventory: MMPI)는 가장 많이 사용되는 객관적 성격검사라 할 수 있는데 '예, 아니요, 모르겠다'로 응답하는 567개의 자기 기술적인 문장으로 구성되어 있다. 그 밖에 아동과 성인의 지능검사, 인지적 지체검사 등이 사용된다. 그러나 이러한 검사를 사회복지사가 다 완벽하게 알아야 하는 것은 아니다. 심리상태에 대한 검사가 필요하다는 사실을 인지한다면 심리학자에게 의뢰할 수 있기 때문이며, 더 중요한 것은 검사 결과는 의사결정에 있어 하나의 참고자료일 뿐이지 그 자체에 의존해서는 안 된다는 점이다.

클라이언트의 정신장애와 관련해서도 마찬가지다. 사회복지사가 정신장애가 있는 클라이언트를 만나게 되면 그를 정신과적 치료에 신속히 의뢰하는 것이 가장 중요하다. 그러기 위해서는 정신질환의 증상을 인식할 수 있어야 하는데, 다

이히(Daiches, 1983)는 정신적 상태를 사정하는 데 고려해야 할 범주로 일반적 외모와 태도, 행동, 시간과 공간의 지향, 기억, 감각, 지적 기능수행, 기분과 정서, 지각의 왜곡, 사고 내용, 통찰, 판단 등의 11가지를 지적하였다. 노인인구가 증가하면서 치매증상 환자도 늘고 있는데, 사회복지사는 대화 중에 자연스럽게 "당신은 몇 년에 태어났습니까?", "지금은 몇 년입니까?", "지금 우리나라 대통령 이름은 무엇입니까?" 등의 질문을 끼워 넣어 클라이언트의 현실감각이나 인지 정도를 점검할 수 있다. 또는 『정신질환의 진단 및 통계 편람 제5판(DSM-5)』과 같은 정신질환 진단도구가 사용될 수 있다. DSM-5는 미국정신의학협회가 200가지가 넘는 정신장애를 17개의 넓은 범주로 분류하고 각각의 장애를 증상, 진단기준, 발병연령, 이환율, 손상 정도 등으로 기술한 것이다.

(5) 생활력 도표

생활력 조사는 모든 사회복지실천에서 공통적으로 쓰이는 방법인데, 클라이언트의 생애 동안 발생한 사건이나 문제의 발전과정을 사정하는 데 요긴하다. 예를 들면, 〈표 11-1〉의 폭행과 마약소지로 소년원에 수용된 16세 소년의 생활력 조사는 출생부터 개입 시점까지 클라이언트 삶의 다양한 시기에 관련된 여러 특징들을 조사하여 다른 자료들과 종합함으로써 클라이언트의 현재를 이해하는 데 도움을 받을 수 있다.

이 소년은 미혼모의 아이로 태어나 어머니와 함께 외가의 가족에게서 자라던 중, 어머니가 결혼해서 떠나는 바람에 혼자 남아 외할머니와 살게 되었다. 경제적 빈곤, 나이 차가 많은 외조모의 양육방식에 대한 불만, 그리고 사생아라는 주위의 질시에 위축되었고, 자기정체성을 찾기 위해 생부와 생모를 찾아갔으나 두 사람 모두 더 이상 자신들을 찾아오지 말라고 아동을 거부하였다. 소년은 생활에 주요 변화가 있을 때마다 신체증상을 보이고 있다. 소년이 이처럼 적절한 가정환경의 부재와 빈곤, 정서적 박탈, 거부당한 경험 등으로 학교생활에 부적응하게 되면서 폭력 서클에 가담하게 되었다면, 이와 같은 생활력 조사는 클라이언트의 문제행동의 원인에 대한 가설을 세우거나 어디에서 개입해야 할지, 그

표 11-1 ● **생활력표**

연도	연령	지역	가족	학교	건강	활동	문제
2000	2000. 3. 25. 출생	경기도 고양군	어머니 21 외할머니 50 외할아버지 54		8개월 조산아		인큐베이터 3주간
2001	1				심한 아토피		
2002	2						
2003	3	경기도 수원시	어머니 취업	어린이집	수두 2일 입원		분리불안 심함
2004	4			〃	천식 3일 입원		
2005	5		외조부 사망	〃	폐렴 4일 입원		
2006	6	경기도 양평	어머니 전근	〃			외톨이임
2007	7		어머니 재혼해서 떠남	초 1			학교 싫어하고 자주 아픔
2008	8			초 2			학교에서 자주 싸움
2009	9			초 3			학업성적 떨어짐
2010	10	수원시	할머니 병환	초 4 성적 부진	복통 자주 호소		
2011	11	이모네와 합침		초 5 전학	천식, 재발	축구	할머니와 자주 다툼
2012	12	어머니 재혼 사실 알게 됨		초 6 무단결석			흡연
2013	13			중 1 성적 부진	금연학교		흡연, 음주
2014	14			중 2 폭력	팔골절	불량서클 가입	학교에서 패싸움 가담
2015	15		생모 찾아가나 박대받음	중 3 무단결석			가출
2016	16			고 1 학업성적 저하			비행서클 가입

초점을 잡는 데 큰 도움이 될 수 있을 것이다.

(6) 역할이론

역할이론은 사정에서 활용도가 높다. 복잡한 현대 사회에서 사람들은 자신의 사회적 역할을 수행하는 과정에서 스트레스가 증가하는 경험을 한다. 역할수행상의 문제에는 역할갈등, 역할모호성, 역할단절, 역할과다가 있다.

① 역할갈등

역할갈등이란 한 개인이 수행하는 다수의 역할이 서로 갈등하여 생기는 문제로, 역할 내 갈등과 역할 간 갈등이 있다. 역할 내 갈등이란 다문화가정의 결혼이주여성이 생각하는 며느리 역할과 한국의 시댁식구들이 생각하는 며느리 역할이 일치하지 않는 것처럼, 한 역할에 대한 상호 간의 기대가 일치하지 않아 생기는 갈등이다. 역할 간 갈등은 한 개인이 수행하는 여러 가지 역할이 서로 일치하지 않을 때 발생한다. 예를 들어, 대학생이 학생이면서 아르바이트하는 편의점 직원이고, 아픈 어머니의 간병을 혼자 맡고 있을 때, 각 역할이 요구하는 바가 서로 충돌하는 것이다.

② 역할모호성

역할모호성이란 특정한 지위에 대한 역할이 분명히 규정되지 않았을 때 발생한다. 인턴으로 출근한 첫날, 열심히 하라고 하면서 무슨 일을 해야 하는지 업무지시를 해 주지 않을 때 느끼는 당혹감과 같다.

③ 역할단절

역할단절은 삶의 주기에 따라 역할이 변하는데, 변화된 역할 간에 유사성이 부족해서 생기는 문제다. 직장에서 은퇴하여 가정의 생계책임자로서의 역할을 상실한 남성이 낮 시간을 어떻게 보내야 할지 난감하게 느끼는 경우를 예로 들 수 있다.

④ 역할과다

역할과다는 한 개인이 자신에게 주어진 다중의 역할을 부담스럽게 여기는 데서 오는 문제로 다분히 주관적 측면이 강하다. 예를 들면, 두 명의 유아기 자녀를 둔 직장여성이 어머니로서, 직장인으로서, 그리고 아픈 부모를 돌보아야 한다면, 명백한 역할과다 문제가 있다.

(7) 자아방어기제

사람들은 불안이나 스트레스 상황에 직면하면 자아방어기제를 사용한다. 자아방어기제에 대한 지식은 갈등과 개입전략에 대한 클라이언트의 반응을 예견하거나 이해하는 데 필수적이다. 자아방어기제는 자아(ego)가 원초아(id)와 초자아(super-ego)의 요구나 과거의 불유쾌한 기억과 외부로부터의 압도적인 요구로부터 자신을 보호하기 위해 무의식적으로 작동하는 심리기제다. 자아방어기제는 때로는 불안을 감소시키는 긍정적 효과도 있지만 높은 수준으로 자아방어기제를 사용하게 되면 현실인식 능력과 대인관계 능력을 손상시킬 수 있다. 흔히 관찰할 수 있는 자아방어기제는 다음과 같다.

- **부정**(denial): 고통스런 현실을 직면하기를 무의식적으로 거부하는 것으로, 예를 들면 자녀가 사고 등으로 사망이 확실시되지만 유해를 찾지 못한 부모가 자녀의 생존을 믿는 것이다.
- **합리화**(rationalization): 인정하기 어려운 자신의 생각이나 행동에 대해 사실과 다르게 그럴듯한 이유를 붙여 사회적으로 정당화시키려 하는 것이다. 포도가 높은 곳에 열려 있어 따 먹지 못한 배고픈 여우가 '신 포도'여서 안 먹는다고 둘러대는 유명한 『이솝우화』의 예가 있다.
- **투사**(projection): 원치 않는 충동이나 감정을 다른 사람에게 전가하고 그에 비추어 반응하는 것이다. 어머니를 증오하는 딸이 도덕적으로 인정되지 않는 이 감정을 '어머니가 나를 미워해'로 어머니에게 전가하고 그래서 자신이 어머니를 싫어한다고 정당화하는 예를 들 수 있다.

- **억압**(repression): 사회적으로 허용되지 않는 충동에서 오는 불안이나 죄의식을 자아가 감당하기 어려울 때 충동을 무의식에 묻어버리는 것이다. 예를 들면, 아동기 성학대 피해자가 자기에게 잘못이 있어 그런 일이 일어났을지도 모른다는 불안과 고통, 죄의식을 감당하기 어려워 사실 자체를 무의식에 숨겨버리는 것이다.
- **퇴행**(regression): 직면한 스트레스 수준이 높을 때, 현재의 성숙 수준에서 전 단계 수준으로 후퇴하는 것으로, 동생을 본 유아가 부모의 애정을 동생에게 빼앗긴다는 스트레스 때문에 부모의 애정과 관심을 끌기 위해 아기처럼 행동하는 것이다.
- **지성화**(intellectualization): 자신의 강렬한 감정을 감당하기 어려워서 감정을 분리하고 추상적이고 이론적인 태도를 보이는 것으로, 지적 수준이 비교적 높은 사람들에게서 많이 나타난다.
- **반동형성**(reaction formation): 불안을 가져오는 충동이 심하게 억압된 사람이 이 충동과는 정반대 행동을 보이는 것을 말한다. 예를 들면, 동성애적 충동이 있는 사람이 '동성애는 인류의 멸망을 가져오므로 절대 인정해서는 안 된다.' 등의 호모포빅(homophobic)한 반응을 보이는 것이다.

이 외에도 감당하기 어려운 정서적 고통으로부터 자신을 보호하기 위해 감정을 의식에서 분리하는 정서적 고립(emotional isolation), 충동의 대상물을 본래의 대상보다 덜 위험한 쪽으로 옮겨 가는 전치(displacement), 스트레스와 갈등해소를 위해 바람직하지 못한 행동을 취하는 행동화(acting out) 등이 있다. 자아방어기제의 가장 큰 특징은 무의식적으로 발현된다는 것이다. 클라이언트의 방어기제를 사정하는 것은 방어기제 이면을 이해하기 위해서다. 클라이언트의 방어기제를 넘어서기 위해서는 사회복지사의 온정적이고 공감적인 신뢰관계 수립이 가장 중요하다.

(8) 사회적 관계망 지도

사회복지 클라이언트는 사회적 지지가 없거나 매우 약한 특성을 갖고 있는데, 클라이언트가 적절한 사회적 지지를 사용할 수 있도록 하기 위해 클라이언트의 잠재적인 사회적 지지를 확인하고 사정할 필요가 있다. 사회적 지지는 자연환경으로부터 개인의 안녕과 건강에 기여하는 사회적 힘(social forces)이다. 고트립(Gottlieb, 1983)은 사회적 지지를 개인에게 친밀하다고 생각되는 사람들이 제공하는 언어적 · 비언어적 충고, 수혜자에게 정서적으로나 행동적으로 바람직한 효과를 제공하는 가시적인 유형의 원조나 행동으로서, 개인의 전체 생활주기에서 보호적 역할을 하는 것으로 보았다. 카플란(Kaplan, 1986)은 사회적 지지의 출처로 가족과 친척의 1차 집단뿐 아니라 친구, 이웃, 상호부조 집단, 지역사회의 관련 인물 등을 들었다. 사회적 지지를 효과적으로 사정하는 방법으로는 사회적 관계망 지도와 표를 이용할 수 있다. 사회적 관계망 지도는 클라이언트가 가지고 있는 사회적 관계의 종류를 보여 주고, 사회적 관계의 지지 정도와 질 그리고 지지의 방향을 보여 준다([그림 11-4] 참조).

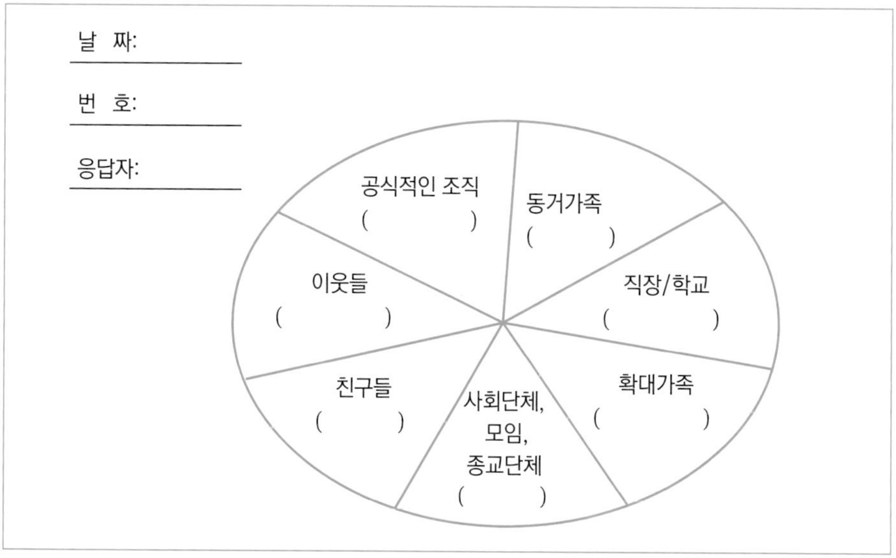

그림 11-4 ● **사회적 관계망 지도**

출처: Tracey & Whittaker(1990).

사정은 이처럼 다차원적인 과정으로 여러 가지 목적을 수행하게 된다. 사정을 통해 사회복지사와 클라이언드는 문제의 발생과 지속에 관계된 요인들뿐만 아니라 문제해결에 도움이 되는 요인 및 방해 요인들을 이해할 수 있게 된다. 결론적으로, 사정은 '누가, 왜, 무슨 문제가 있는가'를 공식화하는 것이며 '무슨 문제/욕구가 있는 누구의 변화 가능성을 무엇(이유) 때문에 어떠하다(높다/낮다)'로 평가하는 과정이다.

2. 계획

1) 계획의 정의

사정이 사회복지사와 클라이언트 사이에서 공유되고 나면 개입활동의 목표를 설정하고 구체적인 사항을 협의해야 하는데, 이를 계획(Planning)이라고 한다. 사정과 계획은 같은 선상의 연결 개념으로 생각되기 쉽지만, 사정이 수집된 정보와 가능성들에 대해 선택과 비평이 이루어지는 단계라면, 계획은 해결방안을 형성하는 단계로서 사정 단계에서 규정된 문제에 대해 정보를 변화전략으로 전환한다는 점에서 구분된다. 커스트-애시만과 헐(Kirst-Ashman & Hull, 2009)은 계획과정에서는 개입의 수준도 생각해야 하는데, 미시-중시-거시수준의 개입계획을 고려해야 한다고 하였다.

사회복지실천의 모든 과정에서 클라이언트의 참여와 자기결정이 중요하다는 점은 계획과정에서도 반드시 지켜져야 한다. 클라이언트야말로 자기의 문제를 어떻게 해결하고 싶은지에 가장 깊숙이 관련된 사람이며, 사정과 계획에 이르기까지의 기초 자료를 제공한 주된 자료원이기 때문이다.

2) 계획의 과업

시포와 호레이시 등(Sheafor, Horejsi, & Horejsi, 2008)은 계획의 과업을 다음과 같은 다섯 가지로 제시하였다.

① 클라이언트가 달성하기 원하는 목표를 구체화하는 것
② 목표달성에 필요한 변화의 내용을 명확히 하는 것
③ 목표달성을 위한 변화전략의 대안을 선택하는 것
④ 클라이언트와 사회복지사가 해야 할 행동전략을 결정하는 것
⑤ 전반적인 사회복지실천과정의 시간계획을 세우는 것

계획 단계의 과업수행에서는 클라이언트와 함께 문제의 우선순위를 정해, 최우선 과제(표적문제)에 대해 합의하고 목표를 설정하는 것이 중요하다(Epstein & Reid, 1972). 목표란 클라이언트가 현 상황에서 벗어나기 위한 바람직한 변화의 방향을 구체화한 것이다. 사회복지실천과정에서 목표설정이 중요한 이유는 개입의 방향을 명확히 제시하여 불필요한 혼란을 방지해 주고, 적절한 개입전략과 개입방법의 선택을 용이하게 해 주며, 사례 종결 후 사용된 개입방법과 개입과정의 효과성을 평가하는 기준을 제공해 주기 때문이다.

계획 단계의 핵심은 목표설정, 목표달성 방법의 구체화 그리고 행동과정의 선택인데, 이 내용들은 대개 계약의 형태로 표현된다. 계약이란 목표달성과 전략, 역할, 개입, 평가방법 등을 구체적인 활동용어로 기술하고 이에 대해 사회복지사와 클라이언트가 동의하는 절차를 말한다(양옥경, 2010). 계약은 법적 효력이 있는 것은 아니지만, 클라이언트에게 사회복지실천과정의 구조와 구체성, 참여의무에 대해 규정해 줌으로써 클라이언트의 변화 참여 동기를 배양할 수 있고, 자신의 참여를 통해 목표에 도달해 가는 것을 확인할 수 있게 함으로써 자존감을 향상시키고 자신감을 갖게 하는 부수적 효과가 있다.

커스트-애시맨과 헐(2009)은 일반주의 사회복지실천에 적용할 수 있는 계획

단계를 8개 과정으로 보여 주고 있다(최혜지 외, 2013 재인용; 〈표 11-2〉 참조).

표 11-2 ● 일반주의 실천 개입모델에서 계획 단계 예시

사례: 독거노인의 일상생활 능력이 현저히 저하되어 공동생활가정이나 양로원으로 주거를 옮길 필요가 있는데 클라이언트 본인이 완강히 반대하고, 자녀들은 다른 지방에서 살고 있음.

<table>
<tr><td>1단계</td><td colspan="5">클라이언트의 참여로 함께 일하기
클라이언트 및 통장이 함께 면담에 참여하기로 함</td></tr>
<tr><td rowspan="2">2단계</td><td colspan="5">문제의 우선순위 정하기</td></tr>
<tr><td>문제 1
문제 2</td><td colspan="4">연로하여 일상생활 수행능력(위생, 식사, 청소 등)이 떨어져 자기방임과 사고 우려
클라이언트의 반대('왜 내 집을 두고 내가 다른 데 가서 살아야 해?')</td></tr>
<tr><td>3단계</td><td colspan="5">'문제'를 '욕구'로 변환하기
1. 일상생활 수행능력과 건강문제의 정도 파악
2. 안전과 돌봄이 보장되는 방법 강구</td></tr>
<tr><td rowspan="5">4단계</td><td colspan="5">욕구 충족을 위한 개입수준 평가하기
욕구 2: 안전과 돌봄이 보장되는 방법 강구</td></tr>
<tr><td>수준</td><td>대안</td><td>장점</td><td>단점</td><td>클라이언트 강점</td></tr>
<tr><td>미시체계</td><td>가족이 돌보는 방법</td><td>클라이언트 거부 없음</td><td>실제 가능성 낮음</td><td>독립생활에 대한 의지가 강함</td></tr>
<tr><td>중시체계</td><td>지역사회 보호로, 관련 기관 연계</td><td>클라이언트의 생활반경이 유지되며 모니터링 가능</td><td>책임 소재 불분명하고, 응급사태 발생 시 대처가 늦어질 수 있음</td><td>지역사회 거주기간이 길어 이웃, 근린기관 인지도 높음</td></tr>
<tr><td>거시체계</td><td>양로원, 요양원 등 시설</td><td>지속적 보호로 안전과 건강 유지</td><td>새로운 환경 적응에 대해 클라이언트가 부담 느낌</td><td>양로원, 요양원 등에 대해 알고자 함</td></tr>
<tr><td>5단계</td><td colspan="5">목표 설정하기
어떤 대안이 있는지 자세히 논의하고 생각해 보기</td></tr>
<tr><td>6단계</td><td colspan="5">목표 구체화하기
자녀와의 합가, 주간보호시설 이용, 양로원의 세 가지 대안 논의</td></tr>
<tr><td rowspan="4">7단계</td><td colspan="5">실행단계 구체화하기</td></tr>
<tr><td>누가</td><td colspan="2">무엇을 할 것인가?</td><td>언제까지</td><td>달성 여부 측정방법</td></tr>
<tr><td>1) 클라이언트</td><td colspan="2">자녀와의 합가 가능성 타진, 양로원과 주간보호센터 이용 동료와 이야기하기</td><td>다음 면담(3차) 시까지</td><td>면담, 자녀와 전화 상담</td></tr>
<tr><td>2) 사회복지사</td><td colspan="2">주간보호센터 방문 안내,
양로원 등 시설 정보와 방문</td><td>매주 1곳 방문</td><td>직접 방문</td></tr>
<tr><td>8단계</td><td colspan="5">계약 절차 진행하기</td></tr>
</table>

출처: Kirst-Ashman & Hull(2009)의 단계에 따라 재구성함.

3) 계획 단계에 필요한 기술

다음과 같은 과정을 거쳐 계획을 진행한다.

(1) 클라이언트의 참여 유도

사회복지실천의 모든 과정에서 클라이언트의 참여는 가장 중요한 원칙이다. 클라이언트야말로 자신이 원하는 것이 무엇인지를 가장 잘 알고 있고, 무엇을 할 수 있고 없는지도 가장 잘 파악하고 있을 것이기 때문이다.

(2) 우선순위 설정

클라이언트가 안고 있는 문제는 대개 다양한 수준의 복합적인 특성을 보여준다. 한 번에 모든 문제를 해결하기는 어렵기 때문에 문제 상황을 정리하여 우선순위를 결정하는 작업이 필요하다. 우선순위를 결정하기 위해서는, 첫째, 클라이언트가 이를 문제로 인정하고, 둘째, 문제 상황이 명확히 정의되고, 셋째, 해결이 가능한 것이라는 합의가 있어야 한다. 흔한 예로 아동학대로 법원에서 수강명령을 받은 아버지가 자신이 아동학대 행위를 했다는 사실을 인정하지 않으면 상담의 효과를 기대하기 어렵다. 적어도 클라이언트는 자신이 의도한 바는 아니지만 자녀에게 심신의 상처를 입혔다는 사실을 인정해야 한다. 다음으로 클라이언트는 자녀와의 관계에서 분노와 좌절을 겪을 때마다 폭력적이 된다는 문제 상황을 인식해야 하고, 마지막으로 이 문제는 비폭력적 양육행동을 중심으로 한 부모교육과 가족치료를 통해 개선될 수 있음을 인식하여 개입에 동의해야 한다.

이때 중요한 것은 우선순위 결정이 사회복지사의 판단이 아니라 클라이인트 스스로가 원하는 것이어야 한다는 점이다. 클라이언트의 자기결정권은 사회복지실천에서 지켜져야 할 기본적인 가치인 동시에 클라이언트의 동기와 적극적인 참여가 사회복지실천에서는 핵심 요소이기 때문이다. 단, 이 시점에서 클라이언트의 욕구는 사회복지사와 함께 충분히 상황을 검토하고 정보를 교환한 후

내린 결정이어야 한다(Kirst-Ashman & Hull, 2009 재인용).

(3) 문제를 욕구로 전환하기

우선순위가 정해지면 문제를 욕구로 전환하는 작업이 필요하다. 문제는 스트레스를 유발하기 마련인데, 욕구는 이런 스트레스를 줄이려면 어떤 것이 충족되어야 하는지와 관련이 있다. 문제는 대부분 자원의 결핍과 관련된 것이어서 문제해결은 욕구충족과 동일하다. 문제를 욕구로 전환하는 작업을 통해 사회복지사와 클라이언트는 실제로 어떤 노력을 해야 하는지가 보다 분명해진다. 예를 들어, 아동학대라는 문제는 양육기술 습득과 분노조절 학습이라는 욕구로 전환될 수 있고, 〈표 11-2〉에서와 같은 독거노인의 자기방임과 안전문제는 노인의 안전한 생활조건과 돌봄의 확보라는 욕구로 전환될 수 있다. 그러므로 문제를 욕구로 전환하는 과정은 달성되어야 할 목적을 보다 분명히 드러내 준다. 문제와 욕구, 목표는 밀접하게 연관되어 있어, 문제를 욕구로 전환하는 과정이 목적설정과 직결된다고 할 수 있다.

(4) 개입수준과 전략 선택

문제를 욕구로 전환한 다음 단계는 욕구를 충족시킬 수 있는 전략을 논의한다. 전략은 목적달성과 관련해서 개인이나 그를 둘러싸고 있는 체계에 영향을 주기 위해 조직화된 시도(Johnson & Yanka, 2009)로서, 욕구충족으로 안내하는 경로라고 할 수 있다. 전략을 선택할 때에는 욕구의 우선순위에 따라 욕구를 해결할 수 있는 미시-중시-거시 수준의 접근전략을 생각해 본다. 혼자서 생활하는 것이 어려워진 노인의 '일상생활 수행능력과 건강문제 정도 파악'이라는 욕구를 충족시키기 위한 전략으로 미시체계 수준에서는 가족 돌봄, 중시체계 수준에서는 지역사회 주간보호센터 등 이용, 그리고 거시체계 수준에서는 집을 떠나 양로원이나 요양원으로 모시는 것을 고려할 수 있다(〈표 11-2〉 4단계 참조). 노인의 개인적 생활문제라 해도 욕구충족을 위해서는 자녀들이나 그 지역사회의 돌봄체계, 나아가서는 노인복지제도라는 다양한 수준에서의 접근전략을 생각해 볼 수 있는 것이다. 따라서 사회복지사는 생태학적 관점에서 포괄적인 실행 계획을 세우고 개입 단계에서 계획에 맞추어 적절한 역할을 수행하게 된다. 이처럼 다수준에서 개입전략이 숙고되어야 할 뿐 아니라 각 전략의 장단점을 같이 살피고, 클라이언트의 잠재력과 강점을 강조하면서 가장 효과적이고 효율적인 전략을 선택해야 한다.

(5) 목적설정

목적은 사회복지실천과정의 궁극적 성과를 말하는 것이다. 잘 설정된 목적은 사회복지실천 전체 과정과 개입 결과의 성공과 직결된다. 목적은 미시-중시-거시의 개입수준에 영향을 미친다. 버그와 밀러(Berg & Miller, 1992)는 목적을 설정할 때 도움이 되는 몇 가지를 제안하였다.

우선 목적은 클라이언트가 중요하게 생각하는 것으로 하고, 자신의 언어로 목적을 표현하도록 한다. 또, 클라이언트의 역량을 고려할 때, 성취 가능한 작은 것부터 설정해 보고, 표현은 실행이 가능하고 구체적인 행위로 파악될 수 있도록 표현해 본다. 목적은 실생활에서 성취 가능한 현실적인 것이어야 하지만 쉽게 성취되는 것이 아니라 의식적인 노력이 필요한 정도로 설정되어야 한다. 변화는 쉬운 것이 아니지만 동기화를 통해 성취될 수 있음을 보여 주는 것이 좋다.

(6) 목표 구체화

구체적이고 분명한 목표가 정해져야 개입활동이 효과를 볼 수 있다. 헵워스와 라슨(Hepworth & Larsen, 1993)은 목표의 선정 지침으로 몇 가지를 제안하였다. 우선, 목표는 클라이언트가 희망하는 결과와 관련이 있어야 동기부여가 가능하다. 또한, 목표는 명시적이며 측정 가능한 형태여야 하고 달성 가능한 것이어서 클라이언트가 성취감을 느낄 수 있어야 한다. 목표는 측정이 가능하고 구체적인 내용으로 표현되어야 한다. 예를 들면, '살빼기'보다는 '현 75kg인 체중을 60kg으로 줄이고 6개월 동안 유지하기'로 표현되어야 효과적인 목표라고 할 수 있다. '무엇을 하지 않는다'보다는 '무엇을 할 것이다'라는 식으로 긍정적으로 표현되는 것이 바람직하다. 목표가 정해지면 이에 도달하기 위해 개입활동이 구성되고 수행되는데, 목표가 한번 정해졌다고 해서 변할 수 없는 것은 아니다. 개입과정에서 클라이언트의 문제나 상황이 변하면 목표도 변할 수 있기 때문이다. 초기에 정한 목표가 상황의 변화로 더 이상 의미가 없다고 생각될 때에는 목표를 과감히 수정하는 융통성이 필요하다. 사회복지사의 지식과 기술에 상응해야 하고, 사회복지사의 가치나 권리를 크게 위배하지 않아야 한다. 성장을 강조하는 긍정적 형태로 기술되어야 하고, 기관의 기능과 일치해야 한다. 이를 정리해 보면 다음과 같이 SMART로 표현할 수 있다.

- 구체성(Specific)
- 측정 가능성(Measurable)
- 성취 가능성(Achievable)
- 현실성(Realistic)
- 시기 적절성(Timely)

(7) 실행 단계 구체화

실행 단계의 구체화를 위해서는 '① 누가, ② 무엇을, ③ 어느 정도, ④ 어떤 상황에서, 그리고 ⑤ 언제까지' 할 것인지를 기술한다. 이처럼 목표달성의 주체와 과업, 시간제한을 구체적으로 명시함으로써, 개입 상황을 모니터링할 수 있는 기준을 제시한다.

(8) 계약

계획의 마지막 단계는 계약이다. 표적문제와 목표가 결정되면 서로의 의무와 과업, 구체적 실천활동을 상호 약속하는 계약 단계로 들어간다. 개입활동의 성공 여부는 클라이언트가 자기가 해야 할 일과 역할을 분명하게 인식하고 적극적인 참여가 요구된다는 사실을 인정하는 데 달려 있다. 결국 사회복지실천은 사회복지사와 클라이언트 사이의 일종의 계약관계인 것이다. 라이드와 엡스타인

(Reid & Epstein, 1972)은 서비스 계약이 비자발적인 클라이언트와 일할 때 특히 중요하다고 지적하였다.

계약은 앞의 7단계를 통해 개발된 개입계획에 대해 사회복지사와 클라이언트가 합의하는 과정이다. 계약은 상호 서명한 문서를 교환하기도 하지만, 때로는 구두로(oral), 때로는 암묵적으로 진행되기도 한다. 계약은 사회복지사와 클라이언트가 이해한 내용을 간결하게 재검토하는 것으로서 대개 계약 당사자 및 관련된 주요 인물들의 역할, 문제목록과 목표의 우선순위, 최종 목표, 사회복지사와 클라이언트의 과업과 책임, 개입방법과 개입의 몇 가지 구조적 요인(장소, 기간) 및 평가방법으로 구성된다. 그리고 계약 내용이 개입활동의 진척에 따라 수정 · 보완될 수 있음도 지적되어야 한다. 계약은 구두로도 가능하지만, 최근에는 계약서를 서면으로 작성하는 방법이 선호되고 있다. [그림 11-5]는 계약서의 예시를 보여 준다.

사례번호 2016-○○○

계약서

내담자 성명: 박○○	기관: ○○노인복지관	담당자: 김○○
서비스 이용기간		2016. ○○. ○○.~2016. ○○. ○○.
주요 문제		통장이 관내 독거노인의 안위를 근심하여 의뢰함
문제와 욕구	내담자 사회복지사	간섭받지 않고 내 집에서 살다 죽고 싶다 노령(86세)과 질병으로 사고 및 고독사 우려가 있음
	합의된 문제	1. 노령으로 일상생활 수행능력 저하되어 자기방임과 사고 우려 2. 대안적 거주 형태에 대한 내담자의 거부감
	욕구	1. 일상생활 수행능력검사와 건강 검진 2. 안전과 돌봄이 보장되고 내담자가 동의하는 주거 대안 탐색
목표		1. 검사 및 검진 시행하여 내담자 건강과 독립생활 능력 파악 2. 대안적 주거 형태 탐색에 내담자 참여하여 거부감 감소 최종 목표: 앞으로의 안전과 돌봄이 제공되는 주거생활계획에 따른 합의도출과 시행
과제	사회복지사의 과제	1. 검진계획 세우고 이동서비스 제공하기 2. 주거 대안 제시하기 -자녀의 돌봄제공 가능성 탐색 -복지관 주간보호소 이용 탐색 -요양보호사 방문서비스 수급 자격 확인 -지역사회 내 노인 공동생활가정, 양로원 내담자와 방문하기 -단계별 이주계획 세우고 실천하기
	내담자 및 가족의 과제	-검진받기 -대안 주거 방문하여 설명듣기 -사회복지사의 제안을 가족과 숙고하기
평가		-내담자 안전과 돌봄이 보장된 주거대안 제공 여부 -내담자와 가족의 서비스 만족도 평가

계약 당사자는 위 내용을 이해하였으며 실천함에 있어 상호 책임을 성실히 이행하기로 서약함.

- 본 계약서는 2부 작성하여 각각 1부씩 보관함.

2016년 ○○월 ○○일

서원노인복지관 · 담당자 김○○ (인)

내담자 박○○ (인)

그림 11-5 ● **계약의 예시**

요 약

사정은 수집된 자료를 분석하여 클라이언트의 문제와 욕구를 명확하게 규명하여 개입방향을 설정하는 작업이며 계획은 이를 실천하기 위해 구체적인 해결방안과 접근전략을 제시하는 단계다. 사정은 클라이언트 개인, 가족과 그를 둘러싸고 있는 사회환경을 가계도, 생태도, 개인력(생활력 표), 사회적 지지망 분석 등의 다양한 테크닉으로 분석하여 '무엇을' 해결해야할 것인가를 찾아내는 과정이다. 계획 단계에서는 사정을 통해 선정된 문제에 대한 해결방안을 형성하게 되고, 이때 클라이언트의 참여가 매우 중요한데 클라이언트를 둘러싼 미시·중시·거시적 수준이 고려되어야 한다. 선정된 문제는 클라이언트와 함께 우선순위를 정하고 접근 가능한 욕구로 재구성하는 작업을 거치면 목적과도 자연스레 연결된다. 클라이언트의 욕구해결이 목적이라면 목표는 목적을 달성하기 위한 세부적 활동이다. 따라서 목표는 구체적이어서 충분한 정보를 제공하며 평가가 가능하도록 설정되어야 하며, 최종적으로는 클라이언트와 사회복지사 간의 계약의 형태로 표현되는 것이 바람직하다.

토의사항

1. 임신 6주째에 접어든 고등학교 2학년 여학생이 찾아왔다. 매우 보수적인 가톨릭 가정의 자녀로 본인도 성당에 나가고 있으며, 1년간 사귀어 온 남자친구의 아기를 예기치 않게 임신하게 되었다. 부모는 엄격한 편이며 남자친구는 고등학교 3학년으로 대학 입시 준비에 정신이 없다. 클라이언트는 감정적으로 매우 혼란해하며 부모에게 말하기를 꺼리고 있고, 태아에 대해서도 양가감정을 가지고 있는 듯한데, 자기에게 어떤 선택 가능성이 있는지 알고 싶어 한다. 이 사례에 대해 사정하고 계획을 세워 보자.
2. 잘 알려진 영화나 드라마의 주인공을 선택하여 사회복지실천의 대상으로 보고 개인, 가족, 환경에 관한 사정을 개인의 생활력 표, 생태도, 가계도와 사회적 지지망 지도를 작성해 보자.
3. 사회복지실천과정의 계획 단계에서 미시·중시·거시적 수준의 고려가 필요하다는

말은 무슨 뜻인가? 5세 자녀를 둔 북한이탈주민 한부모가족이 한국에 정착하려고 한다. 도움을 줄 수 있는 친인척도 없고 복지제도는 물론, 보육과 교육, 주거, 지역사회와 취업 등 모든 것이 생소한 이 가족을 지원하기 위한 사정과 계획의 수준을 논의해 보자.

참고문헌

남세진, 조홍식(1997). 집단지도방법론. 서울: 서울대학교 출판부.

양옥경(2010). 사회복지지도감독론. 경기: 양서원.

양정남, 최선령(2007). 사회복지실천론. 경기: 양서원.

Berg, I., & Miller, D. (1992). Working with Asian American Clients: One Person at a Time. Article in *Families in society: the journal of contemporary human services*, *73*(6), 356-363.

Compton, B. R., & Galaway, B. (1999). *Social work practice* (6th ed.). Pacific Grove, CA: Brooks/Cole.

Daiches, S. (1983). Protective Services Risk Assessment in Anetzberger, G. J. (2012). *The Clinical Management of Elder Abuse*. New York: The Haworthn Press.

Epstein, L., & Reid, W. J. (1972). *Task-Centered Social Work*. New York: Columbia University Press.

Gottlieb, B. H. (1983). Social support as a focus for integrative research in psychology. *American Psychologist*, *38*(2), 278-287.

Hepworth, D. H., & Larsen, J. A. (1993). *Direct Social work practice: Theory and Skills*. Pacific Grove, CA: Brooks/Cole.

Johnson, L. C., & Yanka, S. J. (2009). *Social work practice: A generalist approach* (10th ed.). Boston, MAC: Pearson.

Kaplan, L. (1986). *Working with multiproblem families*. Lexington, MA: Lexington Press.

Kirst-Ashman, K. K., & Hull, G. (2009). *Understanding generalist practice* (6th ed.). Chicago: Thomson Brooks/Cole.

Saranson, B. R., Sarason, I. G., & Pierce, G. R. (Eds.) (1990). *Social Support: an*

Interactional view. New York: John Wiley & Sons.

Satir, V. (1967). *Conjoint Family Therapy*. Palo Alto, CA: Science and Behavior Books.

Sheafor, B. W., & Horejsi, C. R. (2008). 사회복지실천 기법과 지침(남기철 외 역, 2010). 경기: 나남.

Sheafor, B. W., Horejsi, C. R., & Horejsi, G. A. (1997). *Techniques and Guidelines for Social Work Practice* (4th ed.). Boston: Allyn and Bacon.

Tracy, E. M., & Whittaker, J. K. (1990). The Social Network Map: Assessing Social Support in Clinical Practice. *Families in Society*, *71*, 461-470.

제12장

개입 단계

1. 개입의 이해
2. 미시적 실천(직접적 개입)
3. 거시적 실천(간접적 개입)

사회복지실천과정에서 개입 단계는 계획 단계에서 발전시킨 활동을 시행하고 모니터링하며, 수정하는 과정이다. 개입을 통해 사회복지실천의 목적을 성취하기 위해서는 명료하고 단순하며 쉽게 이해되는 구체적 목표의 설정과 클라이언트와 사회복지사 양자가 수행해야 할 활동이 체계화되어야 한다. 계획을 실행해 나가는 방법은 미시적인 차원과 거시적인 차원으로 나누어 볼 수 있다. 전통적으로는 클라이언트와의 직접 대면을 통해 좋은 관계에 기반하여 개인의 문제해결 역량을 강화하려는 미시적인 실천이 주목받았다. 그러나 개인적 수준의 개입을 넘어서, 현대 사회의 사회복지 문제에 대한 접근은 클라이언트가 처한 거시적 환경에 대한 이해와 이에 대한 변화 도입 노력이 개입의 중심에 들어와야 한다는 주장도 힘을 얻고 있다. 이 장에서는 개입 단계에서 사용될 수 있는 미시적 · 거시적 실천을 동등한 비중으로 소개하여 균형적 시각을 갖도록 하였다.

1. 개입의 이해

1) 정의

개입이란 클라이언트의 현재 상황에 의도적인 변화를 일으키기 위한 활동이다. 사회복지실천의 '환경 속의 인간' 관점은 개인과 환경의 공유면에 관심을 갖고 클라이언트의 변화를 위해 활동해야 할 영역이 개인인지, 환경인지, 혹은 그 교류면인지를 살펴 개입해 왔다. 시대와 상황에 따라 개입활동은 개인과 환경에 대한 비중을 달리해 왔으며 개인, 가족, 집단에 집중된 활동은 직접적 실천, 또는 개입이 일어나는 수준에 초점을 두어 미시적 실천이라고 부른다. 한편, 클라이언트의 문제해결 초점이 환경의 변화에 있을 때에는 개입활동을 간접적 실천, 또는 거시적 실천이라고 한다. 직접적 실천활동 또는 미시적 실천은 상담, 프로그램 시행 등이 대표적이고 간접적 실천활동 또는 거시적 실천은 지역사회

자원 연계, 자조집단 구성, 권익옹호 활동, 정책 변화 활동 등을 말한다.

2) 개입 단계의 과업

개입 단계는 설정된 목표를 달성하기 위해 변화를 가져오는 구체적인 개입활동이 수행되는 단계다. 개입은 사회복지실천에서 클라이언트의 욕구충족을 통한 문제해결을 위해 사회복지사가 개인, 가족, 집단, 또는 지역사회를 대상으로 하여 자신의 지식과 기술을 바탕으로 수행하는 직접적 · 간접적 활동을 말한다. 이 단계에서 사회복지사는 계획대로 진행되고 있는지를 끊임없이 점검(monitoring)하면서 지지와 환류를 제공해야 한다. 사회복지사가 개입 단계에서 어떤 활동을 해야 할지를 결정할 때에 반드시 염두에 두어야 할 원칙들은 다음과 같다(Johnson, 1986).

- **경제성:** 선택된 활동은 사회복지사와 클라이언트의 시간과 비용을 최소화할 수 있는 것이어야 한다. 클라이언트가 스스로 할 수 있는 일은 사회복지사가 관여하지 말아야 하며 도움을 요구할 때만 도움을 제공하고, 클라이언트가 혼자서 할 수 없는 일만 사회복지사가 한다.
- **클라이언트의 자기결정:** 개입의 전 과정을 통해 클라이언트가 스스로 의사결정을 하도록 돕는다.
- **개별화:** 클라이언트의 특성과 욕구에 맞도록 개입활동을 조정해야 하는데, 클라이언트의 능력과 상황을 고려한다.
- **발달:** 개입의 전체 방향은 클라이언트체계의 발달적 단계에 적합한 것이어야 한다.
- **상호 의존성:** 사회복지사 활동과 클라이언트의 활동은 상호 보완적이어야 하므로 클라이언트의 변화능력을 고려한 후 개입해야 한다.
- **서비스 목표에 초점 두기:** 사회복지사와 클라이언트의 모든 활동은 두 사람이 합의한 목표에 부합되어야 한다.

3) 개입 단계의 사회복지사 역할

개입과정에서 사회복지사의 역할은 매우 다양하다. 콤프턴과 갤러웨이(Compton & Galaway, 1999)는 개입 단계에서 사회복지사 역할을 중개자(broker), 조력자(helper), 교사(teacher), 중재자(mediator) 및 옹호자(advocate)의 다섯 가지로 분류하였다.

- **중개자**: 클라이언트와 자원을 연결해 주는 역할로서 사회복지사는 지역사회의 기관과 자원에 대한 충분한 정보와 지식을 가지고 있어야 한다. 예를 들면, 생활 형편이 어려운 위탁가정이나 양육시설 아동에게 재정 후원자 등의 자원을 연결해 주거나 병원에서 장기이식이 필요한 환자와 장기기증자를 연결해 주는 것이다. 실제로, 우리나라 사회복지실천 현장에서는 중개자의 역할이 큰 비중을 차지하고 있다. 유능한 사회복지사가 되기 위해서는 클라이언트의 다양한 욕구를 파악하는 능력도 중요하지만 이를 충족시켜 줄 수 있는 풍부한 자원과 정보에 정통해야 하기 때문에 평소 지역사회기관의 담당자와 상호 교류하면서 관계를 유지해야 한다.
- **조력자**: 클라이언트가 자기 스스로 문제를 해결할 수 있는 능력을 기르고 필요한 자원을 찾아낼 수 있도록 돕는 역할이다. 사회복지사는 변화 매개자일 뿐 클라이언트 자신이 변화의 주체이므로, 사회복지사는 클라이언트의 능력을 개발하는 데 최선을 다해야 한다.
- **교사**: 클라이언트에게 새로운 정보나 지식 그리고 기술을 배울 수 있도록 도와주고 직접 가르치기도 하는 역할이다. 아동학대 부모에게 발달 단계에 따른 적합한 양육방법을 전수하거나 훈육방법을 알려 주는 일이 그 예다.
- **중재자**: 갈등을 일으키고 있는 클라이언트와 다른 사람 또는 외부체계를 조정하여 합의에 도달하도록 하는 것이다. 한 예로, 자퇴한 학생의 복교를 위해 학교, 학부모, 학생의 다양한 입장과 욕구를 수렴하여 해결방법을 모색하는 것이다.

- **옹호자:** 클라이언트를 대신해서 클라이언트의 이익을 대변해 주는 역할로서 논쟁, 타협, 투쟁 등을 통해 클라이언트의 이익과 권리를 보호하는 것이다. 도심 재개발로 철거를 당하게 된 철거민 세입자들의 권리 확보를 위한 활동이나 학대받은 아동의 권리 옹호활동이 그 예다.

그런데 중요한 것은, 이러한 다섯 가지 사회복지사의 역할이 얼핏 보면 간단한 것 같지만 사실은 인간과 환경에 대한 종합적이고 전문적인 지식과 통찰력, 그리고 경험을 통한 고도의 숙련을 요구하는 일이라는 것이다. 예를 들어, 교통사고를 당해 팔이 마비된 여자 환자가 있다고 하자. 의사는 환자의 신체적 손상을 치유하는 데 주력하고, 물리치료사는 특정한 근육이나 신체의 기능 회복과 강화에 집중한다. 그러나 이들은 이 환자가 경제 사정이 매우 어려운데 가해 차량이 무보험 차량이어서 진료비를 지불할 수 없을까 봐 고민하고 있는 사정이나, 실직한 남편의 음주와 폭력이 집에 있는 아이들에게 미칠까 봐 걱정하고 있는 사정, 또는 생계수단이던 포장마차가 교통사고로 못쓰게 되어 퇴원 후 생계가 막막한 사정에는 관여하지 않는다. 한편, 이 병원의 의료사회복지사는 이런 문제들을 통합적으로 바라본다. 병원비 해결을 위해 가해자에게서 보상을 받을 수 없는지 법적인 절차와 가능성을 파악해 보고, 남편의 알코올 남용, 실직과 어린 자녀의 돌봄 욕구, 장애수당 수급자격 여부 등을 지역의 행정복지센터 등과 연결하여 알아볼 것이다. 퇴원 계획 외에도 재활훈련과 취업 정보를 연결하여 클라이언트의 불안과 절망감을 해소, 일상생활 복귀를 돕는 상담서비스도 계획하는 등 통합사례관리를 연결해 줄 수 있다.

2. 미시적 실천(직접적 개입)

사회복지사의 개입활동은 활동이 펼쳐지는 장(場)의 수준을 기준으로 미시적 실천과 거시적 실천으로 나눌 수 있다. 이를 사회복지사의 개입활동의 접촉대상에 기준을 두어 직접적 개입과 간접적 개입이라고도 부른다. 미시적 실천(직접적 개입)이란 기본적으로 개인, 가족이나 소집단 체계 자체의 변화를 가져오기 위한 활동이다. 사회복지사는 개인과 가족, 지역사회를 대상으로 하여 가족이나 다양한 소집단 체계 내에서의 교류 또는 관계 방식을 변화시키는 데 초점을 두어 상담과 기타 프로그램을 시행한다. 한편, 거시적 실천(간접적 개입)이란 클라이언트를 돕기 위해 클라이언트가 관계하고 있는 사회체계, 소집단, 조직 또는 지역사회의 변화를 가져오는 활동이다. 지역사회자원을 연계하고 지지집단을 형성하며 해당 정책이나 규칙을 변화시키며 권익을 옹호하는 활동이 여기에 속한다.

1) 미시적 실천(직접적 개입)의 적용

미시적 실천(직접적 개입)의 초점은 클라이언트 개인, 가족, 집단의 변화를 가져오는 것이다. 이 중에서 개인의 변화란 클라이언트의 감정, 사고, 행동의 변화를 말하는 것으로서 자신을 보다 긍정적으로 바라보게 되고 과거를 수용하며 앞으로의 도전에 대한 대처능력이 향상되는 것이라고 할 수 있다. 개인에 대한 개입활동을 해밀턴(Hamilton, 1940)은 직접적 치료방법이라고 하여 심리적 · 내적 측면에 대한 개입이라고 하고, 대개 다음과 같은 경우에 필요하다고 하였다.

- 문제가 주로 클라이언트의 내적 · 주관적 원인에서 비롯된 경우
- 대인관계에 문제가 있는 경우
- 문제의 초점이 애매모호하여 문제해결에 어려움이 있는 경우
- 위기 상황에 처하여 감정이 복잡하고 갈등을 겪고 있는 경우
- 자원을 이용할 수 있는 클라이언트의 능력이 손상된 경우

개인의 변화가 목표라면, 사회복지사와 클라이언트는 클라이언트의 인지패턴, 감정과 행동 간의 관계를 검토하고 그동안 지속되어 온 패턴을 확인하여 이

를 대신하게 될 새로운 감정 · 사고 · 행동 방식 습득에 초점을 둔다. 가족이나 친구, 고용주 등과의 대인관계 변화가 목표라면 의사소통 방식이나 갈등해결 방식을 변화시킨다. 개인과 관계 변화를 위한 개입활동은 대개 다음과 같은 범주로 구성된다(Johnson, 1986).

- 클라이언트의 사회적 기능을 지원하는 활동
- 클라이언트와 다른 사람의 사회적 기능을 조정하기 위해 취하는 활동
- 관계를 발전시키기 위한 활동
- 상황 속의 개인을 이해하기 위한 활동
- 문제 상황을 분석하고 대안을 창안할 수 있게 하는 활동
- 계획과정에 필요한 활동
- 클라이언트로 하여금 가능한 자원을 인식하고 이용할 수 있게 해 주는 활동
- 위기 상황에서 필요한 활동

2) 미시적 실천(직접적 개입)의 실천기법

개인에 대한 개입활동에서 주로 사용하게 되는 기술들은 개인의 문제가 내부 · 외부로부터의 스트레스에 대한 대처능력의 부족에서 비롯된다는 시각에서 출발하는 것으로서, 이를 수정하는 데 필요한 기술은 의사소통 기술, 행동변화 기술이 있다. 이러한 기술들은 문제가 되는 클라이언트의 사고와 감정 및 행동을 변화시키는 기법으로 활용된다.

(1) 의사소통 기술

의사소통 기술은 관계형성 기술로서 사회복지사와 클라이언트 사이에 변화를 가져올 수 있는 대화기술을 의미하는데, 구체적으로는 클라이언트의 감정과 사고에 대한 개입에 초점이 맞추어진다. 클라이언트의 정서적 안정과 인지구조의 변화, 클라이언트 자신과 문제 상황, 자원에 대한 상황 인식능력 향상 등의

기법이 있다.

① 정서적 안정을 위한 의사소통 기술

정서적 안정이란 낙담, 좌절, 의기소침과 무력감, 자신감 결여 등의 심적 상태를 건강하고 자신감 있는 상태로 회복시키고, 불안, 분노, 죄의식 등의 불합리하고 불건전한 정서를 적절히 해소하도록 도와 자아기능을 회복시키는 것을 말한다. 사회복지사가 사용할 수 있는 기술로는 격려, 재보증, 일반화와 환기법 등이 있다.

- **격려**(encouragement): 클라이언트의 문제해결 능력을 향상시키려는 기법의 하나로 클라이언트를 인정하고 칭찬해 주는 것이다. 반항적인 10대 자녀의 문제행동에 대해 소리를 지르거나 폭력을 써서 관계를 악화시킨 아버지에게 자녀와의 대화법이나 관계기술 훈련을 통해 개입을 하려는 사회복지사가 있다고 하자. 이 경우, "모든 일이 잘될 것입니다."와 같은 일반적인 격려보다는 "지난번에 보니, 딸에게 화가 무척 나셨을 텐데, 우리가 의논해서 정한 대로 정말 잘 참으시더군요."와 같이 구체적인 행동 결과나 태도를 격려해 주는 것이 클라이언트의 문제해결에 대한 능력과 동기 및 자신감을 북돋울 수 있다.
- **재보증**(reassurance): 자신의 능력이나 자질에 대해 회의하고 있는 클라이언트에게 사회복지사가 신뢰를 표현해 줌으로써 클라이언트의 자신감을 향상시키는 기법이다. 시험을 앞두고 시험에 대한 불안으로 자포자기하려는 청소년에게 "이번에는 정말 열심히 노력했으니 마음을 가다듬고 침착하게 하면 잘할 수 있다고 믿어."와 같이 접근하는 것이다.
- **일반화**(universalization): 클라이언트가 특별하게 자신만이 가지고 있다고 생각하는 사고, 감정, 행동이 사람들이 공통적으로 겪는 일임을 지적해 줌으로써 클라이언트가 자기 자신을 다른 사람들로부터 소외시키거나 일탈감을 갖지 않도록 하는 기법이다. 소진(burnout)을 겪고 있는 교사나 간호

사가 자기 학생이나 환자에 대해 예전 같은 애정이나 사명감을 느끼지 못하게 되어 고민하고 있을 때, 의외로 많은 사람들이 그런 고비를 겪게 되며 클라이언트만이 가지는 특별한 약점이 아니니 죄책감을 덜고 대처방법을 찾아 극복할 수 있다고 이야기해 주는 것이 한 예가 될 수 있다.

- **환기**(ventilation): 클라이언트의 억압되어 있는 감정, 특히 부정적인 감정인 분노, 증오, 슬픔, 죄의식, 불안 등이 문제해결을 방해하거나 감정 자체가 문제가 되는 경우 이를 표출하도록 함으로써 감정의 강도를 약화시키거나 해소시키려고 하는 기법이다.

② 인지구조의 변화를 위한 의사소통 기술

인지구조의 변화란 클라이언트의 왜곡되거나 부정적인 사고구조를 변화시켜 자신과 상황을 좀 더 현실적으로 인식하도록 돕는 방법으로 초점화, 직면, 재명명 기법 등이 있다.

- **초점화**(focusing): 클라이언트가 자기 문제를 언어로 표현할 때 느끼는 혼란과 산만성을 점검해 줌으로써 클라이언트의 말 속에 숨겨진 선입견, 가정, 혼란을 드러내어 자신의 사고과정을 명확히 볼 수 있도록 해 주는 기법이다. 초점화를 잘하려면 사회복지사가 적절한 시기에 질문을 함으로써 클라이언트가 자신의 정보, 감정, 경험을 분류하여 명료히 하고 정리할 수 있게 해 주어야 한다.
- **직면**(confrontation): 도전(challenge)이라고도 한다. 클라이언트가 자신의 문제를 부정하거나 회피하고 합리화하여 변화를 거부할 때 사용하는 기법이다. 예를 들면, 배우자 학대로 인해 법원의 상담명령을 받고 가해자 프로그램에 들어온 클라이언트가 학대 사실을 부정하거나 배우자에게 책임을 돌리며 피해 사실을 최소화하는 등 성실하지 못한 태도를 보일 때 이용할 수 있다. 직면기법은 주로 클라이언트의 행동이 자기에게도 도움이 되지 않으면서 타인에게 위협이 될 때 이를 재인식하도록 하기 위해 쓰인다

(Sheafor, Horejsi, & Horejsi, 1997).

- **재명명**(reframing): 재구성이라고도 한다. 어떤 문제에 대해 클라이언트가 부여하는 의미를 수정해 줌으로써 클라이언트의 시각을 긍정적인 방향으로 변화시키려는 전략이다. 예를 들면, 모범생이고 부모 말에 순종하던 15세 딸이 갑자기 옷차림이나 귀가시간이 변하고 말대꾸와 반항이 늘어 근심하는 어머니가 있다고 하자. 재명명은 어머니로 하여금 자신의 15세를 뒤돌아보게 하고 딸의 행동이 청소년기의 발달과정에 따른 전환기적 현상임을 지적해 주어 크게 병리적인 현상이 아니라 정상적인 발달의 한 과정임을 볼 수 있게 해 주는 것이다. 이렇게 함으로써 어머니의 입장만이 아니라 딸의 입장에서 문제를 조명함으로써 딸의 행동에 대한 어머니의 이해를 증진시키고 관계 악화를 예방하는 것이다.

③ 상황인식 능력 향상을 위한 의사소통 기술

클라이언트의 상황인식 능력 향상이란 클라이언트 자신의 정서상태와 인지구조 및 행동, 문제와 이를 둘러싼 상황, 동원 가능한 자원에 대한 클라이언트의 통찰력을 높이는 것을 말한다(김융일, 조홍식, 김연옥, 1995). 사용되는 기술로는 정보 제공과 조언(충고하기) 등이 있다.

- **정보 제공**: 클라이언트의 문제해결 능력을 향상시키기 위해 필요한 정보와 지침을 제공하는 것이다. 예를 들면, 청소년기 자녀를 둔 부모가 변해 가는 자녀의 모습과 반항적인 언행에 힘겨워할 때, 부모교육을 제공하는 다양한 기관과 교육내용을 소개하거나, 부모들의 자조모임을 소개한다.
- **조언**(충고하기): 사회복지사가 클라이언트에게 이러저러하게 하는 것이 어떻겠느냐고 추천하는 것이다. 사회복지사는 전통적으로 충고하기를 주저한다. 충고가 클라이언트의 자기결정 원칙에 위배되는 것처럼 보이기 때문이다. 그러나 실제 실천현장에서는 충고의 형태로 주는 조언이 적절할 때가 있다(Dorfman, 1996). 사회복지사는 클라이언트가 조언이나 충고를 원

하는지를 간접적으로 표현하는지에 대해 민감히 살펴야 한다.

조언이나 충고의 성패는 이를 받아들이는 클라이언트의 능력에 달려 있으며, 충고와 같이 직접적인 영향을 미치는 방법에는 강조하기, 암시하기, 촉구/주장하기 그리고 클라이언트의 실제 생활에 대한 강제적 개입의 네 가지가 있다(Woods & Hollis, 1990). 강조하기란 클라이언트가 이미 하려고 하는 행동과정에 동의해 주는 것이며, 암시하기란 자신의 생각을 반영하는 것이다. 예를 들면, 전화도 없이 밤늦게 술이 취해 들어온 고등학교 1학년 아들을 둔 아버지가 "너무 화가 나서 한 번 더 이런 일이 있으면 쫓아내 버리겠다."라고 말했지만 사실 속으로는 어떻게 다루어야 할지 걱정된다고 토로한다. 사회복지사는 "걱정되시겠어요. 그런데 자녀가 술이 취한 상태에서는 아버님의 걱정을 잘 이해할 수 없을 것 같으니, 우선 몸이 괜찮은지 확인하고 빨리 재운 다음, 다음날 아침에 집에서 얼마나 걱정했는지를 말씀하시고, 다음에는 이런 일이 없도록 하라고 말씀하신다면 어떨까요?"라고 조언할 수 있을 것이다. 촉구/주장하기란 강요하는 수준으로 충고하는 것으로, 이 예에서 "혼내 주기 위해서는 술에 취해 들어왔을 때 매를 들어서라도 가르쳐야 하지 않나요?"라는 클라이언트의 말에 "절대로 폭력은 쓰시지 마세요. 오히려 반감만 불러일으킬 뿐입니다."라고 응답하는 것이다. 끝으로, 클라이언트의 실제 생활에 대한 강요 수준의 개입 예로는 종교적 신념 때문에 어린 자녀의 수혈이나 수술을 거부하는 부모에게 의료적 방임을 적용하여 양육권을 일시 정지시키고 자녀가 치료를 받도록 하는 경우를 생각해 볼 수 있다.

(2) 행동변화 기술

클라이언트의 행동을 변화시키는 것이 목적일 때 사용하는 기법들은 주로 행동수정이론에 기초하고 있다. 행동수정이론은 인간의 행동은 그 행동을 발현시키는 선행조건(Antecedents)과 행동(Behavior) 그리고 그 행동의 결과(Consequence)라는 A-B-C 관계로 분석한다. 즉, 특정한 행동은 그 행동의 결과에 영향을 받는다고 보기 때문에 선행조건과 결과에 조작을 가함으로써 표적행동 자체를 변화시킬 수 있다고 가정한다. 행동변화 기술로는 바람직한 행동을 새로 형성하고자 하는 경우의 강화와, 문제행동을 제거하고자 하는 경우에 사용하는 벌 또는 소거가 대표적이다. '강화(reinforcement)' 특정한 행동이 보상을 받으면 그 행동이 다시 일어나기 쉽다는 원리에 따른 것이며, '처벌(punishment)'은 특정한 행동이 불유쾌한 결과를 초래하면 그 행동은 약화되거나 없어진다는 원리에서 온 것이다. 한편 '소거(extinction)'는 벌을 사용하는 대신 특정 행동에 강화를 해 주지 않음으로써 자연히 그 행동이 소멸되도록 하는 것이다. 행동변화의 또 다른 기법 중 많이 사용하는 것은 '모델링(modeling)'이다. 모델링은 타인의 바람직한 행동을 그대로 모방함으로써 행동을 변화시키려는 것으로 클라이언트가 모방할 수 있는 행동의 예를 제시하는 것이다. 모델링을 위해 실제 다른 사람의 행동을 직접 관찰해야만 하는 것은 아니다. 책을 읽거나 비디오나 역할극 등을 통해서도 시행할 수 있다. 다음의 사례는 강화와 처벌 및 소거의 적용 예를 보여 준다.

> 말을 배우는 유아에게 말을 할 때마다 완벽하지 않은 말이라도 부모가 칭찬과 격려(강화)를 해 주면 유아는 말을 더 많이 빨리 배우려고 한다. 그러나 정확하게 말하지 못한다고 꾸짖게 되면(벌) 유아는 말을 하는 행동의 결과가 불유쾌한 것이므로 말을 잘하지 않게 된다. 또한, 유아가 말을 시도할 때 아무런 관심이나 반응을 보이지 않으면(소거) 말을 배울 이유를 발견할 수 없기 때문에 유아의 언어발달이 늦어진다. 또, 부모가 서로에게 존댓말을 쓰게 되면 유아도 자연히 존댓말을 익히게 된다(모델링).

(3) 가족 대상 미시적 실천 기법

사회복지사는 클라이언트 개인뿐 아니라 가족 전체를 대상으로 일하기도 한다. 가족은 사회복지실천의 매우 중요한 대상체계로서, 가족구성원 간 관계에서 비롯되는 문제나 가족 외부의 체계들과의 문제가 관심의 대상이다. 가족과 일할 때 개입 내용은 대개 다음과 같다.

- 개별 가족구성원을 돕기
- 가속의 상호작용을 변화시키기
- 가족생활주기에서 변환기 발달과업 수행을 돕기
- 가족관계 문제해결을 돕기
- 가족과 외부 환경체계(학교, 직장, 이웃, 의료 · 사법 · 복지 체계 등)와의 갈등 해결을 돕기

가족 내부의 문제에 개입할 때 사회복지사는 가족이 동참하여 문제를 해결할 수 있도록 도와주는 멘토(mentor) 또는 코치(coach)의 역할을 하게 된다. 구체적으로는 가족상담, 가족치료, 부모교육과 훈련, 사례관리 등이 진행된다. 특히, 가족치료에서는 가족체계이론의 이해가 필수적인데, 가족 내 경계 만들기, 탈삼각화, 가족조각기법 등이 사용된다.

① **가족 내 경계 만들기**(boundary making): 가족구성원이 지나치게 밀착되거나 분리되어 있을 때 적절한 경계를 만들어 주는 것으로, 밀착가족에서는 개인의 독립성과 자율성을 확보해 주는 한편, 분리된 가족에서는 상호작용이 보다 활발히 이루어지도록 하여 건강한 하위체계의 구성을 돕는다.

② **탈삼각화**(detriangulation): 가족 내 두 사람 사이의 갈등을 해결하기 위해 제3자를 끌어들이는 행동유형을 탈피하도록 한다. 보웬은 개인으로서의 분화가 제대로 이루어지지 않은 가족일수록 두 구성원 간의 불안이나 긴장이 고조되면 제3의 가족구성원을 끌어들여 삼각관계를 형성하려는 경향을 보인다고 하였다. 예를 들어, 부부갈등이 발생했을 때 어느 한편이 자녀로 하여금 자신을 편들게 하는 것이다. 탈삼각화는 이때 부부가 자녀를 끌어들이지 않고 당사자끼리 갈등을 해결할 수 있도록 함으로써 자녀가 부모의 갈등에서 자유로울 수 있게 하는 기법이다.

③ **가족조각**(family sculpting): 사티어(Satir)의 가족치료 개념 중 하나다. 사티어는 개인의 성숙, 자아존중감, 의사소통, 가족규칙의 네 가지를 통해 가족체

계의 성숙 정도가 결정된다고 하였다. 가족이 역기능적일 때, 가족의 재구조화를 위하여 가족구성원으로 하여금 자신의 가족을 물리적 공간에 배치하게 하여 가족의 관계 유형을 어떻게 인식하고 있는지를 알아보는 것이다. 가족조각은 가족에 대한 내적인 감정을 보다 잘 표현하고 은밀한 생각과 느낌을 외면화시켜 서로의 이해를 돕는다. 가족과 외부체계와의 문제를 다루어야 할 때에는 가족의 욕구사정에 따라 적합한 사회적 자원과의 연결, 가족의 권리 옹호, 갈등 중재와 같은 간접적 개입이 필요하다.

(4) 집단 대상 미시적 실천기법

개인과 가족 못지않게 사회복지사는 다양한 집단과도 일한다. 집단 속의 개인은 집단구성원 간의 관계 및 상호작용이라는 집단 경험을 통해 성장하고 발전한다. 집단과 일하는 사회복지사는 집단의 구조, 기능, 발달에 따른 집단역동과 같은 집단과정에 대한 지식은 물론, 집단문화 등을 잘 이해하고 있어야 집단사회복지실천을 효과적으로 진행할 수 있다. 집단은 동질적 문제를 가진 사람들로 구성되기도 하고 때로는 다양하고 이질적인 구성원으로 집단이 만들어지기도 하는데, 이는 집단 전체의 목적에 따라 결정된다. 집단에는 개인의 성장을 촉진하거나 구체적 기술을 발달시키려는 목적에서 형성된 부모교육집단, 사회성훈련집단, 청소년리더십집단과 사회적 기능을 저해하는 장애를 극복시키려는 치료집단이 있다.

집단사회복지실천에서는 사회기술훈련이 많이 사용된다. '사회기술훈련(Social Skills Training)'은 클라이언트가 현재 생활에서 역할수행, 대인관계, 생활주기상의 문제에 효과적으로 기능하는 데 필요한 기술을 학습하도록 돕는 과정이다. 사회기술훈련은 예방적 · 치료적 측면에서 효과적인 접근이라고 알려져 있으며 자기주장 훈련, 문제해결 훈련, 적극적 경청, 효과적 대화기술, 분노조절 프로그램 등에서 사용된다.

3. 거시적 실천(간접적 개입)

사회복지실천은 전통적으로 개인과 환경의 공유영역에 초점을 두고 시대와 상황에 따라 인간과 환경 중 어느 한편을 상대적으로 강조해 왔다. 1970년대에 와서 인간과 환경의 중요성을 균형 있게 중시하는 통합방법론이 대두되었다. 하지만 전문화의 추세 속에서 겉모습만 통합이었지 과정론과 지원의 방향은 여전히 개인 변화 중심의 미시적인 실천에 경도됨으로써 문제의 근간이 되는 환경적 요인, 특히 사회구조적 문제를 해결하는 데 여전히 미흡하다는 평가를 받고 있다(김미원, 1997; 김성천, 2019). 이러한 한계를 극복하기 위해서 등장한 것이 이 책 제6장 5절에서 소개한 비판적 사회복지실천으로 거시적 실천(macro practice)으로도 명명되고 있다. 사회구조적 문제해결과 사회정의 실천에 일차적인 관심을 갖는 거시적 실천은 지역사회운동, 임파워먼트, 옹호 등의 방법을 중심으로 사회적 배제, 불평등, 차별과 억압 등의 거시적 문제에 관심을 가짐으로써 클라이언트가 겪고 있는 어려움에 대하여 근본적인 방법으로 접근하고자 한다.

따라서 이 절에서는 미시적 실천의 한계를 보완할 수 있는 대안적 방법으로 환경의 변화를 중시하는 거시적(간접적) 사회복지실천 방법을 소개하고자 한다.

사회복지실천에서 클라이언트를 잘 도우려면 개인을 변화시키려는 노력만 필요한 것이 아니다. “개인적인 것이 정치적인 것이다”라는 표어처럼 개인의 문제는 사회구조와 정치의 문제에 매우 밀접하게 영향을 받으므로, 클라이언트가 겪고 있는 문제의 원인이 되는 환경과 사회구조를 변화시키기 위한 적극적인 노력이 필요하다. 전통적으로 이러한 영역에 관여하는 사회복지실천의 방법은 간접적 개입으로 소개되어 왔다.

간접적 개입은 클라이언트를 둘러싼 환경의 변화를 통해서 목표에 도달하는 방법으로 다음과 같은 예를 들 수 있다.

- 빈곤가정을 국민기초생활보장수급자로 책정하여 재정적 원조를 해 주거나 의료 및 보육서비스를 지원하는 등 각 기관과 긴밀히 협조하여 원조를 제공하는 것
- 학대받는 아동이나 배우자에게 쉼터를 통해 일시보호를 제공하는 것
- 중퇴한 학생의 복교를 위해 당국과 학생 사이를 중재하는 것
- 직장 내 폭력방지를 위한 상담이나 스트레스 관리 프로그램을 개발해 주는 것
- 아동, 노인 또는 정신지체장애인이나 사회 · 경제적, 교육적 박탈로 인해 자기 권리를 주장하지 못하는 클라이언트의 권리를 다양한 방법으로 옹호하는 활동을 하는 것

그러나 위와 같은 대책들은 대부분 기존의 거시적 사회구조와 환경의 체계를 그대로 인정한 상태에서 가용할 수 있는 서비스와 자원들을 활용하는 방법으로 적응 기능적이라는 비판을 받을 수 있다. 예를 들어, 한국에서 휠체어 장애인이 활동보조 서비스와 장애인 콜택시 서비스 등을 받는다 하더라도 대중교통을 이용하는 데 여전히 사회적 장애가 많고, 이동과 일상생활에서도 많은 제한과 차별을 받는다. 그런데 만일 이 장애인이 스웨덴이나 미국에서 시민권을 갖고 산다면 지금보다 훨씬 나은 환경 속에서 생활할 수 있을 것이다.

환경을 변화시키려는 개입은 전통적 거시실천[1]과 비판적 거시실천으로 분류할 수 있다. 전통적 거시실천은 환경에 대한 개입을 수행하나 환경을 변화시키려는 개입은 제한적이고, 보수적이다. 궁극적인 목적은 클라이언트가 기존 환경에 적응하도록 기존 환경을 조정하거나 재배치 및 부분적인 개선이 이루어지게 돕는 것이다. 이에 반해 비판적 거시실천은 문제의 근본적인 원인이 환경에 있으므로 그 환경을 변화시키는 데 초점을 둔다. 따라서 클라이언트에게 영향을 주는 법과 정책, 문화와 가치, 편견으로 작용하는 사회적 이데올로기, 지역의 환경과 자원 등이 문제의 원인이 된다고 보고 이를 변화시키기 위한 개입실천을

1 여기서 전통적 거시실천이란 기존의 교과서에서 간접실천으로 분류되던 것이다.

지향한다. 따라서 여기서는 자원개발과 중개 및 의뢰, 서비스의 점검과 조정 등의 전통적 방법과 함께 임파워먼트, 옹호, 사회운동, 관료주의 대응, 사회적 공감, 사회적 지지 등의 방법 등의 비판적 방법을 소개한다.

1) 전통적 거시실천

(1) 자원개발

사회복지사는 클라이언트의 욕구에 입각한 목표달성을 위해 지역사회 내에서 찾을 수 있는 공식적 자원망은 물론 비공식 자원을 개발하고 이러한 자원들이 클라이언트의 욕구 해결에 활용되는 자원망이 될 수 있도록 클라이언트와 관련 체계의 역량을 강화시키는 지원활동을 해야 한다.

자원은 그 속성에 따라 내적 자원과 외적 자원 그리고 공식, 비공식 자원으로 구분될 수 있다. 내적 자원으로는 클라이언트 개인과 가족이 해당되고 외적 자원은 공식 자원으로 민간과 공공의 자원이 해당되고 비공식 자원으로는 아직 자원이 되지 않은 개인과 집단, 단체, 기업 등이 해당된다(Bellow & Mink, 1996).

표 12-1 ● **자원의 소재에 따른 분류**

내적		외적			
		공식		비공식	
개인	가족	공공	민간	개인	집단, 단체, 기업 등

공식 자원이라 함은 전달체계 내에서 전달되는 공공부조, 사회보험, 사회복지서비스를 비롯하여 교육, 보건, 의료 등 주민생활에 필요로 하는 모든 서비스를 의미한다. 비공식적 자원은 주로 개발되어야 하는 자원으로 대상자의 친지들과 이웃 또는 협력을 맺게 되는 기관으로의 중개, 의뢰 등 클라이언트와 자원 간의 연결과정으로 이어지게 된다. 흔히 공식적 자원망을 중시하는 경향이 있으나

이 자원은 한시적이고 제한적인 자원일 수밖에 없기 때문에 오히려 클라이언트의 주변에 있어서 클라이언트와의 상호작용이 이루어질 수 있는 비공식 자원의 개발이 필요하다. 또한 사회복지사는 지역 주민을 상대로 조직화 활동을 하여 이를 자원으로 이용할 수 있다.

(2) 중개

중개란 클라이언트 지원 계획에 정해진 서비스를 전달할 최선의 기관이나 자원을 선택하는 데 사회복지사가 관여하는 것을 의미한다. 사회복지사는 클라이언트의 욕구에 부응하는 자원을 사정하여 자료화하거나 자원망을 조직하고 이를 활용하여 클라이언트가 최선의 선택을 할 수 있도록 도와야 한다. 중개를 위해 사회복지사는 자료 분석과 정리, 자원 목록에서 선택하도록 돕기, 중개할 기관에 대한 조직화의 과정을 이행하게 된다. 첫째, 사회복지사는 클라이언트가 최선의 선택을 할 수 있도록 다양하고 적절한 정보를 가지고 있어야 한다. 둘째, 클라이언트가 자신의 욕구에 근거하여 최선의 선택을 할 수 있도록 다양한 대안과 그에 대한 장단점을 비교하여 제시해야 한다. 셋째, 중개할 기관에 대한 조직화의 과정은 단순히 전화번호를 알려 주거나 안내지를 제공하는 정도의 소극적 정보 안내가 아니라 중개할 기관과의 중개 활동에 대한 사전 협의와 중개 절차를 구조화하여 서비스가 클라이언트에게 원활하게 연결되도록 협력해야 한다.

(3) 의뢰

클라이언트의 문제해결을 위해 전문가와 전문가가 서로의 전문성을 인정하고 일정한 체계 속에서 목표달성을 위한 연속성을 유지하면서 상호 연결하는 것을 의미한다. 의뢰란 전문가 집단끼리의 협력을 이끌어 내기 위한 고도의 기술이 요구되는 과정으로 클라이언트와 의뢰받을 기관의 준비과정이 선행되어야 한다. 클라이언트에게 필요한 준비과정으로는 의뢰의 필요성 알려 주기, 의뢰에 대한 클라이언트 감정 다루기, 의뢰를 통해 서비스 내용과 달성될 수 있는 내용 알게 하기, 의뢰기관 선정하기, 클라이언트의 서비스 접근의 장애 요인 해결하기, 정보공유 범위에 대한 합의 등이다. 의뢰받을 기관에게 필요한 준비과정으로는 의뢰자원의 확인, 협력체계의 마련과 구조화, 서비스 제공의 장애 요인 확인, 서비스 점검 활동 등이다.

(4) 점검

개입 단계에서 해야 할 또 다른 활동은 개입활동의 전개과정이 설정된 목표에 비추어 볼 때 올바른 것인지 여부를 점검(monitoring)하는 것이다. 개입의 초기 단계에서 맺은 계약은 문제의 우선순위와 목표 그리고 사회복지사와 클라이언트의 개입활동의 구체적 내용을 포함하고 있다. 그러나 이러한 계약의 내용은 개입활동이 진전되는 과정에서 클라이언트 자신이나 주변 환경의 변화에 따라 달라질 수 있는데, 이러한 변화를 감지하고 적절히 대처하기 위해서는 진전과정에 대한 끊임없는 점검과 지속적인 평가가 요구된다. 점검을 하는 목적에 대해 헵워스와 라슨(1990)은 다음과 같이 이야기하고 있다(한국사례관리학회 편, 2019).

첫째, 점검은 개입 전략의 효과성을 평가하기 위한 것으로 만약 개입 결과 예상한 효과가 나타나지 않는다면 사회복지사는 그 원인을 찾아내어 제거하거나 대안을 강구해야 한다.

둘째, 점검은 개입 전략의 효율성을 평가하기 위한 것으로 목표를 달성하려는 클라이언트의 노력을 평가하여 개입활동의 초점을 지속시켜야 한다.

셋째, 점검은 개입의 진전 과정에 있을 수 있는 장애 요인을 발견하여 대처하기 위한 것으로 점검을 통해 클라이언트의 반응을 평가하여 진전이 부진할 때 클라이언트가 보이는 부정적인 태도와 정서에 즉각적으로 대처해야 한다.

넷째, 점검을 통해 개입의 효과를 지속적으로 평가하여 원조과정에 대한 클라이언트의 동기와 자신감을 고양시킨다.

결론적으로 점검은 이미 수립된 개입계획이 차질 없이 수행되도록 하는 것인 동시에 변화나 문제가 생기면 이를 클라이언트의 최선의 이익이라는 원칙하에 계획을 수정할 수 있는 방법이다.

(5) 조정

조정이란 사회복지사가 클라이언트에게 제공되는 서비스와 자원 등이 조화롭고 적합한 방법으로 수행되도록 관여하는 활동을 말한다. 상이한 접근 방식의 제공자 간의 갈등, 제공 시기와 순서의 결정, 자원망 내에 속한 기관들 차원의 이질적 정책으로 인한 어려움, 기관장의 이해 부족 등 실행계획이 의도에 따라 진행되기 어려울 때 점검을 통하여 그 어려움을 알아내고 이를 해결하기 위한 협상과 설득, 자문활동을 하는 활동이다. 조정할 때에는 서비스 간 조정을 하는 것이 서로에게 이롭다는 것을 관련된 모든 사람들이 이해할 수 있도록 하는 것이 중요한 요소이므로 생산적인 관계를 위해서는 개방적인 상호 교환과 만족감이 보장되도록 해야 한다(Johnson, 1986). 서비스 조정을 하다 보면 욕구를 제대로 확인하지 않았거나 재정적인 문제로 인해 필요한 자원이 현재 제공되지 않고 있음을 알게 되는 경우가 있다. 이 경우 사회복지사는 자원봉사자나 자조집단 등과 같은 새로운 자원이나 프로그램을 계획하고 발전시켜야 한다. 자원봉사 프로그램은 담당자가 일의 내용, 기관의 정책, 클라이언트와 그들의 욕구에 대한 이해와 동기 부여 방법 등에 대한 자세한 계획을 세워 마련하게 된다. 또 여기에는 자원봉사자들을 모집하고 스크리닝(screening)한 후 이들을 적합한 일에 배치하고 훈련하고 지도 감독하는 일도 포함한다.

*** 점검 및 조정 사례 ***

1. 클라이언트 점검

- 청소 역할분담-청소분담표에 스티커 붙이기를 하며 일주일마다 사례관리자 방문 시 볼 수 있도록 벽에 부착함.
- 청소 상태-사례관리자가 정기 방문하여 관찰(주 1회 가정방문).
- 운동 및 건강관리-운동일지를 작성함.

- 아침기상 및 등교-아침 모닝콜 자원봉사자를 통해 진행정도 점검함.
- 기타 목표 항목에 대한 변화 정도-자기기입식 평가표를 활용함.

2. 지원망 점검

- ○○신경외과-의사소견소를 통해 현재 상태와 변화 정도를 점검(월 1회).
- 가사돌보미-업무일지를 작성하여 이메일로 송부함(서비스 종료 때마다).
- 가사돌보미 파견기관-가사돌보미 외의 면담을 통해 애로사항 점검(월 1회).
- 주민센터-E-mail을 통하여 서비스 제공 정보 교환(월 1회).

3. 점검사항에 대한 조정활동

운동 길에 약수터에 술친구들이 있어 술을 권유하는 것이 애로사항이었음-동행자 지원(단기), 거절훈련(장기)

- 가사돌보미가 남자 혼자 있는 집이고 냄새가 너무 나서 나가는 것을 거부하여 애로사항이 있음-집이 안정될 때까지 2인 1조로 파견함.

2) 비판적 거시실천

(1) 비판적 사고의 함양

비판적 관점에서 사회복지사는 클라이언트를 제대로 돕기보다 오히려 기존 체제에 순응시키는 통제적 역할을 수행한다는 비판을 받아 왔다(Fook, 2007: 54). 따라서 비판적 실천에서는 무엇보다 클라이언트가 자신의 문제를 유발하고 있는 근본적인 요인인 사회구조적인 조건을 인식하도록 지원하는 작업이 중요하다. 이러한 과정에 대하여 프레이리(Freire, 1972)는 자신의 저서에서 '의식화(conscientisation)'라는 개념을 제시하고, "사회적 · 정치적 · 경제적 모순을 인식하고 현실에서 억압적인 요소에 대항하도록 교육하는 것"으로 정의하였다. 의식화와 의식고양은 본질적으로 교육적인 측면이 있기 때문에 클라이언트는 이 과정을 통해 사회에 대하여 더 많은 것을 알게 된다(p. 158). 사회복지사는 클라이언트가 사회적이고 정치적인 억압으로부터 해방되어야 함을 강조하고, 개인 문제의 원인이 되는 구조적 조건들에 대한 의식을 함양시키고자 한다. 비판적 인식을 개발하는 방법으로는 ① 사회적으로 요구되는 상황과 클라이언트의 주관적 경험과 생각을 분리하는 것으로 외적인 것에서 내적인 것을 분리하기, ② 비판적으로 질문하기, ③ 거짓 신화와 제한된 역할 행동에의 도전, ④ 대안의 제시 등이 있다.

비판적 거시실천으로 접근하려는 사회복지사들은 자신의 실천에 대해 개방적이고 비판적인 자세를 견지해야 한다(Healy, 2005: 403). 이를 위해 사회복지사 자신이 자라온 배경과 현 사회적 위치가 실천개입에 어떤 영향을 미치는가부터 성찰해야 한다. 성찰의 과정을 통하여 자신을 클라이언트와 유사한 사회적 배경을 가진 사회복지사로 공감과 이해능력을 높이면서, 자신을 클라이언트와 유사한 사회경제적 배경을 가진 사회복지사의 입장에서 실천할 수 있도록 노력해야 한다. 이를 통해 실천과정에 기본적으로 존재하는 사회복지사와 클라이언트 간의 불평등한 권력 관계를 해소하면서 보다 평등한 관계에서 개입이 이루어질 수 있다.

(2) 역량강화

비판적 거시실천에서는 개인이 겪는 문제들이 클라이언트가 자신의 문제를 해결할 수 있는 힘(권력)이 없기 때문이라고 보고, 힘을 가질 수 있는 역량강화(empowerment)의 방법을 사용한다. 역량강화는 개인적 역량강화, 집단적 역량강화, 정치적 역량강화의 차원으로 구분되어 사용된다. 구티에레즈 등(Gutierrez et al., 1998)은 임파워먼트 과정별 효과와 실천 요소를 3단계로 구분하였다. 1단계는 개인적 과정, 2단계는 대인적 과정, 3단계는 사회정치적 단계로 구분하였다.

표 12-2 ● **역량강화 과정별 효과와 실천 요소**

수준	개인적(1단계)	대인적(2단계)	사회정치적(3단계)
효과 (행동)	무기력 감소-힘의 증가	정보력, 대처기술, 도움 요청, 문제해결	정치적 행동, 조직 참여, 보상, 기여, 환경에 대한 통제감
과정 (태도)	태도, 가치, 믿음의 변화	집단의식 성장, 연대감 형성	비판적 사고와 행동을 위해 지식 증가
실천 요소 (방법)	강점과 잠재력 탐색 및 개방, 정보 제공, 가족과 성장경험의 이해와 통합	집단 활용, 자원 접근 활동 성원의 상호 지지	집단 활용, 비판의식 고양, 자기주장 기술, 네트워크 형성기술, 참여를 통한 변화 추구

역량강화 방법이 한국에서 성공적으로 사용되어 성과를 낸 대표적인 사례로 2007년에 제정된 「장애인차별금지법」을 들 수 있다. 이 법은 장애인 당사자들이 역량강화되어 만든 법으로서 역사적으로도 높이 평가되어 왔다. 장애 차별로 인한 고용 불이익이라는 문제가 개인적 차원에서 소송한 재판에서 승소해도(개인적 역량강화) 복직과 승진이 안 되는 문제에 봉착하자, 약 50여 개가 넘는 장애인단체들이 집단으로 연대하여 약 2년간의 집단행동을 통해 문제해결을 위해 노력을 하였으나(집단적 역량강화), 이것으로도 목적을 달성할 수 없었기에 마지막으로 「장애인차별금지법」을 제정하는 정치적 임파워먼트를 통하여 소기의 목적을 달성한 사례다. 이 과정은 약 7년여의 시간이 소요되었지만 힘없다고 평가받던 장애인 당사자들이 단계적 역량강화를 통하여 자신들이 사회에서 겪어 온 수많은 차별의 문제를 개선한 성공 사례로 평가받고 있다. 이 과정에서 장애인들은 의식화를 통하여 자신들의 문제가 개인의 문제가 아니라 사회구조적인 문제라는 점을 다시 한번 분명하게 인식하게 되었다.

(3) 옹호

옹호는 사회복지사가 클라이언트의 이해와 입장을 대변하여 문제해결을 돕는 노력이다. 옹호를 통하여 클라이언트는 자신들이 정당하게 활용할 수 있는 자원들과 자격들에 상응하는 '복지 권리'를 찾을 수 있다.

Schneider는 옹호 개념의 11가지 차원을 다음과 같이 제시하였다(한국사례관리학회 편, 2019).

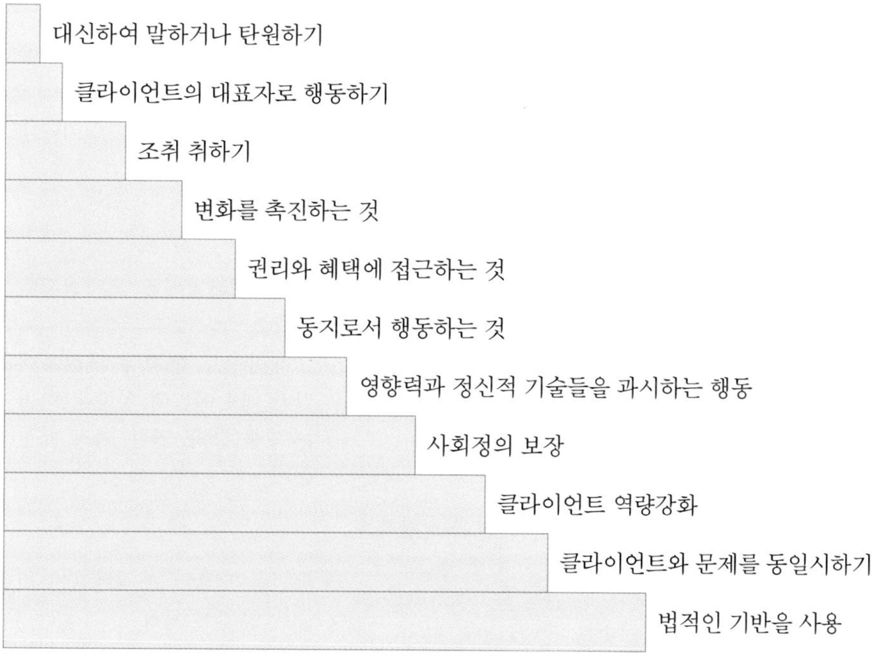

그림 12-1 ● **옹호 개념의 11가지 차원**

옹호서비스는 클라이언트가 자신의 권리를 주장할 능력이 취약하거나 자신의 권익을 확보할 능력과 지식이 부족할 경우, 다양한 직간접적인 옹호활동을 통해 함께 힘을 키우고 관련된 체계에게 영향을 미치는 다양한 활동을 하는 것이다([그림 12-1] 참조). 클라이언트와 합의한 목표를 달성하기 위해 개인과 가족의 변화도 필요하지만, 때로는 개인과 가족을 뛰어넘는 더 큰 환경에 대한 개입과 변화를 위해 옹호를 추구해야 할 때가 있다. 옹호는 개별옹호, 집단옹호, 지역사회옹호, 정치적 옹호 등으로 문제에 따라 그 범주가 다양하게 적용되어야 한다(〈표 12-3〉 참조).

표 12-3 ● 옹호의 유형

유형		개념	사회복지사의 구체적 기술
사례옹호	자기 옹호	클라이언트 개인 및 집단이 스스로 자신의 옹호하는 활동, 때로는 자조집단 및 지지집단을 구성해서 활동함	• 행정적 및 기술적 지원(회의실 제공, 지원봉사자 공급)/격려 및 정보 제공
	개인옹호	클라이언트가 스스로 자신을 옹호할 수 없을 때 사회복지사가 개인이나 가족을 대신해 옹호하는 활동	• 개인 및 가족의 욕구 파악 및 사정 기술 • 클라이언트가 적절한 서비스를 제공받지 못하거나 부당한 처우를 받을 때(토의, 설득, 촉구, 강제 등)
계층옹호	집단옹호	유사한 문제를 경험하는 클라이언트들로 구성된 집단의 공동문제를 해결하기 위한 옹호	• 집단사회복지실천기술, 의사소통기술 • 클라이언트 문제와 관련하여 일반 대중여론에 영향을 미치는 활동(강의, 연설, 자료 제동 등)
	지역사회 옹호	소외된 혹은 공동의 문제를 경험하는 지역사회 주민들을 위한 옹호활동, 지역 주민들이 스스로 지역사회를 옹호하기도 하고 지역사회를 대신하여 다른 사람이 옹호하기도 함	• 주민을 모으고 조직화하는 기술/일일 캠프 개최
정책옹호	정치 또는 정책적 옹호	사회정의와 복지를 증진시키기 위해서 입법 영역, 행정 영역, 사법 영역에서 다양한 형태로 전개되는 옹호활동	• 특정 법안의 통과를 제안하거나 저지하기 위한 로비기술/사법과정에서 증인으로 나서는 클라이언트를 보호하고 정보를 제공하는 기술
	체제 변환적 옹호	근본적인 제도상의 변화를 위해 구성원인 시민들과 사회체제 전체에 영향을 미치려는 옹호활동, 예를 들어 양성 평등을 위한 여성운동, 장애인 이동권 보장을 위한 옹호활동	캠페인 기술, 조직화 기술, 미디어활용기술

출처: 한국사례관리학회 편(2019).

(4) 사회운동

사회운동은 인간의 삶을 보장하기 위해 사회복지 대상자뿐만 아니라 사회복지 종사자(노동자)나 전문가, 넓게는 모든 국민들이 주체적인 참여와 행동을 통하여 의식적으로 추진해 가는 방법이다. 사회운동은 문제해결의 초점을 개인보다 환경의 변화에서 찾는다는 점에서 간접실천의 주요한 방법이다. 사회운동이 갖는 사회복지적 성격은 인권 및 복지권을 기반으로 한 다양한 영역에서 나타나는데 노동운동, 여성운동, 시민운동, 장애운동, 지역복지운동, 사회복지 노동운동, 보건의료 전문 직능운동 등에서 찾아볼 수 있다.

이러한 사회운동의 특성은, 첫째, 집단적, 조직적 차원의 지속적 노력이다. 사회운동은 개인적 차원의 노력이 아닌 여러 사람의 집단적, 조직적, 지속적으로 참여하고 행동하는 것이다. 그러므로 사회운동은 일회성을 가진 캠페인과 차이가 있으며 대체로 조직된 단체의 행동이란 특성을 지닌다(이영환 편, 2005). 둘째, 사회운동은 목적의식적인 공공선(Public good)을 추구한다. 사회운동은 구성원 간의 이익이나 이해관계를 추구하는 것이 아니라 공공의 이익을 추구하는 활동을 목적으로 해야 한다. 셋째, 사회운동은 비당파성, 비정부성, 민간 주체성을 지닌다. 사회운동은 사회적 약자의 편에서 권력에 대항하고 권력을 견제하며 권력의 재분배를 추구하는 것을 지향해야 한다. 관변단체들처럼 권력에 의해 양육되어 권력의 대리자 역할을 하는 것은 사회운동으로 인정하기 어렵다. 사회적 약자의 편에서 권력관계를 변화시키는 사회운동의 목적은 '민간 주체성'이 꼭 요구된다. 사회운동의 주체는 계급, 계층, 사회적 지위 등에 있어 매우 다양할 수는 있지만 민간 차원의 자율적 운동이란 공통점은 변함이 없어야 한다(이영환 편, 2005). 이렇듯 사회운동은 사회적으로 억압받은 시민들이 보다 나은 삶을 살 수 있도록 사회를 변화시키기 위한 집단적인 실천방법이다(Sheafor, Horejsi, & Horejsi, 1997).

사회복지실천 방법으로 사회복지운동은 과거 노동자의 계급운동을 중심으로 자본주의 체제 변혁에 목표를 둔 사회운동을 넘어 생태 및 환경운동, 여성운동, 지역자치 운동, 평화운동과 같이 운동 참여자의 정체성 확인과 시민사회의 생활

양식 변화에 초점을 두는 신사회운동의 성격을 지니고 있다(권태환 외, 2001: 35; 김성천, 김은재, 2015).

사회복지운동은 기본적으로 제도권과 비제도권 운동으로 분류된다. 제도권 사회복지운동은 사회복지시스템이 국가의 기획과 계획 속에 이루어지는 것이기에 다소 보수적 성격을 갖는다. 이와 달리 정부의 지원이나 통제를 받지 않는 비제도권 사회복지운동은 국가의 영향으로부터 아주 자유로운 것은 아니지만, 문제의 사안에 따라 반응 및 대응의 속도가 빠르게 전개되기에 근본적이고 진보적 성격을 가진다. 사회운동은 비정부성의 성격을 지니기에 정부가 주도하는 마을 만들기 운동 등은 사회운동으로 볼 수 없다.

대부분의 사회복지기관은 기본적으로 NGO의 성격을 갖고 있지만 정부의 재정지원과 통제를 받고 있다. 따라서 사회복지실천 현장에서 사회복지운동은 본래의 운동적 성격이 왜곡된 상태로 제한적으로 나타나는 경우가 많다. 실제 지역사회복지운동이 활성화된 ○○○복지관의 프로그램을 살펴본 연구에서는 지역 주민과 함께하는 작은 공동체 활동들은 활성화되고 있으나, 사회복지의 정치적 쟁점과 관련된 거시적 개혁운동까지는 실천하지 못하다는 한계점을 지적하고 있다(신명호, 2012). 즉, 제도권 내의 사회복지관의 법적 지위, 재정적인 문제로 인해 정부의 정책과 제도에 대한 의견을 제시하는 데 제약이 있어 미시적이고 통제적인 주민운동이 주를 이루고 있다. 이태수(2008)는 사회복지계에서의 복지운동이 국민의 복지나 복지국가를 위한 본연의 목적이나 기능을 담당하고 있지 못하고 있다고 평가하는데, 지금까지 사회복지운동이 주로 시설지원 확대, 인건비 인상, 전담공무원 또는 민간 인력의 증원 등 사회복지 영역의 독점적 지위 확보 등만을 운동의 주제로 삼아 왔기 때문이라고 비판하고 있다. 이러한 제도권 사회복지운동이 국가의 정책 내에서 다루어지는 영역이기에 운동과 관련된 이슈가 현장에 가깝기보다는 정책 입안자 및 전문가들에 의해 Top-down 방식으로밖에 이루어질 수 없는 한계를 보여 준다. 특히, 지역 주민의 참여와 현안을 해결하기 위하여 활발하게 움직이고 있는 지역 시민사회단체와 제한된 관계를 지속하고 있는 지역사회복지관의 사회복지운동의 한계를 보여 준 연구에서는 시민단체에 대한 무지 및 사회복지기관 자체의 업무과다 등이 그 원인으로 제시되고 있다(김경희, 2005; 김의동, 2010). 더불어 제도권 운동의 한계는 사회복지학계의 내부적 시각에 매몰되어 사회의 다양한 부문이나 집단과의 공조 및 연대 정신이 부족한 것 등도 한계로 작용하고 있다(이태수, 2008: 159).

반면 비제도권 사회복지운동은 시민단체들과 지역 주민이 지역사회 주민들의 구체적인 생활상의 문제와 관련된 이슈를 만들고, 이 이슈에 대한 해결책을 지역 주민과 함께 찾아 나가고 있다. 이들의 이슈는 지역경제 개발이나 환경, 교육, 문화, 교통, 물가, 주거 등의 문제 외에 지역 주민의 복지욕구와 관련된 영역이 포함되어 있으며, 이들 시민단체들의 궁극적 목적은 지역 주민들의 참여를 통한 그들의 삶의 질 향상에 있다(김경희, 2005; 김성천, 김은재 외, 2015). 이는 사회복지운동이 그동안 지니고 있지 못했던 당사자 중심의 연대와 집합운동, 즉 bottom-up 방식의 접근이 가능함을 보여 주고, 특히 진보적 변화 등 속도감 있는 운동의 성격을 부각시킬 수 있는 강점을 보여 준다.

대부분의 사회복지기관이 제도권 내에 있지만 bottom-up 방식의 사회복지운동이 가능하다면 현 사회복지실천의 한계를 극복할 수 있는 방안이 될 것이다.

(5) 사회적 공감(Fook, 2007: 184-187)

사회복지의 미시적 실천기술에서는 사회복지사가 클라이언트의 개인적 감정과 지각에 국한된 개별적 공감을 주로 활용하였다. 사회복지사가 비판적 거시 실천기술을 도모하기 위해서는 클라이언트가 사회에 대한 생각, 감정, 사회적 경험 등에 대해 공감해 주는 과정이 필요하다. 이와 같이 클라이언트가 경험한 사회적인 내용에 초점을 두고 공감하는 능력을 '사회적 공감'이라고 칭한다.

사회복지사는 이러한 과정을 통하여 클라이언트의 상황에서 개인과 사회 간의 연결에 초점을 두고 원조해 줄 수 있다. 사회적 공감은 비판적 성찰을 발전시키기 위한 기본적인 기술이며, 경험의 공유에 있어서도 중요한 의사소통의 기제로 활용된다. 사회복지사가 활용하는 사회적 공감을 통해 클라이언트는 비판적 자각능력을 발달시키고, 명확한 선택과 대안을 창출할 수 있게 된다. 사회적 공감의 기술을 활용할 때, 클라이언트에게 자신의 문제에 대한 보편적인 인식보다는 비판적 자각을 개발시키기 위하여 사회적인 인식과 경험에 대한 적절한 질문을 하는 것이 중요하다. 예를 들어, 우울감에 빠져 있는 한 주부가 "남자들은 항상 자기가 원하는 것을 얻잖아요?"라고 하소연하는 경우를 들어보자. 개인적 공감은 "한 번도 원하는 것을 제대로 얻어 보지 못했다고 생각하나요?"라고 묻는 것이다. 이와는 다르게, 사회적 공감은 "남자가 여자보다 많은 것을 얻는다고 생각하나요?"라는 질문을 통하여, 클라이언트에게 남성과 여성을 차별하고 있는 사회적 상황에 대한 인식을 묻는 것이다. 이상적인 사회적 공감은 이 두 가지 방법을 결부시켜 이들의 연관성에 주목하는 것이다. 이를테면 "항상 남자가 여자보다 많이 얻기 때문에 당신도 원하는 걸 얻지 못한다고 생각하시는 건가요?"라고 질문하는 것이다.

(6) 사회적 지지(Fook, 2007: 188-190)

전통적인 지지는 클라이언트를 수용하고 불안을 잠재우고, 확신을 갖게 해주는 심리적 격려의 형태로 이루어졌다. 비판적 거시실천에서는 클라이언트가 사회적으로 야기되는 상황을 잘 다룰 수 있도록 하는 것이 중요하며, 이러한 맥락에서 활용되는 '사회적 지지'는 자신이 처한 사회적 환경 안에서 행동하려는 클라이언트의 노력을 지지하는 기법을 뜻한다. 사회복지사가 클라이언트의 정서적인 외상을 감소시키기 위한 정서적인 지지만으로는 근본적인 문제해결까지 접근하기 어려우므로, 클라이언트가 대안적인 지지체계나 네트워크를 개발하여 새로운 사회적 행동을 취하는 데 필요한 도움을 받을 수 있도록 사회적 지지를 활용할 수 있다.

사회적 지지의 방법으로 사회적으로 가치 절하된 개인을 '정상화'시켜 주는 방법으로 그들에게 가치 있는 사회적 역할을 창출하여 지원하고 옹호한다. 사회복지사가 이 기술을 통하여 긍정적이고 의미 있는 사회 경험을 제공하여 클라이언트의 개인적·사회적 정체성을 형성하도록 지원할 수 있다. 사회적 지지

기술의 예로, 장애인이 지루하고 반복적인 업무로 인해 어려움을 호소할 때 단순한 일자리가 아니고, 의미 있고, 중요한 일을 할 수 있는 일자리를 소개하고 연계함으로써 사회적인 정체성을 찾아가도록 지지하는 경우를 들 수 있다.

보다 더 적극적으로 시도될 수 있는 사회적 지지는 변화에 대한 불안과 위험을 감수하면서 클라이언트가 새로운 역할과 행동을 시도할 수 있도록 지지하는 것이다. 이 경우에, 문제를 해결하기 위한 변화의 과정이 시간이 오래 걸리고 고통을 수반할 수 있지만, 해결의 가능성이 있고, 궁극적으로는 보상이 따른다는 확신을 갖도록 돕는 사회적 지지를 수행한다.

(7) 사회교육(Fook: 177-180)

'사회교육'은 사회 인식과 행동 양자에 초점을 맞추는 교육이다. 사회교육은 단지 기술획득이나 이해와 통찰력을 증진시키기 위한 단순한 훈련교육(training education)과는 차이점이 있다. 사회교육의 개념은 실천화(praxis)와 유사한 개념으로 현상에 대한 비판적 성찰을 통한 실천을 중시한다.

사회복지사가 클라이언트를 상대로 진행하는 사회교육에서는 '비판적 자각 개발'이 중요한 요소이며, 그에 따른 행동도 반드시 함께 수반되어야 한다. 자칫 비판적 자각만 강조할 경우 공허할 수 있고 행동에만 치중하면 클라이언트가 조종당할 수 있기 때문이다. 클라이언트의 자각과 행동 모두에 초점을 맞추는 교육방법을 활용하기 위해서 사회복지사는 클라이언트가 새로운 자각을 얻을 때마다 자각에 대해 인정하고 지지해 주면서 앞으로 취할 행동에 관해 논의하는 것이 필요하다. 예를 들어, 부모가 아이의 문제행동을 다룰 때 부모의 비판적 자각을 유도하는 질문을 하면서 실천적으로는 어떤 의미를 갖는지 물을 수 있다. 이를테면, 사회복지사는 부모에게 자각을 바탕으로 앞으로는 잔소리를 줄일 것인지, 아이가 스스로 책임을 지도록 해 줄 것인지, 부모가 아이들에게 문제에 대한 생각을 이야기할 것인지를 물을 수 있다. 또한 사회복지사는 클라이언트가 매번 새로운 시도를 하거나 기술을 활용할 때마다 어떠한 자각을 하게 되는지 성찰해 보도록 유도할 수 있다.

(8) 자원의 적극적인 활용(Fook: 180-184)

자원의 적극적인 활용이란 클라이언트가 자원을 통제하고 자율적으로 자원을 활용하도록 돕는 기술을 지칭한다. 사회복지사는 클라이언트가 문제를 해결해 갈 수 있는 자율성을 확대시키기 위하여 충분한 정보를 제공해야 한다. 이 과정에서 정보를 도움의 수단이 아닌 변화를 도모하는 수단으로 인식하면서 클라이언트와의 평등한 관계를 유지하는 부분이 전통적 실천과 차이점이라 할 수 있다. 적극적인 자원 활용에서는 클라이언트의 의존성을 최소화시키기 위하여 개입과정에서 단순히 구체적인 정보를 제공하는 것을 포함하여 정보의 활용방법도 제공해야 한다.

클라이언트가 지역사회의 자원을 이용하도록 의뢰하는 과정에서는, 클라이언트가 지역사회의 환경을 파악할 수 있도록 가용자원에 대한 정보를 제공하고 다른 지역사회의 자원에 의뢰하는 경우에는 사유를 알리고 동의를 구해야 한다. 클라이언트가 자신의 욕구를 자신감 있게 적극적으로 표현하는 방법을 터득할 수 있도록 사회교육의 기술을 활용하고, 초반에 클라이언트가 스스로 의뢰할 때 곁에서 직접 관찰하는 과정이 거치게 된다.

자원활용에 있어서 클라이언트 개인이 스스로 대안적 자원을 창의적으로 창출할 수 있도록 지지해 주는데 이 개입기술은 사회적으로 가치 절하되는 사회집단에 속하는 클라이언트의 권한을 강화시켜 줄 수 있는 방법이 될 수 있다. 예를 들어, 여성 클라이언트는 비슷한 고통을 겪고 있는 여성들에 대하여 대안적 자원이 될 수 있고, 자조집단을 결성할 수도 있다. 사회복지사는 클라이언트에 대한 물질적 자원에 접근할 때에도 선택에 있어서 자율성을 보장하고, 대안적 원조체계를 구축하는 것을 돕는 기술도 발휘하게 된다.

(9) 관료주의에 대한 전략(Fook, 2007: 152-156)

사회복지실천은 사회복지사와 내담자 간의 자유로운 일대일 관계에서 이루어지는 경우보다 관료주의에 입각하여 운영되는 기관의 영향을 받으며 개입하게 되므로 클라이언트의 문제를 해결하는 방식에도 관료주의가 영향을 미치게 된다. 또한 한국의 사회복지실천기관과 시설은 민간법인이라고 해도 정부의 직간접적인 재정지원과 평가와 감사 등의 통제를 받고 있기 때문에 공공관료제도와의 관련성도 매우 큰 영향을 미친다(김미경, 2008). 이렇게 재정지원과 평가와 감사 등을 통한 통제를 받을 수밖에 없는 사회복지기관과 급여를 받는 입장에 놓여 있는 사회복지사는 정부와 기관의 여건에 영향을 받을 수밖에 없다. 따라서 클라이언트를 직접적으로 돕기 위해서는 기관이나 관료주의의 문제점들을 해결해야 할 필요가 있다. 비판적 거시실천에서는 이러한 한계에 대해 분석하고 이러한 문제에 대응할 수 있는 부분들을 제시하고 있다. 코헨(Cohen)은 문제가 된다면 사회복지사가 기관의 잘못된 문제점을 폭로하는 기회를 가질 것을 권하고, 기관정책은 클라이언트를 보호하는 방법으로 변화되어야 할 것을 주장한다(김영모, 1981에서 재인용). 관료주의 문제점을 극복할 수 있는 수단들은 다음과 같다.

① 비판적 조사연구와 기록

전통적 연구들이 잘 다루지 않는 관료주의와 공급자 중심의 기관정책 등의 폐해에 대한 기록과 연구들이 비판적 관점에서 이루어져서 전통적 실천의 문제점을 파악하고, 새로운 대안을 제시할 수 있어야 한다(Dustin, 2007).

② 기관의 정책과 절차에 대한 비판적 분석

기관절차의 비판적 분석은 사회적 불평등과 통제 및 관리를 조장하는 기관의 정책들을 밝혀내는 데 활용된다. 접수, 클라이언트와의 약속 시간, 타 기관으로의 의뢰, 기관의 개관 시간, 클라이언트에 대한 원조의 조건 등은 클라이언트의 의견을 최대한 반영하여 결정되어야 한다. 기존의 자원체계 내에서만 사례관리를 하거나 지역사회 돌봄을 하는 것은 클라이언트를 위한 진정한 지원이라기보다 통제와 공급자 중심의 관리이므로 비판의 대상이 된다.

③ 사회복지 전문직에 대한 비판적 전략

이 전략은 성과와 효율성을 강조하는 억압적인 관료정책과 클라이언트의 의견과 입장보다 전문가의 견해와 권위를 강조하는 전문가 중심주의의 문제점을 밝히고 변화시키고자 하는 방법이다. 예를 들어, '클라이언트 거절(client refusal)'은 클라이언트가 치료받아야 하는 사례로 취급되기보다 사회복지사와 평등한 관계에서 정치적 동맹자로 취급되기를 바라는 것이다. 클라이언트 문제의 일차적인 원인이 구조적인 데 있다고 생각한다면 클라이언트에게 일차적으로 제시되는 심리치료를 거절하는 것이다. 사례회의와 임원회의 등에서는 클라이언트 문제에 근본적으로 영향을 주는 물질적이고 구조적인 박탈의 문제를 중요하게 검토해야 한다. 한편, 클라이언트라는 용어는 관료주의적 개념 정의로 재고되어야 한다. 대안으로 이용자, 고객, 당사자와 같은 주체적인 용어로 부르는 것은 클라이언트에 대한 규정을 변화시킬 것이다.

④ 미완성

코헨은 사회복지사가 이론적으로나 실천적으로 미완성(The Unfinished)의 입장에 있어야 한다고 주장한다. '미완'이라는 개념은 미미한 성과라 하더라도 그것이 축적되어 의미 있는 변화로 이어지고 더 나아가 대규모의 정치적 변화가 될 수 있다면 이에 대해 높은 의의를 부여하는 방식이다. 메이시손(Mathieson)의 '미완성자' 개념은 실천에서 조그마한 목표의 성취는 단지 큰 목표의 한 부분이라는 점을 인식하게 하는 것이다. 이는 클라이언트의 문제를 해결하기 위해 궁극적으로는 정치적 변화와 같은 큰 목표가 궁극적인 목표가 되어야 함을 잊지 말자는 의도를 내포하고 있다. 예를 들어, 과업중심모델에서 하위 목표로 설정된 특정 행동수정과 같은 작은 목표를 성취하고서는 그것이 마치 클라이언트가 당면한 문제 전체를 해결한 것 같은 착각에 빠져서는 안 된다.

⑤ 정치적 전술

이 기술은 관료주의로 인해 협상이 안 되거나 비윤리적인 상황이 팽배해 있을 때 권력에 대한 직접적인 투쟁을 수반하는 기법을 동원할 수도 있다. 권력자가 변화에 저항할 때는 양극화(polarizing) 기법이 매우 유용할 수 있다. 사회복지사는 클라이언트의 상황에 대한 입장을 극단적으로 이분화시킴으로써 정책결정자는 궁지에 몰릴 수 있고 입장의 변화를 나타낼 수 있다. 골드버그와 엘리엇(Goldberg & Elliot, 1980)은 권력의 소유자로부터 승낙을 얻기 위한 다양한 전술에 대해 언급하였다(Fook, 2007). 첫째, 사회복지사의 주장은 권력자의 민감하고 지속적인 관심을 끌게 되고 이러한 주장을 지속적으로 강화하는 것은 결국 권력자를 변하게 만든다. 둘째, 사회복지사는 양극단의 제안에서 '일상적인 두 악 가운데 상대적으로 선한 악을 선택'하는 것을 고려해야 한다. 그럼으로써 후속의 홍정이나 타협에서 보다 나은 대안을 얻을 수 있다. 알린스키(Alinsky, 1971)가 주장한 기술들은 기관의 개별사회복지사들에 의해서 많은 부분들이 수정되어 사용되었다. 예를 들어, 반대의 입장은 단순히 압력을 계속 가함으로써 누그러질 수 있으며, 실행은 반드시 반대를 계속하면서 발전이 되어야 한다고 보았다. 예를 들어, 사회복지사들은 클라이언트가 휴게실에 들어오는 것을 반대하는 기관의 규칙에 대응하여 지속적으로 기관회의에서나 비공식적인 회의 석상에서 이에 대하여 문제제기를 할 수 있다. 그리고 사회복지사들이 본격적인 면담 시간 이전에 잠시 동안 휴게실에서 클라이언트와 티타임을 가질 수 있다. 이를 통하여 동료들에게 클라이언트의 휴게실 이용에 관한 문제를 제기할 수 있게 한다.

⑥ 직업적 생존

사회복지사는 조직 내에서 활동하며 직장 내의 관계 속에서, 클라이언트와를 대하면서 다양한 감정을 느낄 수 있다. 특히, 사회복지사의 소진에 대해서도 대책이 있어야 한다. 소진의 문제를 해결하기 위해서는 개인적이며 대인관계적 측면의 사회적 · 정서적 지지도 있어야 하지만 소진을 구조적으로 유발하는 기관 조직의 변화도 수반되어야 한다. 사회복지사들은 동료들과 개인적 차원에서 여러 정서들, 갈등과 소외를 다루는 방법도 알고 있어야 한다. 이를 위하여 정서와 소진을 다루는 교육, 슈퍼비전, 지지체계를 개발할 필요가 있다(Jones, 2007).

(10) 재량권의 활용

사회복지사는 클라이언트와의 평등한 관계에서 긍정적인 변화를 달성해 갈 수 있도록 조직의 법률, 정책 프레임 워크 안에서 조직과 함께 창의적으로 활동하는 다양한 재량권을 가질 수 있다. 한국의 사회복지조직은 대부분 정부의 재정 지원을 받아 운영됨으로써 자율성에 제한을 받고 효율성과 성과주의 평가 등으로 획일적인 통제를 받고 있다. 이에 따라 사회복지사가 클라이언트를 대하는 방식도 관료주의의 영향을 받아 억압적, 통제적일 수 있는데, 비판적 거시실천에서는 가능한 클라이언트와 평등한 관계에서 적극적인 자원활용을 위해 법의 테두리 안에서 정해진 업무의 틀과 규칙에 획일적으로 얽매이지 않고 리더와 사회복지사의 판단에 근거하여 자율적인 방법으로 개입하는 것을 재량권의 활용이라고 칭한다. 사회복지실천의 모든 과정과 분야에서 재량권이 활용되는 것은 아니며, 관료주의적 접근 방식에서 침해받을 수 있는 인간의 존엄성, 인권, 소극적 자원 활용 등에 문제의식을 느낄 경우, 리더와 사회복지사는 재량권을 활용하여 보다 더 창의적으로 대안들을 모색할 수 있다.

사회복지사는 효과적이고 숙련된 재량권 활용을 위해서 조직의 영역에서 재량권을 가질 수 있는 유동적인 공간을 인식하고 이해해야 한다. 신관리주의의 영향을 받고 있는 사회복지실천 현장에서는 관련 법규와 지침이 많아질수록 서로 충돌되는 영역들이 많기에 재량권은 더 많이 활용될 수 있다(Jones, 2007). 예를 들어, 한국의 사회복지조직의 리더가 관료주의적인 관리 매뉴얼, 평가형식과 절차를 획일적으로 수행하는 것을 거부하고, 구글의 간단한 양식들을 활용하여 효율적인 업무가 이루어지게 하였다. 그리고 이러한 재량권에 입각한 실천이 평가와 감사에서 대안적이고 창의적인 업무처리로 인정받을 수 있었다(김성천, 2019: 35).

요 약

개입 단계에서는 계획 단계에서 설정된 목표를 달성하기 위해 수행하는 구체적인 활동을 말한다. 사회복지사는 자신의 지식과 기술을 바탕으로 클라이언트와 함께 직간접적인 방법으로 개입활동을 해 나가고 끊임없이 모니터링하여 지지와 환류를 제공하게 된다. 이 과정에서 사회복지사는 중개자, 조력자, 교사, 중재자 및 옹호자의 역할을 수행한다. 욕구에 특성에 따라 개입활동을 미시적 실천과 거시적 실천으로 구분하는데, 미시적 실천은 개인이나 가족 또는 집단의 변화를 개입의 목표로 하는 경우로서, 개인의 감정과 사고 행동의 변화를 가져오거나 의사소통 또는 역할관계의 변화를 통한 적응에 집중하는 경우다. 의사소통 기술, 행동변화 기술을 사용하게 되며, 가족의 변화를 목표로 할 때에는 이와 함께 가족상담, 가족치료 등이 대표적이고 집단과 일할 때에는 집단역동을 이용하여 변화를 가져오게 된다.

클라이언트의 문제의 원인을 개인적 요인보다 사회구조와 부정의에서 찾고자 하는 거시적 실천은 미시적 실천의 한계를 보완할 수 있는 대안적 방법으로 환경의 변화를 중시하는 방법이다. 환경을 변화시키려는 개입은 전통적인 거시적 실천(간접적 실천)과 비판적 거시적 실천으로 분류할 수 있다. 두 실천 모두 환경 변화를 도모하나 전자는 환경의 근본적 변화가 아니라 조정에 주력하고, 후자는 문제의 원인을 차별적이고 억압적인 환경구조에서 찾고 환경의 근본적인 변화를 도모한다는 점에서 큰 차이가 있다. 전자의 방법으로는 자원개발과 중개 및 의뢰, 서비스의 점검과 조정 등이다. 후자의 경우는 임파워먼트, 옹호, 사회운동, 관료주의 대응, 사회적 공감, 사회적 지지 등의 방법들을 사용한다. 그러나 양자의 관계는 대립적이 아니라 상호 보완의 관계에 있다.

토의사항

1. 사회복지사의 다양한 역할을 생각해 보고 각각의 역할이 적용되는 예를 들어 보자.
2. 옹호서비스의 대상이 될 수 있는 집단이나 경우는 어떤 것들이 있을지 토의해 보자.
3. 가출과 무단결석 및 금지약물 사용으로 법원의 수강명령을 받고 사회복지관의 약물남

용 치료반에서 상담을 받는 15세 중학교 2학년 자퇴생이 있다. 어머니는 정신질환으로 요양소에 수용되어 있고, 아버지는 행방불명이어서 조부모와 살고 있으며 국민기초생활보장수급자다. 상담을 해 보니 가출도 장기간의 가출이 아니라 친구들과 어울리다 늦어지면 집에 들어가지 않은 정도이고, 학교성적이 떨어지면서 무단결석이 있었다. 금지약물 사용도 상습적인 것은 아니었으나 단속에 걸려 학교에 통보되면서 정학당했다. 나쁜 친구들과의 접촉도 거의 끊겼고, 본인도 전문계 고등학교로 진학했으면 하는 희망을 갖고 있다. 집에는 희망근로사업을 나가는 외조모와 중풍으로 앓아누운 외조부가 있는데, 클라이언트와 갈등이 잦고, 클라이언트는 이해받지 못한다는 불만을 가지고 있다. 이 사례에는 어떻게 개입하는 것이 좋겠는지, 특히 어떤 환경적 개입이 필요한지, 어떤 서비스들이 필요하다고 생각하는지 개입계획을 세워 보자.

4. 비판적 거시실천과 전통적인 간접실천과의 공통점과 차이점을 비교하자.
5. 비판적 거시실천의 필요성과 한계에 대해 논의하자.

참고문헌

권진숙, 김상곤, 김성천, 유명이, 이기연, 조현순(2012). 사례관리 전문가교육. 서울: 학지사.

권태환, 임현진, 송호근(2001). 신사회운동의 사회학: 세계적 추세와 한국. 서울: 서울대학교 출판부.

김경희(2005). 지역사회복지실천에 있어서 지역사회복지관과 시민단체의 협력방안 고찰: 서울지역 사회복지관을 중심으로. 임상사회사업연구, 2(1), 41-64.

김미경(2008). 사회복지 분야의 운동적 성격 및 NGO적 위상을 통해 본 사회복지사의 역할. 지역사회연구, 16(1), 95-112.

김미원(1997). 사회사업실천의 정체성 확립을 위한 제언: 사회사업실천의 임상중심 경향과 전문화 지향에 대한 비판적 고찰. 한국사회복지학, 31, 171-190.

김성천, 김은재 외(2015). 옆으로 간 사회복지 비판. 서울: 학지사.

김성천(2019). 비판적 사회복지실천의 불모지에서 움 틔우기. 한국사회복지실천 연구학회 추계학술대회 자료집.

김수정(2007). 사회복지사의 사회행동 실천과정에 관한 연구. 이화여자대학교 대학원 박사학위논문.

김영모(1981). 현대사회사업의 동향과 그 비판: 급진적 관점을 중심으로. 사회복지연구, 15(1), 95-112.

김융일, 조홍식, 김연옥(1995). 사회사업실천론. 서울: 나남출판.

김의동(2010). 한국 시민사회단체의 대안 세계화운동. 경성대학교 사회과학연구소. 사회과학연구, 26(4), 371-398.

신명호(2012). 사회복지관에서 주민운동은 가능한가?: 방아골종합사회복지관의 사례를 중심으로. 정신문화연구, 35(2), 69-99.

이영환 편저(2005). 한국의 사회복지운동. 인간과 복지.

이영환, 이정운(1996). 사회복지를 시민운동으로: 참여연대의 국민생활최저선 확보운동을 중심으로. 비판사회정책, 1, 153-160.

이태수(2008). 학계에서는 보건복지운동을 어떻게 할 것인가. 비판과 대안을 위한 사회복지학회 학술대회 발표논문집 기획주제 II, 159-163.

장애인차별금지실천연대(2007). 장애인차별금지법 백서: 우리가 가는 길이 역사다 1. 서울: 장애인차별금지실천연대.

한국사례관리학회 편(2019). 사례관리 전문가 교육. 서울: 학지사.

Alinsky, S. (1971). *Rules for Radicals*. 급진주의자를 위한 규칙(박순성 역, 2016). 서울: 아르케.

Bellow, J. R., & Mink, G. (1996). *Case Management in Social Work*. The Charles C. Thomas Publisher, Ltd.

Compton, B. R., & Galaway, B. (1999). *Social work practice* (6th ed.). Pacific Grove, CA: Brooks/Cole.

Dorfman, R. A. (1996). Old, sad, and alone: The myth of the aging homosexual. *Journal of Gerontological Social Work, 24*(1/2), 29-44.

Dustin, D. (2007). *The McDonaldization of Social Work*. Hampshire: Ashgate.

Fook, J. (2007). *Radical Casework: A Theory of Practice*. 급진사회복지실천(김성천, 박순우, 장혜림, 이현주, 이해령 역). 서울: 학지사.

Freire, P. (1972). *Pedagogy of the Oppressed*. Penguin. Hamondsworth.

Gutierrez, L. M., Parsons, R. J., & Cox, E. O. (1998). *Empowerment in social work practice: A sourcebook*. Pacific Grove: Brooks/Cole Publishing Company.

Hamilton, G. (1940). *Theory and Practice of Social Case Work*. New York: Columbia University Press.

Healy, K. (2005). 사회복지사를 위한 실천이론(남찬섭 역, 2012). 경기: 나눔의 집.

Johnson, L. C. (1986). *Social Work Practice: A Generalist Approach* (2nd ed.). Boston: Allyn & Bacon Inc.

Jones, K. (2007). *Best Practice in Social Work*(김경호, 김현욱, 남서, 류방, 박일현 역, 2012). 사회복지와 비판적 우수실천. 경기: 공동체.

Sheafor, B. W., Horejsi, C. R., & Horejsi, G. A. (1997). *Techniques and Guidelines for Social Work Practice*. Allyn & Bacon. 김혜란 감역(1998). 사회복지실천 기법과 지침. 경기: 나남.

Woods, M. E., & Hollis, F. (1990). *Casework: A psychosocial therapy* (4th ed.). New York: McGrow-Hill.

제13장

평가와 종결 단계

1. 평가
2. 종결

평가는 개입 단계를 관통하여 진행되는 것으로 개입 목적이 성취되었는지를 판단하는 데 결정적이다. 실천의 전체 과정과 목적달성 정도가 동등하게 평가의 대상이 되며, 평가 주체는 기관의 슈퍼바이저, 동료, 외부 자문가, 그리고 서비스를 전달받은 클라이언트 등 다양하다. 평가방법은 만족도 조사, 상호평가회, 척도를 사용한 질문지법, 단일사례설계 등 다양하며 평가를 통해 받은 환류는 서비스의 질 향상에 도움이 된다. 종결은 개입 목적이 달성됨에 따라, 또는 계약 시한이 도래하여 필연적으로 진행되어야 하는 작업이다. 종결에서는 전체 개입과정과 목적달성을 클라이언트와 함께 검토하고 취득한 역량이 유지될 수 있도록 사후관리를 논의하고 관계를 정리하는 과업을 수행해야 한다.

1. 평가

1) 개념

사회복지실천과정에서 평가는 사회복지사와 클라이언트가 동의하여 진행해 온 변화 목표가 사회복지실천과정을 통해 얼마나 잘 성취되었는가를 과학적 방법으로 점검하는 것이다. 평가는 사회복지실천의 각 단계마다 수행될 수도 있지만 궁극적으로는 대개 종결 단계에서 이루어진다. 평가는 사회복지실천의 효과성을 검증하여 사회복지기관에 대한 지역사회의 승인을 획득하는 데 필수조건이라고 할 수 있다.

2) 평가 목적과 평가 유형

(1) 평가의 목적

평가는 사회복지실천과정과 개입 성과를 과학적 방법에 의해 측정하는 것이다. 평가는 사회복지사와 사회복지기관이 클라이언트와 지역사회 구성원에게 책무성(accountability)을 증명하는 작업이기도 하다. 사회복지사의 책무성이란 클라이언트에게 계약 내용대로의 서비스를 제공할 책임이며, 사회복지 전문직의 윤리와 가치를 서비스 전달과정에서 잘 지켜 낼 책임이며, 기관의 프로그램과 정책 및 지침에 맞는 서비스를 제공할 책임이다(Moriarty, 2013). 다음은 서비스의 책무성 향상을 위해 평가를 하는 구체적 이유다.

- 개입활동(프로그램)의 목적달성 효과를 측정하기 위해
- 개입활동(프로그램)의 보완과 수정을 위해
- 개입활동(프로그램)의 확산을 위해
- 개입활동(프로그램)에 필요한 인력을 사정하기 위해
- 클라이언트의 개입활동(프로그램)에 대한 반응과 제약점을 파악하기 위해
- 홍보와 기금을 조성하기 위해
- 프로그램의 계속적 지원을 위해

책무성은 효과성과 효율성이라는 개념으로 구성된다. 효과성은 목표달성 여부를 말하고, 효율성은 투입된 비용(시간, 노력, 금전적 비용)과 산출된 성과 간의 비율을 말하는 것이다. 평가는 바로 개입의 효과성과 효율성을 측정하는 것이다. 평가를 함으로써 무엇이 클라이언트에게 도움이 되었고, 어떤 것들이 달리 진행되었어야 했는지를 알 수 있다. 사회복지실천에서 평가의 효과를 극대화하는 한 가지 방법은 개입계획을 세울 때 평가 기준을 미리 설정하는 것이다. 이렇게 하면 종결과정에서 사회복지사와 클라이언트가 계약 당시에 설정했던 목표들이 얼마나 달성되었는지 그리고 어떤 요소들이 목표달성을 가능하게 했는지를 평가하기가 매우 용이해진다.

(2) 평가 유형

① 평가 기준에 따른 분류

평가는 무엇을 평가하는가에 따라 총괄평가(summative evaluation)와 형성평가(formative evaluation)로 나뉜다. 총괄평가가 개입의 결과, 즉 전반적 효과성 및 효율성에 대한 것이라면, 형성평가는 개입의 과정을 평가한다. 사회복지실천에서는 총괄평가도 중요하지만 형성평가 역시 중요하다. 왜냐하면 사회복지실천은 목적달성만이 중요한 것이 아니라 목적을 달성하기 위해 취한 방법이 얼마나 적합한 것인지도 중요하기 때문이다. 다시 말해서, 총괄평가가 개입으로 인한 성과를 보여 주는 데 비해, 형성평가는 개입과정의 어떤 요소가 성과를 내게 했는지를 보여 주는 것이다.

② 평가 방법에 따른 분류

평가에 사용되는 방법에 따라 양적 평가와 질적 평가로 나눌 수 있다. 양적 평가는 설문지를 사용하거나 클라이언트의 문제 상황에 대한 수치상의 자료를 수집하여 비교 평가하는 것으로써 평균적인 경향성을 파악하는 데 도움이 된다. 질적 평가는 개입활동에 대한 클라이언트의 주관적 경험과 의미의 변화와 같이 통계로 파악하기 힘든 효과를 평가하는 방법이다.

③ 평가 주체에 따른 분류

평가의 다른 기준은 평가의 주체다. 평가의 주체는 클라이언트, 참여자 그리고 사회복지사 3자가 될 수 있다(Hepworth & Larsen, 1986). 클라이언트는 프로그램에 대한 만족도, 사회복지사의 성실성과 전문 기술성에 대해 평가할 수 있고, 참여자는 프로그램의 운영 절차, 그리고 지역사회자원의 이용 측면에 대해 평가할 수 있다. 마지막으로, 사회복지사는 자기가 시행한 프로그램의 진행과 운영 측면 및 효과성과 효율성에 대해 전문가적인 입장에서 평가할 수 있다. 그런데 이러한 평가는 프로그램을 담당했던 사회복지사가 할 수도 있지만, 담당자 이외 제3자가 기관 차원에서 시행된 모든 프로그램과 사회복지사의 실천 내용을 평가할 수도 있으며, 경우에 따라서는 외부의 전문평가기관에 의한 평가가 이루어지기도 한다.

3) 평가설계

(1) 평가설계의 개념

사회복지실천 평가는 클라이언트에게 일어난 변화와 그 변화가 과연 개입의 결과인지를 확인하고자 하는 것이다. 따라서 이러한 변화와 변화의 근거를 과학적으로 증명하기 위해 평가방법을 적절하게 설계해야 한다. 예를 들어, A지역의 종합사회복지관에서 초등학생들에 대한 멘토링(mentoring)을 진행하고 6개월 후 멘토링의 효과를 평가하고자 한다. 여기서 가장 중요한 것은 멘토링의 효과를 어떤 구체적 지표로 평가할 것인지를 정해야 한다. 예를 들어, 멘티(mentee)의 대인관계 불안의 감소, 자아존중감과 학업성취도의 향상을 기대한다면 이 항목들이 지표가 된다. 다음으로, 이 지표의 변화가 다른 이유가 아니고 멘토링 때문임을 설득할 수 있어야 한다. 따라서 개입활동을 제대로 평가하기 위해서는 먼저 평가 내용과 방법에 대한 설계가 요구된다.

(2) 평가설계의 종류

① 실험설계와 유사실험설계

평가설계에는 실험설계와 유사실험설계가 있다. 실험설계는 성과비교 기준으로서 통제집단과 실험집단을 설정하여 참여자를 무선(random) 배치하고 프로그램을 실시한 후 기준 지표들의 변화를 비교하는 것이다. 앞의 멘토링 집단을 예를 든다면, 성별, 연령, 가족구조와 가정형편, 학교환경, 학업 성적, 지역사회 환경 등이 최대한 일치하는 다수의 아동을 구해서 무작위로 실험집단과 통제집단으로 나눈다. 실험집단의 참여자에게는 멘토링을 제공하고 통제집단 참여자에게는 아무런 개입활동을 하지 않은 상태에서 정해진 시간 후에 지표를 비교하는 것이다. 이는 가장 정교한 평가 방법이라 할 수 있으나, 실제 사회복지현장에서 완벽한 통제집단을 구하기란 대단히 어렵고 윤리적인 문제도 대두될 수 있어, 대개는 유사실험설계를 이용한다. 유사실험설계는 프로그램 참여자들이 완전히 동일하지는 않지만 비슷한 특성이라고 평가되는 비교집단을 통제집단으로 삼는 것이다. 이와 같은 평가는 참가자가 다수인 집단 프로그램의 평가에 적합하다.

② 단일사례(체계)설계

개인이나 개별 가족단위의 개입활동이 많은 사회복지실천 현장에서는 다수의 참여자가 모일 때까지 평가를 유예하기는 어렵기 때문에 단일 참여 대상에 대한 개입활동을 평가할 때, 단일사례(체계)설계를 사용한다. 단일사례(체계)설계는 하나의 사례(체계)에 대한 실천활동을 평가하는 것으로, 개인이나 가족 또는 집단과 지역사회에도 적용할 수 있다. 단일사례설계는 표적행동의 변화를 보기 위한 평가지표를 설정한 후, 개입 이전과 이후를 비교하는 것으로 흔히 AB 설계라고도 한다. A는 개입 이전 상태, B는 개입 이후의 상태를 뜻한다. 비교의 기준을 설정하기 위해서는 측정 가능한 지표를 정하여 이 지표의 개입 이전 상태를 기초선(baseline)으로 설정한 후, 개입이 시작된 후 이 지표의 변화를 측정하여 도표로 작성한다. AB 설계는 ABA 설계나 ABAB 설계 등 변형이 가능하다.

재스트로(Zastrow, 1995; 양정남, 최선령, 2007 재인용)는 단일사례설계에서 사용하는 측정방법으로 직접관찰, 자기보고식 척도, 표준화된 측정도구 등의 세 가지를 제시하였다. 직접관찰은 클라이언트 표적행동의 발생 빈도, 지속시간, 발생 간격 등을 관찰하여 평가하는 것이다. 자기보고식 척도는 클라이언트의 사고나 감정 등 내적인 상태에 대해 발생빈도와 강도 등을 클라이언트 자신이 숫자로 표시하게 하여 평가하는 것이며, 표준화된 척도는 검사도구를 사용하는 것이다. 앞의 멘토링 예에서, 직접관찰은 멘티인 아동이 멘토와 보내는 시간 동안 부정적 언어로서 '욕'을 하는 빈도나 '감사하다, 미안하다' 등의 표현을 사용하는 빈도를 측정하여 멘토링 진행 단계에 따라 비교해 볼 수 있다. 자기보고식 척도는 아동이 느끼는 분노, 억울함, 슬픔, 감사, 기쁨 등의 빈도와 정도를 아동에게 1에서 5까지의 척도로 표시하도록 한다. 표준화된 측정도구란, 아동의 자존감, 학업성적, 대인관계 불안을 프로그램 시작 전과 후에 기존의 척도를 이용하여 설문지로 측정·비교하는 방법이다.

평가를 계획할 때 사회복지사는 정보를 수집하고 필요한 정보를 가장 신뢰할 수 있고 효율적인 방법으로 전달할 수 있는 기법이 무엇인지 심사숙고해야 한다. 많이 사용되는 평가방법으로는 개입 기록 분석이나 조사연구방법을 적용한 평가 등이 있다. 다음의 사례를 보자.

사례

김○○ 씨는 네 살짜리 아들이 자기 마음대로 일이 되지 않으면 악을 쓰면서 울고 데굴데굴 구르는 등 매우 심하게 떼를 쓰는 버릇이 있어 양육의 어려움을 호소해 왔다. 아들이 너무 요구가 많고 거칠어서 김○○ 씨는 아이에게 소리를 지르거나 매를 들게 되어 모자간의 관계가 악화되고 있다고 느끼고 있어 아이가 심하게 떼쓰는 버릇을 고치고 아들과 좀 더 친숙하고 다정한 관계를 회복할 수 있는 방법은 없는지 알고 싶어 하였다.

사회복지사는 아이가 자기 욕구를 관철하기 위해 떼를 쓰는 행동과 어머니가 아이의 이러한 행동에 대해 맞고함치거나 매를 들면서도 결국은 아이에게 항복하고 마는 것을 가장 중요한 문제로 보았다. 또 다른 문제로는 이러한 부정적 상호작용 때문에 어머니와 아들의 관계가 긴장되어 있고, 두 사람 사이에 긍정적인 관계를 위한 양질의 시간(quality time)이 없는 것에 주목하였다. 따라서 사회복지사는 아이가 욕구를 관철하기 위해 떼쓰는 행동을 멈추게 하고, 아이와 어머니의 긍정적인 관계 경험을 증가시키는 것을 목적으로 삼았다. 전략으로는 아이의 요구가 정당할 때에는 즉시 들어주고, 그렇지 못할 때에는 끝까지 요구를 무시하거나 들어주지 않는 방향으로 행동하도록 하고, 긍정적인 보상을 주기 위해 아이가 잠들기 전에 어머니가 반드시 동화책을 읽어 주거나 이야기를 해 주면서 시간을 같이 보내도록 하였다.

사회복지사는 기초선으로 일주일 동안 아이가 떼를 쓰는 횟수와 어머니가 아이에게 잠자리에서 동화책을 읽어 준 횟수를 기록하도록 한 후 개입에 들어갔다. 매주 두 번씩 만나 행동수정 방법을 통해 아동의 떼쓰는 횟수를 1/3 이하로 줄이고 모자간의 취침 동화 시간을 매일 확보하는 것을 목표로 삼았다. 개입 4주간이 지난 후 사회복지사가 2주 동안 출장을 가게 되어 개입을 쉬었고, 그 후 다시 4주간 개입이 이루어졌다.

[그림 13-1]은 이 사례에 대한 개입의 결과를 단일사례설계를 통해 평가하고 그래프로 나타낸 것이다.

단일사례설계는 개입의 결과를 그래프로 나타냄으로써 시각화하여 쉽게 평가할 수 있게 해 주는 장점이 있다. 첫 번째는 AB 단일사례설계로서, 여기서 A란 기초선을 말하는 것이고 B는 개입을 말하는 것이다. 따라서 AB 설계는 기초선을 설정한 후 개입이 일어난 것을 말한다. 만약 기초선과 다른 변화가 보인

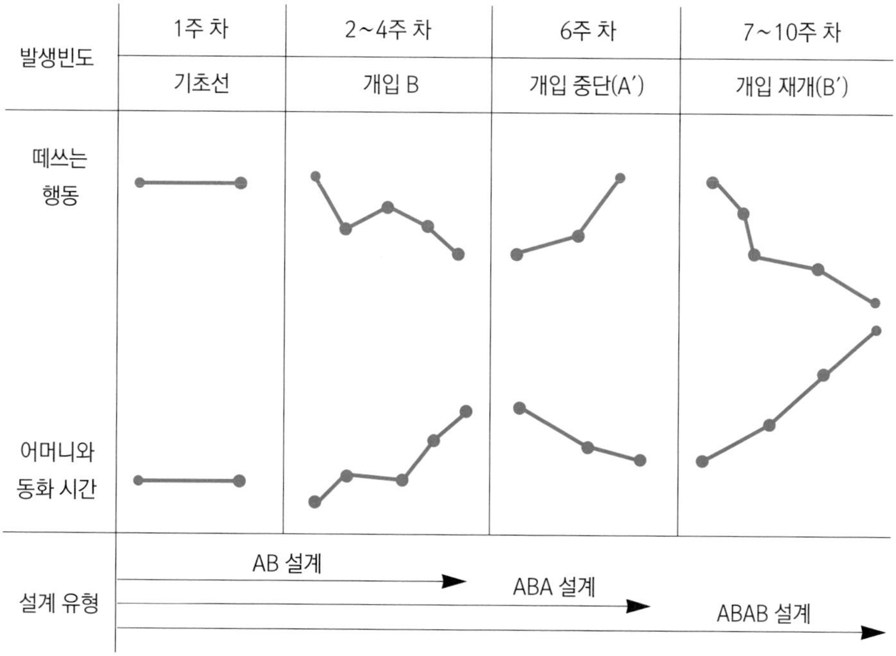

그림 13-1 ● **ABAB 단일사례설계 예시**

다면 그것은 개입의 영향이라고 볼 수 있다. 두 번째는 ABA 설계로서 이 설계는 개입이 효과가 있었나를 검증하기 위해 일정 기간 개입을 실시한 후 중단한다. 중단 후 기초선으로 다시 돌아간다면 그동안의 변화가 개입의 효과 때문이라는 것이 증명되는 것이고, 만일 변화가 없다면 그동안의 변화는 개입으로 인한 것이 아니라 클라이언트를 둘러싼 다른 요인들 때문이라고 해석될 수 있다. 세 번째는 ABAB 설계로서 이것은 ABA 설계에서 다시 개입을 시작한 설계방법이다. 두 번째 개입이 실시된 후 또 변화가 일어난다면 이는 개입 때문이라는 것이 확실히 증명되는 것이다.

기초선과 비교할 때 처음 4주간 개입이 이루어지는 동안 아동의 떼쓰는 행동은 줄고 어머니가 잠자리에서 아동에게 동화를 들려 준 횟수는 증가하였으나 개입이 중단된 2주간 다시 역전되었다가 재차 개입이 시작된 4주간에는 차차 떼쓰는 행동이 소멸하고 모자간 대화가 증가함을 볼 수 있다.

(3) 변화측정척도

① 과업성취척도

이 평가방법은 개입활동이 기초선을 설정하거나 단일사례설계를 이용하기 어려울 때에 유용하다. 특히, 개입활동이 과제중심모델에 근거하고 있을 때 적합한데, 과제중심모델에서는 목적에 도달하기 위해 문제해결활동을 여러 개의 독립된 활동과 과제로 세분하여 부과한 후 과제를 수행하는 과정을 통해 문제가 해결되도록 한다. 각 과제의 진척을 평가하기 위해 4점 척도를 사용하여, ① 완전성취, ② 상당히 성취되었으나 아직 행동이 필요하다, ③ 부분적으로 성취되었으나 할 일이 남아 있다, 그리고 ④ 아직 성취되지 않았다로 나누어 평가한다 (Doel & Marsh, 2017). 〈표 13-1〉은 일상생활 유지능력이 상당히 약화된 독거노인이 양로원 입소를 거부하여 자기 집에서 생활하도록 지원해야 하는 경우의 과업성취척도 예시를 보여 준다.

표 13-1 ● **과업성취척도 예시**

과업	성취 수준	등급
병원 통원 이동서비스 확보	자원봉사 택시기사 모임에 신청, 대기자 명단에 등록됨	2
도시락 배달서비스 확보	사회복지관에서 즉시 배달 가능	4
요양보호사 연계	요양보호사가 2주 후부터 방문하기로 결정됨	3
주간보호서비스 이용	클라이언트가 아직 완강히 거부하여 설득에 시간이 걸릴 것으로 예상함	1

② 목표달성척도

클라이언트가 개별화된 목표에 도달한 정도를 측정하기 위해 개발된 것이다. 이 척도에서는 개입의 목표를 설정하고 나면 진행과정을 '목표달성 추적지침(Goal Attainment Follow-up Guide)' 양식에 기록하게 된다. 이 지침은 클라이언트의 기능수행 결과를 반영한 척도들로 구성된다. 이 척도의 구성은 다음 세 가지 단계를 거치게 된다. 첫째, 개입이 영향을 줄 것으로 생각되는 중요한 기능수행의 영역을 확인한다. 영역의 수는 4~5개를 넘지 않도록 한다. 둘째, 다른 목표영역과 비교하여 각 목표영역의 상대적 중요성을 나타내는 점수를 부여한다. 한 영역이 다른 영역보다 2배 중요한 것으로 판단되면 최종 점수 계산에서 그 영역은 다른 영역의 점수에 비해 2배만큼 큰 가중치를 준다. 셋째, 각 영역에서 일어날 수 있는 결과를 다섯 가지 수준(가장 비호의적 가장 호의적)으로 구체화하여 평가한다. 잠재적인 결과에 대한 평가는 클라이언트의 욕구 · 능력 · 희망에 맞추어 작성되어야 하며, 구체적이고 측정 가능하며 현실적이어야 한다.

[그림 13-2]는 목표달성척도의 예다.

목표달성척도												
개입의 세부 목표	개입 전				개입 중기				개입 후			
	1	2	3	4	1	2	3	4	1	2	3	4
목표 1 매일 아이가 잠들 때 동화책을 읽어 준다.												
목표 2 아이가 말을 걸면 바로 반응해 준다.												
목표 3 아이가 떼쓰는 행동은 소거(무시)한다.												

1=전혀 달성되지 않았다, 2= 약간 달성되었다, 3=꽤 달성되었다, 4=최대로 달성되었다

그림 13-2 ● **목표달성척도**

(4) 주체별 평가

① 동료 검토

동료 검토는 사회복지사의 수행 정도를 동료 사회복지사가 평가하는 것이다. 사회복지실천에서 서비스 전달자인 사회복지사는 매우 중요한 존재다. 사회복지사는 변화 매개자이며 스스로가 변화의 도구가 되어야 하는 존재이므로 사회복지사의 능력이나 사례에 있어서의 구체적인 활동 내용에 대한 평가가 필수적이다. 동료 검토는 사회복지사의 사례개입을 그의 동료들이 검토하는 일종의 품질관리(quality control) 활동이라고 할 수 있다. 동료 검토는 개입의 결과보다 과정에 초점을 두는 것으로 좋은 실천활동이란 어떤 것인지에 대한 기준과 원칙을 논의하면서 발달시키는 것이다. 이때 평가 기준은 10개를 넘지 않는 것이 좋다. 대개 한 달에 한 번 평가회를 갖는다.

동료 검토에서는 검토 사례를 선정한 다음 사례기록을 점검하고 그 사례에 있어 담당 사회복지사의 접근과 실천활동이 어떠했는지를 평가하게 된다. 다음과 같은 항목들이 동료 검토에서 사용된다(Sheafor & Horejsi, 2008).

- 클라이언트의 문제가 명확히 기록되었는가?
- 클라이언트와 가족구성원이 치료계획에 참여하였는가?
- 치료계획이 기록되었는가?
- 개입방법은 클라이언트의 문제에 적합한 것이었나?
- 클라이언트와의 접촉 빈도와 기간은 문제와 관련해서 적합했나?
- 치료계획, 사회복지사의 행동, 사용된 접근방법이 영구적인 계획을 염두에 두고 있는가?
- 지역사회자원을 적절하고 효과적으로 사용했는가?
- 목표로의 진척이 뚜렷이 보이는가?
- 사례기록이 명확하고 분명하며 간결한가?
- 필요한 기관 양식이 기록되어 있는가?

동료 검토를 통한 평가의 목적은 사회복지사 개인의 개입과정에서 나타나는 문제점을 수정하고 개선을 꾀하며, 필요하다면 기관의 정책이나 절차에 대한 수정을 요구하려고 하는 것이다.

② 클라이언트 만족도 설문

개입 기간 동안 클라이언트가 받은 서비스에 대해 클라이언트의 의견을 구하는 기법이다. 사회복지사나 기관의 궁극적 목적이 클라이언트에 대한 최선의 서비스임을 고려할 때, 클라이언트의 반응은 매우 중요하다. 이 설문은 특정 서비스를 받은 모든 클라이언트, 또는 특정 사회복지사의 서비스를 받은 모든 클라이언트에게 행할 수 있다. 이 평가방법의 한 가지 한계점은 개입의 결과에 대한 클라이언트의 인식을 알 수 있을 뿐, 클라이언트의 인식이 반드시 현실이 아닐 수도 있다는 점이다. 즉, 클라이언트들이 특정 사회복지사의 개입활동을 낮게 평가했다고 해서 반드시 그 사회복지사가 능력이 부족한 것은 아닐 수도 있다. 클라이언트가 특정 사회복지사를 낮게 평가하는 것은 그 사회복지사의 개인적 방식에 불만이 있었을 수도 있기 때문이다. 또 다른 한계점은 개입에 적극적으로 참여했거나 좋은 인상을 받은 클라이언트만이 응답하는 경향이다. 즉, 서비스에 만족하지 못했거나 소극적인 클라이언트는 반응하지 않을 가능성이 크기 때문에 결과가 긍정적인 방향으로 편향되어 나타나기 쉽다.

2. 종결

1) 종결의 개념

종결은 사회복지사의 개입활동을 계획에 따라 마무리하는 것이다. 일반적으로 종결은 계획된 개입 기간이 종료되었거나 목적이 달성되었을 때 일어난다. 따라서 종결은 사회복지사의 개입 결과를 정리하고 영향력을 거두는 과정으로 이제부터 클라이언트는 스스로 문제에 대처하게 되었다는 예고이기도 하다.

2) 종결의 과업

때문에 클라이언트는 불안과 긴장을 느낄 수도 있고, 사회복지사와의 관계를 종결하는 것에 대한 혼합된 감정을 경험하기도 한다. 따라서 개입을 성공적으로 마무리하려면 클라이언트가 긍정적인 성과를 얻게 한 다음 원조관계가 원활하고 만족스럽게 끝나도록 해야 하는데, 여기에는 상당한 기술과 신중한 계획이 필요하다.

종결과정에서 사회복지사의 과업은 다음과 같다.

- 적절한 종결 시기의 결정
- 클라이언트와 사회복지사의 정서적 반응의 정리
- 개입을 통해 획득한 효과의 유지와 강화
- 필요한 경우 클라이언트를 다른 자원으로 의뢰하기

3) 종결의 유형

바람직하기로는 사회복지사와 클라이언트가 초기에 계약한 시기 내에 목적을 달성하였기에 종결하는 것이 최선이다. 그러나 여러 가지 사정상 계획보다 이르게, 혹은 달리 종결해야 하는 상황도 발생한다. 종결의 유형에는 크게 다음의 세 가지가 있다.

(1) 시간제한에 의해 계획된 종결

대부분의 사회복지실천기관은 한 사례에 대한 개입에 일정한 시간제한을 둔다. 사회복지사 또한 개입을 결정할 때 시간제한을 염두에 두고 계획을 세우게 되며, 이를 개입 초부터 클라이언트에게 통보한다. 시간제한은 실천현장의 현실적 조건 때문에 필요하기도 하지만 동시에 정해진 시간 안에 어떤 성과를 기대하는 것이기 때문에 사회복지사와 클라이언트 모두 보다 열심히 개입에 임하게 되는 결과를 가져온다. 또한, 제한 없이 서비스가 제공될 수 있다는 생각은 클라이언트의 의존심을 조장할 수 있다. 원조관계에 의존하고 싶어 하는 증상 때문에 독립적으로 생활에 대처할 수 없게 되거나 개입 현장 외부에서 잘 기능하지 못하는 것은 바람직하지 못하기 때문에 제한된 시간 내에 종결하는 것이다.

(2) 목표달성에 따른 종결

이것은 정해진 기간 내에 개입의 목표가 달성되었기 때문에 종결하는 경우로 가장 만족스러운 종결 유형이다. 개입과정이 순조롭고 클라이언트가 과업수행을 잘 해 내어 목적한 소기의 효과를 달성한 경우의 종결이다. 목적달성으로 인해 종결을 하는 경우에도 정서적 반응을 다루는 것은 여전히 중요하다. 개입 기간이 길면 길수록 두 사람 사이에서 일어난 인간관계의 정서적 반응이 친밀하고 밀도가 높을 것이므로 더욱 주의해야 한다.

(3) 사례 중단으로 인한 종결

사례 중단은 목적달성에 이르지 못한 채 시간이 다 되기 전에 종결되는 것을 말한다. 중단에는 두 가지 경우가 있는데, 한 가지는 클라이언트가 일방적으로 종결을 선언하고 더 이상 오지 않는 경우이며, 다른 한 가지는 사회복지사가 이 클라이언트에게는 더 이상의 개입이 아무런 변화를 가져오지 못할 것이라고 판단해서 종결하는 경우다.

클라이언트가 종결을 선언하는 경우는 약속된 면접에 나타나지 않거나 피상적인 종결 이유를 제시하거나 문제를 논의하기를 거절하거나, 더 이상 찾아오지 않겠다고 선언하는 형태로 나타난다. 이런 종결은 종종 저항감의 표현일 수가 있으므로 저항감의 해소가 종결 전에 반드시 필요하다. 또 다른 이유로, 사회복지사의 능력을 의심하거나 자기 문제에 대한 절망감 때문일 수도 있다. 사회복지사는 가능하면 종결 이전에 이러한 문제들에 접근해서 관심을 표명하고 정리를 해 주어야 한다.

사회복지사 편에도 중단의 이유가 있을 수 있다. 직장을 그만두거나 옮기는 경우와 개입과정에서 클라이언트의 비협조와 동기의 부족 등으로 개입이 아무런 도움이 되지 못한다고 느낄 때 사회복지사에 의한 종결이 일어난다. 또 다른 이유로, 클라이언트가 비협조적이고 냉소적이며 변화에 대한 동기나 기대가 전혀 없어 개입 노력이 무의미하다고 생각될 때에도 사회복지사는 종결할 수 있다. 클라이언트가 사회복지사에게 신체적 위해나 위협을 가할 때, 클라이언트가 공식적으로 사회복지사에 대한 불만을 제기했을 때, 클라이언트가 뚜렷한 이유 없이 서비스 이용료의 납부 의무를 위반했을 때도 중단될 수 있다(김융일, 조흥식, 김연옥, 1995).

4) 종결 단계의 기술

종결 단계에서 사회복지사는 종결 시기를 결정하고, 정서적 반응을 정리하며 목표달성을 평가하여 성취된 변화를 안정시키며, 필요한 경우 의뢰와 사후지도를 계획해야 한다.

(1) 종결 시기의 결정

종결 시기의 결정은 다음과 같은 기준을 따른다.

- 개입목적의 달성 정도
- 서비스의 시간 내 제공 완료 여부
- 클라이언트 문제 상황의 해결 정도
- 사회복지사와 기관의 투자 노력
- 이득체감에 대한 사회복지사와 클라이언트의 합의 여부
- 클라이언트의 의존성
- 클라이언트에 대한 새로운 서비스의 적합성 여부

(2) 정서적 반응의 정리

개입과정을 통해 사회복지사와 클라이언트 사이에는 필연적으로 특별한 인간관계가 생겨난다. 사회복지사는 개입의 효과를 위해 진실하고 수용적이며 안정적인 관계를 유지하도록 노력해 왔을 것이다. 그러므로 이런 안전하고 우호적인 관계를 떠난다는 것은 클라이언트에게는 예사롭지 않은 감정적 부담이 될 수 있다. 목적을 이루게 되어서 기쁘기도 하지만(혹은 목적을 이루지 못해 실망과 분노를 느끼고 있거나), 사회복지사와 헤어지게 되는 서운함과 슬픔의 감정, 그리고 앞으로 혼자서는 해 낼 수 없을 것 같다는 두려움과 같은 복합적인 감정이 종결에 임하는 클라이언트의 정서상태일 것이다. 어떤 클라이언트는 종결을 두려워한 나머지 종결이 예고되었다는 사실을 부정하거나 이전의 단계로 후퇴하여 사회복지사에 대한 의존욕구가 증대하는 퇴행을 보여 주거나 새로이 문제를 만들어 계속적인 관계에 대한 욕구를 나타내기도 한다(Garland, Jones, & Kolodny, 1965). 따라서 사회복지사는 클라이언트가 이러한 감정들을 표현하도록 도와주고 잘 처리하도록 도와야 한다.

사회복지사는 종결에 임박하여 클라이언트의 감정에 대해 직접 질문하거나 언급함으로써 감정표현의 기회를 제공한다. 사회복지사가 자신의 감정을 먼저

표현하는 것도 한 방법이다. 서로 의지해 온 점, 관계를 통해 성취한 진전을 검도하고 클라이언트의 강점을 인정해 주면서 클라이언트가 자기효능감을 회복하여 종결을 수용하도록 하는 것이다.

(3) 목표달성 평가 및 변화의 안정화

종결 단계에서 중요한 과제 중 하나가 목표 성취를 재확인하여 클라이언트가 자신의 역량을 인식하도록 하는 것이다. 또한, 개입을 통해 획득한 변화는 종결 후에도 계속 유지되도록 돕는다. 개입과정을 통해서 문제를 해결하는 방법과 과정을 체험하면서 앞으로 또 다른 문제가 닥쳤을 때 개입을 통해 학습한 문제해결능력을 발휘할 수 있어야 하고, 이러한 능력이 점점 더 강화됨으로써 사회관계를 넓히고 적응이 순조로워야 한다.

종결 단계에서 사회복지사는 개입을 통해 클라이언트가 획득한 이득(능력, 기술, 행동이나 태도의 변화)을 유지 · 강화시킬 수 있는 전략에 주력해야 한다. 클라이언트로 하여금 문제해결의 기본 원칙을 파악하도록 도와주는 것이다. 개입과정에서 표적문제에 대해 문제해결 원칙이 어떻게 적용되었는지를 검토하고 이 원칙들이 앞으로 경험하게 될지도 모르는 일반적인 삶의 문제해결에도 어떻게 적용될 수 있는지를 함께 검토해야 한다.

(4) 사후관리

사후관리는 종결이 이루어진 후 일정 기간이 지나서 클라이언트가 성취한 변화를 잘 유지하고 있는지를 점검하는 과정이다. 대개 1개월부터 6개월 사이에 진행하는데, 전화를 통해 확인하기도 하고 면접을 실시하기도 한다. 종결 시에 사후관리를 언급하는 것은 클라이언트에게 종결의 충격을 완화시켜 주는 이득도 있다. 사후관리를 통해 클라이언트는 자기의 노력에 대한 확인과 격려를 받을 수 있어 강화를 경험하게 되고, 사회복지사는 필요한 경우에 추가적인 원조를 제공할 수 있게 된다.

(5) 의뢰

종결이 서비스의 완전한 중단을 뜻하는 것이 아닐 때도 종종 있다. 사회복지 실천현장에서 개입과정은 한시적인데, 그 제한된 기간 동안 클라이언트의 문제나 욕구가 충분히 해결되기를 기대하기도 어렵고, 한 기관이 클라이언트가 요구하는 서비스를 다 제공하지 못하는 경우도 많다. 이런 경우, 사회복지사의 중요 임무 중 하나는 다른 기관이나 외부의 자원들과 클라이언트를 연결시켜 주는 것이다. 이를 의뢰(referral)서비스라 한다.

의뢰 시에 주의해야 할 점은 다음과 같다. 우선, 클라이언트에 대한 배려인데, 다른 곳에서 서비스를 받으라고 했을 때 클라이언트가 거부되었다는 느낌이나 불안감을 갖지 않도록 배려해야 한다. 클라이언트에 의뢰를 권하는 것은 사회복지사가 더 이상 개입하고 싶지 않아서가 아니라 클라이언트의 문제해결에는 다른 자원이나 다른 사람이 더 적합하기 때문임을 설명해야 한다.

동시에, 클라이언트의 자기결정권이 존중되어야 한다. 클라이언트에 대해 사회복지사가 최선의 결정을 내려줄 수 있다고 생각하기 쉬운데, 사회복지사는 클라이언트에게 어떤 것이 가장 도움이 될 것인지를 추천하되 결정해 줄 수는 없다. 그렇다고 해서 클라이언트에게 마음대로 하도록 결정권을 완전히 넘겨 버리는 것도 전문가로서 책임 있는 행동은 아니다. 의뢰의 여러 가지 대안들을 검토한 후 어느 대안이 가장 도움이 될 것인지를 추천하고, 클라이언트의 선택을 원조하는 것이다.

성공적인 의뢰를 위해서 사회복지사는 지역사회기관을 포함한 자원들이 제공하는 서비스의 내용과 질, 그리고 정책과 절차에 대해서도 잘 알고 있어야 하기 때문에 평소에 여러 기관들과 밀접하고 연속적인 관계를 유지할 필요가 있다. 다른 자원과 클라이언트를 성공적으로 연결해 주기 위해서는 자원에 대해 알려 주는 것만으로는 부족하고, 의뢰기관의 이름과 주소, 약속하는 방법, 자원에 이르는 방법, 구체적으로 접촉할 사람의 이름, 클라이언트가 가진 문제의 성격과 그가 원하는 서비스 등을 정리한 기록문서를 만들어서 주는 등 연결이 확실히 될 수 있도록 노력해야 한다.

요 약

제13장에서는 사회복지실천의 개입과정 중 마지막 단계인 평가 및 종결을 살펴보았다. 평가는 사회복지실천과정과 개입의 성과를 과학적인 방법으로 측정하여 목표달성의 정도와 실천과정의 민주적 절차와 전문성을 검토하는 것이다. 목표달성의 효과성과 효율성에 대한 평가를 총괄평가라 하고, 개입과정에 대한 평가를 형성평가라고도 한다. 평가는 사회복지실천과정에서 발생한 변화가 과연 개입의 결과인지를 확인하려는 것으로 평가방법의 설계도 중요하다. 많이 사용되는 평가설계는 실험설계와 유사실험설계, 그리고 단일사례설계가 있으며, 목표달성의 정도를 평가하기 위해서 척도를 사용하기도 하는데, 과업성취척도와 목표달성척도가 대표적이다. 한편, 사회복지실천의 개입활동 결과 목적이 달성되었거나 계획된 개입 기간이 종료되어 개입을 마무리하는 과정을 종결이라고 한다. 종결할 때에는 그간 형성되어 온 클라이언트와 사회복지사 간의 관계에서 비롯된 정서적 반응을 정리하고, 함께 목표달성의 정도를 평가하며, 성취한 변화가 앞으로도 지속되도록 안정화하는 작업을 한다. 필요하다면 사후관리 계획도 세우며, 종결되었으나 클라이언트의 새로운 문제나 욕구로 인해 개입을 필요로 할 때에는 다른 기관이나 외부 자원과 연계하는 의뢰서비스를 하기도 한다.

토의사항

1. 종결 시기가 다가와 이를 알려 주었더니 안정되었던 클라이언트의 문제의 발생 빈도와 심각성이 증가하였고, 클라이언트는 이 시점에서 개입이 끝난다는 것은 자기를 방기하는 것이라고 불만을 토로한다. 어떤 이유로 해석할 수 있는지, 그리고 어떻게 대처해야 할지 토의해 보자.
2. 가족 갈등이 있을 때마다 언어적 · 물리적 폭력을 행사해 온 가정폭력 행위자를 대상으로 양육행동 및 분노조절 프로그램을 실시하고 상담을 통해 개입해 왔다. 분노조절 및 양육태도의 변화에 대한 평가는 법원의 이 클라이언트의 조치에 영향을 주게 될 것인데 어떻게 평가설계를 해야 할 것인지 토의해 보자.

3. 현재 사회복지실천 현장에는 수많은 평가가 시행되고 있다. 특정 서비스 중앙협의체의 평가, 기관 자체적 평가, 보조금을 지급하는 지방자치단체나 중앙정부의 평가 등이 대표적인데, 평가가 필요한 이유에 대해 논의해 보자.

참고문헌

권진숙, 김상곤, 김성천, 유명이, 이기연, 조현순(2012). 사례관리 전문가교육. 서울: 학지사.

권태환, 임현진, 송호근(2001). 신사회운동의 사회학: 세계적 추세와 한국. 서울대학교 출판부.

김경희(2005). 지역사회복지실천에 있어서 지역사회복지관과 시민단체의 협력방안 고찰: 서울지역 사회복지관을 중심으로. 임상사회사업연구, 2(1), 41-64.

김미경(2008). 사회복지 분야의 운동적 성격 및 NGO적 위상을 통해 본 사회복지사의 역할. 지역사회연구, 16(1), 95-112.

김미원(1997). 사회사업실천의 정체성 확립을 위한 제언: 사회사업실천의 임상중심경향과 전문화 지향에 대한 비판적 고찰. 한국사회복지학, 31, 171-190.

김성천, 김은재 외(2015). 옆으로 간 사회복지 비판. 서울: 학지사.

김성천, 박순우, 장혜림, 이현주, 이해령 역(2007). 급진사회복지실천. 서울: 학지사.

김수정(2007). 사회복지사의 사회행동 실천과정에 관한 연구. 이화여자대학교 대학원 박사학위논문.

김영모(1981). 현대사회사업의 동향과 그 비판: 급진적 관점을 중심으로. 사회복지연구, 15(1), 95-112.

김융일, 조흥식, 김연옥(1995). 사회사업실천론. 서울: 나남출판.

김의동(2010). 한국 시민사회단체의 대안 세계화운동. 사회과학연구, 26(4), 371-398.

신명호(2012). 사회복지관에서 주민운동은 가능한가?: 방아골종합사회복지관의 사례를 중심으로. 정신문화연구, 35(2), 69-99.

양옥경, 김정진, 서미경, 김미옥, 김소희(2010). 사회복지실천론(4판). 경기: 나남.

양정남, 최선령(2007). 시회복지실천론. 경기: 양서원.

이영환, 이정운(1996). 사회복지를 시민운동으로: 참여연대의 국민생활최저선 확보운동을 중심으로. 비판사회정책, 1, 153-160.

이태수(2008). 학계에서는 보건복지운동을 어떻게 할 것인가. 비판과 대안을 위한 사회복지학회 학술대회 발표논문집 기획주제 II, 159-163.

장애인차별금지실천연대(2007). 장애인차별금지법 백서: 우리가 가는 길이 역사다 1. 서울: 장애인차별금지실천연대.

최혜지, 김경미, 정순둘, 박선영, 장수미, 박형원, 배진형, 박화옥, 안준희(2013). 사회복지실천론. 서울: 학지사.

한국사례관리학회 편(2012). 사례관리론. 서울: 학지사.

Bellow, J. R., & Mink, G. (1996). *Case Management in Social Work*. The Charles C. Thomas Publisher, Ltd.

Compton, B. R., & Galaway, B. (1999). *Social work practice* (6th ed.). Pacific Grove, CA: Brooks/Cole.

Doel, M., & Marsh, P. (2017). *Task-Centred Social Work*. London: Routledge & Kegan Publishing Co.

Dorfman, R. A. (1996). Old, sad, and alone: The myth of the aging homosexual. *Journal of Gerontological Social Work, 24*(1/2), 29-44.

Dustin, D. (2007). *The McDonaldization of Social Work*. Hampshire: Ashgate.

Epstein, L., & Reid, W. J. (1972). *Task-centered casework*. New York: Columbia University Press.

Garland, J., Jones, H., & Kolodny, R. (1965). A Model for Stages of Development in Social Work Groups. In S. Bernstein (Ed.), *Explorations in group work*. Boston: University of Boston School of Social Work.

Hepworth, D. H., & Larsen, J. A. (1986). *Direct social work practice* (2nd ed.). Homewood, IL: The Dorsey Press.

Johnson, L. (1982). *Social work practices*. Boston: Allyn & Bacon Inc.

Moriarty, J. (2013). Professional accountability in social care and health. *Journal of Interprofessional Care, 27*(3), 279.

Schneider, R. L., & Lester, L. (2001). *Social Work Advocacy: A New Framework for Action*. Brooks/Cole.

Sheafor, B. W., & Horejsi, C. R. (2008). 사회복지실천 기법과 지침(개정 2판, 남기철 외 역, 2010). 경기: 나남.

Sheafor, B. W., Horejsi, C. R., & Horejsi, G. A. (1997). *Techniques and guidelines for social work practice*. Allyn & Bacon.

Woods, M. E., & Hollis, F. (1990). *Casework: A psychosocial therapy* (4th ed.). New York: McGrow-Hill.

찾아보기

◆ 인명 ◆

◆ 내용 ◆

저자 소개

엄명용(Um Myungyong)
University of Texas at Austin, 사회복지대학원, 석사(MSSW)
Florida State University, 사회복지대학원, 박사(Ph.D.)
인제대학교 사회복지학과 조교수 및 인제대학교 학생생활연구소 소장 역임
경제협력개발기구(OECD) 자문연구원(2003)
한국가족사회복지학회장(2011)
현재 성균관대학교 사회복지학과 교수

〈주요 저서〉
『사회복지학개론-원리와 실제-』(3판, 공저, 학지사, 2018)
『사회복지 실천기술의 이해』(3판, 공저, 학지사, 2015)
『사회복지사를 위한 실용 비모수통계』(집문당, 2007)
『사회복지실천과 척도개발』(공저, 학지사, 2005) 외 다수

김성천(Kim Sungchun)
중앙대학교 대학원 사회복지학과 석사(MA)
중앙대학교 대학원 사회복지학과 박사(Ph.D.)
University of Nottingham 방문교수
중앙대학교 부설 종합사회복지관 관장 역임
한국가족사회복지학회장 역임
한국사례관리 학회장 역임
현재 중앙대학교 사회복지학부 교수

〈주요 저서 및 역서〉
『사회정의 상담』(공역, 학지사, 2020)
『사례관리 전문가교육』(공저, 학지사, 2019)
『옆으로 간 사회복지 비판』(공저, 학지사, 2015)
『한국 사회복지실천의 고유성』(공저, 학지사, 2013) 외 다수

윤혜미(Yoon Hyemee)

서울대학교 대학원 사회복지학과 석사(MA)

Cornell University, Field of Human Service Studies, 박사(Ph.D.)

한국보건사회연구원 책임연구원

동국대학교 사회복지학과 교수 역임

Cornell University, Boston University 교환교수 역임

한국아동복지학회장(2009~2011)

현재 충북대학교 아동복지학과 교수

아동권리보장원 원장

〈주요 저서〉

『사회복지학개론-원리와 실제-』(3판, 공저, 학지사, 2018)

『영화로 읽는 젠더와 가족』(공저, 학지사, 2015)

『아동복지론』(공저, 청목출판사, 2013)

『가족복지론』(공저, 청목출판사, 2008) 외 다수

5판

사회복지실천의 이해

Social Work Practice (5th ed.)

2000년 7월 25일 1판 1쇄 발행
2005년 3월 20일 1판 11쇄 발행
2005년 8월 25일 2판 1쇄 발행
2010년 2월 20일 2판 13쇄 발행
2011년 2월 15일 3판 1쇄 발행
2016년 3월 25일 3판 11쇄 발행
2016년 7월 30일 4판 1쇄 발행
2019년 8월 7일 4판 7쇄 발행
2020년 4월 20일 5판 1쇄 발행
2024년 1월 25일 5판 7쇄 발행

지은이 • 엄명용 · 김성천 · 윤혜미
펴낸이 • 김진환
펴낸곳 • (주) 학지사
04031 서울특별시 마포구 양화로 15길 20 마인드월드빌딩
대표전화 • 02)330-5114 팩스 • 02)324-2345
등록번호 • 제313-2006-000265호

홈페이지 • http://www.hakjisa.co.kr
인스타그램 • https://www.instagram.com/hakjisabook

ISBN 978-89-997-2097-0 93330

정가 23,000원